INTRODUCTION TO **C LANGUAGE**

C 언어 연습

| 김기용 · 성동수 공저 |

도서출판 그린

머리말

C언어는 공학 및 사무 처리에 사용되는 다양한 프로그램을 개발하기 위하여 주로 사용되며, 운영체제 및 새로운 프로그래밍 언어의 개발에도 이용된다. C언어는 편리하게 프로그래밍이 가능한 고급언어의 특징과 하드웨어를 직접 제어할 수 있는 저급언어의 특징을 동시에 가지고 있기 때문에 공학을 전공하는 학생에게는 반드시 필요한 언어이다. Basic언어는 프로그래밍 언어를 처음 배울 때, 프로그램의 기본 개념을 쉽게 공부하기 위하여 사용하는 언어이다. 이에 비하여 C언어는 현재 다양한 영역에서 제일 많이 사용되고 있으며, C를 기반으로 하는 C++, Java, C#등 최근의 프로그래밍 언어를 배우기 위한 기반을 제공한다.

본 교재는 C언어의 이해를 돕기 위하여 각 개념을 설명하고 각 개념마다 실제 예제를 두었다. 각 예제들은 실제 코드 및 실행 결과를 책에 도시하였기 때문에, 각 예제들을 실제로 작성하여 수행해보면 각 개념들을 쉽게 이해할 수 있다.

본 교재의 내용은 교육기관에서 C 언어를 처음 접하는 학생들의 한 학기 공부를 위하여 전체를 15장으로 구성하였다. 1장과 2장은 C언어의 배경 및 기본 구성 요소를 설명하였으며, 3장부터 9장까지는 C언어의 기본 문법들을 설명하고, 이 개념들을 이해하기 위한 다양한 예제들을 소개하였다. 10장부터 13장까지는 C언어의 고급과정인 배열, 포인터, 유도 자료형을 설명하고, 이 개념들의 이해를 위하여 실제 예들을 소개하였다. 마지막으로 14장에서는 전처리기와 동적 할당을 소개하고 15장에서는 파일로부터의 정보의 입력 및 파일에 프로그램 결과의 저장을 위한 파일 입출력 방법을 설명하였다. 각 장에 있는 기본 개념, 예제, 연습문제를 체계적으로 공부한다면 독자가 필요한 프로그램의 개발에 유용하게 이용될 수 있다.

2014.7 성동수

차 례

제1장 C언어 배경 / 9

1.1 컴퓨터와 소프트웨어 ······ 9
1.2 프로그래밍 언어 ······ 10
1.3 C언어의 역사 및 특징 ······ 12
1.4 C언어의 사용 환경 ······ 13
1.5 연습문제 ······ 28

제2장 C언어의 기본 구성 요소 / 29

2.1 C언어 프로그램의 기본 형태 ······ 29
2.2 주석 ······ 33
2.3 전처리기 ······ 35
2.4 변수의 선언 ······ 36
2.5 수식과 연산 ······ 36
2.6 자료의 입출력 ······ 38
2.7 연습문제 ······ 45

제3장 기본 자료형 / 49

3.1 컴퓨터에서의 데이터 표현법 ······ 50
3.2 변수의 선언 ······ 52
3.3 상수 ······ 55
3.4 기본 자료형 ······ 60
3.5 자료형의 변환 ······ 69
3.6 상수화된 변수 ······ 72
3.7 연습문제 ······ 73

제 4 장

연산자 / 77

4.1 연산자의 종류 ········ 78
4.2 산술 연산자 ········ 79
4.3 대입 연산자 ········ 82
4.4 증가/감소 연산자 ········ 84
4.5 관계 연산자 ········ 87
4.6 논리 연산자 ········ 90
4.7 비트 논리 연산자 ········ 94
4.8 이동 연산자 ········ 97
4.9 크기 측정 연산자 ········ 99
4.10 조건 연산자 ········ 101
4.11 연산자의 우선순위 ········ 103
4.12 연습문제 ········ 104

제 5 장

조건문 / 109

5.1 식과 문 ········ 109
5.2 if문 ········ 111
5.3 if ~ else문 ········ 116
5.4 다중 if문 ········ 120
5.5 switch문 ········ 129
5.6 연습문제 ········ 137

제 6 장

반복문 / 141

6.1 반복문의 개념 ········ 141
6.2 for문 ········ 142
6.3 while문 ········ 152
6.4 do ~ while문 ········ 156
6.5 보조제어문 ········ 159
6.6 연습문제 ········ 165

제7장 함수 / 171

7.1 함수의 의미 ········· 171
7.2 함수의 기본 구성 ········· 172
7.3 함수의 선언 ········· 177
7.4 함수의 정의 ········· 178
7.5 함수의 호출 ········· 179
7.6 함수의 인수 및 반환값 ········· 180
7.7 재귀함수 ········· 186
7.8 파일을 분할하여 프로그램을 작성하는 법 ········· 188
7.9 연습문제 ········· 192

제8장 변수 범위 / 197

8.1 자동변수 ········· 197
8.2 외부변수 ········· 203
8.3 정적변수 ········· 209
8.4 레지스터변수 ········· 213
8.5 함수의 사용 범위 ········· 215
8.6 연습문제 ········· 218

제9장 배열 / 223

9.1 배열의 의미 ········· 223
9.2 일차원 배열의 선언 ········· 224
9.3 일차원 배열의 초기화 ········· 225
9.4 다차원 배열의 선언 ········· 228
9.5 다차원 배열의 초기화 ········· 230
9.6 배열과 문자열의 관계 ········· 234
9.7 연습문제 ········· 236

제 10 장 포인터 / 241

10.1 포인터의 의미 ········· 241
10.2 주소 연산자 ········· 242
10.3 포인터 변수의 선언 ········· 244
10.4 포인터 변수의 초기화 ········· 252
10.5 포인터 변수의 연산 ········· 255
10.6 포인터의 포인터 ········· 256
10.7 연습문제 ········· 259

제 11 장 포인터, 배열, 함수의 관계 / 263

11.1 포인터와 배열의 관계 ········· 263
11.2 포인터의 배열 ········· 269
11.3 함수의 인수 전달 방법 ········· 270
11.4 함수에서 일차원 배열 인수의 전달 ········· 275
11.5 함수에서 다차원 배열 인수의 전달 ········· 278
11.6 포인터에 의한 배열의 인수 전달 ········· 280
11.7 연습문제 ········· 283

제 12 장 문자열의 처리 및 시스템 제공 함수 / 287

12.1 C언어에서의 문자열 관리 ········· 287
12.2 문자 입출력 함수 ········· 288
12.3 문자열 입출력 함수 ········· 291
12.4 문자 처리 함수 ········· 295
12.5 문자열 처리 함수 ········· 298
12.6 포인터와 문자열 ········· 312
12.7 문자열의 배열 ········· 314
12.8 시스템 제공 수학 함수 ········· 315
12.9 연습문제 ········· 317

제 13 장 유도 자료형 / 321

13.1 구조체의 의미 ··· 321
13.2 구조체의 정의 및 변수의 선언 ··· 322
13.3 구조체 변수의 사용 ··· 323
13.4 구조체의 포인터 ··· 329
13.5 구조체의 복사 ··· 333
13.6 함수에서의 구조체 인수의 전달 ··· 335
13.7 구조체를 포함하는 구조체 ··· 339
13.8 자기 참조 구조체 ··· 341
13.9 새로운 자료형의 정의 ··· 343
13.10 공용체 ··· 346
13.11 열거형 ··· 349
13.12 연습문제 ··· 352

제 14 장 전처리기와 동적 할당 / 361

14.1 전처리기 지시자 ··· 361
14.2 매크로 ··· 362
14.3 조건부 컴파일 ··· 366
14.4 동적 할당 ··· 369
14.5 연습문제 ··· 376

제 15 장 파일 입출력 / 379

15.1 C언어에서의 파일 처리를 위한 파일 열기 ··· 379
15.2 텍스트 파일의 읽기와 쓰기 ··· 382
15.3 파일 내부 검사 함수 ··· 385
15.4 이진 파일의 읽기와 쓰기 ··· 391
15.5 임의 접근 읽기 ··· 396
15.6 연습문제 ··· 400

연습문제 풀이 ··· 405
Index ··· 457

C/H/A/P/T/E/R 01

C언어 배경

1.1 컴퓨터와 소프트웨어

컴퓨터의 정의는 "프로그램을 수행할 능력이 있는 디지털 시스템" 또는 "소프트웨어를 수행할 능력이 있는 하드웨어"이다. 또는 간단히 소프트웨어를 수행하는 하드웨어라고 말할 수 있다. 따라서 컴퓨터는 하드웨어와 소프트웨어로 구성되어 있으며, 컴퓨터 하드웨어는 우리가 직접 보고 만질 수 있는 것으로 예를 들어, 컴퓨터 본체, 모니터, 마우스, 키보드 등이 있다. 컴퓨터 소프트웨어는 하드웨어의 도움이 없이는 자신의 존재를 보여줄 수 없으나, 하드웨어를 이용하여 인간을 도와주는 많은 능력을 갖고 있다. 예를 들어, 문서 편집기, 컴퓨터 게임, 인터넷 탐색기 등이 있다. 컴퓨터 하드웨어는 인간의 육체와 유사하며, 컴퓨터 소프트웨어는 인간의 정신과 유사하다. 그러면 하드웨어와 소프트웨어 중 어느 것이 중요할까? 정답은 "둘 다 중요하다"이다. 소프트웨어를 수행하기 위해서는 반드시 하드웨어가 필요하며, 소프트웨어 없이는 하드웨어도 작동이 불가능하다. 따라서 하드웨어와 소프트웨어는 상대의 존재가 있어야만 의미가 있는 매우 밀접한 관계이다.

우리는 컴퓨터를 이용하여 많은 작업을 할 수 있으며, 특히 소프트웨어를 사용하여 작업을 수행한다. 소프트웨어를 이용하여 문서를 작성하고, 인터넷을 탐험하며, 사진을 편집하거나 영화를 볼 수도 있다. 이러한 작업은 컴퓨터 하드웨어를 이용하여 소프트웨어를 실행함으로써 가능하며, 소프트웨어의 종류에는 시스템 소프트웨어, 응용 소프트웨어로 구분할 수 있다. 시스템 소프트웨어는 다시 운영체제와 프로그래밍 언어로 구분할 수 있다. 이 중 운영체제는 하드웨어와 응용 프로그램 또는 하드웨어와 사용자 사이에 있는 소프트웨어이며, 응용 프로그램 또는 사용자가 하드웨어를 쉽고 효율적으로 사용할 수 있도록 도와주는 역할을 한다. 대표적인 운영체제로는 컴퓨터에서 사용하는 마이크로소프트사의 윈도우즈, 애플사의 OS X, 그리고 공개 운영체제인 Linux 등이 있으며, 요즘에는 모바일 단말을 위하여 안드로이드와 iOS 등이 각광받고 있다. 프로그래밍 언어는 새로운 소프트웨어의 개발을 위하여 필요한 Visual Basic, C언어, C++ 언어, Java, Objective C언어 등이 있다. 응용 소프트웨어는 프로그래밍 언어를 이용하여 만들고 운영체제 위에서 수행되는 모든 소프트웨어이며, 사용자가 일반적으로 만나게 되는 수많은 소프트웨어는 일반적으로 응용 소프트웨어에 포함된다. 문서를 작성하기 위해서는 워드프로세서 응용 소프트웨어를 이용하며, 인터넷 탐색을 위해서는 웹 브라우저 응용 소프트웨어를 사용하는 것처럼 각각의 목적에 맞는 수많은 응용 소프트웨어가 있다.

1.2 프로그래밍 언어

프로그래밍 언어는 응용 소프트웨어를 만들기 위한 특별한 종류의 응용 소프트웨어이며 시스템 소프트웨어이다. 언어의 사전적 정의는 "인간의 사상이나 감정을 표현하고, 의사를 소통하기 위한 소리나 문자 따위의 수단"이다. 한국 사람이 다른 나라 사람과 대화를 할 때 그 나라의 언어를 사용해야 하는 것처럼, 사용자가 컴퓨터에게 작업을 시키기 위해서는 컴퓨터가 알아듣는 말로 이야기를 해야 한다. 이처럼 프로그래밍 언어도 의사를 소통하기 위한 수단이며, 사람과 컴퓨터 사이의 의사소통 수단이다. 즉, 프로그래밍 언어를 이용하여 컴퓨터에게 명령을 지시하며, 작업을 수행하는 것으로, 프로그래밍의 결과는 응용 소프트웨어를 비롯한 많은 소프트웨어가 된다.

1.2.1 프로그래밍 언어의 분류

프로그래밍 언어에는 많은 종류가 있으나, 크게 기계어, 저급 언어, 고급 언어의 세 가지로 구분이 가능하다. 기계어는 컴퓨터가 이해할 수 있는 0과 1로 구성된 언어 체계로 초기의 프로그래밍 언어는 알고리즘을 기계어로 직접 표현하는 것이었다. 그러나 이러한 언어는 0과 1로만 구성되어 있기 때문에 사람이 익히고 프로그래밍 하기가 상당히 어렵다는 단점이 있다. 이러한 복잡한 기계어를 간략하게 심벌화 한 언어가 개발되었고 이것이 어셈블리어이다. 어셈블리어를 사용하여 프로그래머들은 CPU의 명령어들을 기호로 표기할 수 있었으며, 기계어 보다 더 높은 수준에서 프로그램을 작성하는 것을 가능하게 하였다. 어셈블리어는 어셈블러(assembler)라는 프로그램이 사용자가 프로그램한 기호를 컴퓨터가 이해할 수 있는 기계어로 변환하여 프로그램을 수행할 수 있었으나, 기호 이름과 CPU의 명령어가 일대일로 대응되고 컴퓨터의 CPU가 달라지면 프로그램의 실행이 불가능하기 때문에 저급언어라고 불린다. 또한 사용자 보다는 컴퓨터에 더 치우친 언어이기 때문에 기계어 보다는 이해하기 쉬우나 여전히 사람이 이해하기 어려운 언어이기 때문에 쉬운 언어가 필요하게 되었다. 이러한 필요성 때문에 특정한 컴퓨터에 구애받지 않고 사람이 이해하기 쉬운 고급 언어가 등장하게 되었으며, 그 대표적인 것들이 COBOL, PASCAL, FORTRAN, C, BASIC 등의 언어이다. 이후 고급 언어들은 조금 더 실생활에 밀접한 프로그래밍을 가능하도록 객체 지향적인 언어로 발전되어 갔으며, 대표적인 것들이 C++, JAVA, C#, Objective C 등이 있다.

1.2.2 프로그램 언어의 개발 과정

저급 언어 및 고급 언어로 작성된 프로그램이 컴퓨터에서 수행되기 위해서는 컴퓨터가 이해할 수 있는 기계어로의 변환이 필요하다. 저급 언어인 어셈블리어는 어셈블러를 이용하여 기계어로 변경이 가능하며, 고급 언어의 문장들은 컴파일러(compiler)를 이용하여 기계어로의 변환이 가능하다. 즉 컴파일러는 고급 언어로 작성된 프로그램을 기계어로 바꿔주는 프로그램이다. 실제 C언어 및 다른 고급 언어로 작성된 프로그램은 컴퓨터가 직접 이해할 수 없으며 컴파일러를 이용한 컴파일(compile) 과정을 거쳐야만 컴퓨터가 이해가 가능하다. 컴파일러에 의해 처리되기 전의 프로그램을 원시 코드 또는 소스 코드(source code)라고 하고 컴파일러에 의해 기계어로 변경된 프로그램을 목적 코드(object code)라고 한다. 이러한 원시 코드와 목적 코드가 저장된 파일을 각각 소스 파일, 목적 파일이라고 한다.

기계어로 구성된 목적 파일이 생성되면 컴퓨터는 이제 사용자가 작성한 프로그램을 이해할 수 있다. 그러나 일반적으로 프로그램의 개발은 여러 명이 나누어 작업하는 경우가 많으며, 하나의 소스 코드만으로 실행하는 경우 보다는 여러 소스 코드로 구분하여 작성하는 경우가 많다. 이러한 소스 코드 들을 각각 컴파일하여 목적 코드로 만들게 되며, 이후 링커(linker)를 이용하여 하나 또는 여러 개의 목적 코드들을 하나의 프로그램으로 합치는 작업을 수행한다. 이 작업을 링크(link) 작업이라고 한다. 링크 작업 결과 생성되는 프로그램을 실행 프로그램 또는 실행 파일이라고 하며, 실제 컴퓨터 프로그래밍 작업의 마지막 결과이다. (그림 1-1)은 프로그램의 제작 과정을 나타낸다.

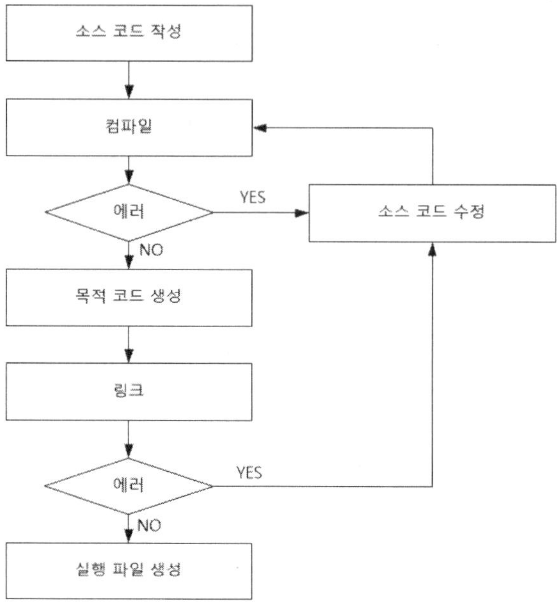

(그림 1-1) 프로그램의 제작 과정

(그림 1-1)에서 보는 것과 같이 프로그램의 작성 과정은 소스코드 작성 - 컴파일 - 링킹을 거쳐서 실행파일이 만들어 진다. 컴파일과 링킹 작업 중 에러가 발생했을 경우 소스 코드 수정 작업은 디버깅 작업이라고 하며, 코드에서의 오류나 다른 오류 들을 수정하는 작업을 수행한다.

1.3 C언어의 역사 및 특징

C언어는 PDP-11 컴퓨터에서 사용되는 UNIX라는 운영체제를 개발하기 위한 목적으로 1972년 벨(Bell) 연구소의 Dennis Ritchie에 의하여 개발되었다. C언어라고 이름 붙여진 이유는 벨 연구소의 Ken Tompson에 의하여 개발된 B언어를 기반으로 하여 만들어진 언어이기 때문이다. B언어의 B는 벨(Bell) 연구소의 앞 문자이며, C언어는 B언어를 기반으로 하여 만들었기 때문에 C라고 하였다. PDP-11 컴퓨터에서 사용되는 UNIX 운영체제는 어셈블리어로 작성되었으나, 1973년에 C언어로 다시 작성하였으며, 이는 어셈블리언어가 아닌 고수준 언어로 작성된 최초의 운영체제 중의 하나이다. 처음 만들어진 후 C언어는 벨 연구소 내에서만 사용되었으나, 외부로 공개가 된 후 많은 응용프로그램 개발에도 사용되었다. C언어는 이후 많은 인기를 얻으며 시스템 및 응용 프로그램 개

발에 사용되었으며 1999년 C99 표준안이 나온 이후 2011년 C11 표준안이 공개되어 현재까지 이용되고 있다.

C언어는 많은 장점이 있기 때문에 만들어진 지 40년이 가까이 되는 현재까지 많이 이용되고 있으며, 그 장점은 다음과 같다. 첫째, C언어는 간결한 언어이다. C언어에는 꼭 필요한 기능만이 들어 있고 모든 문법이 아주 간결하게 되어 있으며, 절차 지향적인 언어이기 때문에 익히기도 쉽다. 둘째, C언어로 구현된 프로그램은 성능이 우수하다. C언어는 운영체제인 UNIX를 개발하기 위하여 만들어진 언어이기 때문에 메모리에 직접 접근이 가능하며 사용하는 메모리의 양이 상대적으로 적고 속도가 빠르다. 셋째, 이식성이 뛰어나다. 이식성이란 CPU의 종류에 상관없이 실행이 가능하고 운영체제의 변화에도 덜 민감한 것이다. 많은 종류의 CPU에 대해서 C 컴파일러가 개발되어 있기 때문에 C언어로 만든 프로그램은 여러 운영체제에서 사용할 수 있도록 이식할 수 있다. 마지막으로 저수준의 프로그래밍도 가능하고 고수준의 프로그래밍도 가능하다. C언어는 운영체제의 개발을 목적으로 만들어 진 언어이기 때문에 어셈블리어만큼의 하드웨어 제어가 가능하며, 실제로 TV, 세탁기, 내비게이션 등의 여러 전자기기 안에 들어가는 내장 프로그램은 대부분 C언어로 개발된다. 또한, 모듈 단위의 프로그램 작성을 지원하여 간결한 언어가 갖는 단점을 극복할 수가 있다. 이러한 많은 장점들 때문에 아직까지 시스템 및 응용 프로그램을 제작하는데 C언어가 많이 사용되고 있다.

그러나 C언어는 장점만이 있는 것이 아니다. C언어에는 단점도 역시 존재하며 가장 큰 단점은 초보자가 배우기가 까다롭다는 것이다. C언어는 교육을 위하여 만들어진 언어가 아니라 현재도 산업 현장에서 다양하게 이용되는 언어이고, 포인터 등을 이용한 하드웨어의 직접적인 컨트롤이 가능하기 때문에 다른 언어보다는 배우기가 어렵다. 또한, 저급 언어의 특징과 고급 언어의 특징을 모두 지니고 있기 때문에 일반적인 고급 언어에 비해서 더 주의해서 사용해야만 한다.

1.4 C언어의 사용 환경

C언어를 개발하기 위해서는 문서 편집기 등을 이용하여 소스 프로그램(사용자가 C언어를 이용하여 작성한 프로그램이며 인간 중심의 프로그램)을 작성한다. 그 다음 컴파일러(인간 중심의 소스 프로그램을 컴퓨터 중심의 프로그램으로 번역하는 역할)를 이용하여 소스 프로그램을 목적 프로그램(컴퓨터가 이해하는 컴퓨터 중심의 프로그램)으로 변경한다. 마지막으로 링커를 이용하여 목적 프로그램과 라이브러리(많은 사용자들이 공동

으로 이용하기 위하여 이미 만들어 놓은 함수 들)를 연결하여 실행 프로그램(실제 컴퓨터가 실행할 수 있는 프로그램)으로 변경한다. 적은 규모의 간단한 프로그램 개발 과정에서 실제 컴파일 과정과 링킹 과정은 한 번에 이루어지기 때문에 이 두 과정을 일반적으로 컴파일 과정이라고도 한다. C언어는 다양한 환경에서 개발될 수 있으나 본 교재에서는 Microsoft사의 Visual Studio 2013 버전을 이용하여 개발한다. Visual Studio는 윈도우즈 운영체제에서 윈도우즈용 응용 소프트웨어를 개발하도록 도와주는 프로그램들 중 하나이며 1991년 마이크로소프트사에서 처음 버전 1.0이 발표된 이후 현재 2013버전까지 발표되었다. Visual Studio는 Visual Basic .Net, Visual C#, Visual C++ 등으로 구성되어 있으며 본 교재에서는 Visual C++ 컴파일러를 이용하여 C언어 프로그램을 개발한다. Visual C++는 C언어 문법과 C언어를 발전시킨 C++언어를 모두 지원하는 컴파일러로 본 교재에서는 C언어의 개발을 위하여 사용한다.

1.4.1 Visual Studio 2013 버전의 설치

Visual C++ 2013 버전은 Visual Studio 2013 개발환경 내에 포함되어 있으며 그 종류는 Visual Studio Ultimate, Visual Studio Professional, Visual Studio Express 등이 있다. 그 중 Visual Studio Express 버전은 학생이나 초보자가 기능을 습득하기 위하여 마이크로소프트사에서 제공하는 무료 버전이며 본 교재의 모든 예제는 Visual Studio 2013 Express 버전을 이용하여 테스트하였다.

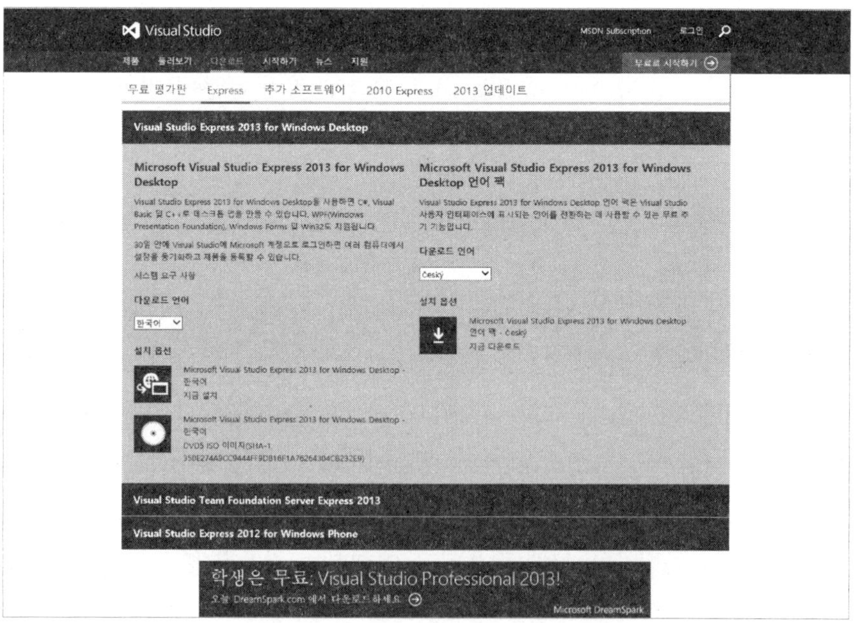

(그림 1-2) Visual Studio 2013 Express Edition의 다운로드 화면

Visual Studio 2013 Express Edition은 마이크로소프트사에서 학생 및 초보자가 프로그램 개발 기능을 습득하기 위해서 제공하는 무료 버전의 개발 도구이며, 다운로드 및 설치하기 위하여 http://www.microsoft.com/visualstudio/kor/downloads#d-express-windows-desktop의 주소로 접속한다. (그림 1-2)의 화면에서 설치할 언어를 한국어로 선택한 후 지금 설치 버튼을 클릭하면 설치 실행 파일을 다운받게 되고 설치가 진행된다. 만일 다운로드 받은 후 나중에 설치를 하거나 혹은 DVD 등의 이미지를 원하면 지금 설치 아래의 이미지 링크를 클릭하여 파일을 다운로드 받을 수도 있다. 지금 설치 버튼을 클릭하여 설치를 시작하게 되면 (그림 1-3)과 같이 Microsoft의 계정에 로그인을 하게 되며 만일 계정이 없으면 가입 과정을 거쳐야 한다. 계정 가입은 무료이며 이메일 주소를 이용하여 가입이 진행된다.

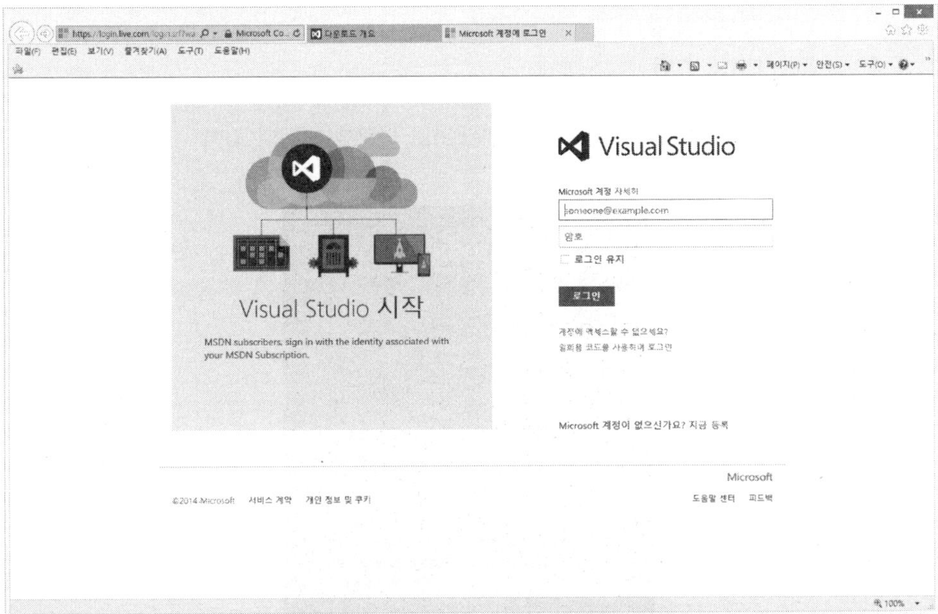

(그림 1-3) Microsoft 계정 로그인 화면

가입 완료 후 로그인을 하면 (그림 1-4)와 다운로드 선택 화면이 나오며, 왼쪽의 Express 2013 For Windows Desktop을 선택하면 설치가 진행된다. (그림 1-5)와 같이 설치를 진행할 수 있다.

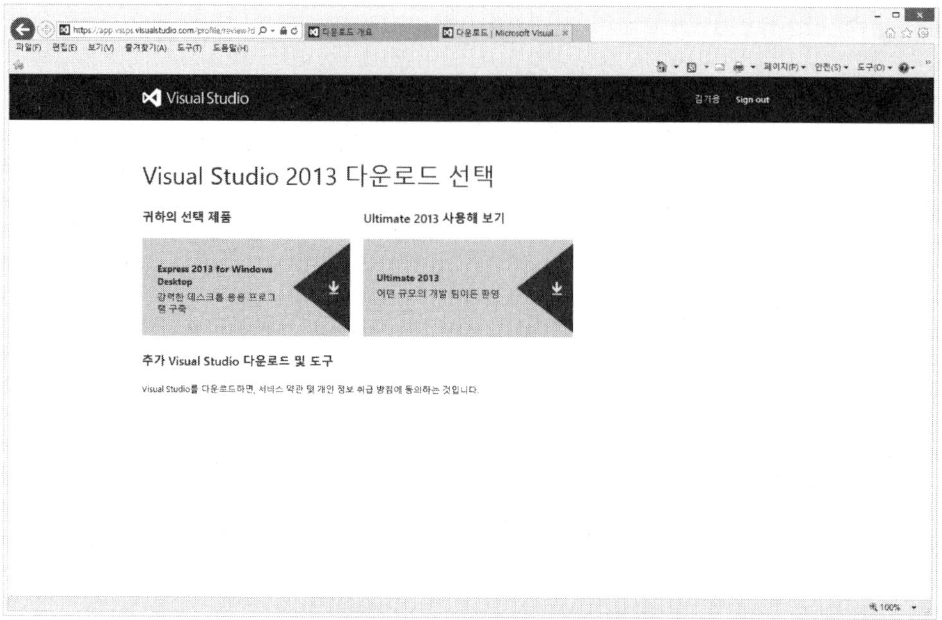

(그림 1-4) Visual Studio 2013 다운로드 선택 화면

(그림 1-5) Visual Studio Express 2013 설치 시작 화면

설치 완료 후 실행을 하면 로그인 요청 화면이 나타난다. 이미 가입했던 마이크로소프트의 아이디를 입력해서 로그인을 해도 되고, 또는 로그인 과정을 수행하지 않아도 Visual Studio를 실행할 수 있다. 그러나 로그인을 한 후 Visual Studio의 등록 과정을 거쳐야 제한 없이 사용이 가능하므로 로그인 과정을 수행하는 것을 권장한다. 로그인을 하지 않고 Visual Studio를 수행했을 경우 메뉴의 [도움말] – [제품 등록]을 선택하면

(그림 1-6)과 같은 화면을 볼 수 있다. 로그인 버튼을 클릭한 후 (그림 1-7)과 같이 마이크로소프트의 계정 정보를 입력한다.

(그림 1-6) 제품 등록 화면

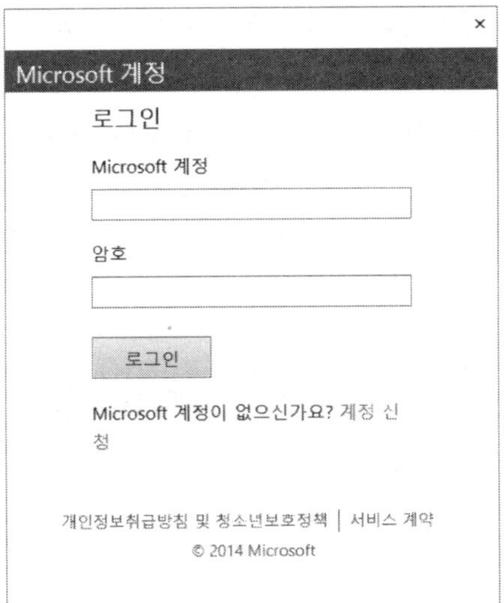

(그림 1-7) Microsoft 계정 로그인 및 등록 화면

1.4.2 Visual Studio 2013 Express를 이용한 개발 과정

Visual Studio를 이용하여 새로운 프로그램을 만들기 위해서는 프로젝트의 생성 → 소스 파일의 생성 → 소스 코드 입력 → 컴파일 및 링크 → 프로그램 실행의 과정을 거쳐야 한다. (그림 1-8)은 Visual Studio를 처음 실행했을 때 사용자가 볼 수 있는 화면이다.

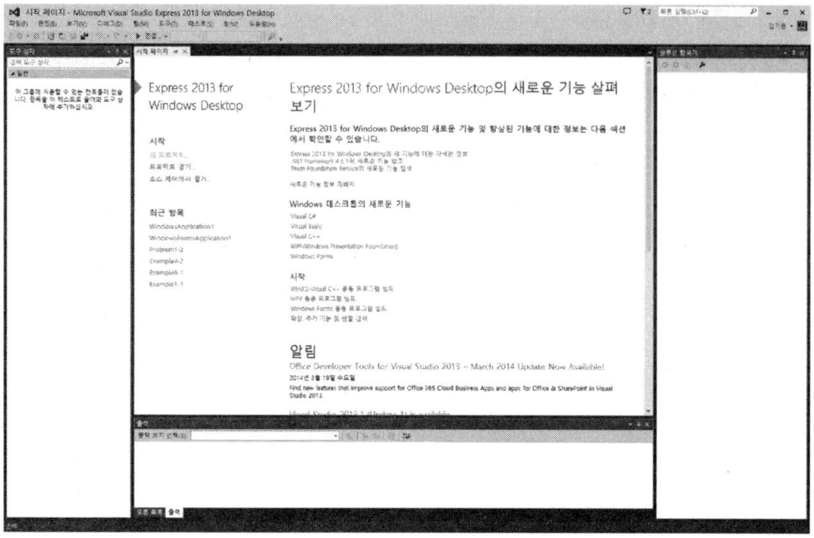

(그림 1-8) Visual Studio 2013 Express 초기 실행 화면

① 프로젝트의 생성

Visual Studio 초기 실행화면의 [시작페이지]에서 [새 프로젝트]를 선택하면 (그림 1-9)와 같은 화면이 나온다. 또는 메뉴의 [파일] - [새 프로젝트]를 선택해도 같은 화면을 볼 수 있다. (그림 1-9)와 같이 좌측 템플릿에서 [Visual C++]를 선택한 후, 우측 항목에서 Win32 콘솔 응용 프로그램을 선택한다. 이 때 프로젝트의 이름 및 위치는 사용자의 기호에 따라 알맞게 설정하며, 가급적 영문으로 적는 것을 권장한다.

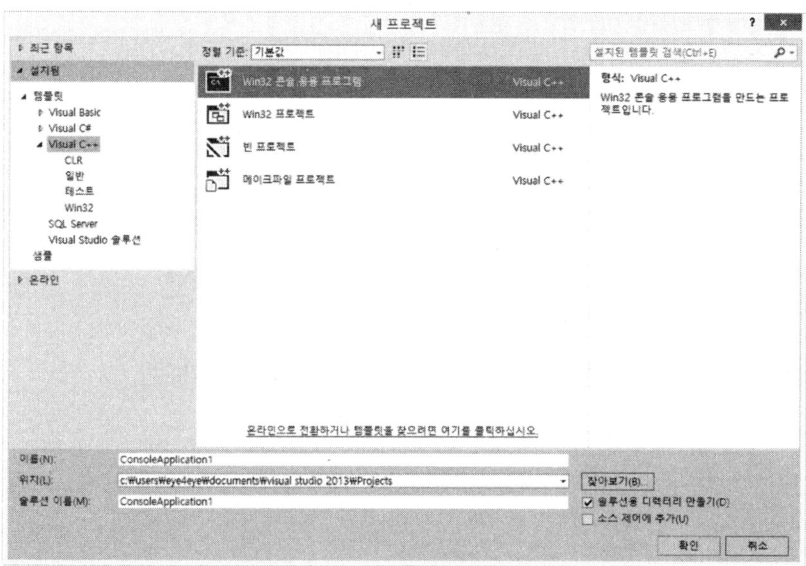

(그림 1-9) 새 프로젝트 대화상자

프로젝트 이름 및 위치를 선택하고 [확인] 버튼을 누르면 (그림 1-10)과 같이 안내창이 보이며 [다음] 버튼을 누른다.

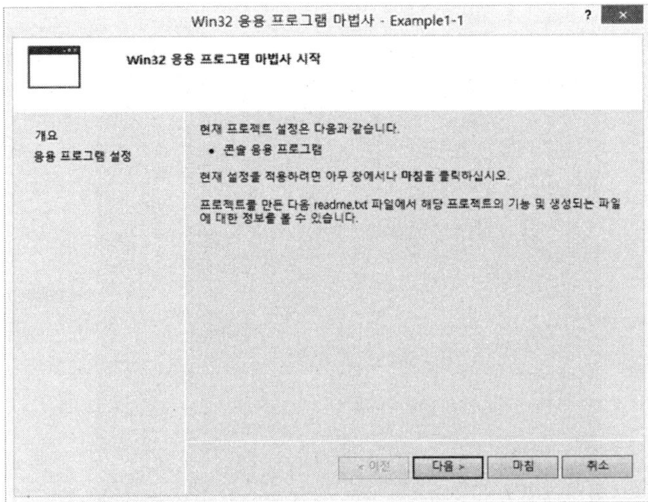

(그림 1-10) Win32 응용 프로그램 마법사 시작 안내 화면

다음 버튼을 누르면 (그림 1-11)과 같이 프로젝트의 세부 사항을 설정할 수 있는 화면이 나온다. 반드시 (그림 1-11)과 같이 [응용 프로그램 종류] 항목은 [콘솔 응용 프로그램]을 선택하고, [추가 옵션] 항목에서 [빈 프로젝트] 항목을 선택한다. 만일 다른 옵션들을 선택하게 되면, 마이크로 소프트에서 제공하는 여러 라이브러리들이 프로젝트 내에 포함되기 때문에 소스 코드를 처음 배우고 살펴보는데 적합하지 않게 된다.

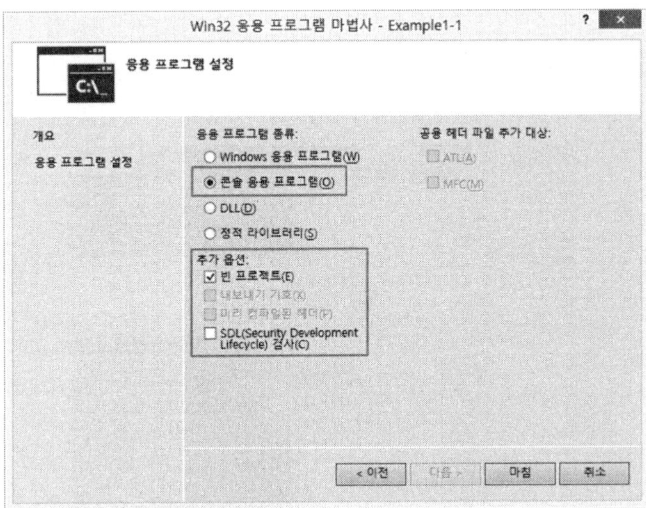

(그림 1-11) 응용 프로그램 설정 화면

마침 버튼을 누르면 (그림 1-12)와 같이 프로젝트의 생성이 완료되며 솔루션 탐색기 등의 프로젝트 개발 작업 환경이 나온다.

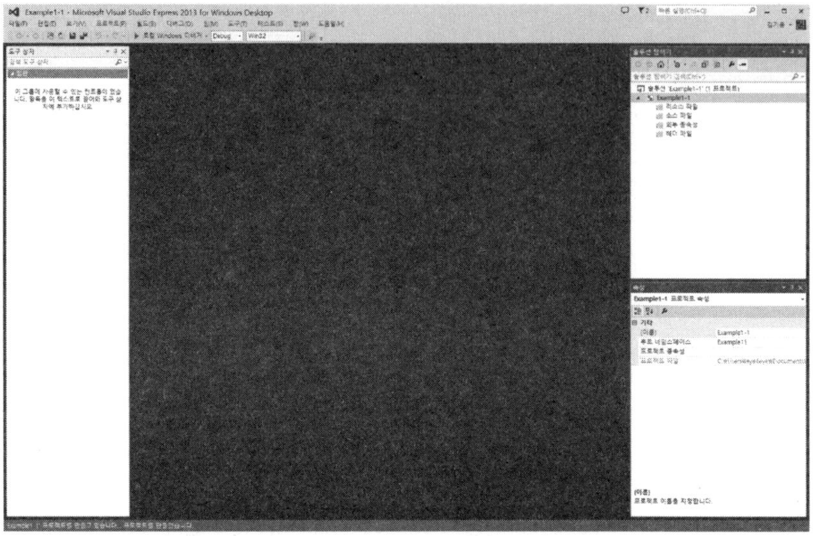

(그림 1-12) Visual Studio 2013 Express에서의 프로젝트 생성 완료 화면

② 소스 파일의 생성

프로그램 개발을 위한 작업 공간을 프로젝트 생성 과정을 통하여 만든 후에는 프로젝트에 소스 파일을 추가해야만 한다. 프로젝트 내에 소스 파일은 하나 또는 그 이상의 파일이 포함될 수 있으며, 프로젝트에 소스 파일을 추가하는 방법은 다음과 같다.

프로젝트에 파일을 추가하기 위하여 (그림 1-13)과 같이 개발환경의 오른쪽 창에 있는 [솔루션 탐색기]를 통하여 소스 파일을 추가한다. [솔루션 탐색기]의 [소스 파일] 항목에서 마우스 오른쪽 버튼을 누르고 [추가] - [새 항목]을 선택한다.

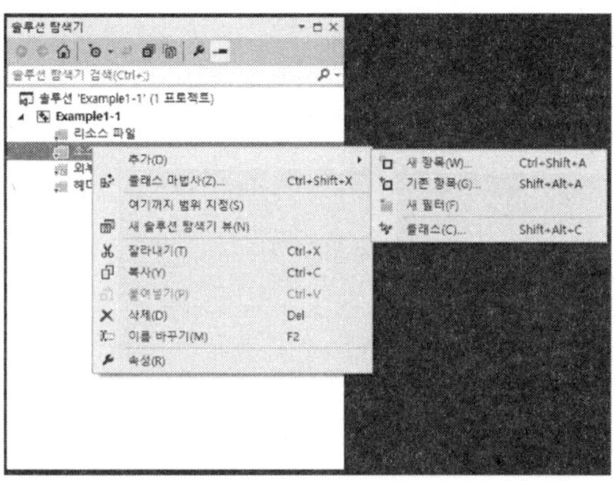

(그림 1-13) 프로젝트에 소스 코드 추가 화면

[새 항목]을 선택한 후에는 (그림 1-14)와 같이 새 항목 추가 대화상자가 나타나며, 생성할 파일 정보를 지정할 수 있다. (그림 1-14)와 같이 [C++ 파일 (.cpp)]를 선택한 후 이름에 소스 파일의 이름을 지정한다. 이 때 반드시 파일의 이름에서 "example.c"와 같이 확장자를 ".c"로 지정하여야 한다. Visual Studio에서의 C언어 또는 C++언어의 소스 파일에 사용하는 확장자는 대표적으로 ".c"와 ".cpp"가 있으며, ".c"의 경우 C언어의 문법을 따르고, ".cpp"의 경우 C++언어의 문법을 따른다. C++언어는 C언어에서 발전하여 객체 지향 개념을 추가로 제공하고 절차지형 측면에서는 C언어와 문법적으로 거의 비슷하게 작동하지만, 예약어 및 강화된 문법이 있기 때문에 C언어를 이용하여 개발하기 위해서는 반드시 확장자를 ".c"로 해야만 한다.

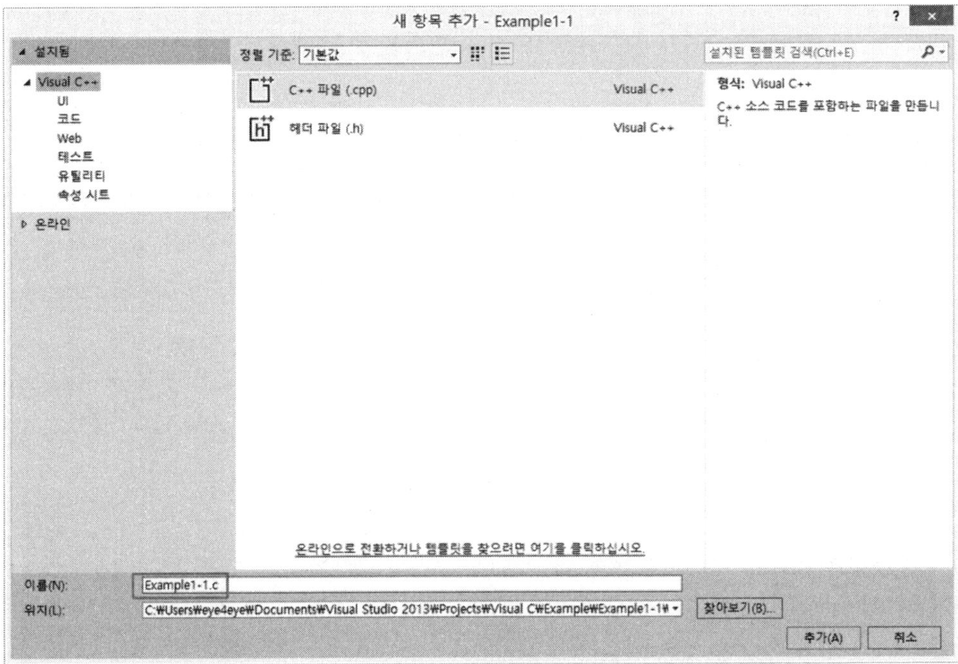

(그림 1-14) 프로젝트에 소스 파일 추가를 위한 설정 화면

(그림 1-14)에서 프로젝트에 소스 파일을 추가하면 (그림 1-15)와 같이 [솔루션 탐색기]에 추가한 소스 파일이 나타나며, 소스 코드를 편집할 수 있는 창이 활성화 된다.

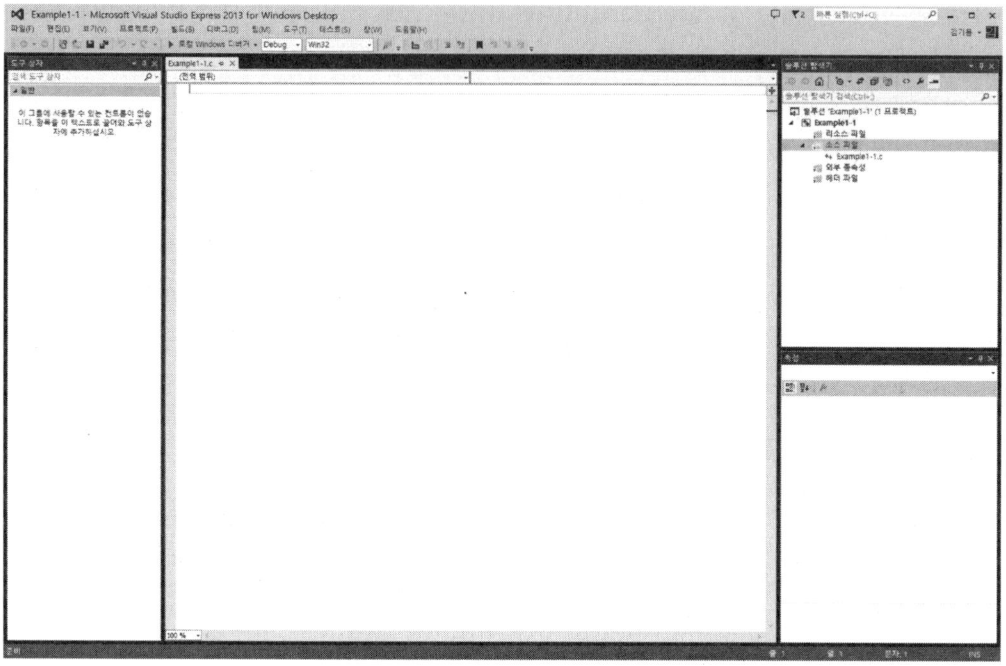

(그림 1-15) 소스 파일 추가 완료 화면

③ 소스 코드 입력

프로젝트와 소스 파일을 생성하면 이제 프로그램의 소스 코드를 입력할 수 있는 상태가 된다. 생성한 소스 파일에 그림 (1-16)과 같이 프로그램의 내용을 입력한다.

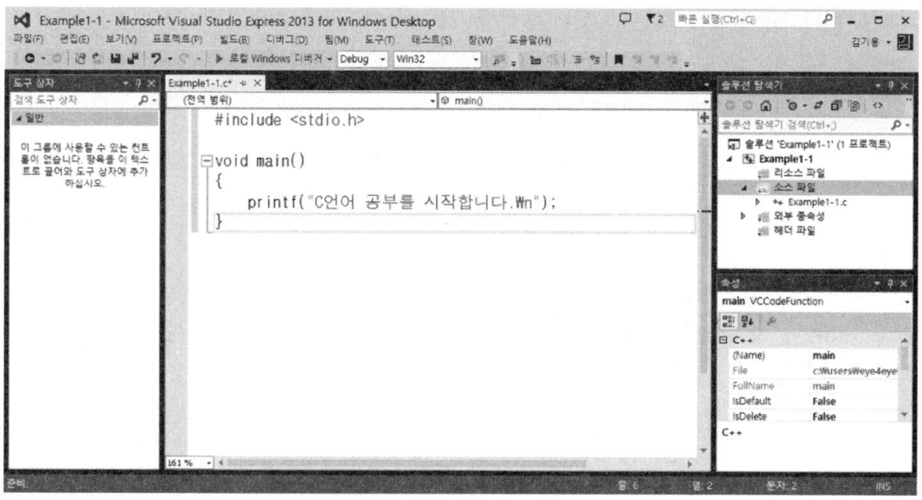

(그림 1-16) 소스 파일의 작성

④ **컴파일 및 링크**

소스 코드 입력 완료 후 컴파일과 링크 과정을 거쳐 실행파일을 생성한다. Visual Studio를 이용한 개발 환경은 컴파일과 링크를 한꺼번에 할 수 있는 메뉴를 제공하며 (그림 1-17)과 같이 [빌드] 메뉴의 [솔루션 빌드] 항목을 선택하면 된다.

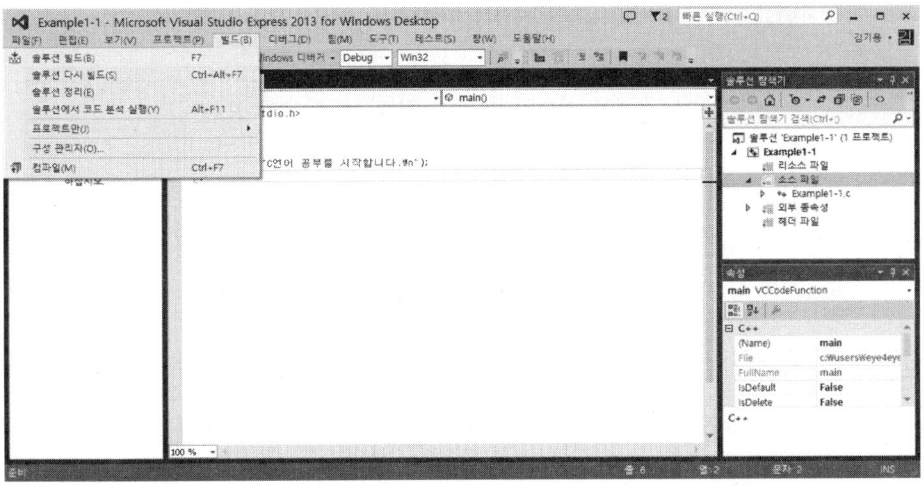

(그림 1-17) 소스 코드의 컴파일 및 링크 메뉴

소스 코드를 빌드하는 과정에서 컴파일 오류나 링크 오류가 발생하지 않을 경우 (그림 1-18)에서 보는 것과 같이 아래 출력창이 생기며, 만들어진 실행 파일이 표시되며, 만일 컴파일 또는 링크 오류가 발생하는 경우 (그림 1-19)와 같이 출력 창에 오류에 대한 내용이 표시된다.

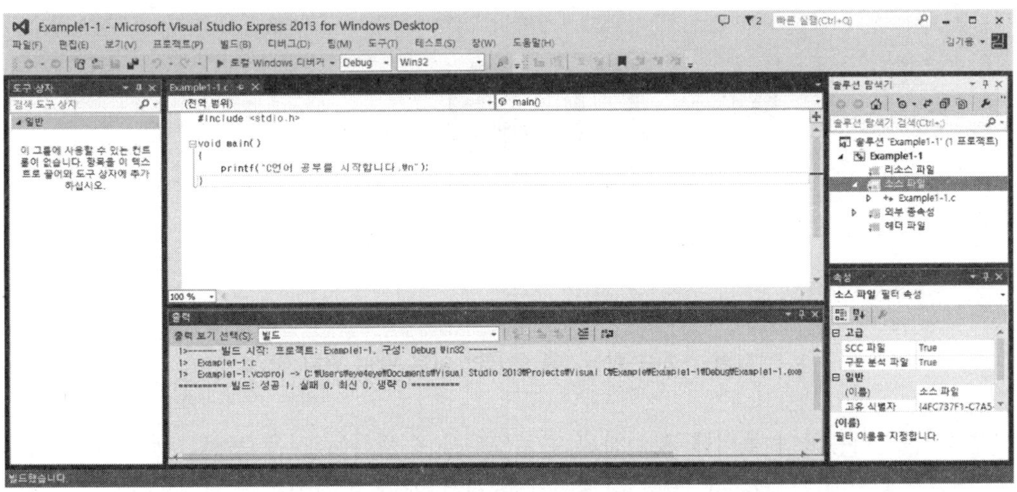

(그림 1-18) 컴파일 및 링크 작업 후 실행파일 생성

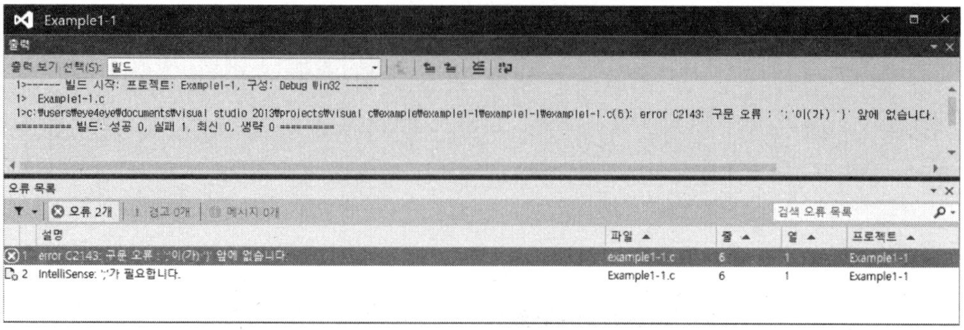

(그림 1-19) 컴파일 및 링크 작업에서의 오류 표시

만일 오류가 발생할 경우 해당 오류의 위치까지 함께 표시가 되며, 마우스로 더블클릭 할 경우 소스 코드의 해당 부분으로 바로 이동을 하여 프로그램을 작성하는 사람으로 하여금 오류를 수정할 수 있도록 도와준다.

⑤ 프로그램 실행

컴파일 및 링크 작업이 완료되면 실행 파일이 생성되며, 그 파일을 실행할 수 있다. 파일을 실행하는 방법은 생성된 파일을 탐색기 등으로 찾아서 직접 실행하는 방법과 Visual Studio에서 실행하는 방법이다. 생성된 실행파일의 위치는 프로젝트 폴더의 Debug 폴더 내에 저장이 되며, 정확한 위치는 (그림 1-18)에서의 출력 창을 참고하면 된다. 실행 파일이 생성되는 해당 폴더를 들어가면 (그림 1-20)과 같이 확장자가 ".exe"인 실행파일을 확인할 수 있다.

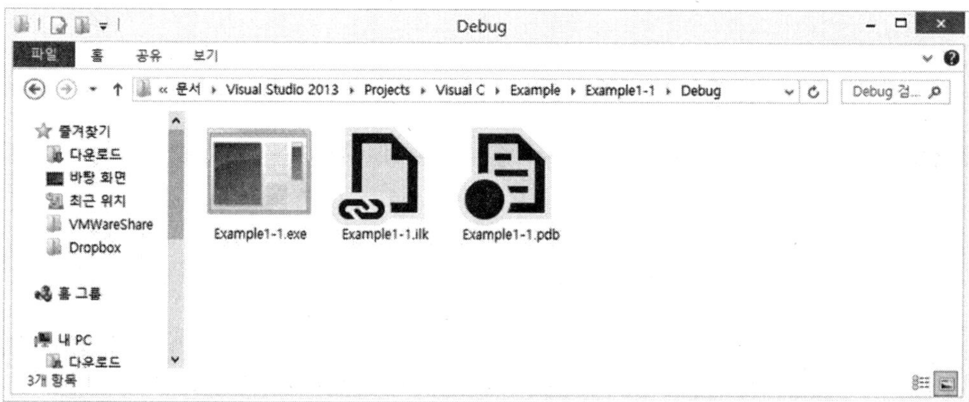

(그림 1-20) 탐색기를 이용한 실행 파일 위치 확인

탐색기를 이용하여 폴더를 확인하고 프로그램을 수행하는 것은 프로그램 개발 과정에서 번거로운 일이기 때문에, Visual Studio에서는 개발 환경에서 바로 생성한 프로그램

을 실행할 수 있도록 지원한다. Visual Studio에서 프로그램을 바로 실행시키기 위해서는 (그림 1-21)과 같이 [디버그] 메뉴에서 [디버깅 하지 않고 시작]을 선택하면 된다. 또는, 단축키로 Ctrl + F5키를 눌러서 실행할 수도 있다.

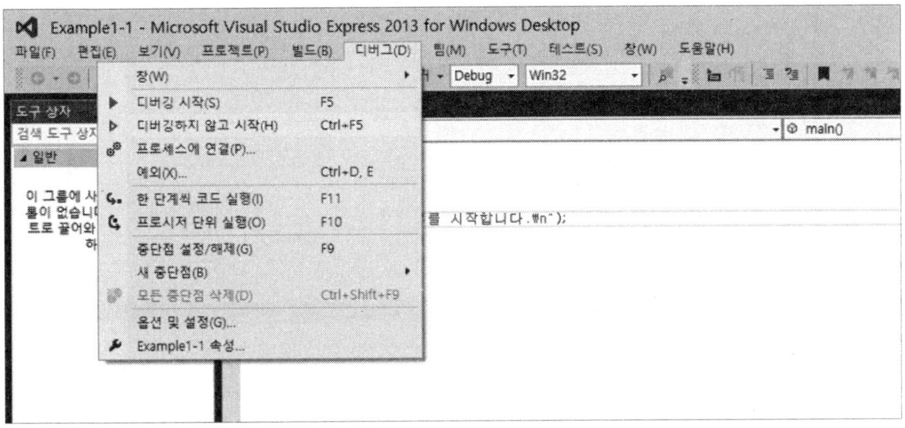

(그림 1-21) Visual Studio에서 프로그램을 실행하는 방법

탐색기를 이용하거나, 혹은 Visual Studio를 이용하여 프로그램을 실행하면 (그림 1-22)와 같이 콘솔 창이 생기면서 프로그램이 실행된다.

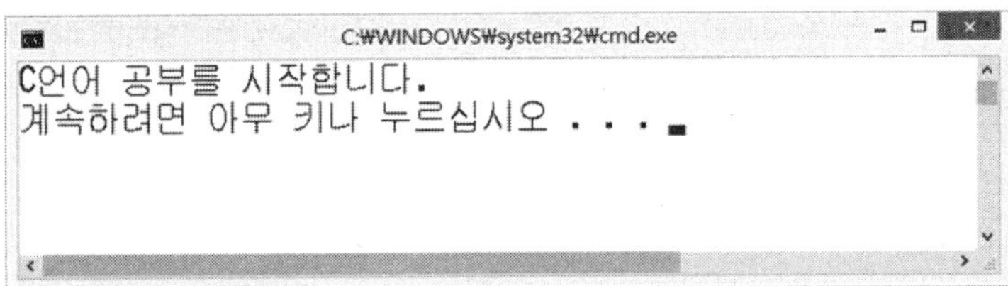

(그림 1-22) 프로그램 실행 결과

실행 결과에서 "계속하려면 아무 키나 누르십시오..."라는 문구는 윈도우에서 콘솔 응용 프로그램을 실행하면 자동으로 나오는 문구로, 사용자가 입력한 프로그램과는 아무 관계가 없다. 프로그램 실행 결과에서 키보드의 아무 키나 누르게 되면 실행 결과 창이 사라지므로, 결과 확인을 한 후에 누르도록 한다.

⑥ 이전에 작성했던 프로그램 불러오기

프로그램의 개발 시 이전에 작업했던 프로젝트를 불러와야 하는 경우가 있다. Visual Studio에서는 프로그램 실행 시 초기 화면에 프로젝트를 불러오는 메뉴를 지원하며, (그림 1-23)과 같이 [시작 페이지]의 [최근 항목]에서 그 내용을 선택할 수 있다.

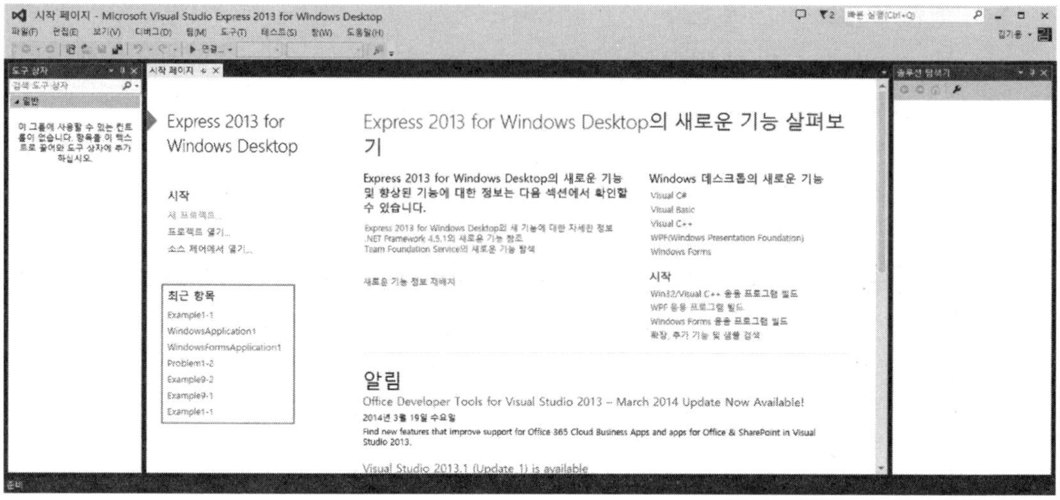

(그림 1-23) 최근 항목을 이용한 이전 프로젝트 불러오기

그러나, 최근 항목에는 이전에 작업했던 프로젝트가 모두 포함되는 것은 아니기 때문에 나중에 프로젝트를 로드해야 하는 경우가 생기면 (그림 1-24)와 같이 [파일] 메뉴의 [프로젝트 열기] 항목을 선택하여 기존 프로젝트를 불러온다.

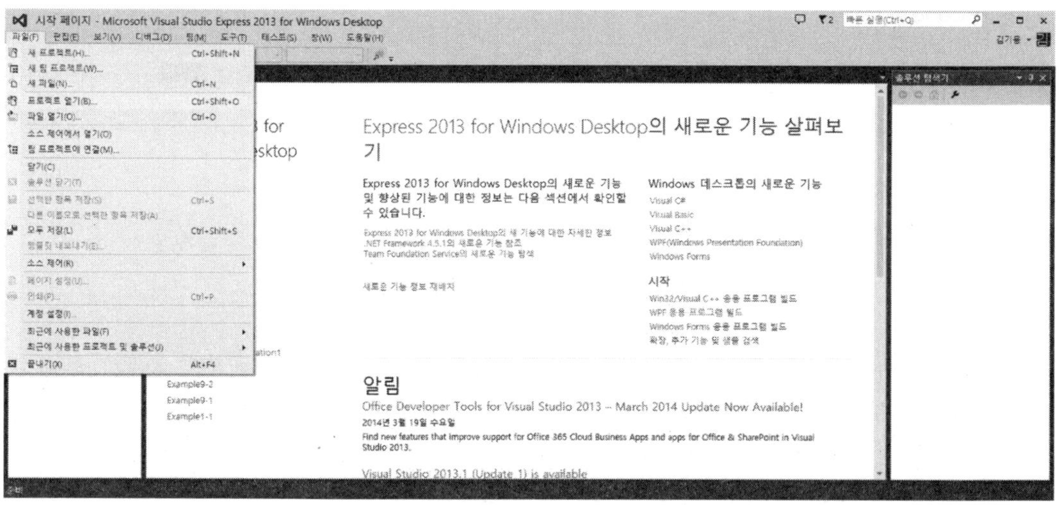

(그림 1-24) 프로젝트 열기 메뉴

[프로젝트 열기] 항목을 선택하면 프로젝트 열기 대화상자가 실행되며, 저장해 놓은 폴더로 이동 후 (그림 1-25)와 같이 확장자가 ".sln"인 파일을 선택하면 이전에 저장했던 프로젝트 환경이 만들어지며 이를 이용하여 프로그램을 수정, 보완하는 것이 가능하다.

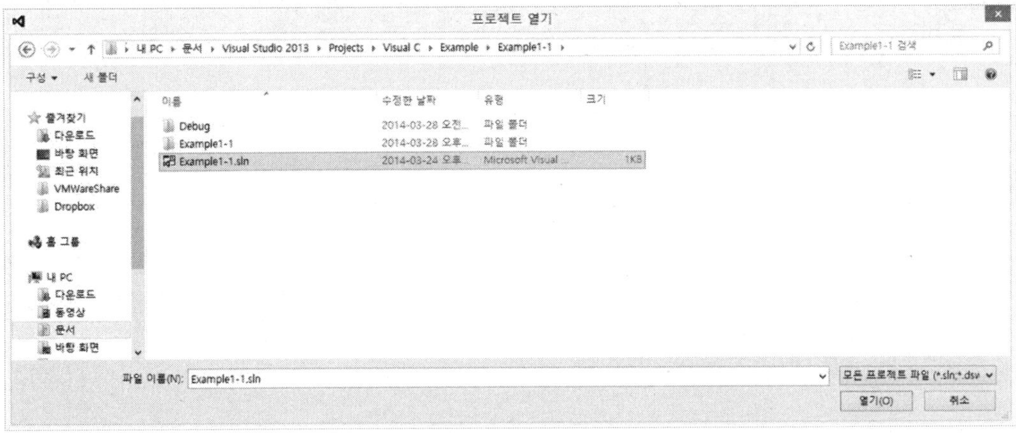

(그림 1-25) 프로젝트 열기 대화상자 및 프로젝트 선택

1.5 연습문제

(연습문제 1-1) 다음 괄호 부분을 채우시오.

① C언어는 편리하게 프로그래밍이 가능한 (　　　)의 특징과 하드웨어를 직접 제어할 수 있는 (　　　)의 특징을 동시에 가지고 있기 때문에 공학을 전공하는 학생들에게는 반드시 필요한 언어이다.

② C언어를 이용하여 프로그램을 개발하려면 우선 (　　　　　)를 이용하여 원시 프로그램을 작성한다. 그 다음 (　　　　　)를 이용하여 원시 프로그램을 목적 프로그램으로 변경한다. 마지막으로 (　　　　　)를 이용하여 목적 프로그램과 라이브러리를 연결하여 실행 프로그램으로 변경한다.

(연습문제 1-2) Visual Studio 개발환경에서 C언어를 이용한 프로그램 개발을 위한 순서를 나열하고 설명하시오.

ⓐ 프로젝트 및 소스파일의 생성
ⓑ 소스파일에 프로그램 코드 입력
ⓒ 프로그램의 실행
ⓓ 프로그램의 컴파일 및 링크

(　　　　　) - (　　　　　) - (　　　　　) - (　　　　　)

CHAPTER 02

C언어의 기본 구성 요소

2.1 C언어 프로그램의 기본 형태

1장에서 C언어를 이용한 간단한 출력 프로그램을 보았다. C언어는 함수 기반의 프로그램으로, 반드시 하나 이상의 함수를 포함하며, main이라는 이름의 함수로 시작한다. 함수는 독립작업을 수행하도록 하는 기본 수행 단위이며, 하나 이상의 문장으로 구성된다. 함수에 대한 자세한 내용은 7장에서 설명한다.

main이라는 이름의 함수는 프로그램의 시작점을 나타내며, 프로그램 내에 반드시 하나만 포함해야 한다. main 함수가 프로그램 내에 없을 때에는 프로그램을 시작할 수 없기 때문에 컴파일 시에 에러가 발생하며, main 함수가 두 개 이상일 경우에는 어느 main 함수를 프로그램의 시작점으로 할지 알 수 없기 때문에 컴파일 시에 에러가 발생한다. 함수는 C언어에서 제공하는 시스템 제공 함수와, 사용자가 직접 작성한 사용자 정의 함수로 나눌 수 있다. 만일 사용자가 프로그램을 작성할 때 원하는 함수가 C언어에서 이미 제공하고 있으면 시스템 제공함수를 사용하며, C언어에서 제공하지 않을 때에는 사용자가 직접 함수를 작성해야만 한다. 즉, C언어를 이용하여 프로그램을 작성한다는 것은 main 함수를 만들고, 여러 작업을 수행하는 코드를 작성한다는 의미이다. main 함수 내부에는 시스템 함수가 포함될 수 있으며, 혹은 사용자가 외부에서 정의한 함수를 호출할 수도 있다. 아래의 [예제 2-1]은 C언어 프로그램의 전체적인 구조를 보이기 위한 것이며, 이후의 내용은 [예제 2-1]을 기준으로 설명한다.

[예제 2-1] C언어를 이용한 간단한 계산 프로그램

```c
/*
        Example 2-1
        C언어를 이용한 간단한 계산 프로그램
*/

#include <stdio.h>  /* 전처리기 : 표준 입출력 함수 사용을 위해 반드시 필요 */

int main(void)                  // 프로그램의 시작점
{
        int value1;                     // 첫 번째 값을 저장하기 위한 변수
        int value2;                     // 두 번째 값을 저장하기 위한 변수
        int sum;                        // 더한 결과를 저장하기 위한 변수

        value1 = 10;                    // 변수에 첫 번째 값 대입
        value2 = 20;                    // 변수에 두 번째 값 대입
        sum = value1 + value2;          // 두 수를 더한 결과값을 대입

        printf("\n\n======== Example 2-1 Start ========\n\n");

        printf("10에다 20을 더하면 %d입니다.\n\n", sum);  // 결과를 화면에 출력

        printf("\n\n======== Example 2-1 End ========\n\n");

        return 0;               // 함수의 종료
}
```

```
C:\WINDOWS\system32\cmd.exe

======== Example 2-1 Start ========

10에다 20을 더하면 30입니다.


======== Example 2-1 End ========

계속하려면 아무 키나 누르십시오 . . .
```

(그림 2-1) [예제 2-1]의 실행 결과

[예제 2-1]은 변수를 생성한 후 변수에 값을 대입하고 두 수를 더한 후 값을 출력하는 간단한 예제이다. 프로그램은 main 함수에서 그 작업을 시작하며, main 함수가 종료되면 프로그램 역시 종료된다. [예제 2-1]의 전체적인 프로그램 구조는 (그림 2-2)와 같다.

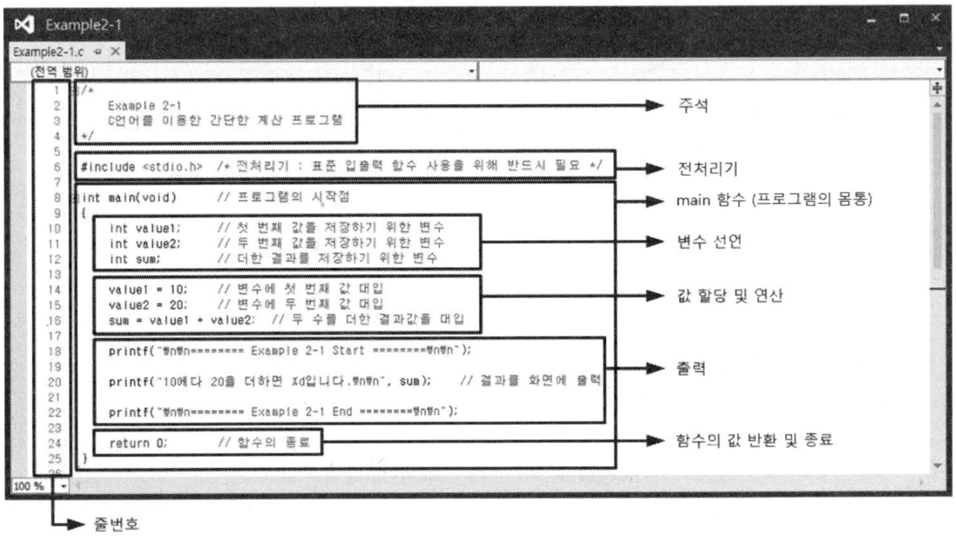

(그림 2-2) [예제 2-1]의 전체적인 프로그램 구조

(그림 2-2)에서 보이는 줄 번호는 프로그램에 영향을 미치지 않는 코드를 편하게 보기 위한 표시이다. 개발환경에서 줄번호를 보기 위해서는 (그림 2-3)과 같이 [도구] - [옵션] - [텍스트 편집기] - [C/C++] - [일반] 항목에서 [줄 번호] 항목을 체크한다.

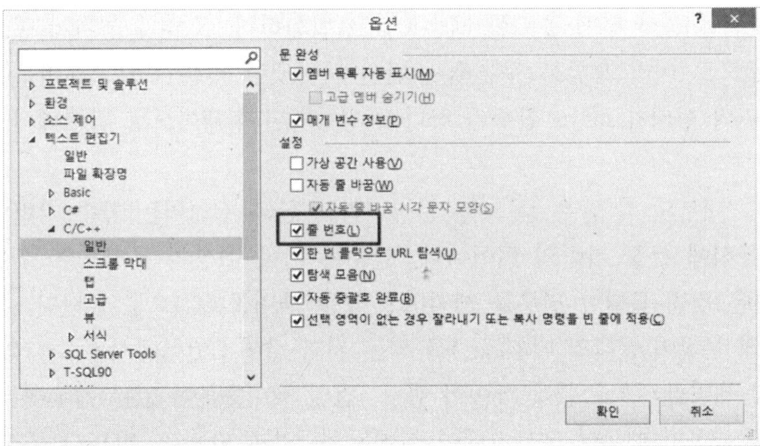

(그림 2-3) 개발 환경에서 줄 번호를 표시하기 위한 옵션

프로그램은 전체적인 구조로 보면 주석, 전처리기, main 함수로 이루어져 있고, main 함수는 변수의 선언, 값 할당 및 연산, 출력, 종료로 이루어져 있다. 이 중 함수 자체는 7장 함수 부분에서 자세히 설명하며, 일단은 (그림 2-4)와 같은 형식으로 이루어져있다고 이해하고 넘어간다.

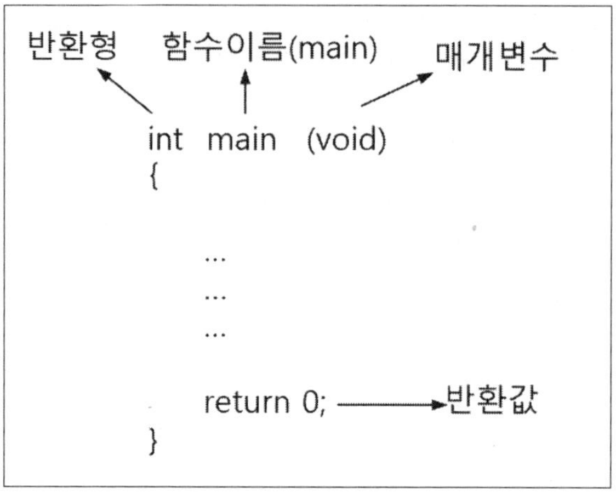

(그림 2-4) main 함수의 형태

(그림 2-4)에서 반환형 int는 main 함수가 종료될 때 사용자가 얻을 수 있는 값의 형태이며, 매개변수 (void)는 main 함수를 실행할 때 넘겨주는 값이다. 넘겨주는 값이 없을 때 소괄호 내부의 void는 생략 가능하지만, 많은 C언어 프로그래머들은 void를 넣어줌으로써 넘겨주는 매개변수가 없다는 것을 표기한다. 중괄호({ })로 둘러싸인 곳이 실제 main 함수의 내용 부분이 되며, return 0; 문장을 만나면 main 함수가 종료한다. 이 때 return 0의 의미는 "함수가 종료될 때 0 값을 반환해라"라는 뜻이다. 일반적으로 main 함수의 정상적인 동작 후에 종료할 때는 0값을 반환하며, 오류가 생겨서 종료할 때에는 0이 아닌 값으로 여러 오류를 구분해서 반환하는 것이 많은 프로그래머들이 사용하는 방법이다. 위의 형태가 main 함수의 하나의 정형화된 형태이므로 암기해서 사용하도록 한다.

main 함수 내부의 각 줄은 문 또는 문장이라고 한다. C언어는 함수 기반의 프로그램 언어이며, 동시에 문장 기반의 언어이다. 함수는 하나 이상의 문장으로 구성되어 있으며, 각 문장은 몇몇 특별한 경우를 제외하고 모두 세미콜론(;)으로 끝난다. 우리가 글을 쓸 때 하나의 문장이 끝나면 마침표(.)를 찍는 것과 같이 C언어에서는 하나의 문장이 끝나면 반드시 세미콜론으로 끝을 맺어야 한다. 만일 세미콜론이 없는 경우에는 컴파일 시에 에러가 발생하기 때문에 프로그램이 실행될 수 없게 되므로, 반드시 문장 끝에는 세미콜론을 이용해서 문장의 끝임을 표기한다.

2.2 주석

주석은 프로그램 내부에 프로그래머가 메모를 삽입하고자 할 때 사용하는 요소이다. 주석은 일종의 메모 역할이기 때문에 프로그램의 실행 결과에 전혀 영향을 미치지 않으며, 컴파일러는 주석을 일반 공백으로 인식하고 처리한다. 주석은 프로그램의 코드에 영향을 주지 않기 때문에 반드시 필요한 것은 아니지만, 좋은 프로그램은 가급적 주석을 코드에 삽입하여 프로그램의 가독성을 높일 필요가 있다. C언어를 이용하여 프로그램을 작성할 때, 많은 경우에서 여러 사람이 함께 코드를 작성하는 경우가 많다. 이럴 때 다른 사람이 작성한 코드의 내용을 따로 분석하는 것에는 상당한 시간이 필요하다. 만일 주석을 자세히 포함했다면, 코드를 분석하는 사람에게 많은 도움을 줄 것이다. 또한 본인이 작성한 코드를 시간이 지나서 다시 볼 때에도 주석은 유용하다. 자신이 작성한 코드라고 하더라도 나중에 보게 된다면 그 코드 역시 다시 분석이 필요하며, 이 때에도 주석은 많은 도움이 된다. 즉, 주석은 프로그램을 분석하는 사람에게도 도움을 주고, 프로그램을 작성한 자신에게도 도움을 주는 코드 내에서의 필수 불가결한 요소이다. C언어에서 주석을 다는 방법은 블록 단위 주석과 행 단위 주석이 있다.

2.2.1 블록 단위 주석

C언어에서 주석을 다는 첫 번째 방법은 주석의 처음과 끝을 표기하는 블록 단위 주석이다. 블록 단위 주석은 "/*"로 시작하여, "*/"로 끝난다. [예제 2-1]의 1번 행부터 4번 행까지의 줄에는 블록 단위 주석이 표기되어 있다.

```
/*
        Example 2-1
        C언어를 이용한 간단한 계산 프로그램
*/
```

위의 네 줄은 실제 프로그램의 실행 결과에서도 전혀 영향을 주지 않은 것을 확인할 수 있다. 또한 블록 단위 주석은 6번 행과 같이 한 줄로도 표기가 가능하다.

```
#include <stdio.h>     /* 전처리기 : 표준 입출력 함수 사용을 위해 반드시 필요 */
```

블록 단위 주석에서 주의할 사항은 주석이 중첩으로 될 수 없다는 것이다. 다음의 예를 살펴보자.

```
1 /*
2         /* Example 2-1 */
3         C언어를 이용한 간단한 계산 프로그램
4 */
```

1행의 "/*"로 주석은 시작된다. 주석의 끝은 "*/"를 만날 때 까지 유지된다. 따라서 2행의 "*/"를 만날 때 까지 주석이 유지되며, 2행 앞부분의 "/*"는 이미 주석으로 만들어진 상태이기 때문에 주석 표시가 될 수 없다. 결과적으로 위의 주석은 3행과 4행이 주석으로 처리되지 못하며, 특히 4행의 "*/"는 잘못된 주석의 끝으로 해석되어 컴파일 시에 에러를 발생하게 된다. Visual Studio를 이용한 C언어 개발 환경에서는 실제 주석이 정상적인지를 확인하기 위해서 주석이 표기된 부분의 글자 색을 보면 쉽게 알 수 있다. 아무런 옵션을 만지지 않은 기본 환경일 때 Visual Studio에서는 주석이 녹색 글자로 표기되므로, 만일 녹색이 아니면 주석을 잘못 달았는지 의심해 보아야 한다.

2.2.2 행 단위 주석

과거의 C언어에서는 행 단위 주석을 추가할 때 블록 단위 주석을 이용하였다. 그러나 최근의 C언어에서는 C++언어 및 다른 언어와 마찬가지로 행 단위 주석을 별도로 지원한다. 행 단위 주석을 넣는 방법은 [예제 2-1]의 10번 행과 같이 "//"(더블 슬래시)를 이용한다.

```
int value1;                    // 첫 번째 값을 저장하기 위한 변수
```

이처럼 행 단위 주석은 "//"를 만나면 이후의 모든 문장은 주석으로 처리된다. 그리고 행을 다음으로 넘기면 주석이 해제가 된다. 만일 블록 단위 주석에서 주석을 중첩으로 표현하고 싶으면 다음과 같이 행 단위 주석을 이용하여 표현도 가능하다.

```
/*
        // Example 2-1
        C언어를 이용한 간단한 계산 프로그램
*/
```

주석은 프로그램의 가독성을 높여서 생산성을 증가시키는데 그 목적이 있다. 주석을 프로그램에 넣는 방법은 다양하며, 특별한 기준은 없다. 그러나 많은 프로그래머들이 프

로그램을 작성하기 전에 주석을 이용하여 프로그램의 코드에 대한 설명을 넣는다. [예제 2-1]에서는 각각의 문장에 주석을 넣어서 복잡하게 보이는 면이 있다. 주석은 간결하고 명료해야 한다. 여기서는 주석에 대한 설명을 하기 위하여 조금 과하게 넣은 것이니, 실제 주석을 코드에 포함할 때에는 필요한 곳에만 자세한 설명으로 주석을 넣는 습관을 기르는 것이 좋다.

2.3 전처리기

전처리기는 그 이름에서 알 수 있듯이 C언어 컴파일러가 컴파일하기 전에 미리 처리해야 하는 부분을 의미한다. 모든 전처리기는 "#"이라는 문자로 시작하고 컴파일 전에 처리하기 때문에 main 함수의 위, 즉 코드의 가장 윗부분에 넣는 것이 일반적이다. 대표적인 전처리기에는 include와 define 등이 있으며, 반드시 "#" 기호와 include 등의 사이에는 공백이 없어야 한다. 전처리기에 대한 자세한 것은 14장에서 설명하며, 여기서는 앞으로 프로그램을 작성하는데 꼭 필요한 부분인 include에 대해서만 간단히 설명한다. include를 사용한 전처리기는 [예제 2-1]의 6번 행에 포함되어 있다.

```
#include <stdio.h>        /* 전처리기 : 표준 입출력 함수 사용을 위해 반드시 필요 */
```

include라는 영어 단어에서도 알 수 있듯이 "#include <stdio.h>"라는 문장은 "stdio.h 라는 파일을 포함하라"는 의미이다. "stdio.h" 파일은 "STanDard Input Output"의 약자로 표준입출력을 의미한다. 앞에서도 설명을 한 바와 같이 C언어는 간결한 언어이기 때문에 언어 자체의 기능에는 입출력과 관련된 사항이 없다. 따라서 C언어 표준 기구에서는 입력과 출력을 위한 표준 함수를 제공하며, 이 함수들은 "stdio.h"라는 파일에 포함되어 있다. 확장자가 "h"인 파일은 헤더 파일이라고 하며, 함수의 원형이 포함되어 있는 파일이다. 함수의 원형과 관련된 내용은 7장 함수에서 자세히 설명한다. 표준입출력이라는 것은 프로그램과 컴퓨터의 입력과 출력 장치와의 관계를 나타내는 것이다. 즉 키보드로부터 입력을 받거나, 모니터로 출력할 때 등의 입출력과 관련된 사항을 관리하는 함수들이 포함되어 있다. [예제 2-1]에서는 출력과 관련된 함수가 사용되었으며, 그 함수는 18번째 항에 있는 "printf"이다. "printf"에 대해서는 뒤에서 자세히 설명하며, 일단 "printf"라는 함수를 사용하기 위해서 "#include <stdio.h>"라는 문장으로 전처리기를 이용하여 파일을 포함시켰다고 이해하도록 한다.

2.4 변수의 선언

C언어를 비롯하여 모든 프로그래밍언어를 이용하여 프로그램을 만든다는 것은 컴퓨터에게 특정한 작업을 시키기 위해서이다. 이러한 작업은 어떤 값을 더하거나 빼는 등의 계산 작업 뿐만 아니라, 화면에 그림을 그리거나, 통신을 하는 등의 우리 일상생활에 필요한 대부분의 것들이 포함된다. 컴퓨터 프로그램은 작업을 위하여 인간이 지시한 대로 숫자와 문자 같은 자료를 처리하여 인간을 도와준다. 이렇게 자료를 처리하는 동안 특정 데이터를 일시적으로 저장하는 장소를 변수라고 한다. 컴퓨터는 변수를 이용해서 자료를 저장하고, 저장한 자료를 읽으며, 필요에 따라 저장된 값을 변경하기도 한다. 반면 컴퓨터 프로그램이 실행되는 동안 변하지 않는 자료를 상수라고 한다. 변수와 상수에 대해서는 3장에서 자세히 설명한다.

C언어에서의 모든 변수는 변수의 형태(자료형)과 변수의 이름을 함수의 시작에서 선언해야 한다. 변수를 선언하는 이유는 프로그램 내에서 사용되는 데이터를 그 크기에 맞게 최적화하여 메모리를 절약하고, 프로그램을 최적으로 컴파일하기 위해서이다. 또한, 변수명을 선언함으로써 다른 변수를 임의로 사용하는 것을 막아 프로그램의 오류를 방지할 수도 있다. [예제 2-1]의 10행부터 12행까지는 변수를 선언한 것을 보여준다.

```
int value1;              // 첫 번째 값을 저장하기 위한 변수
int value2;              // 두 번째 값을 저장하기 위한 변수
int sum;                 // 더한 결과를 저장하기 위한 변수
```

3장에서 자세히 다루겠지만, 위의 문장은 value1, value2, sum이라는 이름의 정수형 변수 세 개를 선언한 것이다. 여기서 "int"는 정수의 형태를 나타내며, value1은 정수형 변수의 이름을 나타낸다.

2.5 수식과 연산

변수의 생성 과정을 거치면 이제 변수를 이용해서 다양한 작업을 시도할 수 있다. 변수는 어떤 데이터를 저장할 수 있는 공간이기 때문에, 변수를 이용해서 작업을 수행하기 전에 반드시 변수 안에 값을 넣어 줄 필요가 있다. 예를 들어, 사과 상자에 사과가 50개가 들어있다고 가정하자. 상자에 사과 50개를 넣는 과정을 프로그래밍하려면 어떻게 해

야 할까? 상자에 사과를 넣는 과정을 변수에 데이터를 넣는 과정으로 생각하면 된다. 변수에 데이터를 넣는 방법은 C언어에서는 대입 연산자 "="를 이용한다. [예제 2-1]의 14번 행과 15번 행은 대입 연산자를 이용하여 변수에 데이터를 넣는 예이다.

```
value1 = 10;        // 변수에 첫 번째 값 대입
value2 = 20;        // 변수에 두 번째 값 대입
```

위의 문장과 같이 대입 연산자를 이용하여 변수에 값을 대입하면, value1의 변수에는 10의 값이 value2의 변수에는 20의 값이 저장된다. 즉, 대입 연산자 "="의 왼쪽은 데이터가 들어가는 공간인 변수가 되며, 오른쪽은 데이터의 값이 되는 것이다.

대입 연산자를 이용하여 변수에 값을 저장하면, 이제부터 그 변수를 이용해서 값을 변경시킬 수 있다. C언어에서 값을 변경할 때 사용하는 연산자는 우리가 수학 기호로 익히 알고 있는 더하기("+"), 빼기 ("-"), 곱하기("*"), 나누기("/")를 비롯하여 많은 연산자가 있다. 이러한 연산자는 프로그래밍언어에서 산술 연산자라고 하며, 대입 연산자와 산술 연산자를 포함한 많은 연산자와 관련된 사항은 4장에서 자세히 설명한다.

우선 산술 연산자를 이용해서 간단한 덧셈 연산을 한 예는 [예제 2-1]의 16번 행에 있다.

```
sum = value1 + value2;    // 두 수를 더한 결과값을 대입
```

위의 문장은 총 3개의 변수와 두 개의 연산자로 구성된 하나의 식이며, 문장이다. 이 중 sum이라는 변수는 덧셈의 결과값이 저장될 변수이다. value1과 value2는 value1에 저장되어 있는 10이라는 값이고, value2에 저장되어 있는 20이라는 값이라는 의미로 sum과 조금은 다르다. 즉 대입 연산자의 왼쪽에 있는 변수는 "데이터가 저장될 공간"의 의미이며, 대입 연산자의 오른쪽에 있는 변수는 "변수에 저장되어 있는 데이터"라는 의미이다. 따라서 위의 문장은 "value1에 저장되어 있는 10과 value2에 저장되어 있는 20을 더해서 sum이라는 이름의 변수에 저장하라"라는 의미의 문장이 된다.

2.6 자료의 입출력

C언어를 이용하여 연산의 결과값을 얻은 후에는 그 결과를 화면에 출력해야만 한다. 만일 연산의 결과만 구하고 난 후 출력을 하지 않으면 무슨 소용이 있겠는가. 마치 어린 아이가 "10 더하기 20은 얼마야?"라고 물어봤을 때 머리 속에서만 "30"이라고 계산하고, 그 답을 아이에게 알려주지 않은 것과 같다.

C언어는 자료의 출력을 위하여 별도의 함수를 제공한다. 또한 자료의 입력을 위해서도 별도의 함수를 제공한다. [예제 2-1]에서는 value1이라는 변수에 10, value2라는 변수에 20이라는 값을 대입 연산자를 이용해서 저장하였다. 그러나 만일 100에 200을 더하려면 어떻게 해야 할까? [예제 2-1]의 코드를 이용하여 다시 코드를 작성하고, 컴파일을 다시 하여 실행해야 할 것이다. 이것은 비효율적인 일이기 때문에 C언어는 사용자에게 그 값을 입력받아 변수에 저장하는 함수도 역시 제공한다. 2.3절의 전처리기에서 설명한 바와 같이 입출력을 수행하기 위해서는 "stdio.h" 파일을 포함해야만 한며, "#include 〈stdio.h〉"의 형식으로 포함한다. 표준입출력과 관련된 함수는 여러 가지가 있지만 여기서는 printf 함수를 이용하여 화면에 출력하고, scanf 함수를 이용하여 키보드로부터 값을 입력받는 방법에 대하여 설명한다.

2.6.1 printf 함수를 이용한 자료의 화면 출력

C언어에서는 상수, 변수 등을 출력하기 위하여 printf 함수를 제공한다. 이 함수는 시스템에서 제공하는 표준입출력 라이브러리에서 제공하는 함수로 반드시 "stdio.h" 헤더 파일을 포함해야만 한다. [예제 2-1]에는 printf 함수를 이용하여 문자열(문자들의 집합)과 변수의 값을 출력하는 예가 포함되어 있다. [예제 2-1]에서 행 18, 행 22는 문자열을 출력하는 예이며, 행 20은 문자열과 함께 변수의 값을 출력하는 예이다.

```
printf("\n\n======== Example 2-1 Start ========\n\n");
printf("10에다 20을 더하면 %d입니다.\n\n", sum);        // 결과를 화면에 출력
printf("\n\n======== Example 2-1 End ========\n\n");
```

printf 함수를 이용하면 다양한 형태로 화면에 출력이 가능하다. 만일 단순한 문자열을 출력하고자 한다면 18번째 행이나 20번째 행과 같이 printf 함수 내부에 따옴표("")로 이루어진 문자열을 넣으면 된다. 만일 상수 또는 변수의 값을 출력하려면 printf 함수

내부의 따옴표로 이루어진 문자열에 "형식 지정자"를 넣어서 변수의 값을 출력한다. 〈표 2-1〉은 printf 함수의 다양한 형식을 나타낸다.

〈표 2-1〉 printf 함수의 형식

의미	형식 / 예
문자열의 출력	printf("문자열");
	printf("Hello");
문자열 및 변수 또는 상수의 출력	printf("문자열 및 형식 지정자", 변수 또는 상수);
	printf("a = %d", 10); printf("height = %d", value1);
문자열 및 표현식의 결과값 출력	printf("문자열 및 형식 지정자", 표현식);
	printf("sum = %d", value1 + value2);
문자열 및 여러 변수, 상수, 표현식 결과 출력	printf("문자열 및 형식 지정자", 변수1, 변수2, ...);
	printf("%d + %d = %d", sum, value1, value2);

일반 문자열이 아닌 변수 또는 상수가 포함된 내용을 출력하고자 할 때의 형식 지정자는 〈표 2-1〉의 예에서 보는 것과 같이 "%"로 시작한다. 예에서의 "%d"는 10진 정수로 출력하고자 할 때 이용되며, printf("a = %d", 10);이라는 문장은 a = 10이라는 결과값을 화면에 출력한다. 이 때 실제 출력될 때에는 "%d"가 화면에 출력되는 것이 아니라 그 위치에 따옴표 뒤에 있는 변수 또는 상수의 값이 출력된다. 〈표 2-2〉는 C언어에서 많이 사용하는 형식 지정자와 출력 결과를 나타낸다.

〈표 2-2〉 C언어에서 많이 사용하는 형식 지정자

형식 지정자	의미	예	출력결과
%d	10진 정수로 출력	printf("%d", 10);	10
%x, %X	16진수로 출력	printf("%x", 10); printf("%X", 10);	a A
%o, %O	8진수로 출력	printf("%o", 10);	12
%f	실수로 출력	printf("%f", 3.14);	3.14
%c	문자로 출력	printf("%c", a);	a
%s	문자열로 출력	printf("%s", "Hello");	Hello

만일 한 줄에 여러 변수를 출력하고자 할 때에는 형식 지정자를 차례로 써 주며, 형식

지정자의 순서에 맞게 따옴표 뒤에 변수 또는 상수를 넣어줌으로써 출력할 수 있다. 이때 형식 지정자의 개수와 따옴표 뒤의 개수는 반드시 일치해야 하며, 형식 지정자의 출력 데이터 형태와 따옴표 뒤의 변수의 자료형은 반드시 일치해야만 한다. 다음의 예는 정수와 실수를 하나의 문장에 동시에 출력한 것이다.

```
<예>
printf(“a = %d, pi = %f”, 10, 3.14);

<결과>
a = 10, pi = 3.14
```

C언어를 이용하여 화면에 출력하고자 할 때, 키보드에는 키가 있으나 실제 화면에서는 키를 표현할 수 없는 경우가 있다. 예를 들어 키보드의 “Enter” 키는 문서 편집 화면 등에서 한 줄을 내리는 역할을 한다. 그러나 이 키를 코드로 표현하려면 printf 함수 내에서 표현하기가 어렵다. 이처럼 키보드에 있는 다양한 키를 표현하기 위해서 C언어에서는 탈출 기법(escape sequences)라는 문자열 표현 방법을 제공한다. [예제 2-1]의 출력 문장 중 하나를 살펴보면 탈출 기법을 사용한 것을 알 수 있다.

```
printf("======== Example 2-1 Start ========\n\n");
```

위의 예는 [예제 2-1]의 18번째 행의 문장이다. 문장의 출력 부분 마지막에 “₩n”으로 표현된 것이 있다. C언어에서 “₩n”은 화면 혹은 문서 파일 내에서 “Enter” 키를 누른 것과 같은 역할을 하여, “한 줄 아래로 내려라”라는 의미이다. 이처럼 “₩”(역슬래시)로 시작하는 문자는 탈출 기법에 이용되는 문자이며, 키보드에는 “ ” 키를 누르면 표현할 수 있다. “ ” 키는 한국어 지원 키보드 및 글꼴에만 있으며, 만일 영문만 지원하는 키보드 및 글꼴에는 “₩”로 표현된다. 또한 “/”(슬래시)와 다른 키이니 혼동하지 말자. 〈표 2-3〉은 C언어에서 자주 사용하는 탈출 문자를 나타낸다.

〈표 2-3〉 C언어에서의 탈출 문자

문자 이름	표현	의미
개행문자	₩n	다음 줄로 이동 (Enter 키)
수평탭	₩t	다음 탭으로 이동 (Tab 키)
큰따옴표	₩“	따옴표 문자

문자 이름	표현	의미
작은따옴표	₩'	작은따옴표 문자
역슬래시	₩₩	역슬래시 문자
퍼센트	%%	퍼센트 문자

〈표 2-3〉에서 큰따옴표, 작은따옴표, 역슬래시에 주의하자. 큰따옴표 및 작은따옴표가 탈출 문자로 있는 이유는 printf 함수 내에서 따옴표가 출력해야 하는 부분이기 때문이다. 따라서 따옴표 자체를 출력하려면 탈출 문자를 이용해서 출력해야만 한다. 또한 역슬래시가 따옴표 내에 있으면 그 다음의 문자는 자동으로 탈출 문자로 인식하기 때문에 역슬래시가 출력되지 않는다. 이를 방지하기 위해서 역슬래시 자체를 출력하기 위해서는 "₩₩"를 이용해서 출력해야 한다. 그리고 퍼센트 문자(%)는 그 다음의 문자를 포함하여 형식 지정자로 이용되기 때문에 퍼센트 문자 자체를 출력하기 위해서는 "%%"를 사용한다. [예제 2-2]는 탈출 문자를 이용한 출력의 예이다.

[예제 2-2] 탈출 문자를 이용한 출력 프로그램

```
/*
Example 2-2
탈출 문자를 이용한 출력 프로그램
*/

#include <stdio.h>

int main(void)
{
		printf("\n\n======== Example 2-2 Start ========\n\n");

		printf("대한민국\n");
		printf("\"대한민국\"\n");
		printf("\'C\'언어\n");
		printf("\t 탭 문자\n");
		printf("\\ 역슬래시 문자\n");

		printf("\n\n======== Example 2-2 End ========\n\n");

		return 0;
}
```

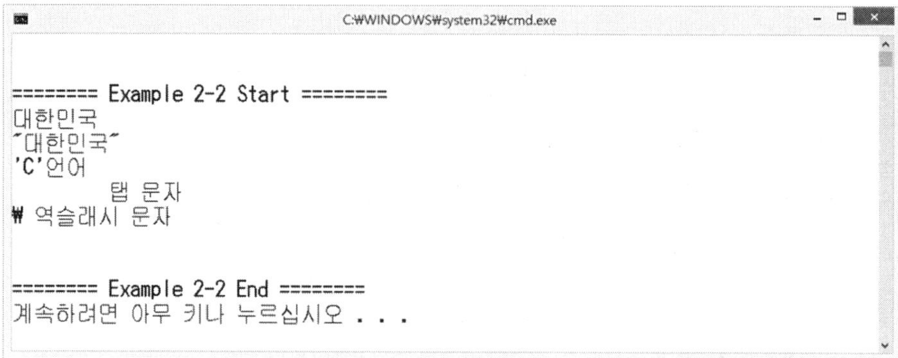

(그림 2-5) [예제 2-2]의 결과

2.6.2 scanf 함수를 이용한 자료의 입력

[예제 2-1]은 두 수를 더하는 간단한 프로그램이지만, 만일 더하는 값을 변경하고자 할 때에는 코드 자체를 수정해야만 한다. 이러한 불편한 점을 방지하기 위해서 C언어에서는 키보드로부터 사용자가 값을 입력할 수 있도록 지원하고 있으며, 대표적으로 scanf 함수가 있다. scanf 함수를 이용하면 키보드로부터 다양한 값을 입력받을 수 있으며, 그 사용 방법은 printf 함수와 비슷하다. scanf 함수 역시 printf 함수와 마찬가지로 "stdio.h" 파일을 사용하기 전에 소스에 포함해야만 한다. 아래의 예는 scanf 함수를 이용하여 정수값을 입력받는 방법을 보여준다.

```
scanf("%d", &value1);
```

scanf 함수 내부의 따옴표 부분이 실제 입력 받는 방식을 나타낸다. "%d"는 printf 함수의 형식 지정자와 동일하며, 따라서 정수형 값을 입력받게 된다. 따옴표 뒤의 value1은 입력받은 값이 들어갈 공간으로 정수형 값을 넣을 수 있는 변수이어야 한다. 이 때 value1 앞에 "&" 문자가 있음에 유의한다. 여기서 "&"는 변수의 위치를 나타내며, 10장 포인터에서 자세히 설명한다. 일단 여기서는 scanf 함수를 이용할 때 변수 앞에 반드시 "&"를 붙인다고만 기억하기 바란다. 만일 두 개 이상의 값을 입력받고자 할 때는 printf 함수와 마찬가지로 따옴표 내에 두 개 이상의 형식 지정자를 적고, 따옴표 이후에 해당하는 값과 일치하는 형태의 변수를 적어주면 된다.

```
scanf("%d %f", &iValue, &fValue);
```

위의 예에서 "%d"는 정수형을 사용할 때 쓰고, "%f"는 실수형을 사용할 때 쓰기 때문에, iValue는 정수형 변수이며, fValue는 실수형 변수이다. 키보드로부터 입력할 때에는 스페이스바, 탭(Tab)키 또는 엔터(Enter)키를 이용해서 두 변수를 구분하여 입력할 수 있다. [예제 2-3]은 [예제 2-1]을 변경하여 키보드로부터 입력받은 수를 더하는 프로그램이다.

[예제 2-3] 키보드로부터 입력받은 두 수를 더하는 프로그램

```
/*
Example 2-3
키보드로부터 입력받은 두 수를 더하는 프로그램
*/

#include <stdio.h>

int main(void)
{
	int value1;
	int value2;
	int sum;

	printf("\n\n======== Example 2-3 Start ========\n\n");

	printf("두 수를 입력하세요 : ");
	scanf("%d %d", &value1, &value2);

	sum = value1 + value2;

	printf("%d + %d = %d\n", value1, value2, sum);

	printf("\n\n======== Example 2-3 End ========\n\n");

	return 0;
}
```

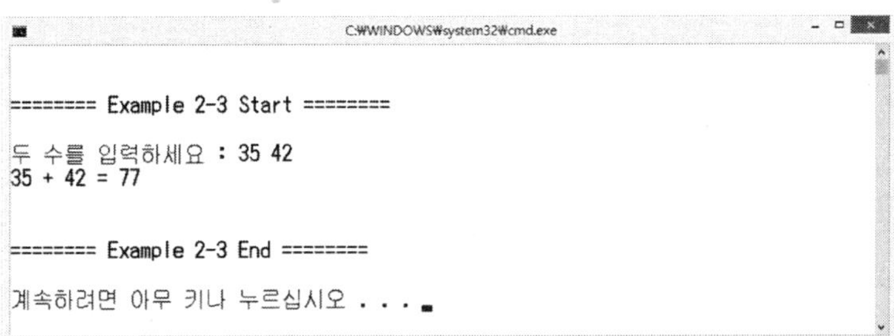

(그림 2-6) [예제 2-3]의 결과

Visual Studio .net에서는 scanf 함수를 사용하기 위하여 별도의 작업을 처리해야 한다. (그림 2-7)과 같이 [프로젝트] 메뉴 - [속성]을 선택한 후 나오는 속성 페이지를 실행시킨다. 그리고 [구성 속성] - [C/C++] - [전처리기]를 선택한 후 전처리기 정의에서 _CRT_SECURE_NO_WARNINGS를 추가한다.

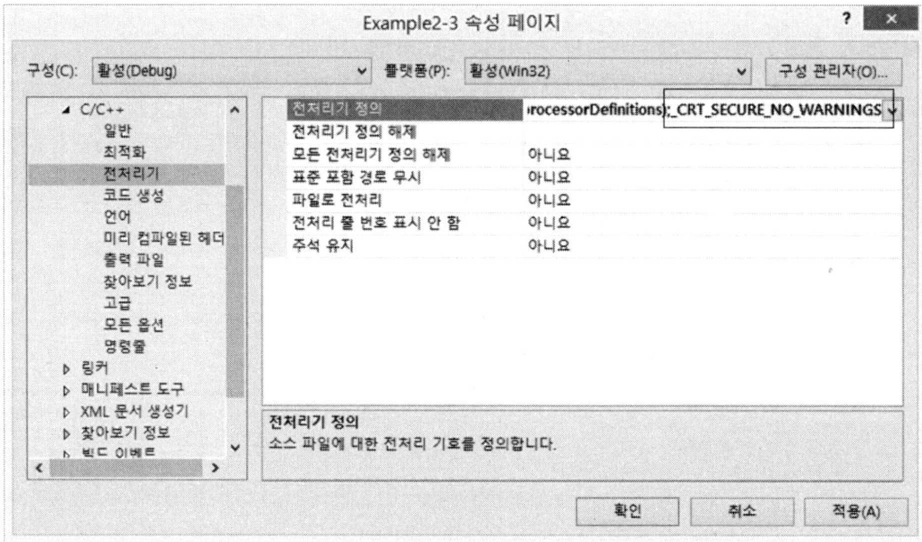

(그림 2-7) scanf 함수를 사용하기 위한 프로젝트 속성 변경

2.7 연습문제

(연습문제 2-1) 다음 괄호 부분을 채우시오

① C언어를 이용한 프로그램은 (　　　)로 시작하여 (　　　)로 끝나는 부분은 컴파일하지 않고 주석처리를 한다.

② (　　　　)함수는 화면에 메시지를 출력하는 함수이다.

③ (　　　　)함수는 키보드로부터 자료를 입력받기 위하여 사용하는 함수이다.

④ C언어에서 문과 문을 구분하기 위하여 (　　　　)을 사용한다.

(연습문제 2-2) 다음의 문장 중 틀린 것들을 고르고 이유를 설명하시오.

① 주석처리는 프로그램의 실행에는 아무런 영향을 미치지 않으며, 코드에 대한 부연 설명으로 사용되며 프로그래머의 이해를 돕기 위하여 사용한다.

② C언어를 이용한 프로그램에서 모든 변수는 자료형과 변수명을 함수의 끝에서 선언한다.

③ scanf 함수에서 입력받을 변수명 앞에 %를 두어야 한다.

④ C언어를 이용한 프로그램은 main 함수의 시작 부분에서 프로그램이 시작한다.

(연습문제 2-3) printf 함수에 관한 설명에서 다음 괄호 부분을 채우시오.

① 정수형을 10진수로 표현하는 형식 지정자는 (　　　)이다.

② 정수형을 16진수로 표현하는 형식 지정자는 (　　　)이다.

③ 실수형을 표현하는 형식 지정자는 (　　　)이다.

④ 문자형을 표현하는 형식 지정자는 (　　　)이다.

⑤ 문자열을 표현하는 형식 지정자는 (　　　)이다.

⑥ 문자열의 표현에서 키보드에 의하여 표현할 수 없는 문자들은 (　　)라고 하며, 역슬래시 문자상수 (　　)를 이용하여 입력된다.

(연습문제 2-4) printf 함수에서 "new line"을 출력하기 위한 형식은?

① ₩n　　　② ₩t　　　③ ₩0　　　④ %n

(연습문제 2-5) printf 함수에서 "%"를 출력하기 위한 형식은?

① ₩% ② %% ③ %₩ ④ ₩₩

(연습문제 2-6) 다음 프로그램을 컴파일하면 문제가 발생한다. 그 이유는?

```
#include <stdio.h>

int main(void)
{
        int iValue1, iValue2;

        iValue1 = 20;
        iValue2 = 30;
        iSum = iValue1 + iValue2;

        printf("%d + %d = %d", iValue1, iValue2, iSum);

        return 0;
}
```

(연습문제 2-7) 다음 프로그램을 수행하면 문제가 발생한다. 그 이유는?

```
#include <stdio.h>

void main()
{
        float fValue1, fValue2, fSum;

        printf(" 두 수를 입력 하세요 : ");
        scanf("%f %f", fValue1, fValue2);

        fSum = fValue1 + fValue2;
        printf(" %f + %f = %f \n", fValue1, fValue2, fSum);

        return 0;
}
```

(연습문제 2-8) 다음 프로그램의 실행 결과는?

```
#include <stdio.h>

int main(void)
{
          int iValue1, iValue2, iResult;

          printf("\n\n======== Problem 2-8 Start ========\n\n");

          iValue1 = 20;
          iValue2 = 30;
          iResult = iValue1 * iValue2;

          printf(" %d + %d = %d \n", iValue1, iValue2, iResult);

          printf("\n\n======== Problem 2-8 End ========\n\n");

          return 0;
}
```

(연습문제 2-9) 다음 프로그램의 결과는?

```
#include <stdio.h>

int main(void)
{
          float fValue1, fValue2, fResult;

          printf("\n\n======== Problem 2-9 Start ========\n\n");

          fValue1 = 987.654321;
          fValue2 = 123.456789;

          fResult = fValue1 - fValue2;

          printf(" \t %7.3f + %7.3f = %7.3f \n", fValue1, fValue2, fResult);

          printf("\n\n======== Problem 2-9 End ========\n\n");

          return 0;
}
```

(연습문제 2-10) 다음 프로그램의 실행 결과는?

```
#include <stdio.h>

int main(void)
{
	printf("\n\t ===== program \\\\ %% %% start ===== \n\n");

	return 0;
}
```

C/H/A/P/T/E/R 03

기본 자료형

C언어를 이용하여 컴퓨터 프로그래밍을 한다는 것은 사람이 해야 할 일을 컴퓨터를 이용하여 대신하기 위함이다. 사용자가 컴퓨터에게 일을 시킨다는 것은 컴퓨터와 대화하는 것과 같다. 우리가 실제로 대화를 사용할 때 언어를 쓰듯이, 컴퓨터와 대화할 때도 언어를 사용한다. 미국 사람과 대화할 때는 영어를 쓰고, 일본 사람과 대화할 때는 일본어를 쓰듯이, 컴퓨터와 대화할 때는 컴퓨터가 알아듣는 언어를 사용해야 한다. 그러나 컴퓨터가 알아듣는 언어인 기계어는 사람이 이해하기에 너무 어려우며, 이를 위하여 통역의 역할을 하는 컴파일러를 이용한다. 즉 컴파일러는 사람과 컴퓨터 사이의 통역사라고 생각하면 된다. 그러나 컴파일러 역시 사람의 언어 자체를 알지 못하므로, 우리는 컴파일러가 알아듣는 언어로 컴퓨터에게 작업을 요청해야 한다. 우리가 실제 대화에서 사용하는 언어에도 문장이 있듯이 C언어도 역시 대화는 문장 단위로 진행하는 것이 일반적이다. 프로그래밍 언어에서의 문장은 작업을 처리할 수 있는 가장 기본적인 단위이며 명령문이라고도 한다.

C언어의 문장 내에는 컴파일러가 인식할 수 있는 예약어, 변수, 연산자, 함수 등이 조합되어 있다. 이와 같이 프로그래밍 언어에서 문장이 구성될 때는 반드시 일정한 규칙을 지켜야 하며, 이러한 규칙들을 문법이라고 한다. C언어의 문장은 반드시 문법에 맞게 지켜져야 하며, 대부분의 문장은 세미콜론(;)을 이용하여 문장의 끝을 표시한다. 아래의 문장은 정수형 변수를 선언한 것이다.

```
int iValue;                    // 정수형 변수의 선언
```

컴퓨터는 인간이 지시한 작업을 숫자와 문자 같은 자료를 처리하여 도와준다. 컴퓨터

프로그램이 실행되는 동안 사용되는 숫자와 문자들은 그 값이 변하는 경우가 많으며, 변하는 자료를 변수라고 하고 변하지 않는 자료를 상수라고 한다. 컴퓨터는 변수를 이용해서 자료를 저장하기도 하고, 저장된 자료를 읽기도 하며, 필요에 따라 값을 변경하기도 한다. 변수는 컴퓨터의 메모리의 특정 위치에 저장이 되며, 그 위치를 다른 것과 구분하기 위해 이름을 붙인다. 이와 같이 변수에 이름을 붙인 것을 변수명이라고 한다. 또한 C 언어에서는 메모리의 효율을 위하여 저장할 수 있는 변수의 형태를 구분하여 사용하며, 이를 자료형이라고 한다. 자료형은 변수에 저장되는 값의 종류로 크게 기본 자료형과 유도 자료형으로 구분할 수 있다. 기본 자료형은 프로그램이 제공하는 자료형으로 정수형, 실수형, 문자형으로 구분이 가능하고, 유도 자료형은 기본 자료형을 이용한 새로운 자료형으로 13장에서 자세히 설명한다.

3.1 컴퓨터에서의 데이터 표현법

3.1.1 데이터의 표현 방법

컴퓨터의 모든 데이터는 2진수를 이용하여 표현한다. 우리가 일상생활에서 사용하는 숫자는 0부터 9까지의 조합을 이용한 10진수이며, 2진수는 0과 1로만 구성된 숫자이다. 10진수 8의 경우 2진수로 표현하면 1000이며 10진수 4의 경우 2진수로 표현하면 0100이 된다. 이와 마찬가지로 0부터 7까지 8개의 숫자를 이용하여 표현하는 방법을 8진수라고 하고, 0부터 9 그리고 A부터 F까지의 총 16개의 숫자로 표현하는 방법을 16진수라고 한다. 16진수에서 A는 10진수에서의 10, B는 11 이후 F는 15의 값과 동일하다. 컴퓨터의 모든 데이터는 2진수로 표현하는 것이 원칙이기는 하지만, 2진수로만 숫자를 표현한다면 그 길이가 너무 길어지는 문제로 보통 16진수로 변환해서 사용한다. 실제로 2진수 네 자리의 경우 16진수로 바로 표현이 가능하기 때문에 편리하다. 〈표 3-1〉은 10진수 표현과 다른 진수 표현과의 관계를 나타낸다.

〈표 3-1〉 10진수와 다른 진수 표현법과의 관계

10진수	2진수	8진수	16진수	10진수	2진수	8진수	16진수
0	0	0	0	16	10000	20	10
1	1	1	1	17	10001	21	11
2	10	2	2	18	10010	22	12
3	11	3	3	19	10011	23	13
4	100	4	4	20	10100	24	14
5	101	5	5	21	10101	25	15
6	110	6	6	22	10110	26	16
7	111	7	7	23	10111	27	17
8	1000	10	8	24	11000	30	18
9	1001	11	9	25	11001	31	19
10	1010	12	A	26	11010	32	1A
11	1011	13	B	27	11011	33	1B
12	1100	14	C	28	11100	34	1C
13	1101	15	D	29	11101	35	1D
14	1110	16	E	30	11110	36	1E
15	1111	17	F	31	11111	37	1F

3.1.2 데이터의 표현 단위

컴퓨터에서의 데이터 표현은 2진수를 이용한다. 이 때 2진수 값 하나를 저장할 수 있는 단위를 "비트(bit)"라고 하며, 컴퓨터의 데이터 표현에서의 최소 단위이다. 비트는 너무 작은 단위이기 때문에 실제의 데이터를 표현하는데 부족하므로 보통은 여덟 개의 비트를 하나로 묶어서 사용하는 것이 일반적인 방법이다. 이와 같이 여덟 개의 비트인 8비트를 하나로 묶은 것을 "바이트(byte)"라고 한다. 즉, 데이터의 최소 단위는 비트이며, 데이터의 기본 단위는 바이트로 이해하면 된다. 컴퓨터는 바이트 단위를 이용하여 데이터를 저장하게 되며, 예를 들어 정수형 자료형 중 대표적인 int 자료형은 4바이트의 크기로 구성되어 있다.

3.2 변수의 선언

3.2.1 변수의 선언 방법

컴퓨터는 변수를 이용해서 프로그램의 실행 중에 자료를 저장하고, 변경하며, 저장한 자료를 읽을 수도 있다. C언어에서는 이러한 변수를 사용하기 위하여 컴파일러에게 변수의 사용을 알려야 하고, 이러한 작업을 "변수의 선언"이라고 한다. 즉, C언어에서의 모든 변수들은 사용하기 전에 반드시 선언되어야 하고, 변수를 선언하는 방법은 다음의 형식을 따른다.

```
<변수의 선언 형식>

자료형 변수명;


<변수의 선언 예>

int iCount;                // 정수형 변수의 선언
char cType;                // 문자형 변수의 선언
float fValue;              // 실수형 변수의 선언
```

변수의 선언에서의 자료형은 변수가 저장할 수 있는 데이터의 형태이다. 즉, 사용자가 저장할 값이 정수인지, 실수인지, 아니면 문자형인지 등을 결정할 수 있으며, 기본 자료형과 유도 자료형이 모두 가능하다. 기본 자료형은 3.4에서 자세히 설명하며, 유도 자료형은 13장에서 자세히 설명한다.

변수의 선언에서의 변수명은 하나의 변수가 다른 변수와 구별할 수 있는 이름이다. 이러한 변수명, 함수명 등에 관한 이름을 프로그래밍 언어에서는 "식별자"라고 하며 프로그래밍 언어마다 식별자에 대한 나름대로의 규칙이 있다. 아래는 C언어에서 사용하는 식별자의 규칙들이다.

① 식별자는 알파벳 문자, 숫자, 밑줄(_)로만 구성되어야 한다.
   예) 잘못된 변수명 : coun#t

② 식별자의 첫 번째 문자는 반드시 문자 또는 밑줄(_)이어야 한다.

예) 잘못된 변수명 : 3count

③ 식별자에 공백이 포함될 수 없다.
예) 잘못된 변수명 : cou nt

④ 예약어는 사용될 수 없다.
예) 잘못된 변수명 : int

⑤ 식별자는 대소문자를 구분하며, 길이의 제한은 없다.
예) 다른 변수명 : count, Count

만일 같은 자료형의 변수가 여러 개가 필요할 경우에는 콤마(,)를 이용하여 한 번에 선언할 수 있다. 예를 들어 정수형 변수 iCount1, iCount2, iCount3을 한 번에 선언할 때에는 다음의 예와 같이 두 가지 방법으로 선언이 가능하다.

```
<예 : 변수를 하나씩 선언>

int iCount1;                // 정수형 변수 iCount1 선언
int iCount2;                // 정수형 변수 iCount2 선언
int iCount3;                // 정수형 변수 iCount3 선언


<예 : 변수를 한 번에 선언>

int iCount1, iCount2, iCount3;       // 정수형 변수 iCount1, iCount2, iCount3 선언
```

3.2.2 변수의 초기화 및 값의 할당

C언어에서 변수의 사용을 위하여 선언을 한 후에는 생성된 변수에 값을 대입해야 한다. 변수에 값을 대입하지 않는 것은 공간만 만들어 놓고 그 공간을 쓰지 않는 것과 같다. 변수에 값을 넣는 방법은 변수의 선언과 동시에 값을 넣는 초기화 방법과 변수를 일단 선언한 다음 나중에 값을 넣는 대입 방법이 있다. 변수의 초기화 및 대입에는 모두 4.8에서 배울 대입 연산자(=)를 이용한다. 다음의 예는 정수형 변수를 만들고 그 값을 초기화하는 형식과 예이다.

```
<변수의 초기화 형식>

자료형 변수명 = 초기값;


<변수의 초기화 예>

int iCount = 100;        // 정수형 변수 iCount를 선언한 후 그 값을 100으로 초기화
```

"int iCount = 100;"이라는 문장을 우리말로 해석하면 "정수형 변수가 저장될 공간을 메모리상에 만들고, 그 이름을 iCount로 하며, 그곳에 100인 값을 넣어라"라는 것과 같다. 만일 하나의 문장에 여러 변수를 선언할 경우 각각의 변수를 모두 초기화해야 전체 변수가 초기화된다. 다음의 예는 하나의 문장에 여러 변수를 초기화한 것이다.

```
<예>

int iCount1, iCount2 = 100;              // iCount2만 100으로 초기화
int iCount1 = 100, iCount2 = 100;        // iCount1, iCount2 모두 100으로 초기화
```

변수를 선언하면서 그 값을 반드시 초기화해야 하는 것은 아니다. 변수를 선언한 후 나중에 값을 대입할 수도 있으며 역시 대입 연산자를 사용한다. 변수의 선언 후 나중에 값을 대입할 때에는 변수의 선언에서 쓰는 것과 같은 자료형은 적지 않으며, 변수의 이름 뒤에 대입 연산자를 이용하여 대입할 값만 써주면 된다. 다음의 예는 변수의 선언 후 값을 대입하는 방법을 보여준다.

```
<예>

int iCount;
iCount = 100;
```

3.3 상수

변수는 프로그램의 실행 도중에 사용하는 값들을 저장하는데 이용된다. 예를 들어 int iCount = 100;이라는 문장을 이용하여 변수를 만들고 값을 대입할 때, iCount는 값을 저장하기 위한 변수이다. 그러면 100은 어떤 의미일까? 여기서 100은 크기를 나타내며 100이라는 값 자체는 변하지 않는다. 즉 100은 그 의미 그대로 100으로써만 이용될 뿐이다. 이처럼 프로그래밍 언어에서 그 값이 변화하지 않는 데이터를 상수라고 한다. C언어에서의 상수는 자료의 종류에 따라 정수상수, 부동소수점상수, 문자상수, 문자열상수로 구분할 수 있으며, 값의 관리 방법에 따라 이름이 있는 상수와 이름이 없는 상수로 구분할 수 있다. 이름이 있는 상수에 대한 설명은 3.6의 상수화된 변수에서 설명하며, 여기에서는 이름이 없는 상수를 자료의 종류에 따라 구분하여 설명한다.

3.3.1 정수상수

정수상수는 소수 부분이 없는 상수이다. 정수상수는 일반적으로 10진수로 표현되며, 16진수로 표현되기 위해서는 숫자 앞에 0x 또는 0X를 붙인다. 또한 8진수로 표현하기 위해서는 숫자 앞에 0을 붙인다. [예제 3-1]은 10진수 12와 같은 값인 16진수 0xC, 8진수 014를 각 변수에 대입한 후 출력한 것이다. 2장에서 배운 바와 같이 printf 함수 내부의 형식 지정자는 10진수 출력을 위해서 "%d"를 사용하며, 16진수 출력을 위해서는 "%x", 8진수 출력을 위해서는 "%o"를 사용한다.

[예제 3-1] 정수상수의 사용 예

```
/*
Example 3-1
정수상수의 사용 예
*/

#include <stdio.h>

int main(void)
{
        int iCount1, iCount2, iCount3;

        printf("\n\n======== Example 3-1 Start ========\n\n");

        iCount1 = 12;
        iCount2 = 0xc;
        iCount3 = 014;
```

```

        printf(" iCount 1 = %d \n", iCount1);
        printf(" iCount 1 = %d \n", iCount2);
        printf(" iCount 1 = %d \n\n", iCount3);

        printf(" iCount 1 = 0x%x \n", iCount1);
        printf(" iCount 1 = 0x%x \n", iCount2);
        printf(" iCount 1 = 0x%x \n\n", iCount3);

        printf(" iCount 1 = 0%o \n", iCount1);
        printf(" iCount 1 = 0%o \n", iCount2);
        printf(" iCount 1 = 0%o \n\n", iCount3);


        printf("\n\n======== Example 3-1 End ========\n\n");

        return 0;
}
```

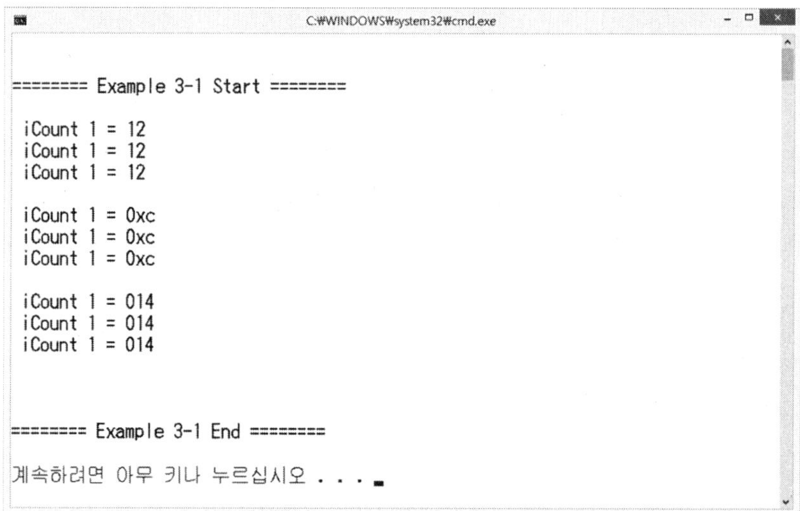

(그림 3-1) [예제 3-1]의 결과

3.3.2 부동소수점상수

부동소수점상수는 소수 부분을 갖는 실수형 값이다. 부동소수점상수는 123.4와 같이 소수형식과 1.234E2와 같이 지수형식으로 표현할 수 있다. 1.234E2의 값은 1.234×10^2의 의미이며, 123.4와 같은 값을 나타낸다. 부동소수점상수를 출력하기 위해서는 2장에서 배운 바와 같이 printf 함수의 형식 지정자를 "%f"를 이용하여 출력한다. [예제 3-2]는 부동소수점상수의 사용 예이다.

[예제 3-2] 부동소수점상수의 사용 예

```
/*
Example 3-2
부동소수점상수의 사용 예
*/

#include <stdio.h>

int main(void)
{

        printf("\n\n======== Example 3-2 Start ========\n\n");

        printf("%f, %f\n", 123.4, 1.234E2);
        printf("%5.1f, %5.1f\n", 123.4, 1.234E2);

        printf("\n\n======== Example 3-2 End ========\n\n");

        return 0;
}
```

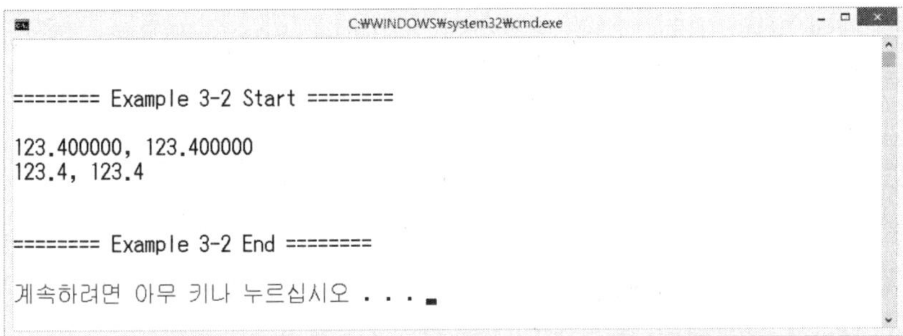

(그림 3-2) [예제 3-2]의 결과

부동소수점상수를 출력할 때 소수점이하 부분의 출력을 조절할 수도 있다. "%f"가 부동소수점상수의 출력을 위한 형식 지정자이지만 소수점이하 부분 총 6자리까지 출력하는 것이 기본 설정이다. 만일 소수점이하 자리수를 조절하고자 할 때에는 [예제 3-2]에서 보는 바와 같이 "%5.1f"와 같은 형식 지정자를 이용하여 출력한다. "%5.1f"에서 "5"는 소수점을 포함하는 출력되는 전체 자리수를 의미하며, ".1"은 소수점 한 자리를 의미한다. 만일 "1234.5"라는 값을 출력하려면 전체 자릿수는 소수점을 포함하기 때문에 6이며, 소수점 한 자리인 수이다. 따라서 printf("%6.1f", 1234.5);와 같은 문장으로 사용한다. 만일 출력하고자 하는 데이터의 전체 자릿수 보다 형식 지정자의 자리수가 적을 경우에는 C언어에서 자동으로 해당 자리에 맞게 출력하며, 출력하고자 하는 데이터의 소수점 자리수보다 형식 지정자에서의 소수점 자리수가 더 적을 경우에는 출력되는 데이터의 소수점 자리가 잘려서 출력된다. 따라서 부동소수점상수의 올바른 출력을 위해서는 전체 자리수보다 소수점 이하의 자리수를 고려하여 출력하는 것이 좋다.

3.3.3 문자상수

문자상수는 해당 문자를 단일 인용부호(작은따옴표) 안에 표현하는 자료형이다. 즉 A라는 문자 하나의 표현을 C언어에서는 'A'라고 표기한다. 문자상수는 컴퓨터 내부적으로는 정수형으로 저장되고 취급되지만 각 문자마다 그에 해당하는 정수값을 정의하고 있기 때문에 일반적인 문자로 인식할 수 있다. 각 문자에 해당하는 정수의 값은 ASCII (American Standard Code for Information Interchange) 코드에 정의되어 있으며 0부터 127까지의 정수를 이용하여 하나의 문자를 표현하고 있다. 예를 들어 영어 대문자 'A'는 65로 표현되며, 'B'는 66으로 표현한다. ASCII 코드는 영미권에서 사용하는 문자들만 표현이 가능하기 때문에 한글, 일본어, 중국어 등의 국가에서는 별도의 문자 코드를 과거부터 사용해 왔으며, 현재에는 16비트 크기를 갖는 Unicode를 이용하여 전 세계의 모든 문자를 컴퓨터에서 일관되게 표현할 수 있도록 하고 있다. C언어는 ASCII 코드만을 기본으로 지원하고 있으며, 한글 등의 문자 표현은 2바이트(16비트)의 크기를 이용하여 운영체제에 맞는 코드로 자동 변환하여 표현한다. 따라서 보통의 사용자는 영문자는 1바이트의 크기를 이용하고, 한글은 2바이트의 크기를 이용한다는 것만 기억하고 사용하면 된다.

[예제 3-3]은 문자상수의 사용 예이다. 문자상수 'A'를 출력하기 위해서는 printf 함수의 형식 지정자 "%c"를 사용하며, 이 때 'A'의 출력과 65의 출력이 "%c"를 이용하였을 때 모두 'A'가 출력되는 것을 확인할 수 있다. 즉 컴퓨터가 보기에 'A'와 65는 같은 값이며, 이것을 문자로 출력하면 'A'가 되고 숫자로 출력하면 65가 된다.

[예제 3-3] 문자상수의 사용 예

```
/*
Example 3-3
문자상수의 사용 예
*/

#include <stdio.h>

int main(void)
{

        printf("\n\n======== Example 3-3 Start ========\n\n");
```

```
    printf("문자로 출력 : %c %c\n", 'A', 65);
    printf("정수로 출력 : %d %d\n", 'A', 65);

    printf("\n\n======== Example 3-3 End ========\n\n");

    return 0;
}
```

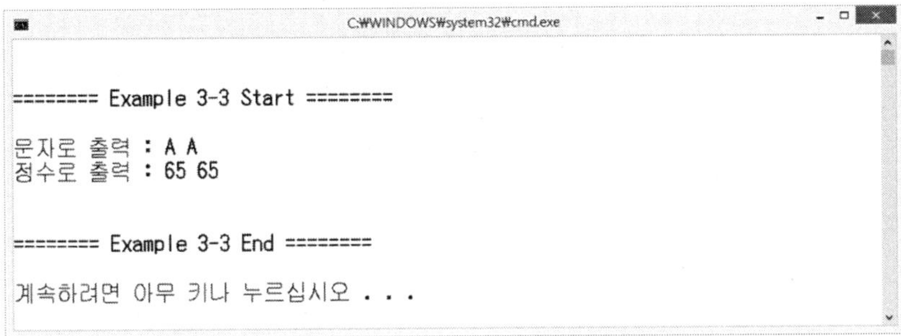

(그림 3-3) [예제 3-3]의 결과

3.3.4 문자열상수

문자열상수는 하나 이상의 문자들의 집합으로 C언어에서는 이중 인용부호(큰 따옴표)를 이용하여 표기한다. 문자열의 끝에는 널(null) 문자가 자동으로 첨가된다. 널 문자는 문자열의 끝임을 표기하는 문자로 '₩0'으로 표기되며, 실제 화면에서 보이지는 않는다. 예를 들어 문자열 "kyonggi"는 각각의 문자와 함께 끝에 널 문자가 포함되어 있다. 다음의 예는 문자열상수가 어떻게 구성되어 있는지를 보여준다.

```
<문자열상수의 예>
"kyonggi" → 'k' 'y' 'o' 'n' 'g' 'g' 'i' '\0'
```

C언어에서는 문자열상수는 허용하지만 문자열을 기본 자료형으로 제공하지는 않는다. 따라서 문자열의 저장을 위해서는 배열 또는 포인터를 이용해야 하며, 이와 관련된 자세한 내용은 9장, 10장, 12장에서 설명한다. 문자상수는 단일 인용부호를 이용하고 문자열상수는 이중 인용부호를 인용하기 때문에 'a'는 문자상수이고, "a"는 문자열상수이다. 즉, 'a'는 a라는 문자 자체이고, "a"는 'a' 문자와 '₩0' 널문자가 합쳐진 것이다. 문자열상수의 화면 출력을 위해서는 printf 함수의 "%s" 형식 지정자를 이용한다. [예제 3-4]는 문자열상수를 이용하는 프로그램의 예이다.

[예제 3-4] 문자열상수의 사용 예

```
/*
Example 3-4
문자열상수의 사용 예
*/

#include <stdio.h>

int main(void)
{

        printf("\n\n======== Example 3-4 Start ========\n\n");

        printf("%c\n", 'a');
        printf("%s\n", "a");
        printf("%s \n", "kyonggi");

        printf("\n\n======== Example 3-4 End ========\n\n");
}
```

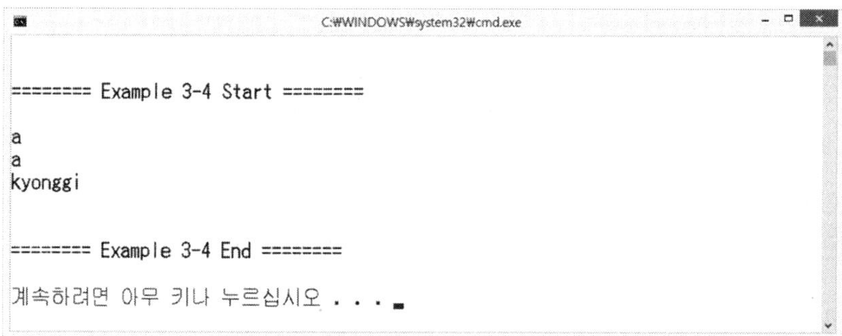

(그림 3-4) [예제 3-4]의 결과

3.4 기본 자료형

컴퓨터 프로그래밍의 주된 목적은 컴퓨터로 하여금 사람의 일을 대신하게 하기 위함이다. 컴퓨터가 어떤 일을 할 때에는 데이터를 사람에게 받고, 그 데이터를 수정하고, 그리고 데이터를 출력하는 과정을 거친다. 데이터가 어떠한 숫자 값일 수도 있고, 문자일 수도 있으며, 혹은 영상 데이터일 수도 있다. 이러한 모든 데이터는 그에 맞는 형태를 가지며, 컴퓨터가 사용하는 자료의 형태로 변환하여 저장하게 된다. 예를 들어 학생의 점수를 계산하여 성적을 처리하는 프로그램을 만든다고 가정하면, 학생의 이름은 문자로 구성된 문자열 데이터이고, 성적은 정수 혹은 실수 데이터이다. 혹은 학생의 사진을 처리하는 영상 데이터도 필요할 수 있다(참고로 영상 데이터는 숫자의 배열로 컴퓨터에서 표현된다). 이처럼 컴퓨터 프로그램에서 각각의 데이터는 그에 맞는 형태를 지니고 있다. 이처럼 데이터의 형태를 나타내는 것을 "자료형"이라고 한다. C언어에서는 이러한 데이터의 처리를 위하여 특정 자료형을 제공하고 있으며 이것을 "기본 자료형"이라고 한다. 또한 컴퓨터에서 제공하는 자료형들을 조합해서 사용할 수도 있으며 이것을 "유도 자료형"이라고 한다. 유도 자료형에 관한 내용은 13장에서 자세히 설명한다.

C언어의 기본 자료형은 크게 정수형과 실수형으로 나눌 수 있으며, 정수형은 다시 정수형과 문자형으로 나눌 수 있다. 컴퓨터에서 문자형은 ASCII 코드를 이용한 숫자를 저장하기 때문에 문자형 역시 정수형의 일부분으로 구분이 가능하다. 〈표 3-2〉는 C언어에서 제공하는 기본 자료형의 종류를 나타내며, 이 때 자료형에서 소괄호안의 예약어는 생략이 가능하다.

〈표 3-2〉 C언어에서 제공하는 기본 자료형

분류	자료형	크기	표현 범위
문자형 (정수형)	(singed) char	1byte	–128 ~ 127
	unsigned char	1byte	0 ~ 255
정수형	(signed) short (int)	2byte	–32,768 ~ 32,767
	unsigned short (int)	2byte	0 ~ 65,535
	(signed) int	4byte	–2,147,483,648 ~ 2,147,483,647
	unsigned int	4byte	0 ~ 4,294,967,295
	(signed) long (int)	4byte	–2,147,483,648 ~ 2,147,483,647
	unsigned long (int)	4byte	0 ~ 4,294,967,295
실수형	float	4byte	$\pm 3.4 \times 10^{-37}$ ~ $\pm 3.4 \times 10^{38}$
	double	8byte	$\pm 1.7 \times 10^{-307}$ ~ $\pm 1.7 \times 10^{308}$
	long double	8byte 이상	double 이상의 표현 범위

3.4.1 정수형

정수형은 정수값을 저장하기 위한 자료형으로, 넓은 의미에서는 정수형과 문자형 모두 정수값을 저장하기 때문에 정수형이라고 할 수 있으며, 좁은 의미에서는 문자형을 제외한 순수하게 정수 값만을 저장하는 자료형으로 볼 수 있다. 정수형은 int형을 기본으로 하여, int형보다 작은 자료형인 short int형과, int보다 큰 자료형인 long int형으로 구분할 수 있다. short int형과 long int형 모두 뒤의 int 예약어는 일반적으로 생략하여, short와 long형으로 사용한다.

C언어 표준에서는 자료형의 크기를 명확히 제한하고 있지는 않고 있으나, 일반적으로 int형은 4바이트의 저장 공간을 갖고 있고, short형은 2바이트의 저장 공간을 갖는다. 그리고 long형은 int형보다 큰 저장 공간을 갖도록 하고는 있으나 대부분의 컴파일러에서는 4바이트의 저장 공간을 이용하여 int와 동일한 크기를 갖는다. 그러나 특정 컴파일러에서는 8바이트의 저장 공간을 갖는 것도 있다.

정수형은 기본적으로 부호 있는 정수를 저장한다. 예를 들어 short형은 2바이트의 저장 공간을 갖기 때문에 -2^{15} ~ $2^{15}-1$까지의 수인 -32,768 ~ 32,767까지의 수를 표현할 수 있다. 그러나 만일 학생의 성적을 처리하는 프로그램을 만든다고 가정하면 음수의 값은 필요가 없을 것이다. 이처럼 부호가 없는 정수형을 표현하기 위해서 C언어에서는 unsigned라는 예약어를 제공한다. unsigned 예약어는 정수형의 앞에만 붙을 수 있으며, unsigned short는 short의 크기와 동일한 공간을 갖는 정수형을 의미한다. 즉, unsigned short는 0 ~ $2^{16}-1$의 수를 표현할 수 있고, 이 때의 크기는 0 ~ 65,535이다. 같은 방법으로 int형과 long형 모두 부호 없는 정수를 사용할 수 있다. 다음의 예는 정수형 변수들을 선언한 것이다.

<정수형 변수의 선언 예>

```
short sValue;
int iValue;
long lValue;
unsigned short usValue;
unsigned int uiValue;
unsigned long ulValue;
```

정수형으로 변수를 선언한 후에는 컴퓨터의 메모리에 변수의 공간이 만들어 지며 그 후 이름이 부여된다. (그림 3-5)는 변수를 선언한 후 그 변수에 값을 저장한 것을 보여준다. 이 때 변수에 10을 대입하여 저장하였으나, 실제 값이 저장되는 것은 10의 2진 값이 저장된다.

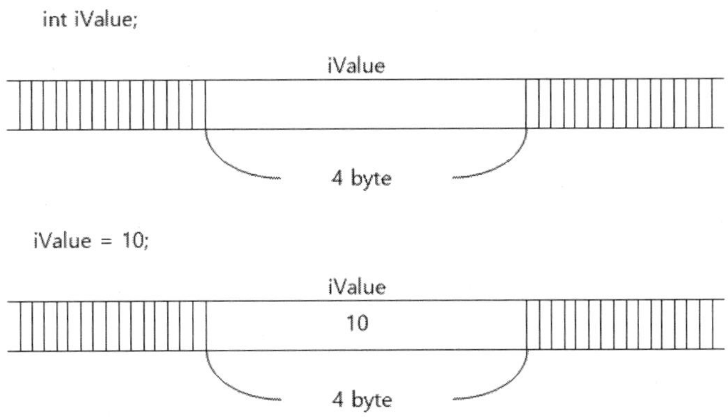

(그림 3-5) 변수의 선언 및 값의 대입

[예제 3-5]는 정수형 변수를 이용하여 두 정수를 더하는 프로그램의 예이다. 출력 부분을 제외하고 [예제 2-1]과 동일한 것으로 실습을 통하여 정수형 변수를 확인해 본다.

[예제 3-5] 정수형 변수를 이용한 덧셈 프로그램

```
/*
Example 3-5
정수형 변수를 이용한 덧셈 프로그램
*/

#include <stdio.h>

int main(void)
{
	int iValue1;
	int iValue2;
	int iSum;

	iValue1 = 10;
	iValue2 = 20;
	iSum = iValue1 + iValue2;

	printf("\n\n======== Example 3-5 Start ========\n\n");

	printf("%d + %d = %d\n\n", iValue1, iValue2, iSum);

	printf("\n\n======== Example 3-5 End ========\n\n");

	return 0;
}
```

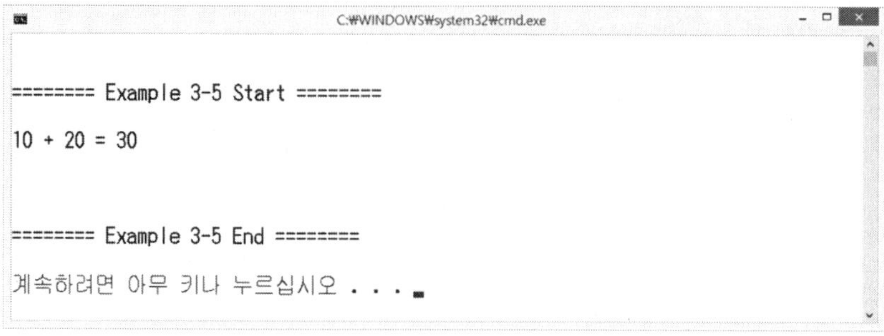

(그림 3-6) [예제 3-5]의 결과

정수형 변수를 사용할 때에는 나타낼 수 있는 수의 범위가 제한되어 있기 때문에 사용할 때 주의할 사항이 있다. 예를 들어 short형 변수의 경우 표현할 수 있는 범위가 -32768~32767이기 때문에 그 이상의 수를 표현할 수가 없다. 만일 short형 변수를 이용하여 32767+1을 수행하면 그 값이 32768이 되기 때문에 short형 변수로 표현이 불가능하다. 이런 경우를 오버플로우(overflow)라고 하며 변수가 나타낼 수 있는 범위를 넘는 수를 저장하려고 할 때 발생한다. 변수가 표현할 수 있는 최고값이 넘는 값을 저장하려고 하면 그 결과는 변수의 최고값 다음에 최소값으로 순환하게 된다. 즉, 시계를 볼 때 59분 이후에 60분이 아니라 0분으로 다시 시작하는 것과 같은 이치이다. [예제 3-6]은 오버플로우가 발생했을 때의 출력값을 확인하는 예이다. sValue1 변수에는 32767을 저장하였고, sValue2 변수에는 sValue1 변수에 1을 더한 후 저장하였다. 그러나 실제 sValue2의 출력은 우리가 원하는 32768이 아닌 -32768이 됨을 확인할 수 있다.

[예제 3-6] 정수형 변수의 오버플로우 예

```
/*
Example 3-6
정수형 변수의 오버플로우 예
*/

#include <stdio.h>

int main(void)
{
	short sValue1 = 32767;
	short sValue2 = sValue1 + 1;

	printf("\n\n======== Example 3-6 Start ========\n\n");

	printf("sValue1 = %d, sValue2 = %d\n", sValue1, sValue2);

	printf("\n\n======== Example 3-6 End ========\n\n");
```

```
        return 0;
}
```

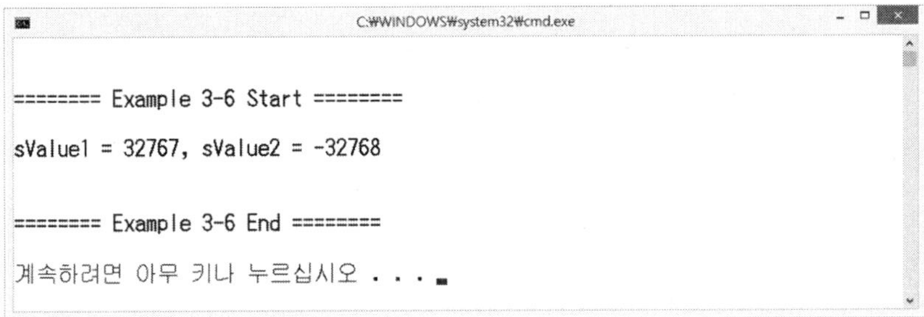

(그림 3-7) [예제 3-6]의 결과

3.4.2 문자형

문자형은 하나의 문자를 저장하기 위한 자료형으로 C언어에서는 1바이트의 저장 공간을 사용한다. 또한 문자형 변수에 실제 저장되는 문자는 ASCII 코드로 변환된 정수이기 때문에 넓은 의미로 문자형은 정수형에 포함될 수 있다. 문자형은 부호있는 정수를 저장하기 위한 signed char형과 부호없는 정수를 저장하기 위한 unsigned char형이 있다. 정수형의 경우 int만 사용하면 signed int로 자동 인식하였으나, 문자형의 경우 signed가 생략된 char만 사용할 경우 컴파일러에 따라 signed char로 인식하기도 하고 unsigned char로 인식하기도 한다. Visual Studio에서는 char만 사용할 경우 signed char로 인식하여 사용된다. 다음의 예는 문자형 변수를 선언한 후 'a'라는 문자를 대입한 예이다.

```
<문자형 변수의 선언 및 값의 저장 예>

char cType;
cType = 'a';
```

문자형 변수도 정수형 변수와 마찬가지로 선언 후에는 메모리에 그 위치를 지정하고 이름을 부여하며 문자형 값을 저장한다. 그러나 실제 저장되는 값은 그 문자에 해당하는 ASCII 코드 값을 저장하며, 값을 사용할 때 문자로 변환하게 된다. (그림 3-8)은 문자형 변수를 선언한 후 'a' 값을 저장한 것을 나타낸다.

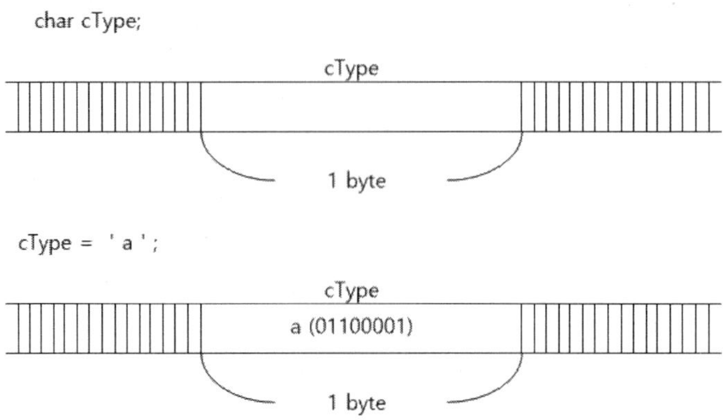

(그림 3-8) 문자형 변수 선언 및 값의 대입

[예제 3-7]은 문자형 변수를 선언한 후 값을 대입하고 출력한 것이다. 문자상수와 정수상수를 이용하여 문자를 저장하였으며, 문자로 출력하기 위해서 printf 함수의 "%c" 형식 지정자를 이용하였으며, 또한 정수로 출력하기 위해서 "%d"형식 지정자를 이용하였다. 이처럼 문자형 변수는 실제 그 사용에 따라 문자와 정수값 모두를 저장할 수가 있다.

[예제 3-7] 문자형 변수의 사용 예

```
/*
Example 3-7
문자형 변수의 사용 예
*/

#include <stdio.h>

int main(void)
{
        char cType1 = 65;
        char cType2 = 'a';

        printf("\n\n======== Example 3-7 Start ========\n\n");

        printf("문자출력 : cType1 = %c, cType1 = %c\n", cType1, cType2);
        printf("정수출력 : cType1 = %d, cType1 = %d\n", cType1, cType2);

        printf("\n\n======== Example 3-7 End ========\n\n");

        return 0;
}
```

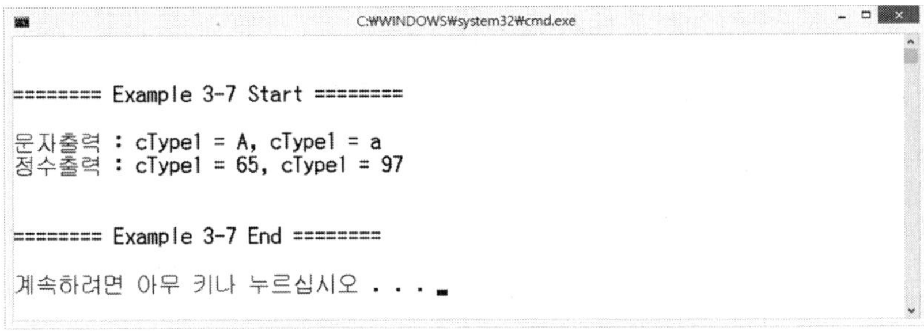

(그림 3-9) [예제 3-7]의 결과

3.4.3 실수형

실수형은 실수값을 저장하기 위한 자료형으로 표현 범위에 따라 float, double, long double이 있고, float, double, long double 순으로 표현 범위가 더 크며 세밀하다. 즉, float 보다는 double이 더 큰 수를 표현하며, 더 작은 수 까지 표현할 수 있다. 일반적으로 float은 4바이트의 공간을 사용하며, double 및 long double은 8바이트의 공간을 사용하며, float의 경우 소수점 6자리까지 표현이 가능하고, double의 경우 소수점 15자리까지 표현이 가능하다. long double의 경우에는 double과 저장 공간이 동일할 경우에는 double의 표현 범위와 같고, double보다 저장 공간이 클 경우에는 그 이상의 수를 표현할 수 있다. 다음의 예는 실수형 변수를 선언하는 방법을 보여준다.

```
<실수형 변수의 선언 및 사용 예>

float fValue;
double dValue;
long double ldValue;

fValue = 1.234568F;
dValue = 1.234567890123;
ldValue = 1.234567890123456L;
```

실수형으로 변수를 선언하면 다른 변수를 선언할 때와 마찬가지로 메모리에 공간을 만들고 그 이름을 부여한다. (그림 3-10)은 실수형 변수를 선언한 후 값을 넣는 과정을 나타낸다. 또한 실수형 변수에 값을 대입할 때, 소수의 표현을 위해서 float, double, long double을 강제로 구분할 필요가 있다. 이 때 double형 자료와 구분하기 위하여 float형 값을 대입할 때에는 부동소수점상수 뒤에 "f" 또는 "F" 접미어를 붙이며, long double형 값을 대입할 때에는 부동소수점상수 뒤에 "l" 또는 "L" 접미어를 붙여서 사용한다.

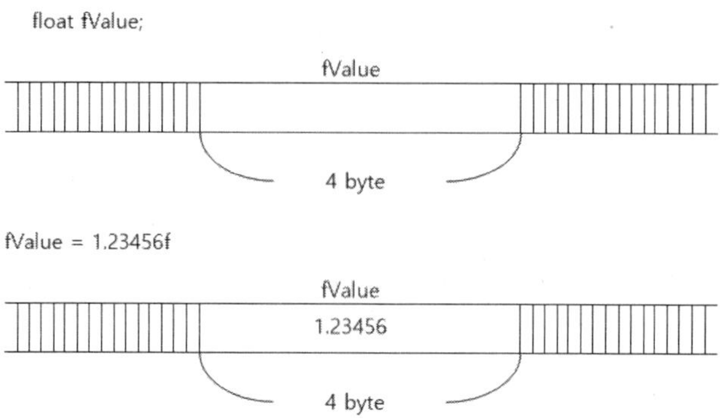

(그림 3-10) 실수형 변수의 선언 및 값의 대입

[예제 3-8]은 실수형 변수를 선언한 후에 값을 대입하고 출력하는 것을 보여준다. 실제 fValue 변수에 1.23456789f 값을 대입하였으나, 출력에는 6자리 이후의 값이 원하는 값으로 출력되지 않은 것을 확인할 수 있다. 이처럼 float형 변수는 소수점 이하 7자리부터는 의미가 없으며, double형 변수는 소수점 이하 15자리 이하부터는 의미가 없으니 실제 활용에 유의할 필요가 있다.

[예제 3-8] 실수형 변수의 사용 예

```
/*
Example 3-8
실수형 변수의 사용 예
*/

#include <stdio.h>

int main(void)
{
        float fValue = 1.234567890123456789F;
        double dValue = 1.234567890123456789;
        long double ldValue = 1.234567890123456789L;

        printf("\n\n======== Example 3-8 Start ========\n\n");

        printf("fValue = %20.18f\n", fValue);
        printf("dValue = %20.18f\n", dValue);
        printf("ldValue = %20.18f\n", ldValue);

        printf("\n\n======== Example 3-8 End ========\n\n");

        return 0;
}
```

```
C:\WINDOWS\system32\cmd.exe

======== Example 3-8 Start ========

fValue = 1.234567880630493200
dValue = 1.234567890123456700
ldValue = 1.234567890123456700


======== Example 3-8 End ========

계속하려면 아무 키나 누르십시오 . . .
```

(그림 3-11) [예제 3-8]의 결과

3.5 자료형의 변환

C언어에서의 데이터는 그 자료형을 엄격히 지켜야 한다. 그러나 서로 다른 자료형끼리 연산이 일어날 수도 있으며 이 때에는 자료형을 변환할 필요가 생길 수 있다. 이처럼 데이터의 표현 방식을 변화시키는 것을 자료형의 변환이라고 한다. 이러한 자료형의 변환은 크게 두 가지 방법으로 나눌 수 있으며, 하나는 자동 형 변환이고 다른 하나는 강제 형 변환이다.

3.5.1 자동 형 변환

자동 형 변환은 말 그대로 자동으로 자료형이 변환되는 것을 의미한다. 대표적으로 대입 연산자를 이용하여 다른 자료형을 대입하는 경우, 우변의 자료 즉 값이 좌변의 자료 즉 변수의 형태로 자동으로 변화된다. 예를 들어 "float fValue = 100;"의 문장과 같이 실수형 변수 fValue에 정수값을 대입할 경우 정수값은 대입될 때 실수 값 "100.0"으로 자동으로 변환한다. 또한, "int iValue = 12.34;"의 문장과 같이 정수형 변수 iValue에 실수 값을 대입할 경우 실수 값은 자동으로 정수형으로 변환하여 "12"의 값이 저장된다. 이 때 실수가 정수보다 그 표현 범위가 넓기 때문에 실수형에서 정수형으로 자료형이 변환될 때에는 소수점 부분이 없어져서 자료의 손실이 발생할 수 있다. 실수형에서 정수형으로 자료의 형변환이 이루어질 때에 컴파일러는 컴파일 시 경고 메시지를 통하여 사용자에게 알리며 소수점 이하 부분이 잘린 값으로 정수형 변수에 값을 대입한다. [예제 3-9]는 대입 연산자에서 정수와 실수의 자동 형 변환에 대한 예제이다.

[예제 3-9] 대입 연산자에서의 자동 형 변환의 예

```
/*
Example 3-9
대입 연산자에서의 자동 형 변환의 예
*/

#include <stdio.h>

int main(void)
{
	int iValue1 = 10, iValue2;
	float fValue1 = 12.34f, fValue2;

	printf("\n\n======== Example 3-9 Start ========\n\n");

	fValue2 = iValue1;		// 실수형 변수에 정수형 값 대입
	iValue2 = fValue2;		// 정수형 변수에 실수형 값 대입

	printf("iValue1 = %d, iValue2 = %d\n", iValue1, iValue2);
	printf("fValue1 = %f, fValue2 = %f\n", fValue1, fValue2);

	printf("\n\n======== Example 3-9 End ========\n\n");

	return 0;
}
```

```
C:\WINDOWS\system32\cmd.exe

======== Example 3-9 Start ========

iValue1 = 10, iValue2 = 10
fValue1 = 12.340000, fValue2 = 10.000000


======== Example 3-9 End ========

계속하려면 아무 키나 누르십시오 . . .
```

(그림 3-12) [예제 3-9]의 결과

대입 연산자에 값을 대입하기 위하여 자료의 자동 형 변환이 이루어지는 뿐만 아니라 눈에 보이지는 않지만 일반적인 연산 과정에서도 자동 형 변환이 이루어진다. 이 때에는 정보의 손실을 막기 위하여 표현범위가 넓은 자료로 자동 형 변환이 이루어진다. 예를 들어 정수형 자료와 실수형 자료를 곱하는 경우 정수형 자료 보다 실수형 자료가 그 표현 범위가 넓기 때문에 정수형 자료가 실수형 자료로 자동 형 변환이 이루어진 후 연산

을 수행하게 된다.

<연산에서의 자동 형 변환>

```
fValue2 = fValue1 * iValue1;                    // iValue1이 실수형으로 변환 후 연산 수행
```

3.5.2 강제 형 변환

강제 형 변환이란 형 변환 연산자를 이용해서 강제로 변수 또는 상수의 형태를 변환하는 것을 말한다. C언어에서는 변수 혹은 상수 앞에 "(자료형)"을 이용하여 변환을 지시하는 것으로 자료형을 변환시킬 수 있다. 예를 들어 "(int)12.34"라고 하면 "12.34"인 실수 값이 아니라 "12.34"의 정수 부분인 "12"를 가져올 수 있다. [예제 3-10]은 실수형 변수에 저장되어 있는 "12.34"라는 값을 정수형 값인 "12"로 변환한 후 다시 실수형 변수에 저장하는 것이다. 변환 후 저장된 값이 "12.0"으로 원래의 값에서 소수 부분이 제거되어 형 변환됨을 알 수 있다.

[예제 3-10] 자료형의 강제 형 변환의 예

```
/*
Example 3-10
자료형의 강제 형 변환의 예
*/

#include <stdio.h>

int main(void)
{
        float fValue1, fValue2;

        printf("\n\n======== Example 3-10 Start ========\n\n");

        fValue1 = 12.34f;
        fValue2 = (int)fValue1;

        printf("fValue1 = %f, fValue2 = %f\n", fValue1, fValue2);

        printf("\n\n======== Example 3-10 End ========\n\n");

        return 0;
}
```

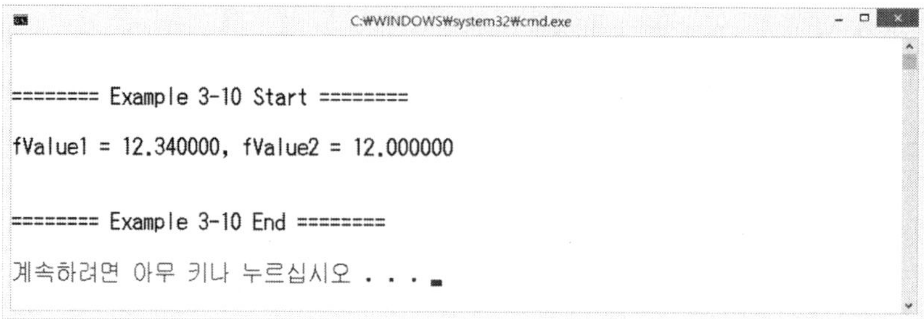

(그림 3-13) [예제 3-10]의 결과

3.6 상수화된 변수

변수는 값을 저장하고, 변경하며, 값을 읽어올 수 있는 자료의 저장 공간이다. 반면 상수는 그 값을 변경할 수가 없다. 그러나 프로그램 내에서 변수의 값을 변경하지 않아야 하는 경우가 있다. 예를 들어 원의 지름을 구하는 프로그램을 만든다고 가정하면, 원주율을 나타내는 3.14 값을 사용할 것이다. 그리고 이 값을 프로그램 내에서 10번 사용한다고 가정하자. 만일 3.14를 조금 더 정확한 값을 나타내기 위하여 3.141592로 변경한다면 3.14를 10번 변경해야 할 것이다. 만일 이 값을 pi라는 변수에 저장한 후 사용하면 한 번만 변경하면 프로그램 전체에서 사용이 가능해 진다. 그러나 pi라는 값은 그 값이 항상 프로그램 내에서 동일해야 한다. 이처럼 프로그램 내에서 그 값이 변하지 않는 변수를 만들고자 할 때 상수화된 변수를 사용해야만 한다. C언어에서는 상수화된 변수를 사용하기 위하여 "const"라는 예약어를 지원한다. 자료형을 선언할 때 변수의 형태 앞에 "const" 예약어를 사용하면 이제 그 변수는 값을 바꿀 수 없다.

```
<상수화된 변수의 선언 예>

const float pi = 3.14;      // 3.141592로 바꾸면 이후 모두 적용 가능함
pi = 3.15;                  // 에러 발생
```

상수화된 변수를 선언할 때의 주의사항은 반드시 초기화되어야 한다는 것이다. 상수는 그 값이 변할 수 없기 때문에 상수화된 변수를 선언할 때에만 값을 대입할 수 있으며, 이 때문에 반드시 변수가 선언될 때 초기화되어야 한다.

3.7 연습문제

(연습문제 3-1) 다음 괄호 부분을 채우시오.

① 변수에 값을 대입하는 방법은 변수명의 (   )과 동시에 값을 대입하는 방법인 (   ) 방법과, 변수의 선언 뒤 (   ) 연산자를 이용하여 값을 대입하는 방법이 있다.

② (   )는 값이 변할 수 있는 자료이며, (   )는 값이 변할 수 없는 자료이다.

③ (   )는 4바이트의 저장 공간을 갖는 정수를 저장하기 위한 자료형이다.

④ (   )는 4바이트의 저장 공간을 갖는 실수를 저장하기 위한 자료형이다.

(연습문제 3-2) 다음의 문장 중 틀린 것들을 고르고 이유를 설명하시오.

① 문자형은 하나의 문자를 저장하기 위한 자료형으로 보통 8바이트를 이용한다.

② 문자상수는 이중 인용부호(큰 따옴표) 안에 포함된 문자들의 집합이며, 끝에 널 문자가 첨가된다.

③ 다른 자료형을 대입하는 경우 좌변의 자료는 우변의 자료형으로 자동 형 변환 된다.

④ 자료형을 혼용할 경우 표현 범위가 넓은 자료로 자동 형 변환 된다.

(연습문제 3-3) 잘못 정의된 변수명들을 찾고 이유를 설명하시오.

① 2count

② count3

③ _count

④ co unt

(연습문제 3-4) C언어의 기본 자료형이 아닌 자료형은?

① 정수형

② 실수형

③ 문자형

④ 문자열형

(연습문제 3-5) 다음 중 정수형의 예약어는?

① float
② char
③ int
④ double

(연습문제 3-6) 다음 프로그램을 수행하면 원하는 결과가 출력되지 않는다. 그 이유는?

```
#include <stdio.h>

int main(void)
{
        char cType1, cType2;

        cType1 = 'A';
        cType2 = 65;
        printf("%c %c\n", cType1, cType2);

        return 0;
}
```

(연습문제 3-7) 다음 프로그램을 수행하면 원하는 결과가 출력되지 않는다. 그 이유는?

```
#include <stdio.h>

int main(void)
{
        float fValue1, fValue2;

        fValue1 = 123.4;
        fValue2 = 1.234E2;
        printf(" %5.1d %5.1d \n", fValue1, fValue2);

        return 0;
}
```

(연습문제 3-8) 다음 프로그램의 실행 결과는?

```
#include <stdio.h>

int main(void)
{
        float fResult, fValue1, fValue2;

        printf("\n\n======== Problem 3-8 Start ========\n\n");

        fValue1 = 10.123;
        fValue2 = 20.456;

        fResult = fValue1 + fValue2;

        printf(" %6.2f + %6.2f = %6.2f \n", fValue1, fValue2, fResult);

        printf("\n\n======== Problem 3-8 End ========\n\n");

        return 0;
}
```

[연습문제 3-9] 다음 프로그램의 결과는?

```
#include <stdio.h>

int main(void)
{
        float fValue1, fValue2, fResult;

        printf("\n\n======== Problem 3-9 Start ========\n\n");

        fValue1 = 12.345;
        fValue2 = 13.567;
        fResult = (int)fValue1 + (int)fValue2;

        printf(" fResult = %f \n", fResult);

        printf("\n\n======== Problem 3-9 End ========\n\n");

        return 0;
}
```

[연습문제 3-10] 원기둥 윗면의 반지름 및 높이를 입력 받아 겉면적 및 체적을 계산하는 프로그램을 작성하시오.

```
C:\WINDOWS\system32\cmd.exe

======== Problem 3-10 Start ========

   원기둥 밑면의 반지름을 입력하세요 (cm) : 3
   원기둥의 높이를 입력하세요 (cm) : 10

   원기둥 밑면의 반지름 =    3.00 cm
   원기둥의 높이 =   10.00 cm

   원기둥의 겉면적 =     244.92 cm^2
   원기둥의 체적 =     282.60 cm^3

======== Problem 3-10 End ========

계속하려면 아무 키나 누르십시오 . . .
```

[연습문제 3-11] 아래와 같은 조건으로 각 점수들을 입력받아 최종 점수를 계산하는 프로그램을 작성하시오.

중간고사 점수 (100점 만점 : 30%)

기말고사 점수 (100점 만점 : 30%)

출석 점수 (100점 만점 : 30%)

과제 점수 (100점 만점 : 10%)

```
C:\WINDOWS\system32\cmd.exe

======== Problem 3-11 Start ========

   중간고사 점수를 입력하세요 (100점 만점 : 30%) : 85
   기말고사 점수를 입력하세요 (100점 만점 : 30%) : 95
   숙제 점수를 입력하세요 (100점 만점 : 10%) : 100
   출석 점수를 입력하세요 (100점 만점 : 30%) : 100

   중간고사 점수 =  85.00
   기말고사 점수 =  95.00
   숙제 점수 = 100.00
   출석 점수 = 100.00
   최종 점수 =  94.00

======== Problem 3-11 End ========

계속하려면 아무 키나 누르십시오 . . .
```

CHAPTER 04

연산자

컴퓨터 프로그래밍의 목적은 컴퓨터를 이용하여 사람의 생활을 조금이나마 편리하게 하고자 하는데 있다. 컴퓨터는 사용자에게 자료를 받아서 그 자료를 가공하고 다시 새로운 자료를 사용자에게 돌려준다. 이 때 사용자가 받는 자료는 숫자일 수도 있고, 문자일 수도 있으며, 혹은 그림, 영상이 될 수 있다. 이 모든 자료는 그 형태가 다르게 보일 수는 있어도 그 내부를 살펴보면 숫자들로 구성되어 있다. 이와 같이 컴퓨터 내에서 사용하는 숫자를 저장하기 위해 사용해야 하는 변수를 지금까지 살펴보았다. 변수와 상수는 프로그램에서 사용하는 기본적인 자료이며, 프로그램이 유용한 일을 하기 위해서는 그 자료를 가공해야만 한다. 만일 프로그램이 자료를 가공할 수 없다면 프로그램의 존재 목적이 없어진다. 컴퓨터는 프로그램 내에서 자료를 가공하기 위해서 특정한 계산 작업을 수행하며, 이러한 역할을 하는 것이 연산자이다. 연산자는 컴파일러에게 산술, 논리 등의 연산을 수행하도록 지시하는 약속된 기호이며, 프로그래머는 변수와 연산자를 이용하여 자료를 가공하도록 컴퓨터에게 시킨다. C언어는 이러한 이유로 다양한 연산자들을 제공하고 있다.

연산에 필요한 것으로는 연산자와 피연산자가 있다. 연산자는 자료의 조작을 지시하는 기호이며, 피연산자는 연산에 필요한 자료로 일반적으로 변수와 상수가 사용된다. 프로그램 내에서 연산자와 피연산자로 이루어진 하나의 문장을 식 또는 수식이라고 하며 우리가 어려서 부터 배워왔던 수학의 수식과 동일하게 생각해도 된다.

C언어에서의 가장 간단한 수식은 하나의 상수 혹은 변수로만 이루어진 수식이다. 이 때 수식을 수행한 후 얻을 수 있는 값을 수식의 결과값이라고 한다. 예를 들어 10과 같은 상수 또는 pi와 같은 변수 하나도 수식이 될 수 있다. 이 때 10이라는 수식에서의 결과값은 10인 값 자체이며, pi라는 변수 하나인 수식에서의 결과값은 pi에 저장되어 있던

값이다. 그러나 이러한 수식은 아무 역할을 수행하지 않기 때문에 프로그램 내에서는 일반적으로 연산자와 피연산자가 함께 있는 수식이 사용된다. 예를 들어 "5 + 8"이라는 수식은 5와 8을 더한 값을 나타내며 그 결과는 13이다. 이 때 5와 8은 피연산자이며, "+"는 연산자이다. 하지만 수식의 결과값이 13이어도 프로그램 내에서는 의미가 없으며, "iValue = 5 + 8;"과 같이 결과를 이용하여 다른 변수에 대입하거나 해야 그 쓰임이 분명해진다. 즉 "5 + 8"이라는 수식은 사람이 머릿속에서 5와 8을 더한 13이라는 값을 얻는 것이고, "iValue = 5 + 8;"이라는 문장은 5와 8을 더해서 13이라는 값을 구한 후 노트 등에 적어 놓는 것과 같다. 이렇게 적어놓은 값을 나중에 다시 사용할 수 있는 것처럼 변수에 값을 대입한 후에 프로그램 내에서 다시 활용이 가능하게 된다.

4.1 연산자의 종류

C언어의 연산자는 그 종류가 많기 때문에 기능에 따라 기억하거나, 혹은 사용하는 피연산자의 수에 따라서 구분하는 것이 좋다. C언어는 피연산자의 수에 따라 단항 연산자, 이항 연산자, 삼항 연산자로 구분할 수 있으며, 그 기능에 따라 대입 연산자, 산술 연산자, 증가 연산자, 감소 연산자, 관계 연산자, 논리 연산자, 비트 논리 연산자, 이동 연산자, 크기 측정 연산자, 조건 연산자, 포인터 연산자, 구조체 멤버 연산자 등으로 다양하게 구분이 가능하다. 이 중 포인터 연산자는 10장에서 설명하며, 구조체 멤버 연산자는 13장에서 설명한다. C언어에서 제공하는 연산자의 기능적 분류는 〈표 4-1〉과 같다.

〈표 4-1〉 C언어에서 제공하는 연산자

<table>
<tr><th>분류</th><th>연산자</th><th>의미</th></tr>
<tr><td>산술 연산자</td><td>+ - * / %</td><td>사칙연산 및 나머지 연산</td></tr>
<tr><td>증가 연산자</td><td>++</td><td>변수의 값을 하나 증가</td></tr>
<tr><td>감소 연산자</td><td>--</td><td>변수의 값을 하나 감소</td></tr>
<tr><td>관계 연산자</td><td>> < >= <= == !=</td><td>왼쪽과 오른쪽을 비교</td></tr>
<tr><td>논리 연산자</td><td>&& || !</td><td>논리적인 AND, OR, NOT</td></tr>
<tr><td>비트 논리 연산자</td><td>& | ^ ~</td><td>비트단위 논리 AND, OR, XOR, NOT</td></tr>
<tr><td>이동 연산자</td><td><< >></td><td>비트단위 왼쪽, 오른쪽 이동</td></tr>
<tr><td>대입 연산자</td><td>=</td><td>오른쪽 값을 왼쪽 변수에 대입</td></tr>
<tr><td>크기 측정 연산자</td><td>sizeof</td><td>변수나 상수의 자료형 크기를 반환</td></tr>
</table>

조건 연산자	?:	조건에 따라 선택
포인터 연산자	* & []	포인터가 가리키는 곳의 내용, 변수의 주소 계산
구조체 멤버 연산자	. ->	구조체의 멤버 참조

4.2 산술 연산자

산술 연산자는 더하기, 빼기, 곱하기, 나누기를 수행하는 사칙 연산자와 나머지를 구하는 연산자로 구성되어 있다. 산술 연산자의 종류 및 사용 예는 〈표 4-2〉와 같다.

〈표 4-2〉 산술 연산자의 종류 및 사용 예

연산자	사용법	예	의미	비고
+	+피연산자	+a	양의 부호	단항 연산자
−	−피연산자	−a	음의 부호	단항 연산자
+	피연산자1 + 피연산자2	a = b + c	덧셈	
−	피연산자1 − 피연산자2	a = b − c	뺄셈	
*	피연산자1 * 피연산자2	a = b * c	곱셈	
/	피연산자1 / 피연산자2	a = b / c	나눗셈(몫)	
%	피연산자1 % 피연산자2	a = b % c	나머지	정수만 가능

산술 연산자 중에서 나눗셈 연산자와 나머지 연산자는 우리가 수학에서 사용하는 연산자와는 조금 다른 의미를 갖는다. 이 중 나눗셈 연산자는 피연산자가 모두 정수일 때 연산의 결과에 주의해야만 한다. 나눗셈 연산자의 결과값은 첫 번째 연산자를 두 번째 연산자로 나눈 몫이다. 따라서 피연산자가 모두 정수일 경우 두 수가 나누어 떨어지지 않을 경우 우리가 원하는 결과값이 나오지 않을 수 있다. 예를 들어 "5 / 2"의 연산을 수행하게 되면 일반적인 수학에서는 "2.5"의 결과값을 갖는다. 그러나 C언어에서는 두 수가 모두 정수이기 때문에 정수값만 결과로 얻을 수 있으며, 이 때의 결과값은 소수 부분이 제외가 된 "2"인 결과를 얻을 수 있다. 반면 "5.0 / 2"의 연산을 수행하게 되면 피연산자 "2"가 실수로 자동 형 변환이 되기 때문에 "5.0 / 2.0"이 수행되고 두 수가 모두 실수이기 때문에 실수값을 결과로 얻게 된다. 이 때의 결과값은 소수 부분이 포함된 "2.5"이다. 이처럼 나눗셈 연산을 수행할 경우 피연산자의 자료형에 특히 유의할 필요가 있으

며, 만일 정수형끼리 나눗셈 연산을 수행할 때 실수의 결과가 필요할 경우에는 "(float)5 / 2"와 같이 강제 형 변환을 수행해야 한다. "(float)5 / 2"의 식은 5를 실수로 강제 형 변환하여 실제 수행은 "5.0 / 2"가 되도록 하여 실수의 나눗셈 결과를 얻을 수 있다.

나머지 연산자는 수학의 사칙연산에 없는 연산자이기 때문에 특별히 주의가 필요하다. 나머지 연산자 "%"는 피연산자가 반드시 정수형인 경우에만 사용이 가능하며, 연산 결과는 첫 번째 피연산자를 두 번째 피연산자로 나눌 때의 나머지 값이 된다. 나머지 연산자는 실제 프로그래밍에서 유용하게 사용될 수 있다. 예를 들어 어떤 수가 홀수인지 짝수인지를 알기 위해서는 그 값이 2로 나누어 떨어지는 지로 구할 수 있으며 이 때 나머지 연산자를 이용해서 "a % 2"의 값이 0과 같을 경우를 찾는 방식으로 구할 수 있다. [예제 4-1]은 산술 연산자를 이용한 프로그램의 예이다. 출력화면에서 "%"를 표기하기 위하여 printf내에서 "%%"를 사용한 것을 유의하며, 나눗셈 연산의 결과가 3으로 정수가 나온 것을 확인한다.

[예제 4-1] 산술 연산자의 사용 예

```
/*
Example 4-1
산술 연산자의 사용 예
*/

#include <stdio.h>

int main(void)
{
		int iValue1 = 10, iValue2 = 3;

		printf("\n\n======== Example 4-1 Start ========\n\n");

		printf(" %d + %d = %d\n", iValue1, iValue2, iValue1 + iValue2);
		printf(" %d - %d = %d\n", iValue1, iValue2, iValue1 - iValue2);
		printf(" %d * %d = %d\n", iValue1, iValue2, iValue1 * iValue2);
		printf(" %d / %d = %d\n", iValue1, iValue2, iValue1 / iValue2);
		printf(" %d %% %d = %d\n", iValue1, iValue2, iValue1 % iValue2);

		printf("\n\n======== Example 4-1 End ========\n\n");

		return 0;
}
```

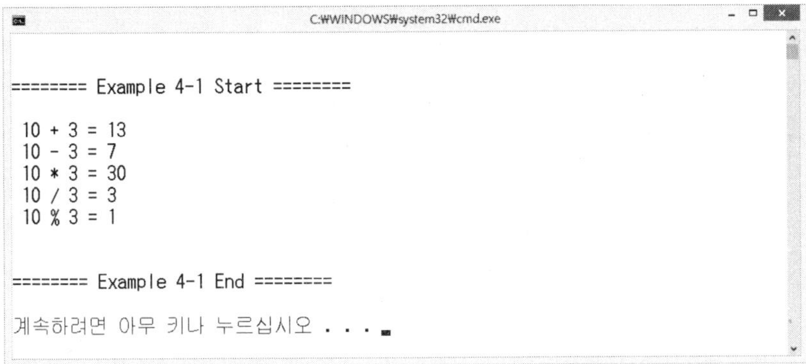

(그림 4-1) [예제 4-1]의 결과

[예제 4-2]는 정수끼리의 나눗셈 연산 결과와 실수로 강제 형 변환 후 나눗셈 연산의 결과를 비교한 것이다. "3/10*10"의 연산 결과는 "3/10"을 먼저 수행하여 0이 나온 후 다시 10을 곱했기 때문에 그 결과가 "0"이 되었으며, "(float)3/10*10"의 연산 결과는 강제 형 변환이 이루어진 후이므로 "3.0/10*10" 연산을 수행하여 "3.0/10"의 결과인 0.3이 나온 후 다시 10을 곱했기 때문에 그 결과가 "3"이 됨을 확인할 수 있다.

[예제 4-2] 정수형과 실수형에서의 나눗셈 연산자 적용 예

```c
/*
Example 4-2
정수형과 실수형의 나눗셈 연산자 적용 예
*/

#include <stdio.h>

int main(void)
{
        printf("\n\n======== Example 4-2 Start ========\n\n");

        printf("3/10*10 = %d\n", 3 / 10 * 10);
        printf("(float)3/10*10 = %f\n", (float)3/10*10);

        printf("\n\n======== Example 4-2 End ========\n\n");

        return 0;
}
```

```
C:\WINDOWS\system32\cmd.exe

======== Example 4-2 Start ========

3/10*10 = 0
(float)3/10*10 = 3.000000


======== Example 4-2 End ========
```

(그림 4-2) [예제 4-2]의 결과

4.3 대입 연산자

대입 연산자는 연산의 결과를 변수에 대입하는 연산자이며, 연산자 중 가장 기본이 되고 가장 많이 사용하는 연산자이다. 대입 연산자 왼쪽의 피연산자는 "iValue = 10"과 같이 반드시 변수가 되어야 하며, 대입 연산자 오른쪽의 피연산자는 변수, 상수, 함수 등 결과값을 얻을 수 있는 모든 것이 가능하다. 대입 연산자는 그 자체로 결과값을 갖고 있으며, 대입 연산을 수행한 후에 변수에 저장되는 값이 그 결과값이다. 예를 들어 "iValue = 10"이라는 문장은 "10이라는 값을 iValue라는 변수에 저장하라"라는 의미이며, 이 때의 결과값은 10이 된다.

대입 연산자의 우선순위는 연산자 중에서 가장 낮다. 예를 들어 "iValue = 10 + 20;"이라는 문장이 있을 때, "+" 연산자가 먼저 수행되어 30이라는 값을 얻고, 이후 iValue에 그 값을 대입한다. 이 때의 결과값은 30이다.

C언어에서의 대입 연산자는 단순 대입 연산자("=")뿐만 아니라 편리한 복합 대입 연산자도 제공한다. 복합 대입 연산자는 연산자와 대입 연산자로 구성되어 있으며 일반 형식은 "a op= b"이다. 이 때 "op="의 연산자는 반드시 붙여서 적어야 하고, 의미는 "a = a op b"이며, "a와 b의 연산 결과를 다시 a에 저장하라"라는 뜻이다. 복합 대입 연산자에서 사용 가능한 연산자는 이미 배운 산술 연산자 뿐만 아니라, 이후에 배울 비트 논리 연산자와 이동 연산자도 가능하다.

〈표 4-3〉 복합 대입 연산자의 예

복합 대입 연산자	의미
a += b	a = a + b
a -= b	a = a - b
a *= b	a = a * b

a /= b	a = a / b
a %= b	a = a % b
a &= b	a = a & b
a |= b	a = a | b
a ^= b	a = a ^ b
a 〉〉= b	a = a 〉〉 b
a 〈〈= b	a = a 〈〈 b

복합 대입 연산자에서는 연산자 우선순위에 유의할 필요가 있다. 복합 대입 연산자 역시 대입 연산자이기 때문에 모든 연산에서 우선순위가 가장 낮다. 따라서 복합 대입 연산자에서 연산자 우선선위는 오른쪽의 피연산자 부분의 연산을 우선적으로 수행한 후 마지막으로 복합 대입 연산자를 풀어서 연산을 수행해야만 한다. 만일 "a *= b + c"라는 수식을 사용한다면, "b + c"의 연산을 우선적으로 수행한 후 a와 곱셈 작업을 수행한다. 즉 "a *= b + c"의 수식은 "a = a * b + c"가 아니라 "a = a * (b + c)"가 된다. 〈표 4-3〉은 복합 대입 연산자의 예를 보여준다.

C언어에서는 다중 대입문을 이용하여 여러 변수에 한 번에 데이터의 저장이 가능하다. 다중 대입문을 사용할 때 대입하는 순서는 가장 오른쪽에 있는 변수부터 대입이 이루어진다. 예를 들어 "a = b = c = 10;"이라는 대입문을 이용하면, "c = 10"이 먼저 수행되고 이후 "b = c", "a = b"가 수행되어 모든 변수가 10이라는 값을 갖는다. [예제 4-3]은 대입 연산자를 이용한 프로그램의 예이다.

[예제 4-3] 대입 연산자를 이용한 프로그램의 예

```
/*
Example 4-3
대입 연산자를 이용한 프로그램의 예
*/

#include <stdio.h>

int main(void)
{
        int iValue1, iValue2, iValue3;

        iValue1 = 10;
        iValue2 = iValue3 = 5;

        printf("\n\n======== Example 4-3 Start ========\n\n");

```

```c
        printf("iValue1 = %d, iValue2 = %d, iValue3 = %d\n\n",
                                                iValue1, iValue2, iValue3);

        iValue1 = iValue1 + 1;
        printf("iValue1 = iValue1 + 1 이후\n");
        printf("iValue1 = %d\n\n", iValue1);

        iValue2 *= iValue1 + 1;
        printf("iValue2 *= iValue1 + 1 이후\n");
        printf("iValue2 = %d\n", iValue2);

        printf("\n\n======== Example 4-3 End ========\n\n");

        return 0;
}
```

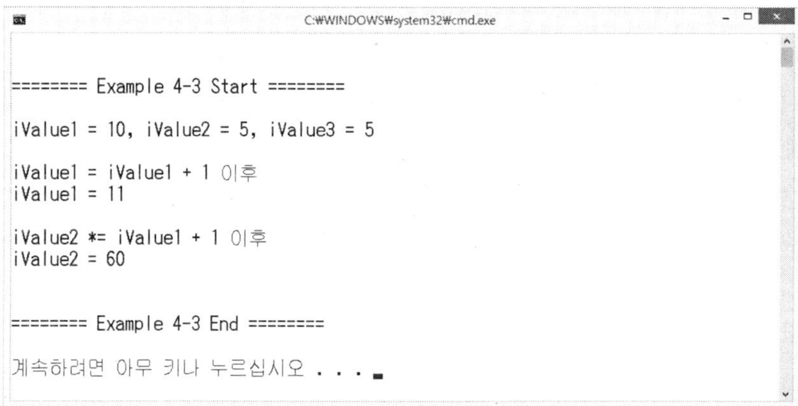

(그림 4-3) [예제 4-3]의 결과

4.4 증가/감소 연산자

증가 및 감소 연산자는 기호 "++"와 "--"를 이용하며, 피연산자인 변수의 값을 하나 증가 또는 감소시킨 후 저장한다. 이 때 피연산자는 연산자의 앞이나 뒤 모두 올 수 있다. "++a", "--a"와 같이 연산자가 피연산자 앞에 올 경우 전치 증가/감소 연산자라고 하며, "a++", "a--"와 같이 연산자가 피연산자 뒤에 올 경우 후치 증가/감소 연산자라고 한다.

증가 및 감소 연산자의 연산 결과는 결과를 다른 변수에 저장하지 않는 경우에는 전치형과 후치형 모두 동일하다. 그러나 연산의 결과를 다른 변수에 저장하는 경우에는 전치형과 후치형의 의미가 다르다. 증가 및 감소 연산자에서 연산자가 피연산자 앞에 오면 증가 및 감소 연산을 먼저 수행한 후에 나머지 문장을 수행하며, 연산자가 피연산자 뒤에 오면 문장을 수행한 후 마지막으로 증가 및 감소 연산을 수행한다. 〈표 4-4〉는 증가 및 감소 연산자의 전치 및 후치 연산에 대한 결과를 정리한 것이다.

〈표 4-4〉 증가 및 감소 연산자의 종류 및 의미

<table>
<tr><th rowspan="2">증/감연산자</th><th rowspan="2">의미</th><th colspan="2">예</th></tr>
<tr><th>증/감연산자</th><th>동일 문장</th></tr>
<tr><td rowspan="2">++a</td><td rowspan="2">a를 1 증가한 후 그 값을 이용하여 나머지 문장을 수행</td><td>++a;</td><td>a = a + 1;</td></tr>
<tr><td>b = ++a</td><td>a = a + 1;
b = a;</td></tr>
<tr><td rowspan="2">a++</td><td rowspan="2">a를 이용하여 문장을 수행한 후 a의 값을 1 증가</td><td>a++;</td><td>a = a + 1;</td></tr>
<tr><td>b = a++;</td><td>b = a;
a = a + 1;</td></tr>
<tr><td rowspan="2">--a</td><td rowspan="2">a를 1 감소한 후 그 값을 이용하여 나머지 문장 수행</td><td>--a;</td><td>a = a - 1;</td></tr>
<tr><td>b = --a;</td><td>a = a - 1;
b = a;</td></tr>
<tr><td rowspan="2">a--</td><td rowspan="2">a를 이용하여 문장을 수행한 후 a의 값을 1 감소</td><td>a--;</td><td>a = a - 1;</td></tr>
<tr><td>b = a--;</td><td>b = a;
a = a - 1;</td></tr>
</table>

[예제 4-4]는 증가 및 감소 연산자의 전치형과 후치형의 차이를 확인할 수 있는 예제이다. iValue1의 경우 전치형 연산을 수행하였으며, iValue2의 경우 후치형 연산을 수행하였다. 따라서 "++iValue1"의 출력에서는 이전의 값에 1이 증가한 후 출력하였으며, "iValue2++"의 출력에서는 출력 후 이전의 값을 1 증가하므로 다음에 출력할 때 증가한 값이 적용됨을 알 수 있다.

[예제 4-4] 증가 연산자의 전치형과 후치형의 차이 비교

```
/*
Example 4-4
증가 연산자의 전치형과 후치형의 비교
*/

#include <stdio.h>

int main(void)
```

```c
{
        int iValue1 = 10, iValue2 = 10;

        printf("\n\n======== Example 4-4 Start ========\n\n");

        printf("iValue1 = %d\n", iValue1);
        printf("++iValue1 = %d\n", ++iValue1);
        printf("iValue1 = %d\n\n", iValue1);

        printf("iValue2 = %d\n", iValue2);
        printf("iValue2++ = %d\n", iValue2++);
        printf("iValue2 = %d\n", iValue2);

        printf("\n\n======== Example 4-4 End ========\n\n");

        return 0;
}
```

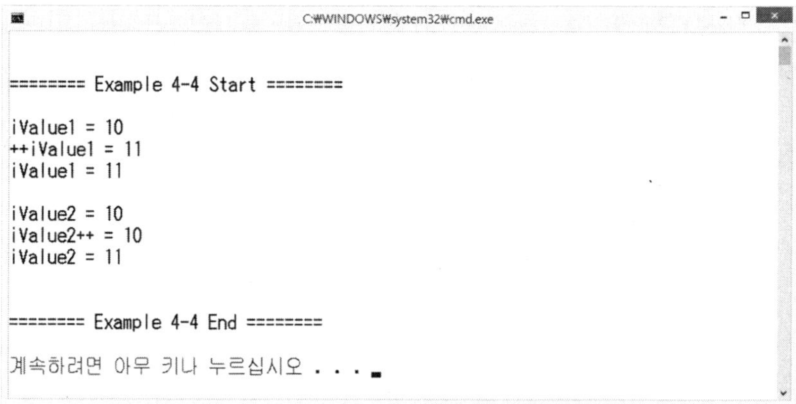

(그림 4-4) [예제 4-4]의 결과

덧셈 연산자 "+"와 증가 연산자 "++"가 다른 점은 "a+1"은 변수 a의 값에 변화가 없으나 "a++"는 변수 a의 값을 하나 증가시킨다. 또한 증가 및 감소 연산자의 경우 반드시 피연산자가 변수만 사용될 수 있다. 따라서 "10++"와 같이 피연산자가 상수인 경우 값을 하나 증가해서 넣을 공간이 없게 되기 때문에 에러를 발생시킨다. 또한 "(a+1)++"과 같은 식은 변수가 그 내부에 포함되어 있긴 하지만 "a+1"이라는 식자체가 하나의 값을 나타내기 때문에 변수가 아닌 값이므로 증가 및 감소 연산자를 사용할 수가 없다. 그리고 마지막으로 증가 및 감소 연산자의 "++"와 "--"는 반드시 서로 붙여 적어 공백이 없어야 한다.

4.5 관계 연산자

관계 연산자는 두 피연산자의 관계를 분석하기 위한 목적으로 이용되며, 주로 자료의 크기를 비교한다. 관계 연산자의 연산 결과는 참과 거짓으로 표현되며, 참일 경우 1 값을 출력하며, 거짓일 경우 0값을 출력한다. 그러나 입력 조건에서는 0의 값을 거짓으로 인식하며, 0 이외의 모든 값을 참으로 인식한다. 관계 연산자는 “>=”와 같이 두 개의 문자로 구성된 경우가 많으며, 이 경우 두 문자 사이의 공백이 없어야 하고, 반드시 순서를 일치하여야 한다. 예를 들어 “a >= b”는 “a가 b보다 크거나 같으면”이라고 묻는 것과 같으며, “a => b”와 같이 사용할 수는 없다. 〈표 4-5〉는 C언어에서 제공하는 관계 연산자의 종류 및 기능을 설명한 것이다.

〈표 4-5〉 관계 연산자의 종류 및 기능

연산자	사용법	예	설명
==	피연산자1 == 피연산자2	a == b	두 개의 피연산자가 같으면 참
!=	피연산자1 != 피연산자2	a != b	두 개의 피연산자가 다르면 참
>	피연산자1 > 피연산자2	a > b	피연산자1의 값이 피연산자2의 값 보다 크면 참
<	피연산자1 < 피연산자2	a < b	피연산자1의 값이 피연산자2의 값 보다 작으면 참
>=	피연산자1 >= 피연산자2	a >= b	피연산자1의 값이 피연산자2의 값 보다 크거나 같으면 참
<=	피연산자1 <= 피연산자2	a <= b	피연산자1의 값이 피연산자2의 값 보다 작거나 같으면 참

[예제 4-5]는 관계 연산자의 사용 예이다. iValue1과 iValue2의 숫자를 입력받은 후 두 수를 비교한 것이며, 만일 두 수를 비교하여 관계 연산자의 결과가 참이면 1, 거짓이면 0을 출력함을 확인할 수 있다. [예제 4-5]에서는 간단히 그 결과를 1 또는 0으로 출력하지만 실제 관계 연산자는 조건문 및 반복문에서 중요하게 사용되는 것이기 때문에 사용법을 반드시 숙지하고 넘어가야만 한다. 조건문 및 반복문에서의 관계 연산자의 사용은 5장 및 6장에서 자세히 설명한다.

[예제 4-5] 관계 연산자의 사용 예

```
/*
Example 4-5
관계 연산자의 사용 예
*/

#include <stdio.h>
```

```c

int main(void)
{
		int iValue1, iValue2;

		printf("\n\n======== Example 4-5 Start ========\n\n");

		printf("두 수를 입력하세요 : ");
		scanf("%d %d", &iValue1, &iValue2);

		printf("(%d == %d) = %d\n", iValue1, iValue2, iValue1 == iValue2);
		printf("(%d != %d) = %d\n", iValue1, iValue2, iValue1 != iValue2);
		printf("(%d > %d) = %d\n", iValue1, iValue2, iValue1 > iValue2);
		printf("(%d < %d) = %d\n", iValue1, iValue2, iValue1 < iValue2);
		printf("(%d >= %d) = %d\n", iValue1, iValue2, iValue1 >= iValue2);
		printf("(%d <= %d) = %d\n", iValue1, iValue2, iValue1 <= iValue2);

		printf("\n\n======== Example 4-5 End ========\n\n");

		return 0;
}
```

```
C:\WINDOWS\system32\cmd.exe

======== Example 4-5 Start ========

두 수를 입력하세요 : 10 15
(10 == 15) = 0
(10 != 15) = 1
(10 > 15) = 0
(10 < 15) = 1
(10 >= 15) = 0
(10 <= 15) = 1


======== Example 4-5 End ========

계속하려면 아무 키나 누르십시오 . . .
```

(그림 4-5) [예제 4-5]의 결과

프로그램을 작성하는 과정에서 관계 연산자 "=="와 대입 연산자 "="의 구별에는 특히 주의하여야 한다. 관계 연산자는 피연산자를 비교하는 연산자이며, 대입 연산자는 오른쪽 피연산자의 값을 왼쪽 피연산자 변수에 대입하는 것이다. 예를 들어 현재 iValue라는 변수에 0이라는 값이 저장되어 있다고 가정하면, "iValue = 0"이라고 하면 "iValue에 저장되어 있는 값을 0으로 바꿔라"라는 의미이고, 이 때의 결과값은 iValue의 값이 0이다. 그러나 "iValue == 0"이라고 하면 "iValue에 들어 있는 값과 0이 같은가 비교하라"라는 의미이고 이 때의 결과값은 1이 된다. [예제 4-6]은 관계 연산자와 대입 연산자가 사용될 때의 주의점을 확인할 수 있는 예제이다.

[예제 4-6] 관계 연산자와 대입 연산자의 사용시 주의점

```
/*
Example 4-6
관계 연산자와 대입 연산자의 사용시 주의점
*/

#include <stdio.h>

int main(void)
{
	int iValue = 0;

	printf("\n\n======== Example 4-6 Start ========\n\n");

	printf("iValue = %d\n", iValue);
	printf("(iValue == 0) = %d\n", iValue == 0);
	printf("(iValue = 0) = %d\n", iValue = 0);

	printf("\n\n======== Example 4-6 End ========\n\n");

	return 0;
}
```

```
C:\WINDOWS\system32\cmd.exe

======== Example 4-6 Start ========

iValue = 0
(iValue == 0) = 1
(iValue = 0) = 0


======== Example 4-6 End ========

계속하려면 아무 키나 누르십시오 . . .
```

(그림 4-6) [예제 4-6]의 결과

4.6 논리 연산자

논리 연산자는 두 개 또는 하나의 피연산자의 논리값을 평가하기 위한 연산자이다. 이때 피연산자의 값에 따라 0의 값은 거짓으로 인식하며, 0이외의 모든 값은 참으로 인식하여 해당 논리 연산을 수행하고 연산의 결과값을 반환한다. 반환하는 결과값 역시 참일 경우 1을 반환하며 거짓을 경우 0을 반환한다. C언어에서는 세 가지의 논리 연산자가 사용되며 논리 연산자의 종류 및 의미는 〈표 4-6〉과 같다.

〈표 4-6〉 논리 연산자의 종류 및 기능

<table>
<tr><th>연산자</th><th>사용법</th><th>예</th><th>의미</th></tr>
<tr><td>&&</td><td>피연산자1 && 피연산자2
수식1 && 수식2</td><td>a 〉 b && c 〈 d</td><td>피연산자1과 피연산자2의 논리곱 연산 수행
(a 〉 b)와 (c 〈 d)가 모두 참이면 참 값 반환</td></tr>
<tr><td>||</td><td>피연산자1 || 피연산자2
수식1 && 수식2</td><td>a 〉 b || c 〈 d</td><td>피연산자1과 피연산자2의 논리합 연산 수형
(a 〉 b) 또는 (c 〈 d) 둘 중에 하나가 참이면 참 값 반환</td></tr>
<tr><td>!</td><td>!피연산자
!(수식)</td><td>!a</td><td>피연산자의 논리 보수 연산 수행
a가 참이면 거짓, a가 거짓이면 참 값 반환</td></tr>
</table>

[예제 4-7]은 논리 연산자의 사용 예이다. iValue1에 100의 값을 대입하였으며, iValue2에는 0의 값을 대입하였다. 따라서 iValue1은 참의 값을 나타내고, iValue2는 거짓의 값을 나타낸다. 이 두 변수를 논리합, 논리곱, 그리고 각 변수의 보수 값을 구하는 연산을 수행하여 논리 연산자의 결과를 확인한다.

[예제 4-7] 논리 연산자의 사용 예

```
/*
Example 4-7
논리 연산자의 사용 예
*/

#include <stdio.h>

int main(void)
{
        int iValue1 = 100, iValue2 = 0;

        printf("\n\n======== Example 4-7 Start ========\n\n");

        printf("%d && %d = %d\n", iValue1, iValue2, iValue1 && iValue2);
```

```
        printf("%d || %d = %d\n", iValue1, iValue2, iValue1 || iValue2);
        printf("!%d = %d\n", iValue1, !iValue1);
        printf("!%d = %d\n", iValue2, !iValue2);

        printf("\n\n======== Example 4-7 End ========\n\n");

        return 0;
}
```

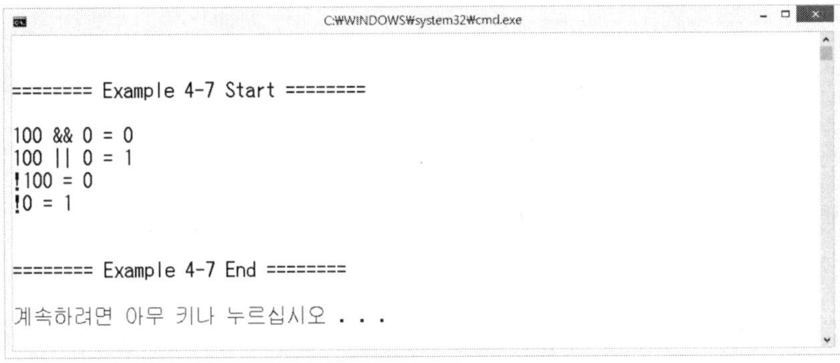

(그림 4-7) [예제 4-7]의 결과

논리 연산자를 포함한 수식을 작성할 경우 주의해야 할 사항이 있다. 논리곱을 나타내는 "&&" 연산자의 경우 두 피연산자가 모두 참일 경우에 참인 값을 나타낸다. 그러나 만일 피연산자1이 거짓일 경우에는 피연산자2의 값이 참이든 거짓이든 관계없이 거짓인 값을 나타낼 것이다. 이 때문에 "&&" 연산자에서 피연산자1의 결과값이 거짓일 경우 피연산자2의 수식은 실행하지 않는다. 마찬가지로 논리합을 나타내는 "||" 연산자의 경우 두 피연산자 중 하나가 참이면 결과는 참인 값을 나타낸다. 따라서 앞의 피연산자1이 참일 경우 뒤의 피연산자2는 계산할 필요가 없이 전체 결과가 참이 된다. 이 때문에 "||" 연산자에서 피연산자1의 결과값이 참인 경우 피연산자2의 수식은 실행하지 않는다. 만일 피연산자2에서 어떠한 변수의 값을 변경하는 문장이 포함된다면 이 경우 논리 연산자의 사용은 주의해야만 한다. 프로그램을 작성할 때에는 값이 당연히 변경되리라고 생각했던 것이 수식이 실행되지 않아서 변경되지 않을 수도 있기 때문이다. [예제 4-8]과 [예제 4-9]는 논리곱과 논리합 연산자에서 뒤의 수식이 수행되지 않을 때의 결과를 비교하기 위한 프로그램이다.

[예제 4-8] 논리곱 연산자의 특징

```
/*
Example 4-8
논리곱 연산자의 특징
*/
```

```
5
6  #include <stdio.h>
7
8  int main(void)
9  {
10         int iValue = 1;
11         int iResult;
12
13         printf("\n\n======== Example 4-8 Start ========\n\n");
14
15         iResult = (iValue == 2 && iValue--);
16         printf(" iResult = %d, iValue = %d \n", iResult, iValue);
17
18         iResult = (iValue == 1 && iValue--);
19         printf(" iResult = %d, iValue = %d \n", iResult, iValue);
20
21         iResult = (iValue == 1 && iValue--);
22         printf(" iResult = %d, iValue = %d \n", iResult, iValue);
23
24         printf("\n\n======== Example 4-8 End ========\n\n");
25
26         return 0;
27 }
```

```
C:\WINDOWS\system32\cmd.exe

======== Example 4-8 Start ========

 iResult = 0, iValue = 1
 iResult = 1, iValue = 0
 iResult = 0, iValue = 0

======== Example 4-8 End ========

계속하려면 아무 키나 누르십시오 . . .
```

(그림 4-8) [예제 4-8]의 결과

15번째 줄 "iResult = (iValue == 2 && iValue--);"에서 "iValue == 2"가 거짓이기 때문에 "iValue--"가 실행되지 않는다. 따라서 그 때의 "iValue" 값은 1인 값이 유지되고 있다. 이후 18번째 줄 "iResult = (iValue == 1 && iValue--);" 문장에서 "iValue == 1"의 수식이 참이기 때문에 "iValue--"가 수행되고 iValue의 값이 0가 출력됨을 확인할 수 있다.

[예제 4-9] 논리합 연산자의 특징

```
1  /*
2  Example 4-9
3  논리합 연산자의 특징
4  */
5
6  #include <stdio.h>
7
8  int main(void)
9  {
10         int iValue = 1;
11         int iResult;
12
13         printf("\n\n======== Example 4-9 Start ========\n\n");
14
15         iResult = (iValue == 1 || iValue++);
16         printf(" iResult = %d, iValue = %d \n", iResult, iValue);
17
18         iResult = (iValue == 2 || iValue--);
19         printf(" iResult = %d, iValue = %d \n", iResult, iValue);
20
21         iResult = (iValue == 2 || iValue--);
22         printf(" iResult = %d, iValue = %d \n", iResult, iValue);
23
24         printf("\n\n======== Example 4-9 End ========\n\n");
25
26         return 0;
27 }
```

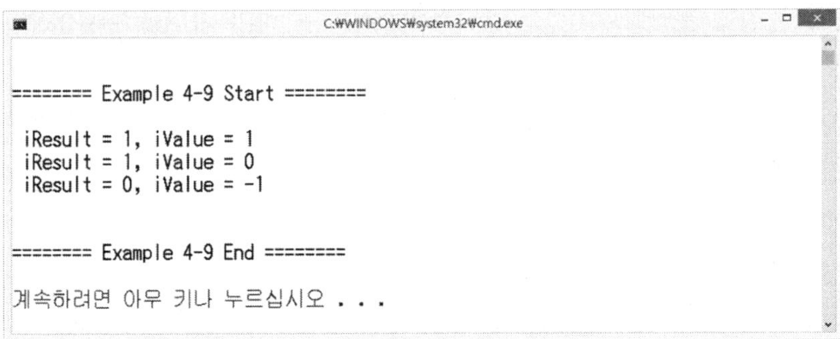

(그림 4-9) [예제 4-9]의 결과

15번째 줄 "iResult = (iValue == 1 || iValue++);"의 문장에서 "iValue == 1"이 참이기 때문에 "iValue++" 문장이 실행되지 않았다. 따라서 iValue의 값은 1인 값을 현재

유지하고 있음을 확인할 수 있다. 이후 18번째 줄 "iResult = (iValue == 2 || iValue--);"에서 "iValue == 2"의 수식이 거짓이기 때문에 "iValue--"가 수행되고, iValue의 값이 0으로 바뀜을 확인할 수 있다.

4.7 비트 논리 연산자

비트 논리 연산자는 피연산자의 정수 값을 비트 단위로 처리한다. 이 연산자는 정수형 자료에만 적용이 가능하며 주로 하드웨어와 밀접한 제어용으로 이용된다. 비트 논리 연산자의 종류 및 기능은 〈표 4-7〉과 같다.

〈표 4-7〉 비트 논리 연산자의 종류 및 기능

연산자	사용법	예	의미
&	피연산자1 & 피연산자2	a & b	비트 논리곱
|	피연산자1 | 피연산자2	a | b	비트 논리합
^	피연산자 ^ 피연산자2	a ^ b	비트 배타적 논리합
~	~피연산자	~a	비트 보수

비트 논리곱 연산자 "&"는 비트 단위의 연산을 수행하며, 두 개의 피연산자의 해당 비트 값이 모두 1일 때 1값을 나타낸다. 비트 논리합 연산자 "|" 역시 비트 단위의 연산을 수행하며, 두 개의 피연산자의 해당 비트 값이 둘 중 하나 이상이 1이면 1값을 나타낸다. 비트 배타적 논리합을 나타내는 "^" 연산자의 경우 두 개의 피연산자의 해당 비트가 같은 값이면 0, 다른 값이면 1인 결과를 얻을 수 있다. 마지막으로 비트 보수 연산자의 경우 해당 비트가 0이면 1로, 1이면 0으로 바꾸어 결과를 출력한다. 〈표 4-8〉은 비트 논리 연산자의 해당 비트에 따른 결과값을 나타내는 진리표이다.

〈표 4-8〉 비트 논리 연산자의 진리표

a	b	a & b	a | b	a ^ b	~a
0	0	0	0	0	1
0	1	0	1	1	1
1	0	0	1	1	0
1	1	1	1	0	0

비트 논리곱 연산자는 특정 비트를 0으로 변경할 때 많이 사용한다. 예를 들어 16진수 0x12345678에 16진수 0xFFFF0000을 비트 논리곱 하면 앞의 1234는 변경되지 않고 뒤의 5678만 0000으로 변경된다. 〈표 4-9〉는 두 수의 비트 단위 논리곱 결과이다.

〈표 4-9〉 비트 논리곱의 예

16진수	2진수
0x12345678	0001 0010 0011 0100 0101 0110 0111 1000
0xFFFF0000	1111 1111 1111 1111 0000 0000 0000 0000
0x12340000	0001 0010 0011 0100 0000 0000 0000 0000

비트 논리합 연산자는 특정 비트를 1로 변경할 때 많이 사용한다. 예를 들어 16진수 0x12345678에 16진수 0xFFFF0000을 비트 논리합 하면 앞의 1234는 FFFF로 변경되고 뒤의 5678은 변경되지 않는다. 〈표 4-10〉은 두 수의 비트 단위 논리합 결과이다.

〈표 4-10〉 비트 논리합의 예

16진수	2진수
0x12345678	0001 0010 0011 0100 0101 0110 0111 1000
0xFFFF0000	1111 1111 1111 1111 0000 0000 0000 0000
0xFFFF5678	1111 1111 1111 1111 0101 0110 0111 1000

비트 배타적 논리합 연산자는 특정 비트의 값을 반전시키기 위하여 사용된다. 예를 들어 16진수 0x12345678에 16진수 0xFFFF0000을 비트 배타적 논리합 하면 앞의 1234가 반전되어 EDCB로 변경되고 뒤의 5678은 변경되지 않는다. 이 때 반전될 때의 계산을 쉽게 하기 위해서는 15에서 현재의 값을 빼면 그 값을 구하기 쉽다. 예를 들어 1의 반전은 "15 - 1"이 되므로 14이고 16진수로 표기하면 "E"이다. 〈표 4-11〉은 비트 배타적 논리합의 결과이다.

〈표 4-11〉 비트 배타적 논리합의 예

16진수	2진수
0x12345678	0001 0010 0011 0100 0101 0110 0111 1000
0xFFFF0000	1111 1111 1111 1111 0000 0000 0000 0000
0xEDCB5678	1110 1101 1100 1011 0101 0110 0111 1000

비트 보수 연산자는 전체 비트의 값을 반전시키기 위하여 사용된다. 예를 들어 16진수

0x12345678에 비트 보수를 하면 전체 비트들의 값이 반전되어 0xEDCBA987이 된다. 〈표 4-12〉는 비트 보수의 결과이다.

〈표 4-12〉 비트 보수의 예

16진수	2진수
0x12345678	0001 0010 0011 0100 0101 0110 0111 1000
0xEDCBA987	1110 1101 1100 1011 1010 1001 1000 0111

[예제 4-10]은 비트 논리 연산자를 이용한 프로그램이다. 앞에서 계산했던 각각의 비트 논리 연산의 결과를 프로그램을 통하여 확인한다.

[예제 4-10] 비트 논리 연산자의 사용 예

```
/*
Example 4-10
비트 논리 연산자의 사용 예
*/

#include <stdio.h>

int main(void)
{
		int iValue1 = 0x12345678;
		int iValue2 = 0xFFFF0000;

		printf("\n\n======== Example 4-10 Start ========\n\n");

		printf("%8x & %8x = %8x\n", iValue1, iValue2, iValue1 & iValue2);
		printf("%8x | %8x = %8x\n", iValue1, iValue2, iValue1 | iValue2);
		printf("%8x ^ %8x = %8x\n", iValue1, iValue2, iValue1 ^ iValue2);
		printf("~%8x = %8x\n", iValue1, ~iValue1);

		printf("\n\n======== Example 4-10 End ========\n\n");

		return 0;
}
```

```
C:\WINDOWS\system32\cmd.exe

======== Example 4-10 Start ========

12345678 & ffff0000 = 12340000
12345678 | ffff0000 = ffff5678
12345678 ^ ffff0000 = edcb5678
~12345678 = edcba987


======== Example 4-10 End ========

계속하려면 아무 키나 누르십시오 . . .
```

(그림 4-10) [예제 4-10]의 결과

4.8 이동 연산자

이동 연산자는 우변에 있는 피연산자에 의해 주어지는 자릿수만큼 좌변에 있는 피연산자의 2진 값의 비트들을 좌측(<<) 또는 우측(>>)으로 자리 이동을 하며, 이 때 피연산자의 값은 반드시 정수이어야 한다. 좌측 이동 연산자에서 발생하는 빈자리는 모두 0으로 채워지게 되며, 우측 이동 연산자에서 발생하는 빈자리는 최상위 비트의 것(양수면 0, 음수면 1)과 동일하게 채워진다. 실제 4바이트로 이루어진 int형 정수에 대한 이동 연산을 살펴보면 다음과 같다.

```
7            00000000 00000000 00000000 00000111
7 << 2    00 00000000 00000000 00000000 000111 00
```

왼쪽으로 이동한 00은 버리고 오른쪽 끝에 00을 채워준다. 따라서 결과값은 28이다.

```
7            00000000 00000000 00000000 00000111
7 >> 2       00 000000 00000000 00000000 00000001 11
```

오른쪽으로 이동한 11은 버리고 왼쪽 끝에 00을 채워준다. 따라서 결과값은 1이다.

```
-7           11111111 11111111 11111111 11111001
-7 << 2   11 11111111 11111111 11111111 111001 00
```

왼쪽으로 이동한 11은 버리고 오른쪽 끝에 00을 채워준다. 따라서 결과값은 -28이다.

−7	1 1 1 1 1 1 1 1	1 1 1 1 1 1 1 1	1 1 1 1 1 1 1 1	1 1 1 1 1 0 0 1	
−7 〉〉 2	1 1 1 1 1 1 1 1	1 1 1 1 1 1 1 1	1 1 1 1 1 1 1 1	1 1 1 1 1 1 1 0	0 1

오른쪽으로 이동한 01은 버리고 왼쪽 끝에 최상위 비트와 동일한 11을 채워준다. 따라서 결과값은 -2이다.

이처럼 이동 연산자의 결과는 정수형 변수일 경우, 좌측 이동일 때 "좌변 피연산자의 값 x ($2^{\text{우변 피연산자의 값}}$)"만큼의 결과를 얻을 수 있다. 그리고 우측 이동일 때 "좌변 피연산자의 값 ÷ ($2^{\text{우변 피연산자의 값}}$)"만큼의 결과를 얻으며, 나누어 떨어지지 않을 때는 얻어진 실수 값 보다 작은 정수를 얻는다. 따라서 7 〈〈 2의 결과는 $7 \times 2^2 = 28$의 결과를 얻을 수 있으며, 7 〉〉 2의 결과는 $7 \div 2^2 = 1$을 얻을 수 있다. [예제 4-11]은 이동 연산자의 사용 예이다.

[예제 4-11] 이동 연산자의 사용 예

```
/*
Example 4-11
이동 연산자의 사용 예
*/

#include <stdio.h>

int main(void)
{
        int iValue1 = 7;
        int iValue2 = -7;

        printf("\n\n======== Example 4-11 Start ========\n\n");

        printf("%d << 2 = %d\n", iValue1, iValue1 << 2);
        printf("%d >> 2 = %d\n", iValue1, iValue1 >> 2);
        printf("%d << 2 = %d\n", iValue2, iValue2 << 2);
        printf("%d >> 2 = %d\n", iValue2, iValue2 >> 2);


        printf("\n\n======== Example 4-11 End ========\n\n");

        return 0;
}
```

```
C:\WINDOWS\system32\cmd.exe

======== Example 4-11 Start ========

7 << 2 = 28
7 >> 2 = 1
-7 << 2 = -28
-7 >> 2 = -2

======== Example 4-11 End ========

계속하려면 아무 키나 누르십시오 . . .
```

(그림 4-11) [예제 4-11]의 결과

4.9 크기 측정 연산자

크기 측정 연산자는 자료형 또는 변수 및 상수의 크기를 구하기 위한 연산자이다. 크기 측정 연산자를 이용해서 구할 수 있는 값은 바이트 단위의 자료 크기이며, 다른 연산자와는 다르게 기호를 사용하지 않고 예약어 "sizeof"를 사용한다. 이 때 구하는 값은 컴파일러마다 저장 공간의 크기가 다르기 때문에 실행 환경에 따라 결과값이 다르게 나타날 수 있다. "sizeof" 예약어를 이용하여 크기를 구하는 방법은 두 가지이며 다음의 형식과 같다.

```
<크기 측정 연산자의 형식>

sizeof(자료형)
sizeof 변수명 또는 sizeof(변수명)
```

변수명을 피연산자로 이용하는 경우 괄호는 생략이 가능하다. 그러나 자료형을 피연산자로 사용하는 경우 반드시 괄호가 포함되어야 한다. [예제 4-12]는 크기 측정 연산자를 사용한 프로그램의 예이다.

[예제 4-12] 크기 측정 연산자의 사용 예

```
/*
Example 4-12
크기 측정 연산자의 사용 예
```

```c
*/

#include <stdio.h>

int main(void)
{
        short sValue;
        int iValue;
        float fValue;

        printf("\n\n======== Example 4-12 Start ========\n\n");

        printf("sizeof(char) = %d\n", sizeof(char));
        printf("sizeof(int) = %d\n", sizeof(int));
        printf("sizeof(double) = %d\n", sizeof(double));
        printf("sizeof(sValue) = %d\n", sizeof sValue);
        printf("sizeof(iValue) = %d\n", sizeof iValue);
        printf("sizeof(fValue) = %d\n", sizeof(fValue));


        printf("\n\n======== Example 4-12 End ========\n\n");

        return 0;
}
```

```
C:\WINDOWS\system32\cmd.exe

======== Example 4-12 Start ========

sizeof(char) = 1
sizeof(int) = 4
sizeof(double) = 8
sizeof(sValue) = 2
sizeof(iValue) = 4
sizeof(fValue) = 4


======== Example 4-12 End ========

계속하려면 아무 키나 누르십시오 . . .
```

(그림 4-12) [예제 4-12]의 결과

4.10 조건 연산자

조건 연산자는 C언어에서 유일하게 피연산자를 세 개 갖는 삼항 연산자로 두 개의 문자("?", ":")로 구성된 연산자이다. 조건 연산자의 형식은 아래와 같다.

```
<조건 연산자의 형식>

피연산자1 ? 피연산자2 : 피연산자3
조건식 ? 식1 : 식2
```

일반적으로 피연산자1은 조건식이며, 피연산자2와 피연산자3은 식이나 변수 또는 상수다. 조건 연산자에서 조건식이 참이면 식1이 수행되며, 조건식이 거짓이면 식2가 수행된다. [예제 4-13]은 조건 연산자를 사용하여 두 수 중 큰 수를 출력하는 프로그램의 예이다. 15번째 줄의 "(iValue1 〉 iValue2) ? iValue1 : iValue2"에서 만일 iValue1이 iValue2보다 큰 값이면 "(iValue1 〉 iValue2)"가 참이 되고 이 때 결과값인 iValue1이므로 두 수 중에서 더 큰 값을 얻을 수 있다. 그러나 iValue1이 iValue2보다 작은 값이면 "(iValue1 〉 iValue2)"가 거짓이 되고 이 때 결과값은 iValue2를 얻으므로 두 수 중에서 더 큰 값을 항상 결과로 얻을 수 있다.

[예제 4-13] 조건 연산자의 사용 예

```
1  /*
2  Example 4-13
3  조건 연산자의 사용 예
4  */
5
6  #include <stdio.h>
7
8  int main(void)
9  {
10         int iValue1, iValue2;
11
12         printf("\n\n======== Example 4-13 Start ========\n\n");
13
14         printf("두 수를 입력하세요 : ");
15         scanf("%d %d", &iValue1, &iValue2);
16
17         printf("%d와 %d 중에서 큰 수는 %d입니다.\n",
```

```
                    iValue1, iValue2, (iValue1 > iValue2) ? iValue1 : iValue2);

        printf("\n\n======== Example 4-13 End ========\n\n");

        return 0;
}
```

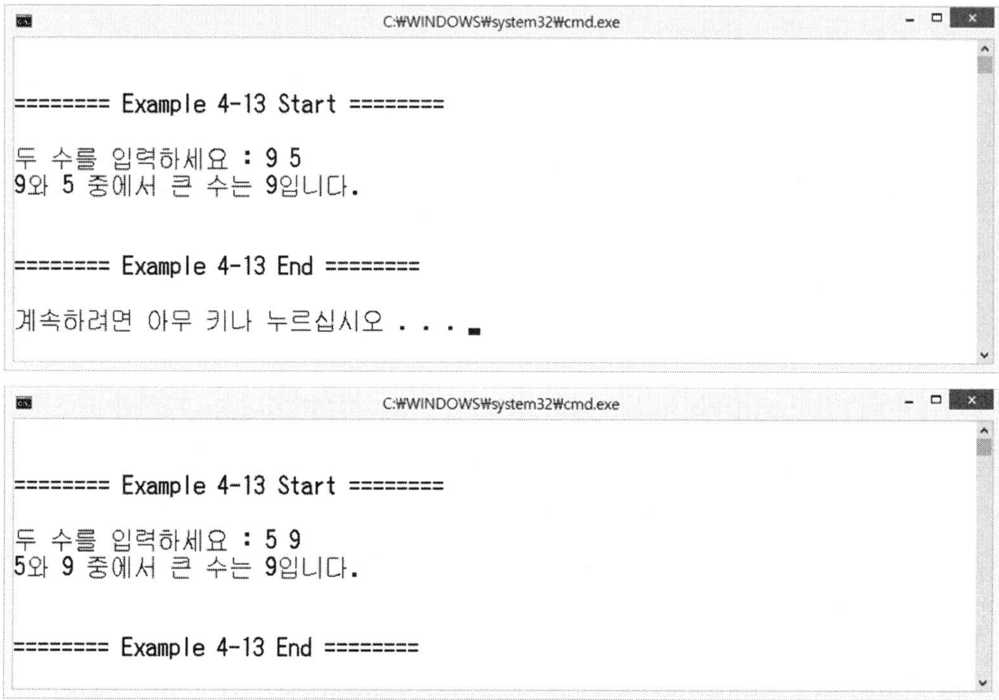

(그림 4-13) [예제 4-13]의 결과

4.11 연산자의 우선순위

일반적인 사칙연산의 계산에서도 더하기나 빼기보다 곱하기와 나누기를 먼저 계산한다. 이처럼 C언어에서도 각 연산자에는 우선순위가 있다. 하나의 식에서 여러 개의 연산자가 필요할 때 연산자의 우선순위는 단항 〉 산술 〉 이동 〉 관계 〉 비트논리 〉 논리 〉 조건 〉 대입 연산자의 순서를 가지며 자세한 우선순위는 〈표 4-13〉과 같다.

〈표 4-13〉 연산자의 우선순위

<table>
<tr><th>우선순위</th><th>연산자</th><th>계산 방향</th></tr>
<tr><td>1</td><td>() [] -〉 a++(후위) a--(후위)</td><td>-〉 (좌에서 우로)</td></tr>
<tr><td>2</td><td>++a(전위) --a(전위) ! ~ sizeof -(부호) +(부호) &(주소) *(역참조)</td><td>〈- (우에서 좌로)</td></tr>
<tr><td>3</td><td>* / %</td><td>-〉 (좌에서 우로)</td></tr>
<tr><td>4</td><td>+ -</td><td>-〉 (좌에서 우로)</td></tr>
<tr><td>5</td><td>〉〉 〈〈</td><td>-〉 (좌에서 우로)</td></tr>
<tr><td>6</td><td>〈 〉 〈= 〉=</td><td>-〉 (좌에서 우로)</td></tr>
<tr><td>7</td><td>== !=</td><td>-〉 (좌에서 우로)</td></tr>
<tr><td>8</td><td>&</td><td>-〉 (좌에서 우로)</td></tr>
<tr><td>9</td><td>^</td><td>-〉 (좌에서 우로)</td></tr>
<tr><td>10</td><td>|</td><td>-〉 (좌에서 우로)</td></tr>
<tr><td>11</td><td>&&</td><td>-〉 (좌에서 우로)</td></tr>
<tr><td>12</td><td>||</td><td>-〉 (좌에서 우로)</td></tr>
<tr><td>13</td><td>?:</td><td>〈- (우에서 좌로)</td></tr>
<tr><td>14</td><td>= += -= *= /= %= 〈〈= 〉〉= &= |= ^=</td><td>〈- (우에서 좌로)</td></tr>
<tr><td>15</td><td>,(콤마 연산자)</td><td>-〉 (좌에서 우로)</td></tr>
</table>

C언어에는 매우 다양한 연산자들이 있기 때문에 연산자들의 우선순위를 모두 암기하는 것은 매우 어렵다. 연산자의 우선순위에서 반드시 기억해야 하는 사항은 "연산자의 우선순위기 기억나지 않을 때에는 괄호()를 이용하여 연산자의 우선순위를 임의로 결정하라"라는 것이다.

4.12 연습문제

(연습문제 4-1) 다음 괄호 부분을 채우시오.

① (   )는 덧셈, 뺄셈, 곱셈, 나눗셈 등 산술 연산을 위한 연산자이다.
② (   )는 연산 결과를 변수 값으로 대입하는 연산자이다.
③ (   )는 피연산자(변수)의 값을 증가시키는 연산자이다.
④ (   )는 두 피연산자의 관계를 분석하기 위한 목적으로 이용된다.
⑤ (   )는 하나 또는 여러 개의 논리값을 이용하여 참, 거짓을 판정한다.
⑥ (   )는 피연산자의 정수 값을 비트 단위로 처리한다. 이 연산자는 정수형 자료에만 적용 가능하다.
⑦ (   )는 피연산자의 정수 값을 비트 단위로 왼쪽 또는 오른쪽으로 이동시키는 연산자이다.

(연습문제 4-2) 다음 중 나머지를 계산하는 산술 연산자를 고르시오.

① /
② %
③ -
④ *

(연습문제 4-3) 다음 중 "같지 않다"라는 의미를 가진 관계 연산자를 고르시오.

① ==
② <=
③ !=
④ <>

(연습문제 4-4) 다음 중 비트 배타적 논리합 연산을 수행하는 비트 논리 연산자를 고르시오.

① &
② !

③ ~
④ ^

(연습문제 4-5) 다음 중 피연산자를 이동하는 이동 연산자를 고르시오.

① 〉〉
② ||
③ &&
④ 〈〈

(연습문제 4-6) 다음 프로그램을 컴파일하면 문제들이 발생한다. 그 이유는?

```
#include <stdio.h>

int main(void)
{
        int iValue1, iValue2;

        printf(" 두 수를 입력하세요 : ");
        scanf("%d %d", &iValue1, &iValue2);

        if (iValue1 == iValue2)
        {
                printf(" 두 수는 같은 값입니다. \n");
        }

        if (iValue1 = !iValue2)
        {
                printf(" 두 수는 같은 값이 아닙니다. \n");
        }

        if (iValue1 > iValue2)
        {
                printf(" %d 는 %d 보다 큰 수입니다. \n", iValue1, iValue2);
        }

        if (iValue1 < iValue2)
        {
                printf(" %d 는 %d 보다 적은 수입니다. \n", iValue1, iValue2);
        }

```

```
        if (iValue1 = > iValue2)
        {
                printf(" %d 는 %d 보다 크거나 같은 수입니다. \n",
                                                iValue1, iValue2);
        }

        if (iValue1 = < iValue2)
        {
                printf(" %d 는 %d 보다 적거나 같은 수입니다. \n",
                                                iValue1, iValue2);
        }

        return 0;
}
```

(연습문제 4-7) 다음 프로그램을 컴파일하면 문제가 발생한다. 그 이유는?

```
#include <stdio.h>

int main(void)
{
        int iCount, iSum = 0;

        for (iCount = 1; iCount <= 100; iCount + )
                iSum = iSum + iCount;
        printf(" 1부터 100까지의 합은 %d입니다. \n", iSum);

        return 0;
}
```

(연습문제 4-8) 다음 프로그램의 결과는?

```
#include <stdio.h>

int main(void)
{
        int iValue = 5, iResult;

        printf("\n\n======== Problem 4-8 Start ========\n\n");

        iResult = iValue++ - 1;
        printf(" iValue = %d, iResult = %d \n", iValue, iResult);
        iResult = ++iValue + 2;
```

```
        printf(" iValue = %d, iResult = %d \n", iValue, iResult);

        iResult = iValue-- - 3;
        printf(" iValue = %d, iResult = %d \n", iValue, iResult);
        iResult = --iValue + 4;
        printf(" iValue = %d, iResult = %d \n", iValue, iResult);

        printf("\n\n======== Problem 4-8 End ========\n\n");

        return 0;
}
```

[연습문제 4-9] 다음 프로그램의 결과는?

```
#include <stdio.h>

int main(void)
{
        int iValue1 = 0x01234567;
        int iValue2 = 0xFFFF0000;
        int iResult;

        printf("\n\n======== Problem 4-9 Start ========\n\n");

        iResult = iValue1 & iValue2;
        printf(" %8x와 %8x의 비트 논리곱은 %8x입니다. \n",
                iValue1, iValue2, iResult);

        iResult = iValue1 | iValue2;
        printf(" %8x와 %8x의 비트 논리합은 %8x입니다. \n",
                iValue1, iValue2, iResult);

        iResult = iValue1 ^ iValue2;
        printf(" %8x와 %8x의 비트 배타적 논리합은 %8x입니다. \n",
                iValue1, iValue2, iResult);

        iResult = ~iValue1;
        printf(" %8x의 비트 보수는 %8x입니다. \n", iValue1, iResult);

        printf("\n\n======== Problem 4-9 End ========\n\n");

        return 0;
}
```

(연습문제 4-10) 3의 제곱과 세제곱을 계산하는 프로그램을 작성하시오.

```
C:\WINDOWS\system32\cmd.exe

======== Problem 4-10 Start ========

  3 의 제곱 = 9
  3 의 세제곱 = 27

======== Problem 4-10 End ========

계속하려면 아무 키나 누르십시오 . . .
```

(연습문제 4-11) 가로가 12cm, 세로가 34cm인 사각형의 면적을 계산하는 프로그램을 작성하시오.

```
C:\WINDOWS\system32\cmd.exe

======== Problem 4-11 Start ========

   가로가 12cm 세로가 34cm 인 사각형의 면적 = 408 cm*cm

======== Problem 4-11 End ========

계속하려면 아무 키나 누르십시오 . . .
```

(연습문제 4-12) 반지름이 3cm인 원의 둘레 및 면적을 계산하는 프로그램을 작성하시오.

```
C:\WINDOWS\system32\cmd.exe

======== Problem 4-12 Start ========

   원의 반지름 = 3 cm

   원의 둘레 = 18.840000 cm
   원의 면적 = 28.260000 cm*cm

======== Problem 4-12 End ========

계속하려면 아무 키나 누르십시오 . . .
```

C/H/A/P/T/E/R 05

조건문

컴퓨터를 이용하여 프로그램을 만드는 목적은 사용자가 원하는 작업을 컴퓨터를 이용하여 손쉽게 수행하기 위함이다. 이러한 작업은 그 진행 과정이 처음부터 끝까지 차례대로 이루어지기는 하지만, 특정 상황에 따라 생략할 수도 있고 혹은 반복될 수도 있다. 이와 같이 작업을 수행함에 있어서 처음부터 끝까지 작업을 수행하는 것을 순차적 실행이라고 하며, 특정 조건에 따라 작업의 실행 유무를 결정하는 것을 조건부 실행, 그리고 작업을 반복하는 것을 반복 실행이라고 한다. 이처럼 프로그래밍 언어의 문장도 그 작업을 구분하여 작성하며, 순차문, 조건문, 반복문으로 구별하여 기술한다.

예를 들어 사용자가 현금 인출기를 이용하여 돈을 인출한다고 가정하자. 현금 인출기에 카드를 넣고, 비밀번호를 입력하는 것은 순차적으로 실행된다. 이러한 것은 순차적인 실행 작업이다. 비밀번호를 입력한 후에는 비밀번호가 일치하는 지를 판단한다. 비밀번호가 일치하면 돈의 액수를 확인할 것이며, 비밀번호가 일치하지 않으면 종료된다. 이처럼 특정 조건에 따라 그 작업을 분기하는 것이 조건부 실행 작업이다. 마지막으로 비밀번호가 일치하면 돈을 인출할 것이다. 이 때 돈을 세는 것은 한 장, 한 장 반복되어 실행된다. 이것이 반복 실행이 된다. 이처럼 작업에 따라 순차적인 작업에 조건 실행과 반복 실행을 이용하여 실행의 순서를 변경할 수 있으며, 컴퓨터 프로그래밍 언어에서는 이것을 제어문이라고 한다.

5.1 식과 문

C언어에서의 식이란 값과 연산자의 조합으로 이루어진다. 연산자는 4장에서 공부했으

며, 값은 3장에서 변수와 상수를 통하여 공부하였다. 또한 7장에서 배울 함수도 어떠한 값을 가질 수 있다. 이러한 식은 이번 장에서 공부하는 제어문에서 조건을 표현하는 조건식으로 사용될 수 있다. 식의 결과는 변수와 상수의 경우 변수에 저장되어 있는 값, 그리고 상수의 값이 되며, 연산식의 경우 연산의 결과값이 되고, 함수의 경우 함수 호출의 반환값이 된다.

문은 프로그램 실행을 위한 최소한의 구성 단위이며, C언어에서는 공문, 선언문, 단순문, 복합문, 제어문이 있다. C언어의 모든 문장은 반드시 세미콜론(;)으로 그 끝을 알려야 한다. 공문은 내용 없이 세미콜론으로 이루어진 문이며 특수한 목적으로 이용된다. 선언문은 변수를 선언하거나 함수를 선언할 때 이용하며, 컴파일러에게 변수 혹은 함수를 사용하겠다고 알리는 역할을 한다. 단순문은 한 개의 식이나 명령으로 표현된 문장이다. 그리고 복합문은 여러 개의 단순문들로 이루어진 문으로 중괄호({})를 이용하여 그 문장의 범위를 표현한다. 마지막으로 제어문은 조건에 따라 분기하는 조건문과 반복 처리를 표현하는 반복문이 있다. 다음의 예는 공문, 선언문, 단순문, 복합문의 예이다.

```
<공문의 예>

;

<선언문의 예>

int iValue;

<단순문의 예>

iCount = iCount + 1;

<복합문의 예>

{
   iCount = iCount + 1;
   iSum = iSum + iCount;
}
```

제어문 중 조건문은 조건식에 따라 분기하는 제어문으로 if문과 switch문이 있다. 조건문을 이용하면 조건에 따라 문장을 실행할 수도 있으며, 또는 문장의 실행을 생략하고 다른 문장을 실행할 수도 있다. 이처럼 대부분의 프로그램은 조건문을 이용하여 문장의 실행 유무를 결정한다. 예를 들어 암호를 입력하고 암호의 일치 여부에 따라서 다음의 과정이 결정되는 모든 프로그램은 조건문을 이용한다.

5.2 if문

if문은 (그림 5-1)의 순서도와 같이 식의 결과가 참이면 문장을 수행하고 거짓이면 문장을 수행하지 않는 제어문이다. 제어문에서 식의 위치에는 상수, 변수, 연산식, 함수 호출이 올 수 있으며, 문장의 위치에는 단순문, 복합문, 또는 다른 제어문이 올 수 있다. 복합문의 경우 반드시 중괄호({})를 이용해야 하며, 단순문의 경우에도 중괄호를 이용하는 것이 프로그램의 오류 방지에 도움을 준다.

```
<if문의 형식>

if (식)
{
   문장
}
```

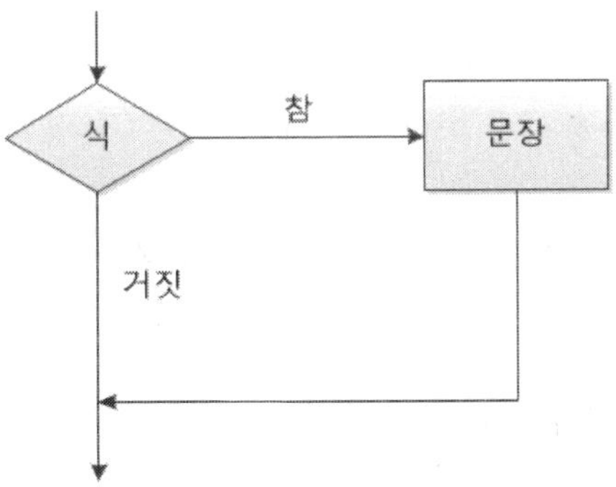

(그림 5-1) if문의 순서도

[예제 5-1]은 if문을 이용하여 키보드로 입력한 숫자가 양수인지 판별하는 프로그램이다. [예제 5-2]는 [예제 5-1]에서 단순문의 경우에도 중괄호를 사용한 프로그램의 예이다. 두 프로그램의 차이는 단지 단순문에서의 중괄호 사용 유무만 다르기 때문에 (그림 5-2)와 (그림 5-3)에서 보듯이 그 결과는 서로 같음을 알 수 있다.

[예제 5-1] if문을 사용한 양수 판별 프로그램

```
/*
Example 5-1
if문을 사용한 양수의 판별 프로그램
*/

#include <stdio.h>

int main(void)
{
	int iValue;

	printf("\n\n======== Example 5-1 Start ========\n\n");

	printf("숫자를 입력하세요 : ");
	scanf("%d", &iValue);

	if (iValue > 0)
		printf("%d는 양수입니다.\n", iValue);

	printf("\n\n======== Example 5-1 End ========\n\n");

	return 0;
}
```

```
C:\WINDOWS\system32\cmd.exe

======== Example 5-1 Start ========

숫자를 입력하세요 : 5
5는 양수입니다.


======== Example 5-1 End ========

계속하려면 아무 키나 누르십시오 . . .
```

(그림 5-2) [예제 5-1]의 결과

[예제 5-2] 단순문에서의 중괄호 사용

```
/*
Example 5-2
if문을 사용한 양수의 판별 프로그램
단순문에서의 중괄호 사용
```

```
*/

#include <stdio.h>

int main(void)
{
		int iValue;

		printf("\n\n======== Example 5-2 Start ========\n\n");

		printf("숫자를 입력하세요 : ");
		scanf("%d", &iValue);

		if (iValue > 0)
		{
			printf("%d는 양수입니다.\n", iValue);
		}

		printf("\n\n======== Example 5-2 End ========\n\n");

		return 0;
}
```

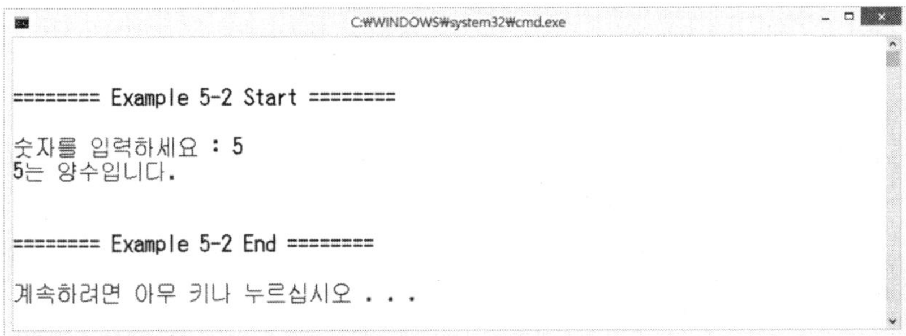

(그림 5-3) [예제 5-2]의 결과

[예제 5-3]은 숫자를 입력받은 후 그 숫자가 짝수인지 홀수인지를 판별하는 예제이다. 짝수일 경우를 판별할 때에는 나머지 연산자를 이용하여 2로 나눈 나머지가 0인지를 확인하면 된다. 따라서 출력부분은 짝수일 경우 "짝수입니다"와 "2로 나누어 떨어집니다"를 복합문을 이용하여 출력하였으며, 홀수일 경우 아무것도 출력되지 않는다.

[예제 5-3] if문을 이용한 짝수 판별 프로그램

```
/*
Example 5-3
if문을 사용한 짝수의 판별 프로그램
```

```c
복합문에서의 중괄호 사용
*/

#include <stdio.h>

int main(void)
{
	int iValue;

	printf("\n\n======== Example 5-3 Start ========\n\n");

	printf("숫자를 입력하세요 : ");
	scanf("%d", &iValue);

	if (iValue % 2 == 0)
	{
		printf("%d는 짝수입니다.\n", iValue);
		printf("%d는 2로 나누어 떨어집니다.\n", iValue);
	}

	printf("\n\n======== Example 5-3 End ========\n\n");

	return 0;
}
```

```
C:₩WINDOWS₩system32₩cmd.exe


======== Example 5-3 Start ========

숫자를 입력하세요 : 4
4는 짝수입니다.
4는 2로 나누어 떨어집니다.


======== Example 5-3 End ========

계속하려면 아무 키나 누르십시오 . . .
```

```
C:₩WINDOWS₩system32₩cmd.exe


======== Example 5-3 Start ========

숫자를 입력하세요 : 5


======== Example 5-3 End ========

계속하려면 아무 키나 누르십시오 . . .
```

(그림 5-4) [예제 5-3]의 결과

[예제 5-4]는 [예제 5-3]의 복합문에서 중괄호를 사용하지 않아 잘못된 실행 결과가 발생한 프로그램의 예이다. 중괄호를 사용하지 않음으로써 입력한 수가 짝수일 때와 홀수일 때 모두 "printf("%d는 2로 나누어 떨어집니다.₩n", iValue);"의 문장이 실행되어 원하는 결과가 아닌 것이 출력됨을 확인할 수 있다.

[예제 5-4] 복합문에서 중괄호를 사용하지 않은 경우 문제 발생 예

```
/*
Example 5-4
if문을 사용한 짝수의 판별 프로그램
복합문에서 중괄호를 사용하지 않아 생기는 문제
*/

#include <stdio.h>

int main(void)
{
	int iValue;

	printf("\n\n======== Example 5-4 Start ========\n\n");

	printf("숫자를 입력하세요 : ");
	scanf("%d", &iValue);

	if (iValue % 2 == 0)
		printf("%d는 짝수입니다.\n", iValue);
		printf("%d는 2로 나누어 떨어집니다.\n", iValue);

	printf("\n\n======== Example 5-4 End ========\n\n");

	return 0;
}
```

```
C:\WINDOWS\system32\cmd.exe

======== Example 5-4 Start ========

숫자를 입력하세요 : 4
4는 짝수입니다.
4는 2로 나누어 떨어집니다.


======== Example 5-4 End ========

계속하려면 아무 키나 누르십시오 . . .
```

```
C:\WINDOWS\system32\cmd.exe

======== Example 5-4 Start ========

숫자를 입력하세요 : 5
5는 2로 나누어 떨어집니다.


======== Example 5-4 End ========

계속하려면 아무 키나 누르십시오 . . .
```

(그림 5-5) [예제 5-4]의 결과

5.3 if ~ else문

단순 if문은 식이 참일 경우 해당 문장을 수행하지만, 대다수의 경우에서 식이 거짓일 경우에 별도의 문장을 수행할 필요가 있다. 예를 들어 [예제 5-1]에서 양수를 입력할 때에는 숫자가 양수임을 출력하지만, 음수를 입력할 때에는 아무런 작업도 수행하지 않았다. 만일 음수일 경우에도 출력하는 과정을 추가한다면 조금 더 좋은 프로그램이 될 것이다. 이와 같이 if이하의 식이 참일 경우와 거짓일 경우를 구분하여 문장을 수행하도록 하는 것이 if ~ else문이다. if ~ else문 역시 식의 위치에 상수, 변수, 연산식, 함수 등이 올 수 있으며, 실행하는 문장 역시 단순문, 복합문, 다른 제어문이 올 수 있다. if ~ else문의 형식은 다음과 같다.

```
<if ~ else문의 형식>

if (식)
{
    문장1
}
else
{
    문장2
}
```

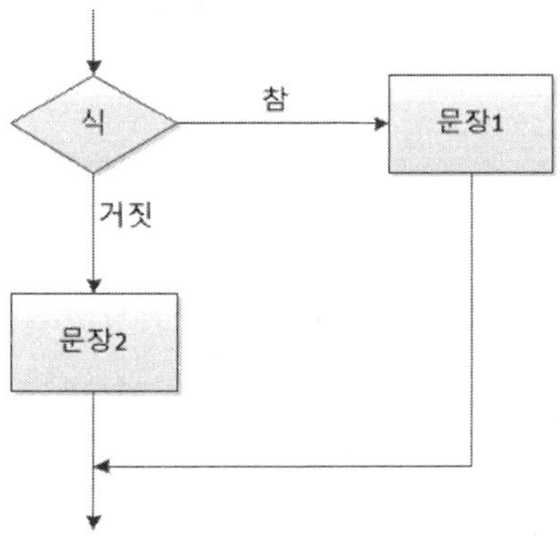

(그림 5-6) if ~ else문의 순서도

if ~ else문에서는 식이 참일 경우 if 이하의 문장1을 수행하고, 만일 식이 거짓이면 else 이하의 문장2를 수행한다. [예제 5-5]는 [예제 5-1] 및 [예제 5-2]를 수정하여 입력받은 수가 음수일 경우에 대한 처리를 할 수 있도록 if ~ else문을 이용하여 작성한 것이다.

[예제 5-5] if ~ else문을 이용한 양수/음수 구분 프로그램

```
/*
Example 5-5
if ~ else문을 사용한 양수/음수 구분 프로그램
*/

#include <stdio.h>

int main(void)
{
        int iValue;

```

```
	printf("\n\n======== Example 5-5 Start ========\n\n");

	printf("숫자를 입력하세요 : ");
	scanf("%d", &iValue);

	if (iValue > 0) {
		printf("%d는 양수입니다.\n", iValue);
	}
	else
	{
		printf("%d는 음수입니다.\n", iValue);
	}

	printf("\n\n======== Example 5-5 End ========\n\n");

	return 0;
}
```

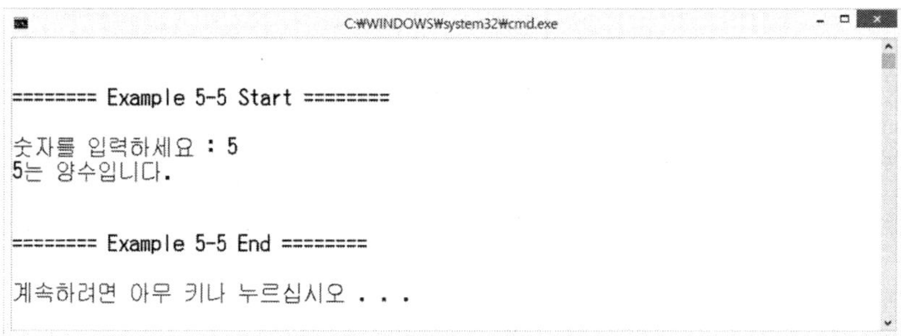

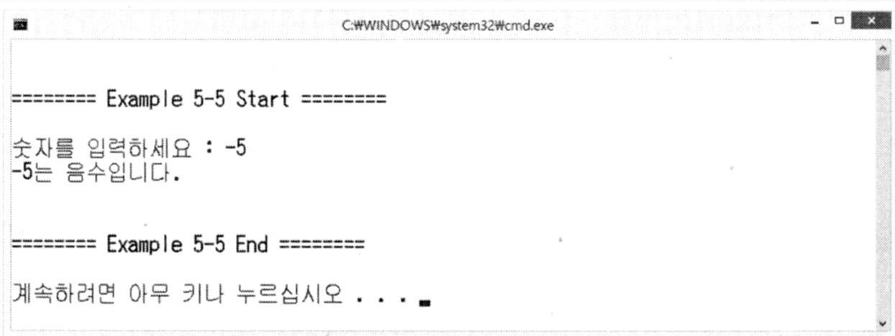

(그림 5-7) [예제 5-5]의 결과

만일 if ~ else문에서 실제 수행하는 문장이 간단할 경우 4장에서 배운 조건 연산자를 이용하여 표현이 가능하다. [예제 5-6]은 [예제 5-5]를 조건 연산자를 이용하여 다시 작성한 프로그램이다.

[예제 5-6] if ~ else문의 조건 연산자를 이용한 표현

```c
/*
Example 5-6
if ~ else문의 조건 연산자를 이용한 표현
*/

#include <stdio.h>

int main(void)
{
		int iValue;

		printf("\n\n======== Example 5-6 Start ========\n\n");

		printf("숫자를 입력하세요 : ");
		scanf("%d", &iValue);

		printf("%d는 %s입니다.\n", iValue, (iValue > 0) ? "양수" : "음수");

		printf("\n\n======== Example 5-6 End ========\n\n");

		return 0;
}
```

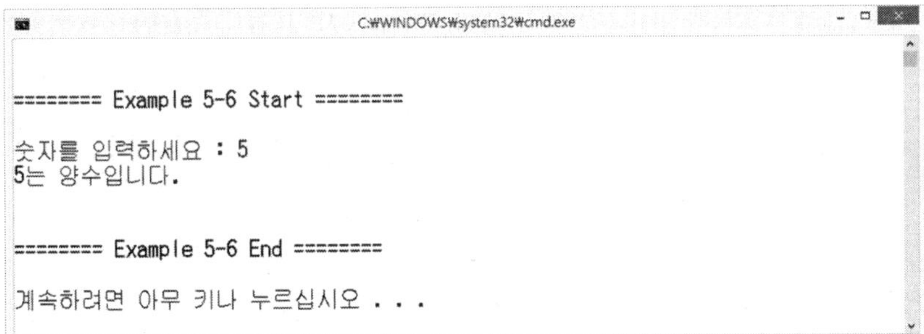

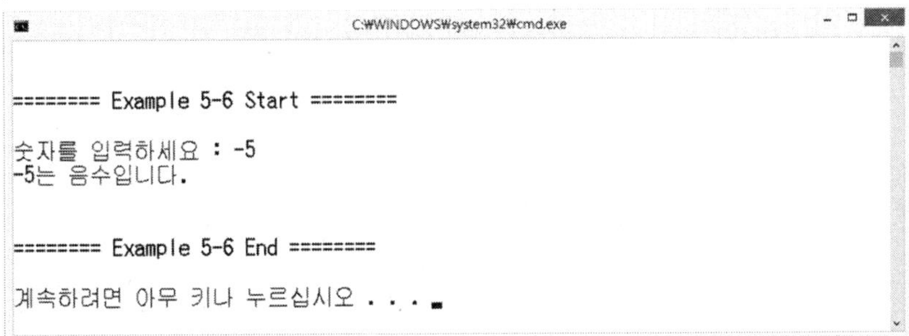

(그림 5-8) [예제 5-6]의 결과

5.4 다중 if문

만일 [예제 5-5]에서 0을 입력한다면 출력 결과는 (그림 5-9)와 같이 0이 "음수입니다"가 출력될 것이다. 그러나 0은 음수가 아니기 때문에 우리가 원하는 결과가 아니다. 이처럼 0, 양수, 음수를 구분하기 위해서는 조건이 여러 개가 필요하며, 이 때 다중 if문을 이용한다.

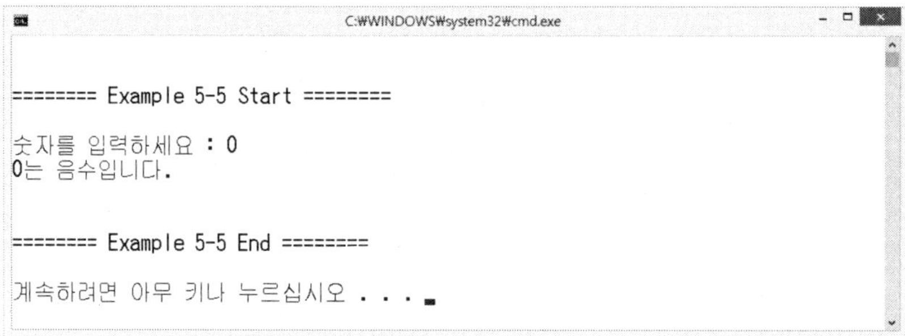

(그림 5-9) [예제 5-5]에서 0을 입력한 경우의 출력 결과

다중 if문은 조건식이 다수일 경우에 사용된다. if ~ else문의 else 뒤에 새로운 조건을 입력하여 조건식을 여러 개 만들 수 있으며, 각각의 새로운 조건에 해당할 경우에만 문장을 수행할 수 있도록 조건문을 구성할 수 있다. 다중 if문의 형식은 아래와 같다.

<다중 if문의 형식1>	<다중 if문의 형식2>
if (식1) 문장1 else if (식2) 문장2 else if (식3) 문장3 ... else if (식n) 문장n else 문장	if (식1) 문장1 else if (식2) 문장2 else if (식3) 문장3 ... else if (식n) 문장n

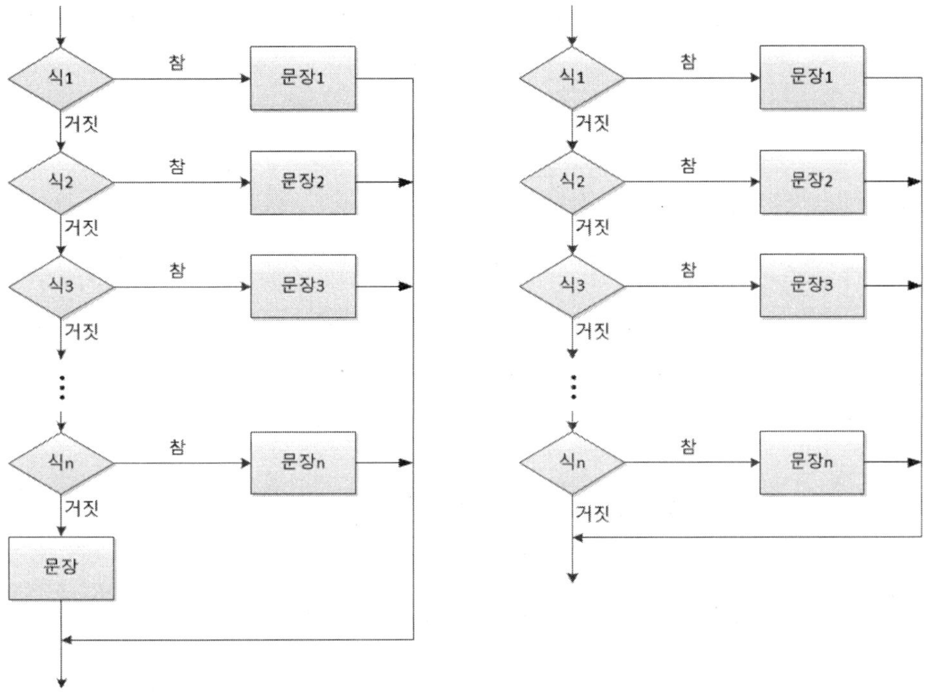

(그림 5-10) 다중 if문 형식1과 형식2의 순서도

다중 if문의 형식1은 식1이 참이면 문장1을 수행하고, 식1이 참이 아니면 식2를 검사한다. 이후 식2가 참이면 문장2를 수행하며, 식1과 식2가 모두 참이 아니면 식3을 검사하는 과정으로 진행된다. 식1부터 식3까지 모두 거짓일 경우 else 이하의 문장을 수행하게 된다. 다중 if문의 형식2는 형식1에서 마지막 else가 생략된 문장이다. 즉, 식1부터 검사한 후 참일 경우에 해당하는 문장을 수행하며, 식1부터 식n까지 모두 거짓일 경우에는 문장을 실행하지 않고 조건문을 종료하게 된다. [예제 5-7]은 [예제 5-5]를 수정하여 0, 양수, 음수를 모두 구분하여 출력할 수 있도록 개선한 프로그램이다.

[예제 5-7] 다중 if문을 이용한 0, 양수, 음수 구분 프로그램

```
/*
Example 5-7
다중 if문을 이용한 0, 양수, 음수 구분 프로그램
*/

#include <stdio.h>

int main(void)
{
        int iValue;
```

```
	printf("\n\n======== Example 5-7 Start ========\n\n");

	printf("숫자를 입력하세요 : ");
	scanf("%d", &iValue);

	if (iValue > 0) {
		printf("%d는 양수입니다.\n", iValue);
	} else if (iValue < 0) {
		printf("%d는 음수입니다.\n", iValue);
	} else {
		printf("%d는 영입니다.", iValue);
	}

	printf("\n\n======== Example 5-7 End ========\n\n");

	return 0;
}
```

(그림 5-11) [예제 5-7]의 결과

[예제 5-7]은 다중 if문을 이용하여 입력한 수를 0, 양수, 음수로 구분한 것이다. 그러나 반드시 다중 if문을 이용하여야만 문제를 해결할 수 있는 것은 아니다. if문 내부에 실행할 수 있는 문장에는 단순문, 복합문, 제어문 등이 올 수가 있으며, [예제 5-8]은 [예제 5-7]을 조금 변경하여 문장1에 제어문을 넣음으로써 문제를 해결한 것이다. [예제 5-8]과 같이 if문 내부에 다시 if문을 포함하는 것을 중첩 if문 또는 중복 if문이

라고 한다.

[예제 5-8] if문 내부에 if문을 포함하는 중첩 if문을 이용한 문제 해결

```
/*
Example 5-8
중첩 if문을 이용한 0, 양수, 음수 구분 프로그램
*/

#include <stdio.h>

int main(void)
{
	int iValue;

	printf("\n\n======== Example 5-8 Start ========\n\n");

	printf("숫자를 입력하세요 : ");
	scanf("%d", &iValue);

	if (iValue > 0) {
		printf("%d는 양수입니다.\n", iValue);
	}
	else
	{
		if (iValue < 0)
		{
			printf("%d는 음수입니다.", iValue);
		}
		else
		{
			printf("%d는 영입니다.", iValue);
		}
	}

	printf("\n\n======== Example 5-8 End ========\n\n");

	return 0;
}
```

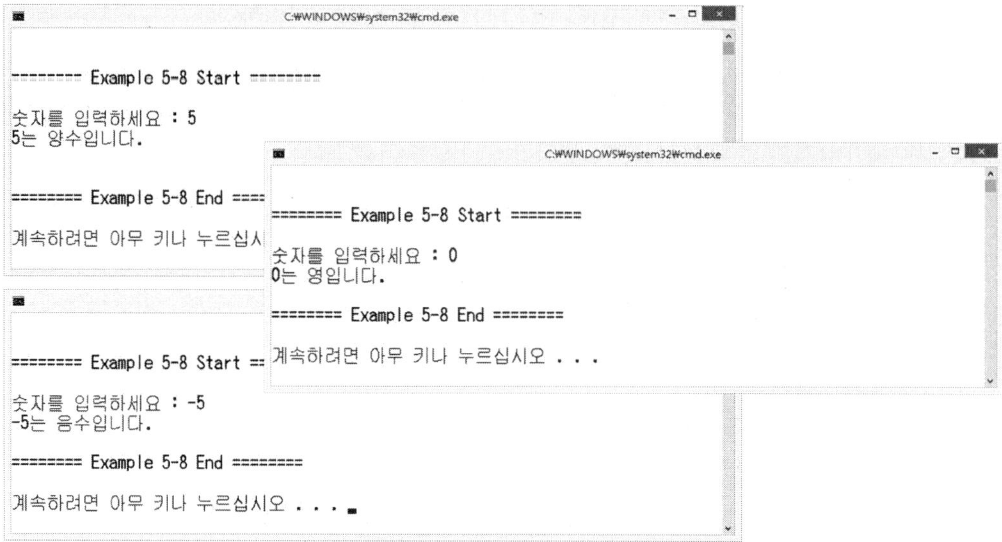

(그림 5-12) [예제 5-8]의 결과

if문에서 조건이 여러 개가 필요할 때에는 논리 연산자인 “&&”와 “||”를 활용하는 것이 프로그램 코드 작성에 편리한 방법이 된다. 예를 들어 두 수가 모두 양수인 경우에 작동하는 코드를 만들고자 할 때 중첩 if문을 사용할 수도 있으나 둘 모두 양수인 경우에 동작하기 때문에 AND에 해당하는 논리 연산자 “&&”를 이용할 수도 있다. [예제 5-9]와 [예제 5-10]은 양수를 입력 받은 후 두 수의 크기를 비교하여 큰 수를 출력하는 프로그램이다. [예제 5-9]의 경우 중첩 if문을 이용하여 양수인지를 비교하였으며, [예제 5-10]의 경우 논리 연산자를 이용하여 프로그램을 작성하였다.

[예제 5-9] 두 수를 비교하여 큰 수를 출력하는 프로그램 (중첩 if 사용)

```
/*
Example 5-9
두 수 중 큰 수를 출력하는 프로그램 (중첩 if)
*/

#include <stdio.h>

int main(void)
{
	int iValue1, iValue2;

	printf("\n\n======== Example 5-9 Start ========\n\n");

	printf("두 양수를 입력하세요 : ");
	scanf("%d %d", &iValue1, &iValue2);
```

```
	if (iValue1 > 0) {
		if (iValue2 > 0) {
			if (iValue1 > iValue2)
			{
				printf("두 수 중에서 큰 수는 %d입니다.\n",
										iValue1);
			}
			else
			{
				printf("두 수 중에서 큰 수는 %d입니다.\n",
										iValue2);
			}
		}
		else
		{
			printf("음수 또는 0을 입력하였습니다.");
		}
	}
	else
	{
		printf("음수 또는 0을 입력하였습니다.");
	}

	printf("\n\n======== Example 5-8 End ========\n\n");

	return 0;
}
```

```
C:₩WINDOWS₩system32₩cmd.exe

======== Example 5-9 Start ========

두 양수를 입력하세요 : 5 9
두 수 중에서 큰 수는 9입니다.


======== Example 5-8 End ========

계속하려면 아무 키나 누르십시오 . . .
```

```
C:₩WINDOWS₩system32₩cmd.exe

======== Example 5-9 Start ========

두 양수를 입력하세요 : 5 -9
음수 또는 0을 입력하였습니다.

======== Example 5-8 End ========

계속하려면 아무 키나 누르십시오 . . .
```

(그림 5-13) [예제 5-9]의 결과

[예제 5-10] 두 수를 비교하여 큰 수를 출력하는 프로그램 (논리 연산자 사용)

```
/*
Example 5-10
두 수 중 큰 수를 출력하는 프로그램 (중첩 if)
*/

#include <stdio.h>

int main(void)
{
	int iValue1, iValue2;

	printf("\n\n======== Example 5-10 Start ========\n\n");

	printf("두 양수를 입력하세요 : ");
	scanf("%d %d", &iValue1, &iValue2);

	if (iValue1 > 0 && iValue2 > 0) {
		if (iValue1 > iValue2)
		{
			printf("두 수 중에서 큰 수는 %d입니다.\n", iValue1);
		}
		else
		{
			printf("두 수 중에서 큰 수는 %d입니다.\n", iValue2);
		}
	}
	else
	{
		printf("음수 또는 0을 입력하였습니다.");
	}

	printf("\n\n======== Example 5-10 End ========\n\n");

	return 0;
}
```

(그림 5-14) [예제 5-10]의 결과

여러 개의 if ~ else문이 다중으로 사용되는 중첩 if문의 경우 else문은 가장 가까운 if문에 대응된다. 대응 관계를 명확히 하고 프로그램의 이해도를 높이기 위하여 들여쓰기를 이용하여 구분해 주는 것이 좋다. Visual Studio에서는 자동으로 들여쓰기가 적용되므로 들여쓰기에 대한 것을 크게 신경쓰지 않아도 되기는 하지만 가급적 코드를 작성할 때 들여쓰기에 대한 것을 확인하는 것이 좋다. 그리고 더 좋은 방법은 들여쓰기와 더불어 중괄호를 이용하는 것이다. [예제 5-11]은 중첩 if문에서 중괄호를 사용하지 않아서 문제가 발생한 예를 보여준다.

[예제 5-11] 중첩 if문에서 중괄호의 미사용 시 문제 발생 예

```
/*
Example 5-11
중첩 if문에서 중괄호의 미사용시 문제 발생 예
*/

#include <stdio.h>

int main(void)
{
		int iValue1, iValue2;

		printf("\n\n======== Example 5-11 Start ========\n\n");

		printf("두 양수를 입력하세요 : ");
```

```
        scanf("%d %d", &iValue1, &iValue2);

        if (iValue1 > 0 && iValue2 > 0)
        if (iValue1 == iValue2) printf("두 수는 같은 수입니다.\n");
        else printf("음수가 입력되었습니다.\n");

        printf("\n\n======== Example 5-11 End ========\n\n");

        return 0;
}
```

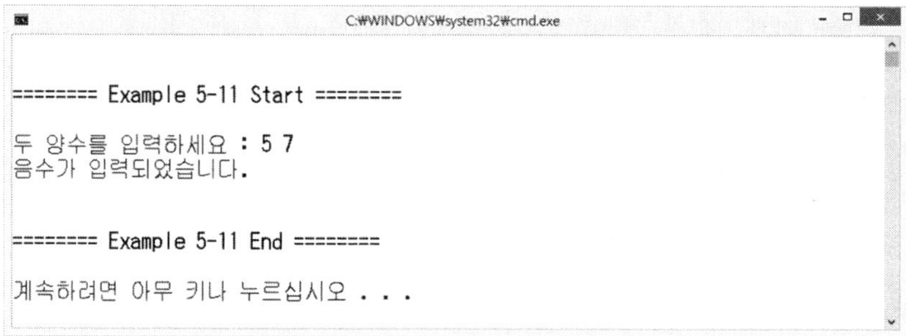

(그림 5-15) [예제 5-11]의 결과

[예제 5-11]에서 보면 알 수 있듯이 else 이하의 문장은 괄호로 구분하지 않으면 가장 가까운 if문과 연결되기 때문에, 본 예제에서의 else 문장은 "if (iValue1 == iValue2)"의 문장과 연결된다. 따라서 두 수가 같지 않은 경우 항상 실행이 되기 때문에 5와 7을 입력해도 "음수가 입력되었습니다"라는 문장이 출력된다. [예제 5-12]는 중괄호를 이용하여 위의 문제점을 해결한 것이다.

[예제 5-12] 중괄호를 이용한 중첩 if문에서의 문제 해결

```
/*
Example 5-12
중괄호를 이용한 중첩 if문에서의 문제 해결
*/

#include <stdio.h>

int main(void)
{
        int iValue1, iValue2;

        printf("\n\n======== Example 5-12 Start ========\n\n");

        printf("두 양수를 입력하세요 : ");
```

```
        scanf("%d %d", &iValue1, &iValue2);

        if (iValue1 > 0 && iValue2 > 0)
        {
                if (iValue1 == iValue2) printf("두 수는 같은 수입니다.\n");
        }
        else printf("음수가 입력되었습니다.\n");

        printf("\n\n======== Example 5-12 End ========\n\n");

        return 0;
}
```

(그림 5-16) [예제 5-12]의 결과

5.5 switch문

switch문은 여러 개의 선택을 처리하는 구문으로 식의 값에 일치하는 정수상수 중의 하나로 분기하는 다중 분기문이다. if문에서 조건을 검사하는 식이 정수형의 등호로 이루어진 것이면 switch문을 이용하여 문제를 해결할 수도 있다. 또한, 문자상수의 경우에도 내부적으로는 정수의 값을 사용하기 때문에 switch문을 이용할 수 있다. switch문 내부의 식도 if문과 마찬가지로 변수, 연산식, 함수 등이 올 수 있으며, 형식은 다음과 같다.

```
<switch문의 형식1>

switch (식)
{
   case 정수상수1:
     문장1
     break;
   case 정수상수2:
     문장2
     break;
   case 정수상수3:
     문장3
     break;
   …
   case 정수상수n:
     문장n
     break;
  default:
     문장
}
```

```
<switch문의 형식2>

switch (식)
{
   case 정수상수1:
     문장1
     break;
   case 정수상수2:
     문장2
     break;
   case 정수상수3:
     문장3
     break;
   …
   case 정수상수n:
     문장n
}
```

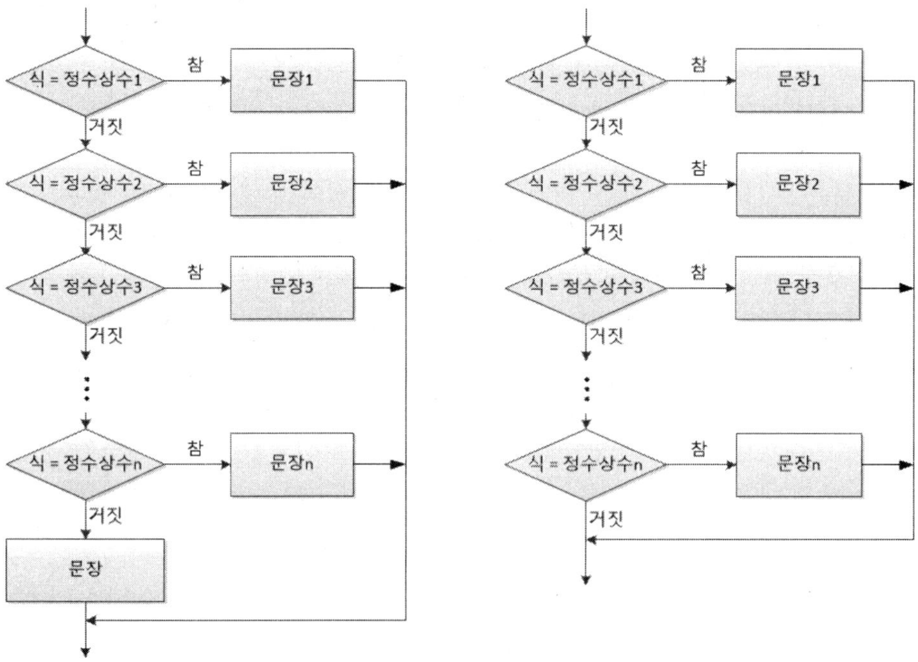

(그림 5-17) switch문의 순서도 1

switch문의 형식1과 형식2를 보면 알 수 있듯이 식의 값이 정수상수1과 일치하면 문장1을 수행하고 break문을 만나면 switch문을 빠져나온다. 식의 값이 정수상수2와 일치하면 문장2를 수행하고 break문을 만나면 switch문을 빠져나온다. 만일 식의 값에 일치하는 정수상수가 없을 경우 default 이하의 문장이 실행된다. default는 생략이 가능하며, 이 경우 식의 값에 일치하는 정수상수가 없으면 실행되는 문이 없다.

switch문에서 실행하는 문장에 break문이 없을 경우 switch 문을 빠져나오지 않고 다음 case에 해당하는 문장이 실행되기 때문에 주의해야 한다. 혹은 강제적으로 break를 생략하여 두 개 이상의 case문이 같은 문을 실행해야 하는 경우에도 이용할 수가 있다. 다음의 switch문의 형식3과 형식4는 break문을 문장에 넣지 않았을 때 처리하는 과정을 나타낸다. 여기서 break 및 문장은 정수상수1에 해당하는 것을 나타내었으나 어느 위치에서도 break문은 생략이 가능하며, default문도 생략이 가능하다.

```
<switch문의 형식3>

switch (식)
{
   case 정수상수1:
     문장1
   case 정수상수2:
     문장2
     break;
   case 정수상수3:
     문장3
     break;
   ...
   case 정수상수n:
     문장n
     break;
  default:
     문장
}
```

```
<switch문의 형식4>

switch (식)
{
   case 정수상수1:
   case 정수상수2:
     문장2
     break;
   case 정수상수3:
     문장3
     break;
   ...
   case 정수상수n:
     문장n
     break;
  default:
     문장
}
```

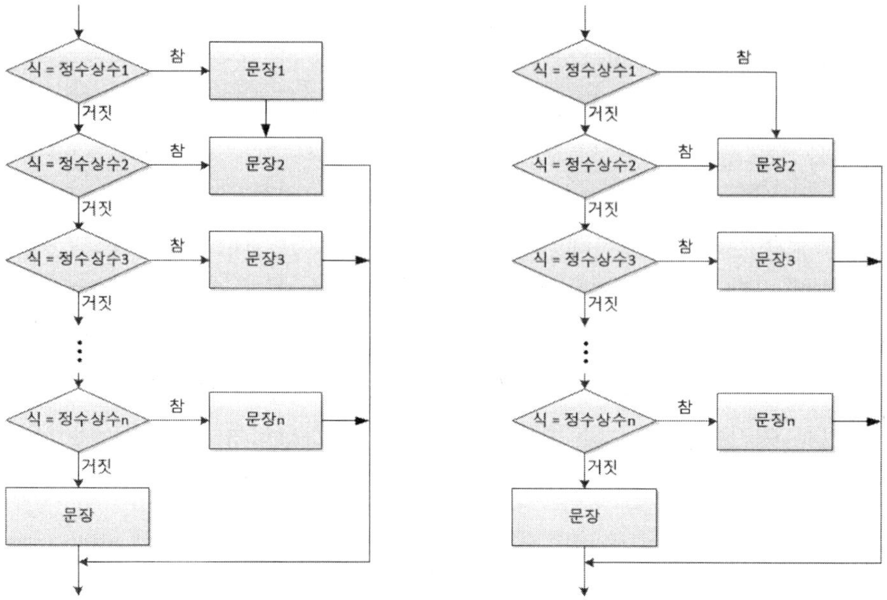

(그림 5-18) switch문의 순서도 2

[예제 5-13]은 [예제 5-4]와 같이 수를 입력받아서 홀수와 짝수를 구분하는 예제를 switch문을 이용하여 처리한 것이다.

[예제 5-13] switch문을 이용한 홀수와 짝수의 구분

```
/*
Example 5-13
switch문을 이용한 홀수와 짝수의 구분
*/

#include <stdio.h>

int main(void)
{
        int iValue;

        printf("\n\n======== Example 5-13 Start ========\n\n");

        printf("숫자를 입력하세요 : ");
        scanf("%d", &iValue);

        switch (iValue % 2)
        {
        case 0:
```

```
                printf("%d는 짝수입니다.\n", iValue);
                break;
        case 1:
                printf("%d는 홀수입니다\n", iValue);
        }

        printf("\n\n======== Example 5-13 End ========\n\n");

        return 0;
}
```

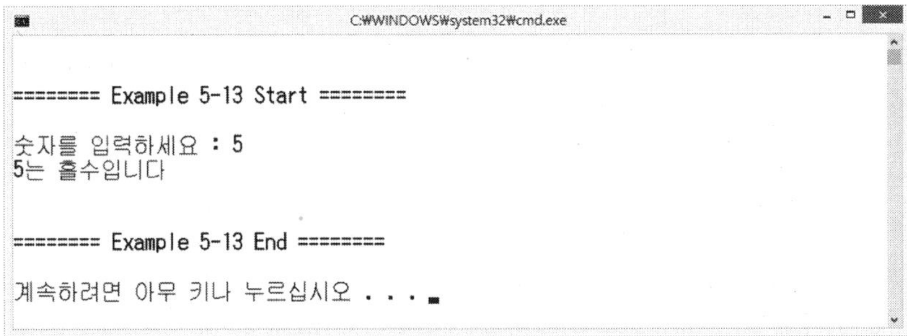

(그림 5-19) [예제 5-13]의 결과

[예제 5-14는 switch문을 이용한 성적 처리 프로그램이다. case문 내부를 생략함으로써 두 개 이상의 case에서 같은 결과를 출력하는 방법을 선택하였다.

[예제 5-14] switch문을 이용한 성적 처리 프로그램

```
/*
Example 5-14
switch문을 이용한 성적 처리 프로그램
*/

#include <stdio.h>

int main(void)
{
        int iScore;

        printf("\n\n======== Example 5-14 Start ========\n\n");

        printf("점수를 입력하세요 : ");
        scanf("%d", &iScore);

        switch (iScore / 10)
```

```
        {
        case 10:
        case 9:
                printf("학점이 A입니다\n");
                break;
        case 8:
                printf("학점이 B입니다\n");
                break;
        case 7:
                printf("학점이 C입니다\n");
                break;
        case 6:
                printf("학점이 D입니다\n");
                break;
        case 5:
        case 4:
        case 3:
        case 2:
        case 1:
        case 0:
                printf("학점이 F입니다\n");
                break;
        default:
                printf("0점에서 100점 사이의 값만 입력하세요\n");
        }

        printf("\n\n======== Example 5-14 End ========\n\n");

        return 0;
}
```

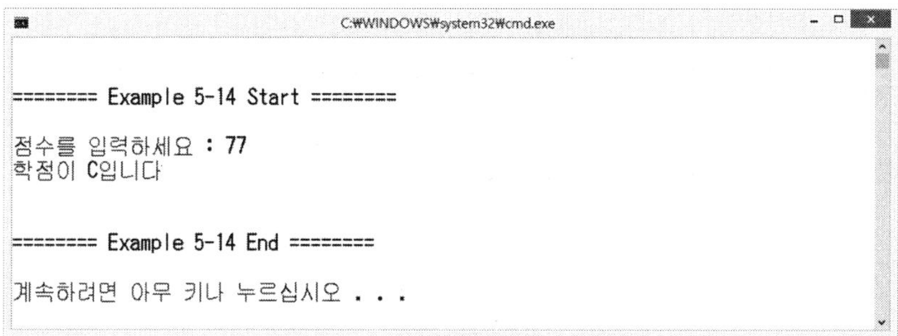

(그림 5-20) [예제 5-14]의 결과

[예제 5-15]는 switch문을 이용한 계산기 프로그램이다. 예제와 같이 switch문의 식은 정수형을 이용해서 평가가 가능하다.

[예제 5-15] switch문을 이용한 계산기 프로그램

```
/*
Example 5-15
switch문을 이용한 계산기 프로그램
*/

#include <stdio.h>

int main(void)
{
		float fValue1, fValue2, fResult = 0.0f;
		char cType;

		printf("\n\n======== Example 5-15 Start ========\n\n");

		printf("[계산기 프로그램]\n");
		printf("계산식(+, -, *, /)을 입력하세요. (ex. 4.5 + 2.4) : ");
		scanf("%f %c %f", &fValue1, &cType, &fValue2);

		switch (cType)
		{
		case '+':
				fResult = fValue1 + fValue2;
				break;
		case '-':
				fResult = fValue1 - fValue2;
				break;
		case '*':
				fResult = fValue1 * fValue2;
				break;
		case '/':
				fResult = fValue1 / fValue2;
				break;
		default:
				printf("계산식을 잘못 입력하셨습니다.\n");
		}

		printf("결과값은 %f입니다.\n", fResult);

		printf("\n\n======== Example 5-15 End ========\n\n");

		return 0;
}
```

```
C:\WINDOWS\system32\cmd.exe

======== Example 5-15 Start ========

[계산기 프로그램]
계산식(+, -, *, /)을 입력하세요. (ex. 4.5 + 2.4) : 4.5 / 2.3
결과값은 1.956522입니다.


======== Example 5-15 End ========

계속하려면 아무 키나 누르십시오 . . .
```

(그림 5-21) [예제 5-15]의 결과

5.6 연습문제

(연습문제 5-1) 다음의 문장 중 틀린 것들을 고르고 이유를 설명하시오.

① 조건문은 조건식에 따라 분기하는 제어문으로 if문과 for문이 있다.
② 제어문에서 식의 위치에는 반드시 조건식이 와야 한다.
③ if문에서 조건이 여러 개 일 때에는 논리 연산자 &&나 ||를 사용하면 편리하다.
④ switch ~ case 문에서의 식은 실수 값도 가능하다.

(연습문제 5-2) 다음 프로그램을 수행하면 틀린 결과가 출력된다. 그 이유는?

```
#include <stdio.h>

int main(void)
{
        int iValue, iResult;

        printf(" 숫자를 입력하세요 : ");
        scanf("%d", &iValue);
        iResult = iValue % 2;
        switch (iResult){
        case 0:
                printf(" %d는 짝수입니다.  \n", iValue);
        case 1:
                printf(" %d는 홀수입니다. \n", iValue);
        }

        return 0;
}
```

(연습문제 5-3) 아래 프로그램의 수행 결과는?

```
#include <stdio.h>

int main(void)
{
        int iCount, iResult;

        printf("\n\n======== Problem 5-3 Start ========\n\n");
```

```c

	for (iCount = 1; iCount<15; iCount++){
		iResult = iCount % 5;
		switch (iResult){
		case 0:
			printf("\n");
			break;
		case 1:
			printf("*\n");
			break;
		case 2:
			printf("**\n");
			break;
		case 3:
			printf("***\n");
			break;
		case 4:
			printf("****\n");
		}
	}

	printf("\n");

	printf("\n\n======== Problem 5-3 End ========\n\n");

	return 0;
}
```

(연습문제 5-4) 입력받은 정수가 3의 배수인지 아닌지를 판단하는 프로그램을 작성하시오.

```
C:\WINDOWS\system32\cmd.exe

======== Problem 5-4 Start ========

정수를 입력하세요 : 9
입력하신 9는 3의 배수입니다.

======== Problem 5-4 End ========

계속하려면 아무 키나 누르십시오 . . .
```

```
C:\WINDOWS\system32\cmd.exe

======== Problem 5-4 Start ========

정수를 입력하세요 : 14
입력하신 14는 3의 배수가 아닙니다

======== Problem 5-4 End ========

계속하려면 아무 키나 누르십시오 . . .
```

(연습문제 5-5) 학생의 평균 평점을 입력받고, if문을 이용하여 수업료를 계산해 주는 프로그램을 작성하시오. 단, 수업료는 300만원이며, 평균 평점이 4.3 이상이면 전액 장학금을 지급하고, 평균 평점이 4.1이상이고 4.3 미만이면 반액 장학금을 지급하고, 평균 평점이 3.9 이상이고, 4.1 미만이면 수업료의 1/4을 장학금으로 지급한다.)

```
C:\WINDOWS\system32\cmd.exe

======== Problem 5-5 Start ========

평균 평점을 입력하세요 : 4.1

1/4 장학금을 지급받았습니다.
수업료는 750000원 입니다.

======== Problem 5-5 End ========

계속하려면 아무 키나 누르십시오 . . .
```

(연습문제 5-6) 년 월을 입력받고, switch문을 이용하여 그달의 마지막 날짜를 출력하는 프로그램을 작성하시오. (단, 윤년의 조건은 다음과 같다. 연수가 4로 나누어 떨어지면서, 100으로는 나누어 떨어지지 않아야 한다. 또는 연수가 400으로 나누어 떨어진다.)

```
C:\WINDOWS\system32\cmd.exe

======== Problem 5-6 Start ========

원하는 년도를 입력하세요 : 2014
원하는 달을 입력하세요 : 6
2014년 6월의 마지막 날짜는 30일 입니다.

======== Problem 5-6 End ========

계속하려면 아무 키나 누르십시오 . . .
```

CHAPTER 06

C 언어 Practice

반복문

반복문은 조건문과 함께 제어문의 일종으로 조건을 만족하는 동안이나 일정 횟수 동안 동일한 문장을 반복적으로 수행하고자 할 때 유용한 문장이며 for문, while문, do ~ while문이 있다. 예를 들어 특정 학과에 소속되어 있는 학생들의 성적으로부터 각 학생의 평균 학점을 계산하는 프로그램의 경우 학점을 계산하는 과정은 모든 학생이 동일하다. 이러한 경우 학생의 수만큼 반복 처리를 하면 그렇지 않은 경우보다 프로그램이 간단해 지며 관리하기도 편리한 장점이 있다.

6.1 반복문의 개념

프로그램을 작성하다 보면 동일 작업을 여러 번 수행해야 하는 경우가 발생한다. 예를 들어 1부터 10까지 더하는 프로그램을 작성하다고 하면 다음과 같이 식을 만들어서 작성이 가능하다.

```
<1부터 10까지 더하는 프로그램의 일부>

sum = 1 + 2 + 3 + 4 + 5 + 6 + 7 + 8 + 9 + 10;
printf("1부터 10까지 더한 합은 %d입니다.\n", sum);
```

그러나 만일 1부터 100까지 더하는 프로그램으로 만든다면 어떨까? 혹은 1부터 1000까지 더하는 프로그램을 만든다면? 코드에 적어야 하는 양이 늘어나기 때문에 위와 같은 코드는 비효율적이 된다. 이처럼 프로그램에서는 일정한 규칙의 처리를 반복적으로 처리하는 모듈이 자주 필요하게 되며, 이러한 처리를 할 수 있도록 하는 것이 바로 반복문이다. C언어에서 제공하는 반복문은 세 가지 종류가 있으며 〈표 6-1〉과 같다.

〈표 6-1〉 반복문의 종류 및 특징

종류	형식	특징

for문	for (초기값; 조건검사; 증감연산)
	{
	문장
	}
		일정한 횟수를 반복하는 반복문에 적합

while문	while (조건검사)
	{
	문장
	}
		종료 조건을 명확히 구분할 수 있는 경우에 적합

do ~ while문	do { 문장 } while (조건검사);	반복되는 문장을 반드시 한 번 이상 실행해야 하는 경우에 적합

6.2 for문

for문은 특정 부분을 일정한 횟수만큼 반복하고자 할 때 사용되는 반복문이다. for문의 구조는 for 다음에 괄호 내에 반복해야 하는 범위를 지정하게 되며 초기값, 조건검사, 증감연산 세 부분으로 구성되고, 이를 세미콜론(;)으로 구분한다. 이 때 세미콜론은 생략되면 안되며 항상 필요하다. 아래는 for문의 형식을 나타낸다.

```
<for문의 형식>

for (식1<초기화>; 식2<상태검사>; 식3<증감연산>)
    문장
```

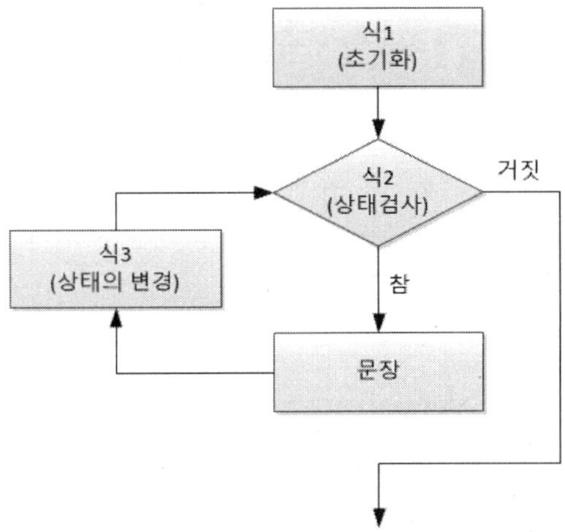

(그림 6-1) for문의 순서도

for문 내부의 문장은 단순문 및 복합문 그리고 다른 제어문 모두 가능하며, 만일 복합문을 사용할 경우에는 반드시 중괄호({})를 이용하여 블록을 지정해야만 하며, 조건문처럼 오류의 방지를 위하여 단순문일 경우에도 중괄호를 이용하여 블록을 지정하는 것을 추천한다. for문에서 식1은 반드시 한 번만 실행이 되며, 식2, 식3 및 내부의 문장은 여러 번 실행될 수 있다. for문의 실행 과정을 설명하면 다음과 같다.

① 식1을 수행한다. 식1은 for문의 반복 검사를 위한 초기값을 담당한다. 예를 들어 1부터 10까지 더하는 프로그램이면 초기값은 1이 된다. (예, i = 1)
② 식2를 수행한다. 식2는 for문의 반복 검사를 위한 조건식을 담당한다. 예를 들어 1부터 10까지 더하는 프로그램이면 조건식은 10보다 작거나 같을 때 까지 계속 반복할 수 있도록 지정한다. (예, i <= 10)
③ 만일 식2가 참이면 for문 내부의 문장을 수행하며, 식2가 거짓이면 for문을 종료한다.
④ 문장의 수행이 끝나면 식3을 수행한다. 식3은 반복되는 상태가 변화하는 것을 지정하기 위한 문장이다. 예를 들어 1부터 10까지 더하는 프로그램이면 그 값이 1씩 증가하도록 지정한다. (예, i = i + 1)
⑤ 식3의 수행이 끝나면 다시 식2를 수행해서 검사한다. 식2가 참인 경우 ③번과 ④번을 반복 수행하며 거짓이면 for문을 종료한다.

[예제 6-1]은 for문을 이용하여 1부터 임의의 수까지의 합을 계산하는 프로그램이다. 그리고 [예제 6-2]는 for문을 이용하여 1부터 시작하여 입력한 숫자 안에 포함된 모든 홀수의 값을 더하여 출력하는 프로그램이다.

[예제 6-1] for문을 이용한 1부터 임의의 수까지의 합 계산

```
/*
Example 6-1
for문을 이용한 1부터 임의의 수 까지 합 계산
*/

#include <stdio.h>

int main(void)
{
	int iValue, iCount, iSum = 0;

	printf("\n\n======== Example 6-1 Start ========\n\n");

	printf("숫자를 입력하세요 : ");
	scanf("%d", &iValue);

	for (iCount = 1; iCount <= iValue; iCount++)
	{
		iSum = iSum + iCount;
	}

	printf("1부터 %d까지의 합은 %d입니다.\n", iValue, iSum);

	printf("\n\n======== Example 6-1 End ========\n\n");

	return 0;
}
```

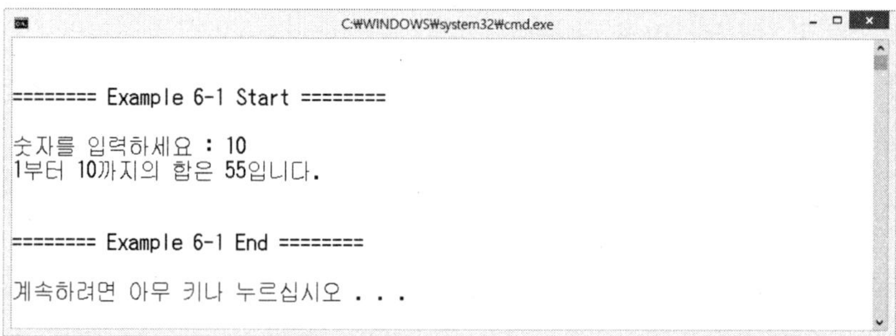

(그림 6-2) [예제 6-1]의 결과

[예제 6-2] for문을 사용한 1부터 임의의 수까지의 홀수의 합 계산

```c
/*
Example 6-2
for문을 이용한 1부터 임의의 수 까지 홀수의 합 계산
*/

#include <stdio.h>

int main(void)
{
		int iValue, iCount, iSum = 0;

		printf("\n\n======== Example 6-2 Start ========\n\n");

		printf("숫자를 입력하세요 : ");
		scanf("%d", &iValue);

		for (iCount = 1; iCount <= iValue; iCount = iCount +2)
		{
				iSum = iSum + iCount;
		}

		printf("1부터 %d까지의 홀수의 합은 %d입니다.\n", iValue, iSum);

		printf("\n\n======== Example 6-2 End ========\n\n");

		return 0;
}
```

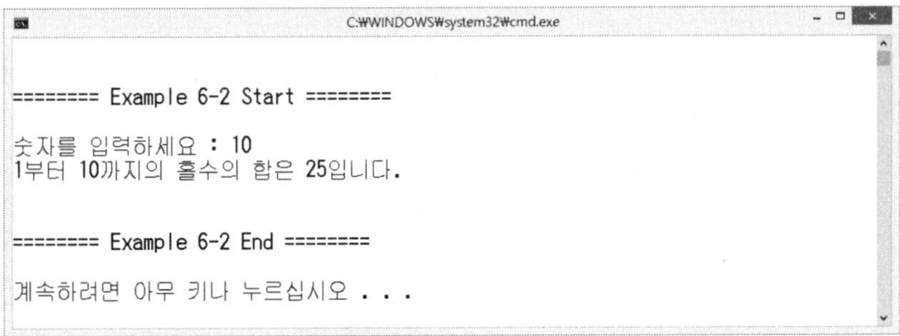

(그림 6-3) [예제 6-2]의 결과

[예제 6-2]는 증감연산 부분의 식을 "iCount = iCount + 2"로 하여 2씩 증가하도록 설계하였다. 만일 짝수의 합을 구한다면 어떻게 작성해야 할까? for문의 식을

"for(iCount = 2; iCount <= 10; iCount = iCount + 2)"로 작성해야 할 것이다. 그러나 위의 문장은 "1부터 입력한 수까지의 짝수의 합"이 아니라 "2부터 입력한 수까지의 짝수의 합"이라는 의미가 강하다. 따라서 정확히 표현하기 위하여 [예제 6-3]과 같이 for문의 문장 내부에 제어문을 이용하여 표현하는 것이 좋을 수도 있다.

[예제 6-3] 1부터 임의의 수까지 홀수의 합 계산

```
/*
Example 6-3
for문을 이용한 1부터 임의의 수 까지 홀수의 합 계산
for문의 문장에 제어문 이용
*/

#include <stdio.h>

int main(void)
{
        int iValue, iCount, iSum = 0;

        printf("\n\n======== Example 6-3 Start ========\n\n");

        printf("숫자를 입력하세요 : ");
        scanf("%d", &iValue);

        for (iCount = 1; iCount <= iValue; iCount++)
        {
                if (iCount % 2 == 1)
                {
                        iSum = iSum + iCount;
                }
        }

        printf("1부터 %d까지의 홀수의 합은 %d입니다.\n", iValue, iSum);

        printf("\n\n======== Example 6-3 End ========\n\n");

        return 0;
}
```

```
C:\WINDOWS\system32\cmd.exe

======== Example 6-3 Start ========

숫자를 입력하세요 : 10
1부터 10까지의 홀수의 합은 25입니다.

======== Example 6-3 End ========

계속하려면 아무 키나 누르십시오 . . .
```

(그림 6-4) [예제 6-3]의 결과

[예제 6-4]는 입력한 숫자에 해당하는 구구단을 출력하는 프로그램이다. 그리고 [예제 6-5]는 구구단을 거꾸로 출력하는 프로그램이다. 이처럼 for문의 증감연산 부분은 그 수가 증가할 수도 있으며 또는 감소할 수도 있다.

[예제 6-4] 입력한 숫자에 해당하는 단을 출력하는 프로그램

```
/*
Example 6-4
for문을 이용한 입력한 숫자에 해당하는 구구단 출력
*/

#include <stdio.h>

int main(void)
{
	int iValue, iCount;

	printf("\n\n======== Example 6-4 Start ========\n\n");

	printf("숫자를 입력하세요 : ");
	scanf("%d", &iValue);

	for (iCount = 1; iCount <= 9; iCount++)
	{
		printf("%d * %d = %d\n", iValue, iCount, iValue * iCount);
	}

	printf("\n\n======== Example 6-4 End ========\n\n");

	return 0;
}
```

```
C:\WINDOWS\system32\cmd.exe

======== Example 6-4 Start ========

숫자를 입력하세요 : 5
5 * 1 = 5
5 * 2 = 10
5 * 3 = 15
5 * 4 = 20
5 * 5 = 25
5 * 6 = 30
5 * 7 = 35
5 * 8 = 40
5 * 9 = 45


======== Example 6-4 End ========
```

(그림 6-5) [예제 6-4]의 결과

[예제 6-5] 입력한 숫자에 해당하는 단을 9부터 출력하는 프로그램

```c
/*
Example 6-5
for문을 이용한 입력한 숫자에 해당하는 구구단을 9부터 출력
*/

#include <stdio.h>

int main(void)
{
		int iValue, iCount;

		printf("\n\n======== Example 6-5 Start ========\n\n");

		printf("숫자를 입력하세요 : ");
		scanf("%d", &iValue);

		for (iCount = 9; iCount >= 1; iCount--)
		{
				printf("%d * %d = %d\n", iValue, iCount, iValue * iCount);
		}

		printf("\n\n======== Example 6-5 End ========\n\n");

		return 0;
}
```

```
C:\WINDOWS\system32\cmd.exe

======== Example 6-5 Start ========

숫자를 입력하세요 : 5
5 * 9 = 45
5 * 8 = 40
5 * 7 = 35
5 * 6 = 30
5 * 5 = 25
5 * 4 = 20
5 * 3 = 15
5 * 2 = 10
5 * 1 = 5


======== Example 6-5 End ========

계속하려면 아무 키나 누르십시오 . . .
```

(그림 6-6) [예제 6-5]의 결과

for문 내부의 문장에 조건문이 가능하듯이 또 다른 for문이 포함될 수도 있다. 이것을 중첩 for문이라고 하며, 이 경우 외부 for문이 한 번 반복될 때 내부 for문은 일정한 횟수만큼 반복 수행된다. 이러한 중첩 for문 안에 또 다른 for문을 갖는 3중첩, 4중첩 for문도 역시 가능하다. [예제 6-6]은 중첩 for문을 이용한 프로그램의 예이다. iCount1이 1부터 시작해서 3까지 1씩 증가할 때 마다 iCount2가 1에서 9까지 1씩 증가하여 iCount1과 iCount2를 곱하는 문장이 반복 수행된다. 즉 iCount1과 iCount2를 곱하는 문장은 총 27번 수행된다.

[예제 6-6] 중첩 for문을 이용한 1단부터 3단까지 출력

```
/*
Example 6-6
중첩 for문을 이용한 1단부터 3단까지 출력하는 프로그램
*/

#include <stdio.h>

int main(void)
{
		int iCount1, iCount2;

		printf("\n\n======== Example 6-6 Start ========\n\n");

		for (iCount1 = 1; iCount1 <= 3; iCount1++)
		{
				printf("%d 단\n", iCount1);
```

```
		for (iCount2 = 1; iCount2 <= 9; iCount2++)
		{
			printf("%d * %d = %d \n",
				iCount1, iCount2, iCount1 * iCount2);
		}
	}

	printf("\n\n======== Example 6-6 End ========\n\n");

	return 0;
}
```

```
C:\WINDOWS\system32\cmd.exe

======== Example 6-6 Start ========

1 단
1 * 1 = 1
1 * 2 = 2
1 * 3 = 3
1 * 4 = 4
1 * 5 = 5
1 * 6 = 6
1 * 7 = 7
1 * 8 = 8
1 * 9 = 9
2 단
2 * 1 = 2
2 * 2 = 4
2 * 3 = 6
2 * 4 = 8
2 * 5 = 10
2 * 6 = 12
2 * 7 = 14
2 * 8 = 16
2 * 9 = 18
3 단
3 * 1 = 3
3 * 2 = 6
3 * 3 = 9
3 * 4 = 12
3 * 5 = 15
3 * 6 = 18
3 * 7 = 21
3 * 8 = 24
3 * 9 = 27


======== Example 6-6 End ========

계속하려면 아무 키나 누르십시오 . . .
```

(그림 6-7) [예제 6-6]의 결과

[예제 6-7]은 중첩 for문을 이용한 또 다른 프로그램의 예이다. iCount1이 1부터 시작해서 scanf 함수를 이용하여 입력된 값까지 1씩 증가할 때마다 iCount2가 1에서 iCount1까지 1씩 증가하며 "*"을 출력하는 문장이 반복적으로 수행된다.

[예제 6-7] 중첩 for문을 이용한 * 출력 프로그램

```c
/*
Example 6-7
중첩 for문을 이용한 * 출력하는 프로그램
*/

#include <stdio.h>

int main(void)
{
	int iCount1, iCount2, iValue;

	printf("\n\n======== Example 6-7 Start ========\n\n");

	printf("숫자를 입력하세요 : ");
	scanf("%d", &iValue);

	for (iCount1 = 1; iCount1 <= iValue; iCount1++)
	{
		for (iCount2 = 1; iCount2 <= iCount1; iCount2++)
		{
			printf("*");
		}
		printf("\n");
	}

	printf("\n\n======== Example 6-7 End ========\n\n");

	return 0;
}
```

```
C:\WINDOWS\system32\cmd.exe


======== Example 6-7 Start ========

숫자를 입력하세요 : 7
*
**
***
****
*****
******
*******


======== Example 6-7 End ========

계속하려면 아무 키나 누르십시오 . . .
```

(그림 6-8) [예제 6-7]의 결과

6.3 while문

while문은 주어진 조건이 만족되는 동안 문장을 반복 실행할 수 있도록 만들어진 반복문이다. 즉, while문은 식의 값이 참인 동안에는 주어진 문장을 반복 실행하며, 식의 값이 거짓이 되면 반복을 중단한다. 다음은 while문의 형식을 나타낸다.

```
<while문의 형식>

while (식)
   문장
```

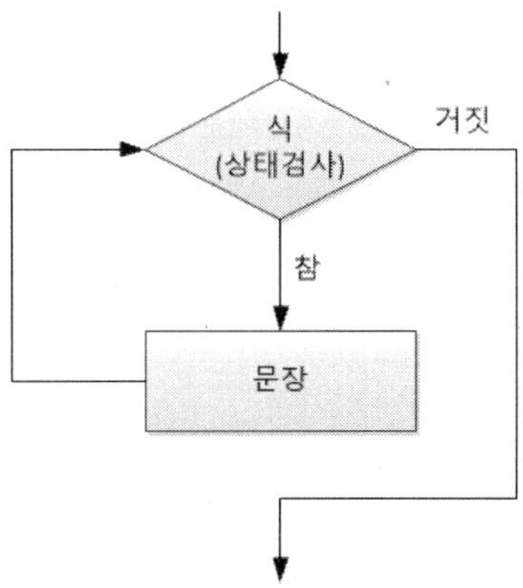

(그림 6-9) while문의 순서도

식의 위치에는 상수, 변수, 연산식, 함수 호출 등이 올 수 있으며, 참과 거짓으로 표현될 수 있는 모든 것이 가능하다. 또한 문장의 위치에는 단순문, 복합문, 그리고 다른 제어문이 올 수 있으며, 복합문의 경우 반드시 중괄호를 이용하여 표현해야만 한다. for문의 경우 초기값, 증감연산, 상태검사가 모두 문장 내에 포함되어 있으나, while문의 경우에는 상태검사만 문장에 포함되어 있기 때문에 초기값 및 증감연산 설정에 유의해야 한다. 일반적으로 초기값은 while문을 만들기 전에 지정하며, 증감연산 부분은 while문 내부의 문장에 넣는 것이 좋다. [예제 6-8]은 while문을 이용한 구구단 프로그램이다.

[예제 6-8] while문을 이용한 구구단 프로그램

```
/*
Example 6-8
while문을 이용한 구구단 프로그램
*/
```

```c

#include <stdio.h>

int main(void)
{
		int iCount, iValue;

		printf("\n\n======== Example 6-8 Start ========\n\n");

		printf("숫자를 입력하세요 : ");
		scanf("%d", &iValue);

		iCount = 1;
		while (iCount <= 9)
		{
				printf("%d * %d = %d\n", iValue, iCount, iValue * iCount);
				iCount = iCount + 1;
		}

		printf("\n\n======== Example 6-8 End ========\n\n");

		return 0;
}
```

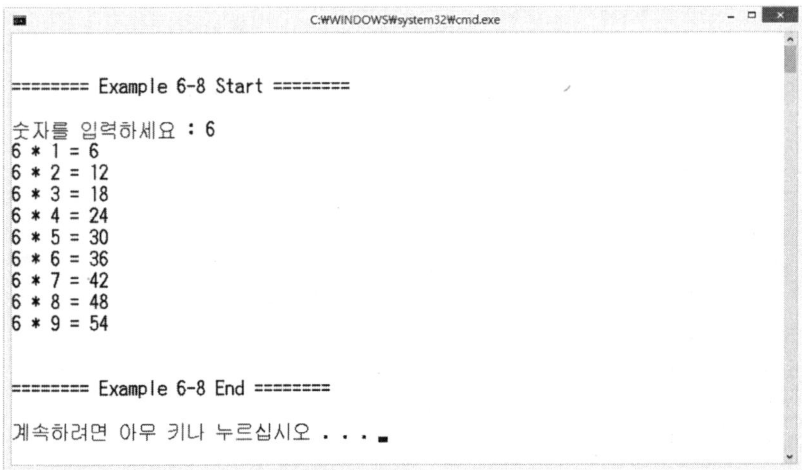

(그림 6-10) [예제 6-8]의 결과

while문에서는 식의 조건을 바꿀 수 있는 부분이 for문과는 다르게 별도로 포함되는 곳이 없다. 따라서 식의 조건을 바꾸기 위해서는 while문 내부의 문장에 조건을 바꿀 수 있도록 하는 것이 중요하다. [예제 6-9]는 [예제 6-8]에서 while문 내부에 iCount 변수의 값을 바꾸지 않았기 때문에 while문이 종료가 되지 않는 것을 보여준다.

[예제 6-9] while문 내부에 식의 변경이 없는 잘못된 경우

```
/*
Example 6-9
while문을 이용한 구구단 프로그램
while문 내부에 식의 변경이 없어서 잘못된 경우
*/

#include <stdio.h>

int main(void)
{
	int iCount, iValue;

	printf("\n\n======== Example 6-9 Start ========\n\n");

	printf("숫자를 입력하세요 : ");
	scanf("%d", &iValue);

	iCount = 1;
	while (iCount <= 9)
	{
		printf("%d * %d = %d\n", iValue, iCount, iValue * iCount);
		//iCount = iCount + 1;
	}

	printf("\n\n======== Example 6-9 End ========\n\n");

	return 0;
}
```

(그림 6-11) [예제 6-9]의 결과

[예제 6-9]와 같이 식이 항상 참이면 while문은 계속 수행되기 때문에 while문을 프로그램 내부에서 특별히 사용해야 되는 경우도 있다. 이러한 반복문을 무한루프 반복문이라고 하며 일반적으로 while문을 이용한다. 무한루프 반복문의 식에는 항상 참 값을 넣음으로써 반복문이 프로그램이 종료가 될 동안 계속 실행이 된다. [예제 6-10]은 무한루프 프로그램의 일반적인 예이다.

[예제 6-10] 무한루프 프로그램

```
/*
Example 6-10
무한루프 프로그램
*/

#include <stdio.h>

int main(void)
{
	printf("\n\n======== Example 6-10 Start ========\n\n");

	while (1)
	{
		printf("while문 실행중\n");
	}

	printf("\n\n======== Example 6-10 End ========\n\n");

	return 0;
}
```

```
C:\WINDOWS\system32\cmd.exe

======== Example 6-10 Start ========

while문 실행중
while문 실행중
while문 실행중
while문 실행중
while문 실행중
while문 실행중
while문 실행중
while문 실행중
while문 실행중
while문 실행중
while문 실행중
while문 실행중
while문 실행중
while문 실행중
while문 실행중
while문 실행중
```

(그림 6-12) [예제 6-10]의 결과

6.4 do ~ while문

do ~ while문은 while문과 같이 주어진 식이 참일 경우 문장을 반복 실행하는 것은 같으나, 다른 점은 문장을 최소 한 번은 수행한다는 것이다. 즉, 반복문 내의 문장이 반드시 한 번은 실행되어야 할 필요가 있을 때 do ~ while문을 이용한다. do ~ while문 역시 식에는 상수, 변수, 연산식, 함수 호출 등이 올 수 있으며, 참과 거짓으로 표현될 수 있는 모든 것이 가능하다. 또한, 문장에도 다른 반복문과 같이 단순문, 복합문, 혹은 다른 제어문이 올 수가 있다. do ~ while문의 형식은 다음과 같다.

```
<do ~ while문의 형식>

do
   문장
while (식);
```

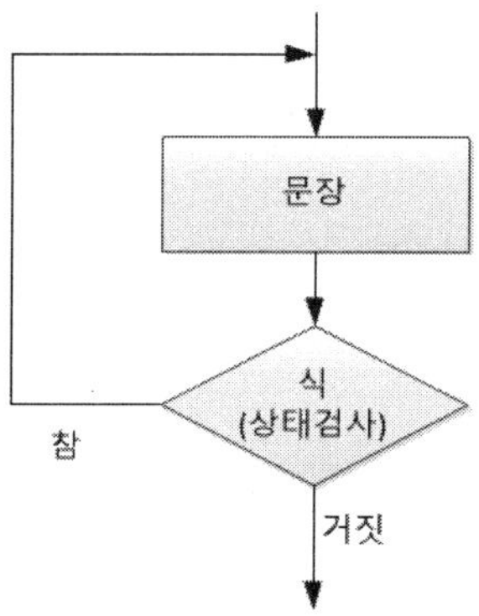

(그림 6-13) do ~ while문의 순서도

do ~ while문을 사용할 때 유의할 사항은 "while (식);"과 같이 반드시 세미콜론(;)이 와야 한다는 것이다. 세미콜론이 생략이 될 경우 에러를 발생하여 실행 파일이 생성되지 않는다. 또한 while문과 그 형식이 비슷하기 때문에 식을 검사하기 위한 상태 변경 부분이 while문 내부의 문장에 포함되어야 한다. [예제 6-11]은 for, while문을 이용하여 만들었던 구구단 출력 프로그램을 do ~ while문을 이용하여 만든 것이다.

[예제 6-11] do ~ while문을 이용한 구구단 출력 프로그램

```
/*
Example 6-11
do ~ while문을 이용한 구구단 프로그램
```

```c
*/

#include <stdio.h>

int main(void)
{
	int iCount, iValue;

	printf("\n\n======== Example 6-11 Start ========\n\n");

	printf("숫자를 입력하세요 : ");
	scanf("%d", &iValue);

	iCount = 1;
	do
	{
		printf("%d * %d = %d\n", iValue, iCount, iValue * iCount);
		iCount = iCount + 1;
	} while (iCount <= 9);

	printf("\n\n======== Example 6-11 End ========\n\n");

	return 0;
}
```

```
C:\WINDOWS\system32\cmd.exe

======== Example 6-11 Start ========

숫자를 입력하세요 : 6
6 * 1 = 6
6 * 2 = 12
6 * 3 = 18
6 * 4 = 24
6 * 5 = 30
6 * 6 = 36
6 * 7 = 42
6 * 8 = 48
6 * 9 = 54


======== Example 6-11 End ========

계속하려면 아무 키나 누르십시오 . . .
```

(그림 6-14) [예제 6-11]의 결과

do ~ while문의 경우 반복되는 문장이 반드시 한 번은 실행이 되기 때문에, 일반적으로 키보드로부터 입력을 받고 그것을 확인하는 작업에서 많이 사용된다. [예제 6-12]는 구구단 출력 프로그램에서 입력되는 단을 1부터 9까지 제한하여 출력하는 경우의 예이다.

[예제 6-12] 단수를 제한한 구구단 출력 프로그램

```
/*
Example 6-12
do ~ while문을 이용한 구구단 프로그램 (단수 제한)
*/

#include <stdio.h>

int main(void)
{
        int iCount, iValue;

        printf("\n\n======== Example 6-12 Start ========\n\n");

        do {
                printf("1에서 9까지의 숫자를 입력하세요 : ");
                scanf("%d", &iValue);
        } while (iValue < 1 || iValue > 9);

        iCount = 1;
        do
        {
                printf("%d * %d = %d\n", iValue, iCount, iValue * iCount);
                iCount = iCount + 1;
        } while (iCount <= 9);

        printf("\n\n======== Example 6-12 End ========\n\n");

        return 0;
}
```

```
C:\WINDOWS\system32\cmd.exe

======== Example 6-12 Start ========

1에서 9까지의 숫자를 입력하세요 : 0
1에서 9까지의 숫자를 입력하세요 : 10
1에서 9까지의 숫자를 입력하세요 : 9
9 * 1 = 9
9 * 2 = 18
9 * 3 = 27
9 * 4 = 36
9 * 5 = 45
9 * 6 = 54
9 * 7 = 63
9 * 8 = 72
9 * 9 = 81


======== Example 6-12 End ========

계속하려면 아무 키나 누르십시오 . . .
```

(그림 6-15) [예제 6-12]의 결과

6.5 보조제어문

C언어에는 조건문과 반복문 외에 문장의 순서를 제어할 수 있는 기능을 위하여 보조제어문을 제공하고 있다. 보조제어문의 종류에는 특정한 위치로 강제로 이동하여 이후의 문장을 수행하도록 하는 goto문, 반복문의 강제 종료를 위한 break문, 그리고 반복문의 이하의 문장을 수행하지 않고 반복문의 가장 위로 이동하여 문장을 수행하도록 하는 continue문이 있다.

6.5.1 break문

break문은 이미 switch문에서 접해본 문장이다. break문은 switch문과 반복문에서 사용되며, 문장의 수행 도중 break문을 만나면 switch문과 반복문이 즉시 종료된다. 만일 중첩으로 이용된 반복문에서 break문이 사용되는 경우에는 가장 안쪽의 반복문만 빠져나온다. [예제 6-13]은 [예제 6-12]를 조금 변경하여 1에서 9까지의 숫자가 입력되면 구구단을 출력하고, 그 이외의 수를 입력하면 구구단 프로그램을 종료하도록 break문을 이용하여 프로그램을 변경한 것이다.

[예제 6-13] break문을 이용한 구구단 출력

```
/*
Example 6-13
break문을 이용한 1~6단까지의 구구단 출력
*/

#include <stdio.h>

int main(void)
{
	int iCount, iValue;

	printf("\n\n======== Example 6-13 Start ========\n\n");

	while (1)
	{
		printf("1부터 9까지 단수를 입력하세요 : ");
		scanf("%d", &iValue);

		if (iValue < 1 || iValue > 9)
			break;

		printf("[%d단]\n", iValue);
```

```
        for (iCount = 1; iCount <= 9; iCount++)
        {
            printf("%d * %d = %d\n",
                iValue, iCount, iValue * iCount);
        }
    }

    printf("\n\n======== Example 6-13 End ========\n\n");

    return 0;
}
```

```
C:\WINDOWS\system32\cmd.exe

======== Example 6-13 Start ========

1부터 9까지 단수를 입력하세요 : 3
[3단]
3 * 1 = 3
3 * 2 = 6
3 * 3 = 9
3 * 4 = 12
3 * 5 = 15
3 * 6 = 18
3 * 7 = 21
3 * 8 = 24
3 * 9 = 27
1부터 9까지 단수를 입력하세요 : 7
[7단]
7 * 1 = 7
7 * 2 = 14
7 * 3 = 21
7 * 4 = 28
7 * 5 = 35
7 * 6 = 42
7 * 7 = 49
7 * 8 = 56
7 * 9 = 63
1부터 9까지 단수를 입력하세요 : 0


======== Example 6-13 End ========

계속하려면 아무 키나 누르십시오 . . .
```

(그림 6-16) [예제 6-13]의 결과

6.5.2 continue문

break문이 반복문을 종료하는 것과는 달리 continue문은 현재 실행하고 있는 반복문의 나머지 부분을 생략하고 다음 반복을 시작한다. 즉, 반복문 내에서 continue문을 만나면 continue문 아래의 문장은 수행되지 않고 다음 반복을 수행한다. continue문은 break문과는 달리 switch문에서는 사용될 수 없으며 반복문 내에서만 사용이 가능하다. 만일 continue문이 while문 또는 do ~ while문에서 사용이 될 경우에는 식의 검사 부분으로 넘어가며, for문에서 사용될 경우에는 증감연산 부분으로 넘어가게 된다. 따라서 while문이나 do ~ while문 내부에서 continue문을 사용할 경우 문장 내의 증감연산에 해당하는 부분에 대한 처리에 주의해야만 한다. [예제 6-14]는 continue문을 for문 내부에서 사용하여 5와 8을 제외하고 1부터 받은 숫자까지의 합을 구하는 프로그램이며, [예제 6-15]는 continue문을 while문 내부에서 사용하여 5와 8을 제외한 1부터 받은 숫자까지의 합을 구하는 프로그램이다.

[예제 6-14] for문 내에서 continue문의 사용

```
/*
Example 6-14
for문에서 continue문을 이용한 1부터 입력한 수 까지 5와 8을 제외한 합 계산
*/

#include <stdio.h>

int main(void)
{
        int iCount, iValue, iSum = 0;

        printf("\n\n======== Example 6-14 Start ========\n\n");

        printf("숫자를 입력하세요 : ");
        scanf("%d", &iValue);

        for (iCount = 1; iCount <= iValue; iCount++)
        {
                if (iCount == 5 || iCount == 8)
                {
                        continue;
                }
                iSum = iSum + iCount;
        }

        printf("5와 8을 제외한 1부터 %d까지의 합은 %d입니다.", iValue, iSum);

        printf("\n\n======== Example 6-14 End ========\n\n");

        return 0;
}
```

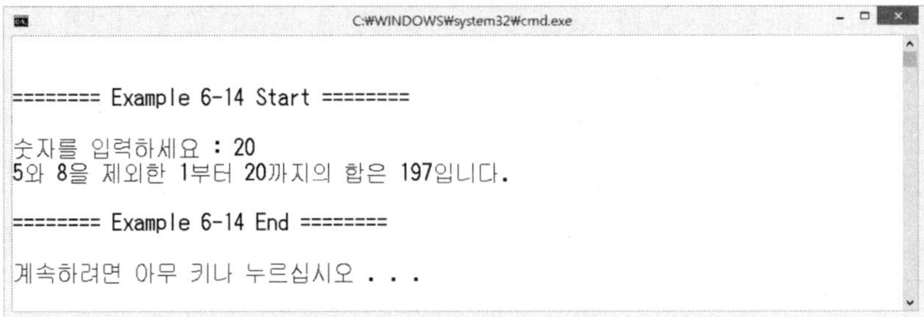

(그림 6-17) [예제 6-14]의 결과

[예제 6-15] while문 내에서 continue문의 사용

```
/*
Example 6-15
for문에서 continue문을 이용한 1부터 입력한 수 까지 5와 8을 제외한 합 계산
*/

#include <stdio.h>

int main(void)
{
	int iCount, iValue, iSum = 0;

	printf("\n\n======== Example 6-15 Start ========\n\n");

	printf("숫자를 입력하세요 : ");
	scanf("%d", &iValue);

	iCount = 1;
	while (iCount <= iValue)
	{
		if (iCount == 5 || iCount == 8)
		{
			iCount = iCount + 1;
			continue;
		}

		iSum = iSum + iCount;
		iCount = iCount + 1;
	}

	printf("5와 8을 제외한 1부터 %d까지의 합은 %d입니다.", iValue, iSum);

	printf("\n\n======== Example 6-15 End ========\n\n");
```

```
        return 0;
}
```

```
C:\WINDOWS\system32\cmd.exe

======== Example 6-15 Start ========

숫자를 입력하세요 : 20
5와 8을 제외한 1부터 20까지의 합은 197입니다.

======== Example 6-15 End ========

계속하려면 아무 키나 누르십시오 . . .
```

(그림 6-18) [예제 6-15]의 결과

6.5.3 goto문

goto문은 프로그램 역사에서 가장 오래 된 명령문 중의 하나로 조건없이 어떤 위치로 실행 순서를 이동시키는데 그 목적이 있다. 그러나 고급언어가 발전함에 따라 goto문은 프로그램의 해독과 유지보수에 어려움을 제공하였기 때문에 현재 많이 사용되고 있지는 않다. 또한 프로그램의 복잡도가 증가하기 때문에 여러 소프트웨어 공학 전문가들은 goto문을 사용하지 말라고 권고하고 있다. 다음은 goto문의 형식을 나타낸다.

```
<goto문의 형식>

    문장
    goto 레이블;
    문장
레이블:
```

goto문은 레이블이라고 불리는 곳으로 문장의 순서가 강제적으로 이동을 하며, 레이블은 switch문의 case이하의 문장과 같이 콜론(:)으로 끝을 맺는다. "goto 레이블;"이라는 형식의 문장으로 해당 레이블로 이동하며, goto문이 찾아가는 레이블은 goto문의 앞에 올 수도 있고, 또는 goto문의 뒤에 올 수도 있다. [예제 6-16]은 goto문을 이용하여 1부터 10까지 합을 구하는 프로그램이다.

[예제 6-16] goto문을 이용한 1부터 10까지의 합 계산

```
/*
Example 6-16
```

```
goto문을 이용한 1부터 10까지의 합 계산
*/

#include <stdio.h>

int main(void)
{
        int iValue, iSum = 0;

        printf("\n\n======== Example 6-16 Start ========\n\n");

        iValue = 1;
loop:
        iSum = iSum + iValue;
        if (iValue == 10)
        {
                goto end;
        }
        iValue = iValue + 1;
        goto loop;

end:

        printf("1부터 10까지의 합은 %d입니다\n", iSum);

        printf("\n\n======== Example 6-16 End ========\n\n");

        return 0;
}
```

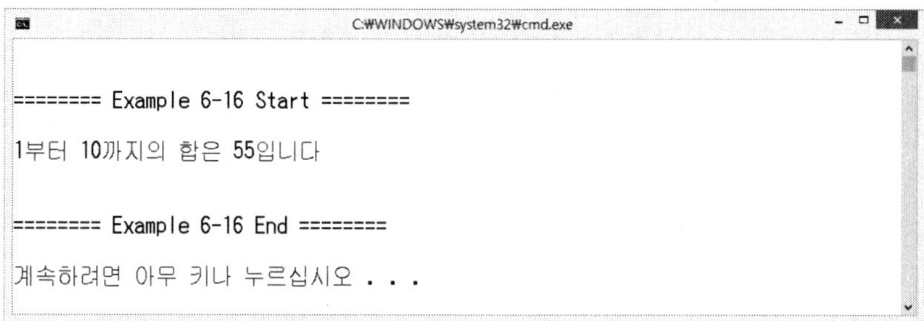

(그림 6-19) [예제 6-16]의 결과

6.6 연습문제

(연습문제 6-1) 다음의 문장 중 틀린 것들을 고르고 이유를 설명하시오.

① for문은 반복의 시작 조건과 끝 조건을 알고 있을 때 유용하다.
② while문은 식의 값에 일치하는 정수상수 또는 문자상수 중의 하나로 분기하는 다중 분기문이다.
③ 반복문의 실행 중에 continue문을 만나면 반복문이 종료된다.
④ 반복문 내에서 break문을 만나면 break문 아래의 문이 수행되지 않고 다음의 반복을 실행한다.

(연습문제 6-2) 다음 프로그램을 컴파일하면 문제가 발생한다. 그 이유는?

```
#include <stdio.h>

int main(void)
{
        int iCount, iValue;

        printf(" 숫자를 입력하세요 : ");
        scanf("%d", &iValue);

        printf(" %d 단 \n", iValue);
        iCount = 1;
        do{
                printf(" %d * %d = %d \n", iValue, iCount, iValue*iCount);
                iCount = iCount + 1;
        } while (iCount <= 9)

        return 0;
}
```

(연습문제 6-3) 다음 프로그램을 컴파일하면 문제가 발생한다. 그 이유는?

```
#include <stdio.h>

int main(void)
```

```
{
        int iCount, iValue;

        printf(" 숫자를 입력하세요 : ");
        scanf("%d", &iValue);

        printf(" %d 단 \n", iValue);

        for (iCount = 1; iCount <= 9; iCount + )
        {
                printf("%d * %d = %d\n", iValue, iCount, iValue * iCount);
        }

        return 0;
}
```

(연습문제 6-4) 아래 프로그램의 수행 결과는?

```
#include <stdio.h>

int main(void)
{
        int iCount1, iCount2;

        printf("\n\n======== Problem 6-4 Start ========\n\n");

        for (iCount1 = 1; iCount1 <= 8; iCount1++){
                for (iCount2 = 1; iCount2 <= iCount1; iCount2++){
                        if ((iCount1 < 6) && (iCount2 < 4)) printf(" ");
                        else printf("*");
                }
                printf("\n");
        }

        for (iCount1 = 7; iCount1 >= 1; iCount1--){
                for (iCount2 = 1; iCount2 <= iCount1; iCount2++){
                        if ((iCount1 < 6) && (iCount2 < 4)) printf(" ");
                        else printf("*");
                }
                printf("\n");
        }

        printf("\n\n======== Problem 6-4 End ========\n\n");

```

```
	return 0;
}
```

(연습문제 6-5) 아래 프로그램의 수행 결과는?

```
#include <stdio.h>

int main(void)
{
	int iCount1, iCount2, iCount3 = 5;

	printf("\n\n======== Problem 6-5 Start ========\n\n");

	while (iCount3--){
		for (iCount1 = 1; iCount1 <= 7; iCount1 += 2){
			for (iCount2 = 1; iCount2 <= iCount1; iCount2++){
				printf("*");
			}
			printf("\n");
		}

		for (iCount1 = 5; iCount1 >= 1; iCount1 -= 2){
			for (iCount2 = 1; iCount2 <= iCount1; iCount2++){
				printf("*");
			}
			printf("\n");
		}

	}
	printf("\n");

	printf("\n\n======== Problem 6-5 End ========\n\n");

	return 0;
}
```

(연습문제 6-6) 아래 프로그램의 수행 결과는?

```
#include <stdio.h>

int main(void)
{
	int iCount1, iCount2;
```

```c

	printf("\n\n======== Problem 6-6 Start ========\n\n");

	for (iCount1 = 7; iCount1 >= 1; iCount1--){
		if (iCount1 == 3) continue;
		for (iCount2 = 1; iCount2 <= iCount1; iCount2++){
			printf("*");
		}
		printf("\n");
	}

	for (iCount1 = 7; iCount1 >= 1; iCount1--){
		if (iCount1 == 3) break;
		for (iCount2 = 1; iCount2 <= iCount1; iCount2++){
			printf("*");
		}
		printf("\n");
	}

	printf("\n");

	printf("\n\n======== Problem 6-6 End ========\n\n");

	return 0;
}
```

(연습문제 6-7) for문과 if문을 이용하여 임의의 수를 입력하면 1부터 n까지의 곱 중에서 그 수를 넘지 않는 가장 큰 수를 구하는 프로그램을 작성하시오.

(예를 들어, 곱의 결과값이 1000을 넘지 않는 가장 큰 수는 6이다.
1*2*3*4*5*6 〈 1000)

```
C:\WINDOWS\system32\cmd.exe

======== Problem 6-7 Start ========

숫자를 입력하세요 : 1000

곱의 결과값이 1000을 넘지 않는 가장 큰 수는 6입니다.

======== Problem 6-7 End ========

계속하려면 아무 키나 누르십시오 . . .
```

(연습문제 6-8) 다음의 그림과 같이 출력이 되도록 프로그램하시오.

```
C:\WINDOWS\system32\cmd.exe

======== Problem 6-8 Start ========

1
1 2
1 2 3
1 2 3 4
1 2 3 4 5
1 2 3 4
1 2 3
1 2
1

======== Problem 6-8 End ========

계속하려면 아무 키나 누르십시오 . . .
```

(연습문제 6-9) 1에서 200까지의 정수 중에서 5와 8의 공배수들 및 최소공배수를 구하는 프로그램을 작성하시오.

```
C:\WINDOWS\system32\cmd.exe

======== Problem 6-9 Start ========

40은 5와 8의 최소 공배수 입니다.
80은 5와 8의 공배수 입니다.
120은 5와 8의 공배수 입니다.
160은 5와 8의 공배수 입니다.
200은 5와 8의 공배수 입니다.

======== Problem 6-9 End ========

계속하려면 아무 키나 누르십시오 . . .
```

(연습문제 6-10) 0이 입력될 때 까지 양의 정수를 계속 입력받고, 입력받은 수 들의 최소값, 최대값, 총합, 평균값을 구하는 프로그램을 작성하시오.

```
C:\WINDOWS\system32\cmd.exe

======== Problem 6-10 Start ========

양의 정수를 입력하세요, 0입력하면 입력이 종료됩니다.
3452
232
634
3234
6757
324
0
입력하신 수 들 중 최소값은 232입니다.
입력하신 수 들 중 최대값은 6757입니다.
입력하신 수 들의 총 합은 14633입니다.
입력하신 수 들의 평균값은 2090.428467입니다.


======== Problem 6-10 End ========

계속하려면 아무 키나 누르십시오 . . .
```

CHAPTER 07 함수

7.1 함수의 의미

함수는 프로그램에서 특정 작업을 처리하기 위하여 서로 관련된 여러 개의 문장을 합해 놓은 것을 말하며, C언어에서의 함수는 작업 수행의 기본 단위이다. C언어는 반드시 하나 이상의 함수를 포함해야 하며, 그 함수는 프로그램의 시작점을 나타내는 “main”이라는 이름의 함수이다. C언어로 작성한 프로그램은 main 함수부터 실행되어 main 함수가 끝나면 프로그램이 종료된다. 즉, C언어로 프로그램을 작성한다는 것은 main 함수를 만들고 main 함수에서 호출하는 다른 함수를 만드는 것과 같다고 볼 수 있다. 이처럼 C언어로 구성된 대부분의 프로그램은 main 함수를 포함하여 다수의 함수들로 구성된다. 함수의 주요 역할은 프로그램의 구성과 작업을 체계적으로 만드는 것에 있으며, 이 때 작업에 필요한 값을 받고 이를 함수 내부에서 처리하여 적당한 결과를 보내준다.

함수는 크게 사용자 정의 함수와 시스템 제공 함수로 분류가 가능하다. 사용자 정의 함수는 사용자가 만들어 사용하는 함수이며, 시스템 제공 함수는 시스템에서 제공하는 함수로 일반적으로 표준 함수 또는 라이브러리라고 한다. 우리가 지금까지 화면에 출력하기 위해 사용된 “printf” 함수는 대표적인 시스템 제공 함수이다. 우리가 “printf” 함수의 내부 내용을 알지 못하더라도 그 함수를 사용할 수 있는 것과 같이 잘 만들어진 함수는 그 내부 처리 과정을 알 필요가 없이 유용하게 이용될 수 있다.

프로그램 개발자는 원하는 함수가 이미 시스템에서 제공하는 경우 이를 이용하면 되며, 만일 시스템에서 제공하지 않을 경우 사용자 정의 함수로 정의하여 사용해야 한다. 사용자 정의 함수를 사용하기 위해서는 함수를 선언하고, 함수를 정의하는 과정을 거쳐서 사용자 정의 함수를 만들며, 만들어 놓은 함수를 호출하면 된다.

본 교재에서 지금까지 작성했던 프로그램은 main 함수가 시스템 제공 함수만을 이용했기 때문에 프로그램이 겉에서 보기에는 main 함수로만 구성되어 있었다. 그러나 일반적으로 프로그램은 여러 개의 함수들로 구성되어 있으며 함수를 사용하면 다음과 같은 장점이 있다. 첫째, 반복적인 부분을 함수로 이용하면 프로그램의 길이를 줄이는 효과가 있다. 둘째, 프로그램을 함수 단위로 구성하여 작성하면 일반적으로 프로그램의 이해가 쉽다. 복잡한 프로그램일수록 코드의 길이가 길어지게 되며, 이 때에는 특정 작업을 함수로 구분하여 이해도를 높일 수 있다. 셋째, 잘 작성된 함수들은 다른 프로그램에서 다시 이용될 수 있다. printf 함수와 같이 잘 작성된 함수는 다시 이용이 쉽다. 또한, 이러한 함수들을 이용하여 자신만의 라이브러리를 만들 수도 있다. 마지막으로 함수 단위로 디버깅이 가능하기 때문에 프로그램의 오류를 찾기 쉽고, 유지보수가 용이하다.

7.2 함수의 기본 구성

시스템 제공 함수가 아닌 새로운 함수, 즉 사용자 정의 함수를 사용하기 위해서는 함수를 선언하고, 정의한 후 만들어진 함수를 호출하는 과정을 거쳐야 한다. 이 때 함수의 선언은 생략이 가능하다. (그림 7-1)은 사용자 정의 함수를 이용하는 프로그램의 두 가지 형태를 나타낸다.

함수의 선언을 사용하는 경우

```
// 함수의 선언
// 접근지정자  반환형  함수명(가인수의 형과 이름);
int myAbs(int intValue);

int main(void)
{
        ...
        // 함수의 호출
        iResult = myAbs(-5);
        ...
}

// 함수의 정의
// 접근지정자  반환형  함수명(가인수의 형과 이름)
int myAbs(int intValue)
{
        ...
}
```

함수의 선언을 사용하지 않는 경우

```
// 함수의 정의
// 접근지정자  반환형  함수명(가인수의 형과 이름)
int myAbs(int intValue)
{
        ...
}

int main(void)
{
        ...
        // 함수의 호출
        iResult = myAbs(-5);
        ...
}
```

(그림 7-1) 사용자 정의 함수의 사용 방법

C언어에서는 변수를 사용할 때 반드시 변수의 선언을 통하여 컴파일러에게 사용해야 하는 변수를 알렸다. 함수를 사용할 때에도 마찬가지로 함수 호출이 있기 전에 반드시 그 함수가 어떤 함수인지를 알리는 작업이 필요하다. 이 때 사용하는 것이 함수의 선언으로, 함수가 종료될 때 얻을 수 있는 값의 유형인 반환형, 함수의 이름, 함수가 호출될 때 필요한 값 등의 프로그램 내에서 사용될 함수에 대한 일반적인 정보가 들어간다. 함수의 선언은 생략이 가능하며, 만일 함수의 선언을 사용하지 않을 경우에는 함수의 정의 부분을 함수의 호출 전에 반드시 포함해야 한다.

함수의 선언이 없는 방식은 일반적으로 하나의 파일에 여러 함수와 main 함수가 함께 존재하는 단순한 프로그램에서 많이 이용되며, 일반적으로 함수의 선언이 나오는 방식을 사용하는 것이 표준 방식이다. 함수의 선언을 먼저 씀으로써의 장점은 크게 다음으로 구분된다. 첫째 해당 프로그램에서 사용되는 함수에 대한 전반적인 사항을 파악하기 쉬우며, 둘째 함수를 main 함수와는 별도의 파일로 나누어 관리함으로써 프로그램의 유지보수 및 관리에 편리함을 줄 수 있다.

[예제 7-1]은 함수를 사용하지 않고 입력받은 수의 절대값을 출력하는 프로그램이다. [예제 7-2]는 함수의 선언을 사용하는 방식으로 [예제 7-1]의 프로그램을 함수를 이용한 프로그램으로 변경한 것이다. [예제 7-3]은 함수의 선언을 사용하지 않고 [예제 7-1]의 프로그램을 함수를 이용한 프로그램으로 변경한 것이다. 앞으로의 함수에 대한 설명은 이 예제들을 이용하여 설명한다.

[예제 7-1] 입력받은 수의 절대값 출력 (함수 미사용)

```
/*
Example 7-1
입력받은 수의 절대값 출력 (함수 미사용)
*/

#include <stdio.h>

int main(void)
{
        int iValue, iResult;

        printf("\n\n======== Example 7-1 Start ========\n\n");

        printf("정수를 입력하세요 : ");
        scanf("%d", &iValue);

        if (iValue > 0)
        {
                iResult = iValue;
```

```
        }
        else
        {
                iResult = -iValue;
        }

        printf("%d의 절대값은 %d입니다\n", iValue, iResult);

        printf("\n\n======== Example 7-1 End ========\n\n");

        return 0;
}
```

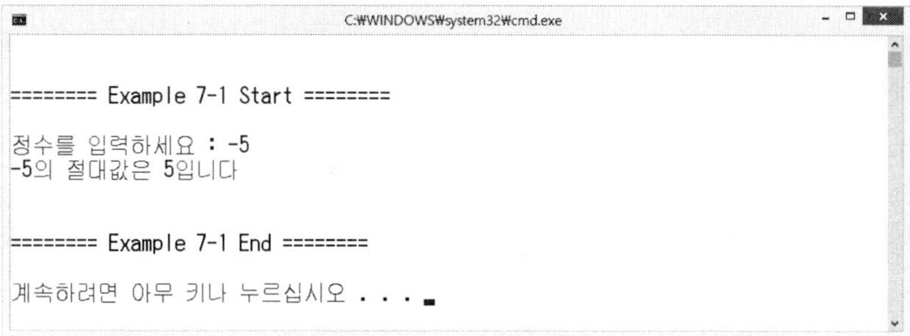

(그림 7-2) [예제 7-1]의 결과

[예제 7-2] 입력받은 수의 절대값 출력 (함수 사용 - 함수의 선언 사용)

```
/*
Example 7-2
입력받은 수의 절대값 출력 (함수 사용 - 함수의 선언 사용)
*/

#include <stdio.h>

int myAbs(int intValue);

int main(void)
{
        int iValue, iResult;

        printf("\n\n======== Example 7-2 Start ========\n\n");

        printf("정수를 입력하세요 : ");
        scanf("%d", &iValue);

```

```
		iResult = myAbs(iValue);

		printf("%d의 절대값은 %d입니다\n", iValue, iResult);

		printf("\n\n======== Example 7-2 End ========\n\n");

		return 0;
}

int myAbs(int intValue)
{
		int iAbs;
		if (intValue > 0)
		{
				iAbs = intValue;
		}
		else
		{
				iAbs = -intValue;
		}

		return iAbs;
}
```

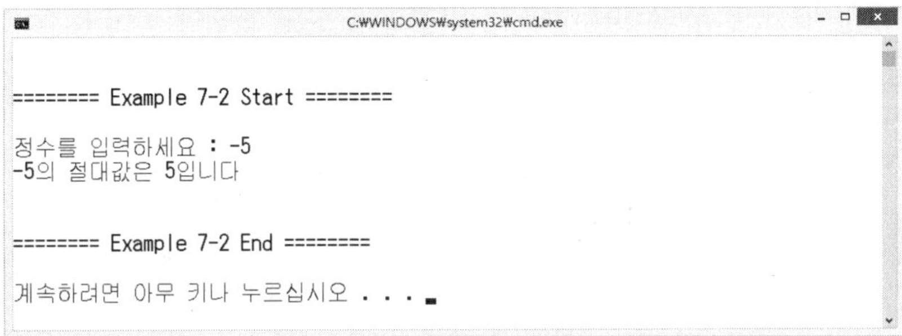

(그림 7-3) [예제 7-2]의 결과

[예제 7-3] 입력받은 수의 절대값 출력 (함수 사용 - 함수의 선언 미사용)

```
/*
Example 7-3
입력받은 수의 절대값 출력 (함수 사용 - 함수의 선언 미사용)
*/

#include <stdio.h>

```

```c
int myAbs(int intValue)
{
        int iAbs;
        if (intValue > 0)
        {
                iAbs = intValue;
        }
        else
        {
                iAbs = -intValue;
        }

        return iAbs;
}

int main(void)
{
        int iValue, iResult;

        printf("\n\n======== Example 7-3 Start ========\n\n");

        printf("정수를 입력하세요 : ");
        scanf("%d", &iValue);

        iResult = myAbs(iValue);

        printf("%d의 절대값은 %d입니다\n", iValue, iResult);

        printf("\n\n======== Example 7-3 End ========\n\n");

        return 0;
}
```

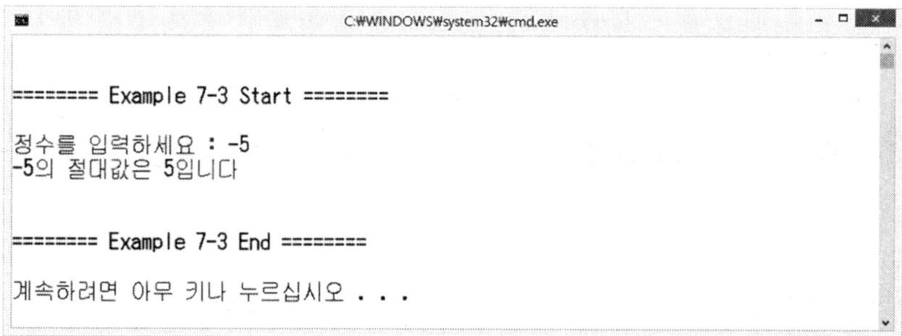

(그림 7-4) [예제 7-3]의 결과

7.3 함수의 선언

함수의 선언이란 함수를 사용하기 전에 함수의 머리 부분을 기술하는 단계이다. 이렇게 기술된 함수의 머리 부분을 "함수의 원형"이라고 한다. 함수의 원형은 함수가 사용될 범위를 나타내는 기억장소 지정자와 함수가 종료될 때 얻을 수 있는 결과값의 자료형과 함수의 이름, 그리고 함수가 호출될 때 실제로 함수가 사용하게 될 자료의 자료형을 구조로 갖는다. 기억장소 지정자는 생략이 가능하며 기억장소 지정자에 대한 자세한 사항은 8장에서 설명한다.

우리가 변수를 사용하기 전에 그 변수가 어떤 자료형이고 어떤 이름을 갖는지 선언했던 것과 마찬가지로 함수 역시 사용하기 전에 선언해야 하며, 함수의 선언은 함수의 구조를 컴파일러에게 알리고 프로그램을 이해하기 쉽게 도와주는 역할을 한다. 함수의 선언은 생략이 가능하며, 만일 생략될 경우에는 함수의 정의 부분을 함수의 사용 전에 명시해야만 한다. 함수 선언의 방법은 다음과 같은 형식을 따른다.

```
<함수의 선언 형식>

[기억장소 지정자] [반환형] 함수명([인수1자료형 인수1변수명,] [인수2자료형 인수2변수명,] [,...]);
또는
[기억장소 지정자] [반환형] 함수명([인수2자료형,] [인수2자료형,] [,...]);


<함수의 선언 예>

int myAbs(int intValue);
또는
int myAbs(int);
```

함수의 선언 방법은 두 가지 방법이 가능하다. 첫 번째 방법은 인수의 유형 목록을 변수 선언 하듯이 변수의 자료형과 변수명이 함께 나오는 방법이며, 또 다른 방법은 인수의 자료형만 쓰고 변수명은 적지 않는 방법이다. 둘 중 어느 방법을 써도 동일한 효과를 나타내기는 하지만 일반적으로 인수의 자료형과 변수명을 모두 적는 것을 많이 사용하고 있다.

함수의 선언에서의 기억장소 지정자는 함수가 사용될 수 있는 범위를 나타내며 특별한 경우가 아니면 보통 생략하는 것이 일반적이다. 함수의 반환형은 함수가 종료될 때 함수를 호출한 곳에서 얻을 수 있는 값이며 C언어에서 제공하는 모든 자료형이 가능하다. 만일 함수가 단순 출력과 같이 종료 후 반환되는 값을 받을 필요가 없을 때에는

"void"라는 예약어를 이용하여 반환값이 없음을 명시적으로 나타내야만 한다. 반환형은 생략이 가능하며, 생략될 경우 int로 간주하기 때문에 가급적 반환형은 반드시 적어주는 것이 좋다. 함수명은 변수명과 같은 방법으로 생성되는 식별자로 다른 이름과 구별되게 만들어야 하며, 변수의 이름 생성 규칙과 동일하게 이름을 부여해야만 한다.

함수에서의 인수는 다른 말로 매개변수 또는 인자라고도 하며, 함수가 호출된 후 함수에서 사용되는 값들을 넘겨주기 위한 임시 저장소로 함수 내에서는 변수와 같은 역할을 한다. 그러나 함수를 선언하거나 정의할 때에 그 값이 포함되는 것이 아니며, 실제 함수를 호출하는 과정에서 값을 대입하게 된다. 인수는 그 필요에 따라 한 개 이상이 들어갈 수도 있으며, 필요가 없을 경우에 생략도 가능하다. 만일 인수가 두 개 이상이 포함되는 함수에서는 컴마(,) 연산자를 이용하여 각 인수를 구분하며, 이 때 첫 번째 인수와 두 번째 인수의 자료형이 같더라도 각각 자료형을 적어주어야 한다. 그리고 인수가 필요 없는 함수의 경우에는 인수 부분을 비워놓거나 또는 인수가 없다는 의미로 인수 위치에 "void" 예약어를 이용할 수도 있다.

7.4 함수의 정의

함수의 정의 부분은 실제 함수의 호출 시 작업을 수행하는 곳이다. 즉 사용자 정의 함수를 사용하기 위해서 반드시 함수의 정의가 포함되어야 하며, 함수의 정의는 다음과 같은 형식을 따른다.

<함수의 정의 형식>

```
[기억장소 지정자] [반환형] 함수명([인수1자료형 인수1변수명,] [인수2자료형 인수2변수명,] [,...])
{
   함수의 문장
}
```

<함수의 정의 예>

```
int myAbs(int intValue)
{
   ...
   return iAbs;
}
```

사용자 정의 함수를 사용하기 위해서는 반드시 함수를 정의해야 하며, 함수를 정의할 때의 구성은 함수의 머리부와 함수의 몸체로 구성된다. 함수의 머리부는 함수의 선언에서 사용하는 함수 원형과 비슷하며, 함수의 몸체는 중괄호로 둘러싸인 문장들이다. 함수 몸체의 문장이 단순문이더라도 반드시 중괄호로 문장을 둘러싸야 하는 것을 주의한다.

함수의 정의에서의 함수 머리부는 선언할 때의 원형과 비슷하기는 하지만 주의할 사항이 있다. 첫째, 만일 함수의 선언을 이용한 후 함수를 정의할 때에는 반드시 함수의 선언과 함수의 정의에서 사용하는 함수의 원형 부분이 일치해야만 한다. 즉, 기억장소 지정자, 반환형, 함수의 이름, 인수의 자료형 및 개수가 일치해야만 한다. 이 때 인수의 변수명이 일치할 필요는 없다. 둘째, 함수의 선언에서는 끝에 세미콜론을 붙였지만 함수의 정의에서는 세미콜론을 붙이지 않는다. 셋째, 함수의 선언에서 인수를 사용할 때 변수명은 생략이 가능했지만 함수의 정의에서는 반드시 인수에 변수명을 넣어야 한다. 이것은 함수의 인수가 함수의 몸체 내에서 변수로 사용되며, 그 때의 이름은 인수의 변수명을 이용하기 때문이다.

만일 함수의 반환형이 void가 아닌 자료형일 경우 함수의 몸체 내에는 반드시 return 문이 포함되어야 한다. return문은 "return 반환값;"의 형식으로 함수의 결과를 호출하는 곳으로 돌려주는 역할을 한다.

7.5 함수의 호출

정의된 함수를 이용하기 위해서는 함수의 호출이 필요하며, 함수를 호출하기 위한 방법은 함수의 이름을 적어주고 함수의 인수에 해당하는 값을 넣어주면 된다. 예를 들어, [예제 7-2]의 myAbs라는 이름의 함수는 정수형 인수를 갖고 있기 때문에 "iResult = myAbs(iValue);"라는 문장으로 호출하였다. 이처럼 함수의 반환값이 있는 경우에는 일반적으로 변수와 대입문 그리고 함수명과 인수를 이용하여 호출하며, 만일 함수의 반환값이 없는 경우에는 함수의 이름과 인수만을 적어 호출도 가능하다. 다음의 예는 함수의 호출 방법을 나타낸다.

```
<함수의 호출 형식>

변수 = 함수명(인수);            // 함수의 반환값이 있고 인수가 있는 경우
변수 = 함수명();                // 함수의 반환값이 있고 인수가 없는 경우
함수명(인수);                   // 함수의 반환값이 없고 인수가 있는 경우
```

```
함수명();                               // 함수의 반환값이 없고 인수가 없는 경우


<함수의 호출 예>

iResult = myAbs(-5);
printGuGuDan();
```

함수를 호출할 때 주의할 사항은 반드시 함수의 이름과 인수의 수를 일치시켜야 한다는 것이다. 예를 들어, "iResult = myAbs(-5, -10);"과 같이 함수의 원형에는 인수가 하나인데 인수를 두 개를 기술할 경우 에러가 발생하며, "iResult = myAbs();"와 같이 함수의 원형에는 인수가 하나인데 인수가 없는 것으로 기술할 경우에도 역시 에러가 발생한다. 만일 함수의 원형에 인수가 없는 함수가 정의되었다 하더라도 반드시 함수의 이름과 소괄호()를 이용하여 호출하여야만 한다.

정의된 함수를 사용하기 위해서는 반드시 함수의 호출이 필요하다. 호출되지 않은 함수는 실행이 되지 않으므로 함수는 정의되었더라도 프로그램 내에서는 아무런 의미가 없게 된다. 함수가 호출되면 프로그램의 실행 흐름이 그 함수의 정의 부분으로 이동하여 실행되고, 함수의 실행이 종료되면 다시 호출한 프로그램으로 돌아와 함수 호출 이후의 문장을 실행한다. (그림 7-5)는 함수 호출 시 프로그램의 실행 흐름을 나타낸 예이다.

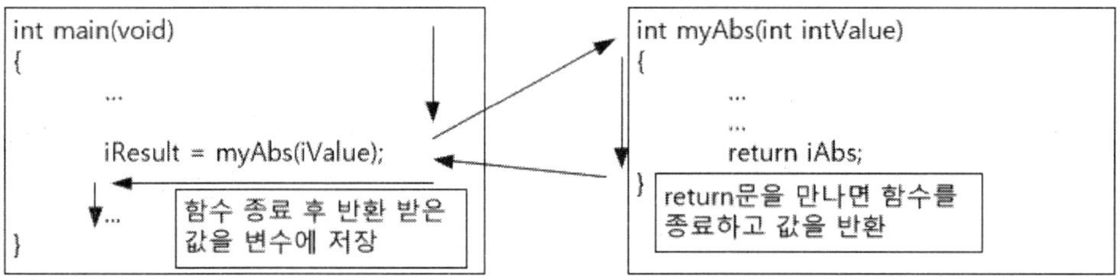

(그림 7-5) 함수 호출 시 프로그램의 실행 흐름

7.6 함수의 인수 및 반환값

함수의 인수는 함수가 실행할 때 작업을 수행하기 위하여 필요한 값들을 전달하는 역할을 하며, 만일 인수가 필요 없을 경우 인수 부분을 비워 놓거나 또는 인수가 없다는 의미의 예약어 void를 넣는다. 함수의 인수는 함수를 호출하는 부분에서는 실제의 값이

들어가며, 함수를 정의하는 부분에서는 그 값이 들어가는 변수를 의미한다. 이 때문에 함수를 호출할 때의 인수를 "실인수" 또는 "실인자"라고 이야기 하며, 함수를 정의할 때의 인수를 "가인수" 또는 "형식인자"라고 이야기 한다. 그리고 함수 호출 시 실인수를 기술할 때에는 반드시 함수의 정의에서 사용된 자료형과 일치하도록 해야만 한다. (그림 7-6)은 함수를 호출할 때 실인수의 값이 가인수로 전달되는 과정을 보여준다.

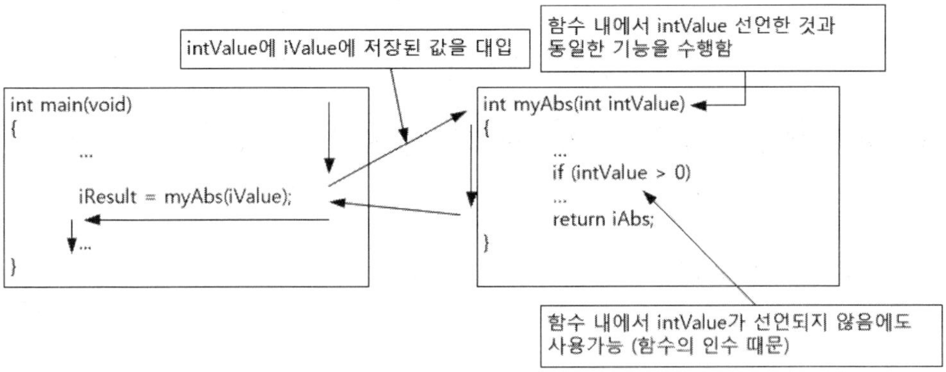

(그림 7-6) 함수 호출 시 실인수의 값이 가인수에 전달되는 과정

반환값은 함수의 문장 내에서 함수를 호출하는 영역으로 자료를 전달하는 역할을 한다. 값을 반환하기 위해서는 함수의 문장 내에서 "return"문을 이용하며 형식은 다음과 같다.

```
<return문의 형식>

return;                          // 반환값이 없는 경우
return 연산식;                   // 반환값이 있는 경우
return (연산식);                 // 반환값이 있는 경우


<return문의 예>

return iAbs;
return 0;
```

반환값이 있는 경우 return 뒤에 연산식을 사용하며, 연산식에서의 괄호는 생략이 가능하다. 반환값이 없는 경우에는 return 문장만을 이용하며 반환값을 기술하지 않는다. return문을 이용하여 값을 반환하는 경우에는 반드시 함수의 원형에 나타나 있는 함수의 반환형과 return문 뒤의 연산식의 결과에 따른 자료형이 일치해야만 한다. return문

의 또 다른 역할은 함수의 강제 종료에 있다. 함수의 문장에서 return문을 만나게 되면 함수의 호출부로 값을 반환하기 때문에 더 이상 함수의 나머비 부분을 실행할 필요가 없게 된다. 따라서 return문을 만나면 함수가 종료되며, 이를 이용해서 함수의 강제 종료에 활용한다.

다음의 예제들은 지금까지 작성했던 프로그램을 함수를 이용하여 다시 작성한 것들이다. [예제 7-4]는 1부터 입력한 숫자까지의 합을 구하는 프로그램이며, [예제 7-5]는 입력한 숫자에 해당하는 구구단을 출력하는 프로그램이다. [예제 7-6]은 계산기 프로그램이다. 예제들은 모두 함수의 선언을 이용한 것으로 작성되었다.

[예제 7-4] 1부터 입력한 숫자까지의 합을 구하는 프로그램 (함수 사용)

```
/*
Example 7-4
1부터 입력한 수 까지의 합을 구하는 프로그램 (함수 사용)
*/

#include <stdio.h>

int addAll(int intValue);

int main(void)
{
        int iValue, iResult;

        printf("\n\n======== Example 7-4 Start ========\n\n");

        printf("정수를 입력하세요 : ");
        scanf("%d", &iValue);

        iResult = addAll(iValue);

        printf("1부터 %d까지 더한 값은 %d입니다\n", iValue, iResult);

        printf("\n\n======== Example 7-4 End ========\n\n");

        return 0;
}

int addAll(int intValue)
{
        int iCount, iSum = 0;

        for (iCount = 1; iCount <= intValue; iCount++)
```

```
        {
                iSum = iSum + iCount;
        }

        return iSum;
}
```

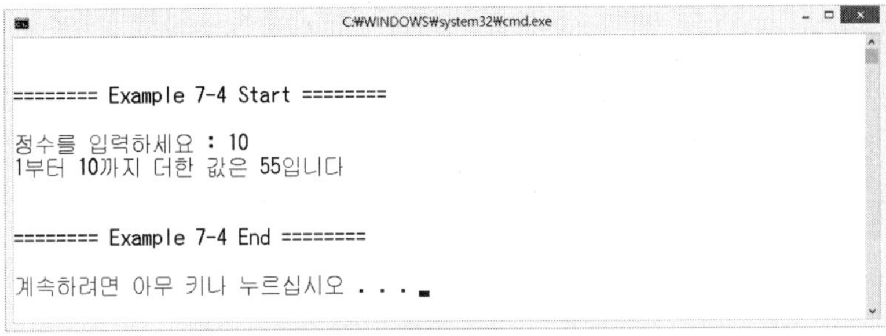

(그림 7-7) [예제 7-4]의 결과

[예제 7-5] 입력한 숫자에 해당하는 구구단을 출력하는 프로그램 (함수 사용)

```
/*
Example 7-5
입력한 숫자에 해당하는 구구단을 출력하는 프로그램 (함수 사용)
*/

#include <stdio.h>

void printGuGuDan(int intValue);

int main(void)
{
        int iValue, iResult;

        printf("\n\n======== Example 7-5 Start ========\n\n");

        printf("정수를 입력하세요 : ");
        scanf("%d", &iValue);

        printGuGuDan(iValue);

        printf("\n\n======== Example 7-5 End ========\n\n");

        return 0;
}

```

```
void printGuGuDan(int intValue)
{
	int iCount;

	for (iCount = 1; iCount <= 9; iCount++)
	{
		printf("%d * %d = %d\n", intValue, iCount, intValue * iCount);
	}
}
```

```
C:\WINDOWS\system32\cmd.exe

======== Example 7-5 Start ========

정수를 입력하세요 : 5
5 * 1 = 5
5 * 2 = 10
5 * 3 = 15
5 * 4 = 20
5 * 5 = 25
5 * 6 = 30
5 * 7 = 35
5 * 8 = 40
5 * 9 = 45

======== Example 7-5 End ========

계속하려면 아무 키나 누르십시오 . . .
```

(그림 7-8) [예제 7-5]의 결과

[예제 7-6] 계산기 프로그램 (함수 사용)

```
/*
Example 7-6
계산기 프로그램 (함수 사용)
*/

#include <stdio.h>

void myCalc(float fValue1, float fValue2, char oper);

int main(void)
{
	char cType;
	float fValue1, fValue2;

	printf("\n\n======== Example 7-6 Start ========\n\n");

	printf("식을 입력하세요(ex. 5.8 + 4.9) : ");
```

```
	scanf("%f %c %f", &fValue1, &cType, &fValue2);

	myCalc(fValue1, fValue2, cType);

	printf("\n\n======== Example 7-6 End ========\n\n");

	return 0;
}

void myCalc(float fValue1, float fValue2, char oper)
{
	float fResult = 0.0f;

	switch (oper)
	{
	case '+':
		fResult = fValue1 + fValue2;
		break;
	case '-':
		fResult = fValue1 + fValue2;
		break;
	case '*':
		fResult = fValue1 + fValue2;
		break;
	case '/':
		fResult = fValue1 + fValue2;
		break;
	default:
		printf("입력을 잘못하였습니다\n");
		return;
	}

	printf("연산의 결과값은 %f입니다\n", fResult);
}
```

```
C:\WINDOWS\system32\cmd.exe

======== Example 7-6 Start ========

식을 입력하세요(ex. 5.8 + 4.9) : 5.8 + 4.9
연산의 결과값은 10.700001입니다


======== Example 7-6 End ========

계속하려면 아무 키나 누르십시오 . . .
```

(그림 7-9) [예제 7-6]의 결과

7.7 재귀함수

함수는 함수의 몸체에서 자기 자신의 함수를 호출할 수 있다. 이러한 자기 자신을 호출하는 함수를 재귀함수 또는 재귀호출함수라고 한다. 프로그램으로 구현하려는 알고리즘 자체가 재귀적인 특성을 갖는다면 재귀함수를 이용하여 쉽게 구현이 가능하다. 재귀함수를 이용하면 간결한 프로그램의 작성이 가능하다는 장점이 있으나, 계속적인 함수의 호출로 인하여 프로그램의 실행 속도가 떨어지고 메모리의 효율성이 떨어진다는 단점이 있다. 일반적으로 재귀함수는 반복문을 이용한 함수로 변환이 가능하다.

흔히 사용하는 수학 수식에서 가장 대표적인 재귀적 특성을 갖는 수식은 계승을 나타내는 팩토리얼 수식이다. 수식 n!는 1 * 2 * 3 * ... * (n−2) * (n−1) * n의 값을 갖는다. 이러한 팩토리얼 수식은 (그림 7-10)과 같은 재귀적 특징을 갖는다.

$$
\begin{aligned}
n! &= 1 * 2 * 3 * \ldots * (n-2) * (n-1) * n \\
&= n * \boxed{(n-1) * (n-2) * \ldots * 3 * 2 * 1} \\
&= n * (n-1)!
\end{aligned}
$$

n!을 구하려면 n에 (n-1)!를 곱하면 됨

(그림 7-10) 팩토리얼의 재귀적 특성

(그림 7-10)과 같이 n!을 구하기 위해서는 (n−1)!이 필요하고, (n−1)!을 구하려면 다시 (n−2)!이 필요하다. 이러한 특성이 재귀적 특성이며, 팩토리얼을 함수로 구현한다면 함수 factorial(n)에서 다시 factorial(n−1)을 호출하면 된다.

재귀함수에서 가장 중요한 부분은 탈출 조건을 반드시 명시해야 한다는 것이다. 탈출 조건이 없으면 함수가 계속해서 자신의 함수를 호출하기 때문에 프로그램이 종료가 되지 않으며, 그 값도 얻을 수 없다. 예를 들어 팩토리얼을 구하는 함수를 만들 경우 n부터 계속 곱해 나가다가 1이 되면 계산이 종료가 되기 때문에 탈출 조건은 1이 되며, 이 경우 더 이상 자기 자신의 함수를 호출하면 안된다. [예제 7-7]은 계승 수식인 factorial을 구하는 프로그램이다.

[예제 7-7] 재귀함수를 이용한 팩터리얼 계산

```
/*
Example 7-7
Factorial 계산 프로그램 (재귀함수 사용)
*/
```

```c

#include <stdio.h>

int factorial(int iCount);

int main(void)
{
        int iValue;

        printf("\n\n======== Example 7-7 Start ========\n\n");

        printf("숫자를 입력하세요 :");
        scanf("%d", &iValue);

        printf("%d! = %d\n", iValue, factorial(iValue));

        printf("\n\n======== Example 7-7 End ========\n\n");

        return 0;
}

int factorial(int iCount)
{
        if (iCount <= 1)
        {
                return 1;                          // 재귀함수의 탈출
        }
        else
        {
                return (iCount * factorial(iCount - 1)); // factorial(n-1) 호출
        }
}
```

```
C:\WINDOWS\system32\cmd.exe

======== Example 7-7 Start ========

숫자를 입력하세요 :10
10! = 3628800


======== Example 7-7 End ========

계속하려면 아무 키나 누르십시오 . . .
```

(그림 7-11) [예제 7-7]의 결과

7.8 파일을 분할하여 프로그램을 작성하는 법

프로그램을 만들 때 프로그램의 크기가 커지면 프로그램의 분석이 어려워지기 때문에 일반적으로 비슷한 작업을 하는 함수를 파일 단위로 나누어서 작성하게 된다. C언어에서 프로그램을 만들기 위해서 사용하는 파일은 크게 소스 파일과 헤더 파일로 나눌 수 있다. 소스 파일은 파일의 확장자가 ".c"로 된 파일이며, 프로그램에서 처리해야 하는 실제적인 동작을 기술한다. 헤더 파일은 파일의 확장자가 ".h"로 된 파일이며, "stdio.h" 파일과 같이 함수의 원형 등이 포함된 파일이다. 일반적으로 헤더 파일은 소스 파일에서 "#include" 전처리 지시자를 이용하여 소스 파일에 추가하여 사용한다. [예제 7-2]의 함수의 선언을 사용한 절대값 출력 프로그램을 파일을 나누어서 프로그램을 작성하면 다음과 같으며, [예제 7-8]은 [예제 7-2]를 파일을 분할하여 작성한 것이다.

main.c
```
#include <stdio.h>
```

func.h
```
int myAbs(int intValue);
```

main.c
```
int main(void)
{
        int iValue, iResult;

        printf("₩n₩n======== Example 7-2 Start ========₩n₩n");

        printf("정수를 입력하세요 : ");
        scanf("%d", &iValue);

        iResult = myAbs(iValue);

        printf("%d의 절대값은 %d입니다₩n", iValue, iResult);

        printf("₩n₩n======== Example 7-2 End ========₩n₩n");

        return 0;
}
```

func.c
```
int myAbs(int intValue)
{
        int iAbs;
        if (intValue > 0)
        {
                iAbs = intValue;
        }
        else
        {
                iAbs = -intValue;
        }

        return iAbs;
}
```

(그림 7-12) [예제 7-2]의 파일 분할

[예제 7-8] 절대값 계산 프로그램 (파일 분할)

```
/*
Example 7-8
절대값 계산 프로그램 (파일 분할)
main.c
*/

#include <stdio.h>
#include "func.h"

int main(void)
{
	int iValue, iResult;

	printf("\n\n======== Example 7-8 Start ========\n\n");

	printf("정수를 입력하세요 : ");
	scanf("%d", &iValue);

	iResult = myAbs(iValue);

	printf("%d의 절대값은 %d입니다\n", iValue, iResult);

	printf("\n\n======== Example 7-8 End ========\n\n");

	return 0;
}
```

```
/*
Example 7-8
절대값 계산 프로그램 (파일 분할)
func.h
*/

int myAbs(int intValue);
```

```
/*
Example 7-8
절대값 계산 프로그램 (파일 분할)
func.c
*/

int myAbs(int intValue)
{
	int iAbs;
	if (intValue > 0)
```

```
	{
		iAbs = intValue;
	}
	else
	{
		iAbs = -intValue;
	}

	return iAbs;
}
```

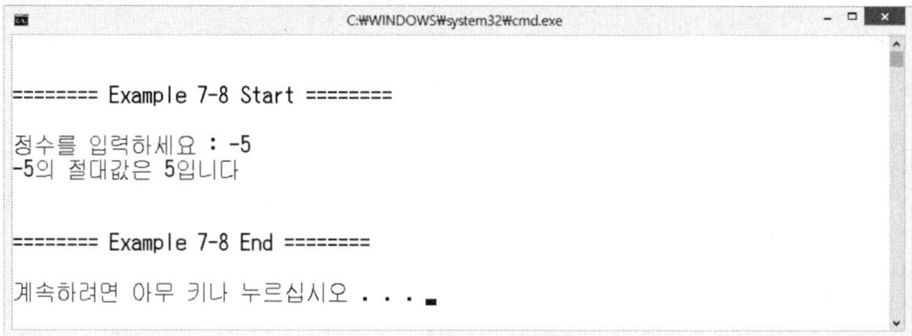

(그림 7-13) [예제 7-8]의 결과

프로그램의 파일을 여러 단계로 작성하는 방법은 다음과 같다. 프로젝트에 파일을 추가하기 위하여 (그림 7-14)와 같이 개발환경의 오른쪽 창에 있는 [솔루션 탐색기]를 통하여 소스 파일을 추가한다. 만일 소스 파일을 추가하고 싶으면 소스 파일(c++ 파일)을 선택하고, 헤더 파일을 추가하고 싶으면 헤더 파일을 선택한 후에 파일명을 지정한 후 파일을 생성한다. 이 때 소스 파일일 경우 확장자는 ".c"로 지정하고 헤더 파일일 경우 확장자는 ".h"로 지정한다. 본 예제에서는 "func.h", "func.c", "main.c"인 세 개의 소스 파일로 구성한다.

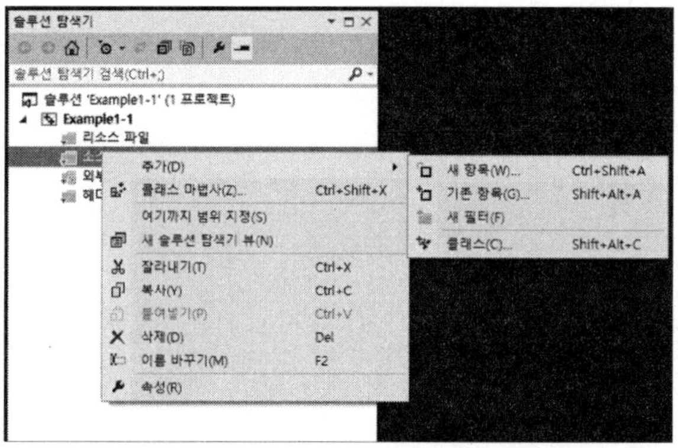

(그림 7-14) 프로젝트에 소스 코드 추가 화면

파일의 추가가 완료되면 (그림 7-15)와 같이 솔루션 탐색기의 소스 파일 및 헤더 파일 화면에 파일이 추가된 것을 확인할 수 있다.

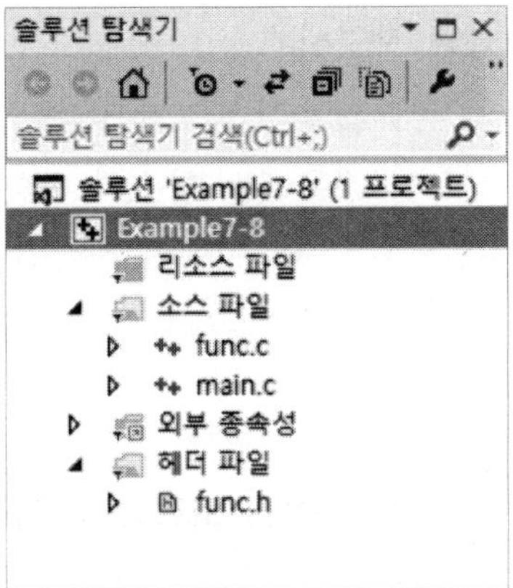

(그림 7-15) 프로젝트에 소스가 추가된 화면

이후 소스 편집기 화면에서 해당 파일에 코드를 넣으면 된다. 이 때 주의할 사항은 헤더 파일에는 일반적으로 함수의 원형 또는 모든 파일에서 사용하는 변수를 넣으며, main함수가 있는 파일과 다른 함수가 있는 파일을 나누어서 작성한다. main함수가 있는 파일에는 다른 함수를 사용해야 하기 때문에 함수의 원형이 있는 파일을 #include 전처리 지시자를 이용하여 추가한다. 그러나 기존 시스템 정의 함수를 추가하기 위하여 #include 〈stdio.h〉와 같이 각괄호(◇)를 이용한 것과는 다르게, 사용자 정의 헤더 파일을 이용하기 위해서는 #include “func.h”와 같이 따옴표를 이용하여 헤더 파일을 감싸야 한다. 본 예제에서는 문장이 짧고 함수가 많지 않기 때문에 간단해 보일 수는 있지만, 만일 대규모 프로젝트를 작성할 경우 함수가 최소 100개가 넘어가는 경우가 많기 때문에 파일을 나누는 법을 잘 익혀두어야 한다.

7.9 연습문제

(연습문제 7-1) 다음 괄호 부분을 채우시오.

① 일반적으로 함수는 함수가 종료될 때 (　　　　)문을 이용하여 특정 값을 반환한다.
② 함수의 반환형이 (　　　　)인 경우에는 함수의 반환값이 없다는 것을 의미한다.
③ C언어는 (　　　　)이라는 함수부터 실행이 시작된다.
④ 함수의 몸체는 문장들로 구성되어 있으며 (　　　　)로 둘러 싸여 있다.

(연습문제 7-2) 다음의 문장 중 틀린 것들을 고르고 이유를 설명하시오.

① 호출 시 사용하는 인수가 가인수가 되며, 함수의 정의에 이용한 인수가 실인수가 된다.
② 함수가 결과값으로 정수값을 반환한다면 함수의 반환형은 int가 된다.
③ void형은 값을 반환하지 않는 함수를 정확하게 선언하고 정의하기 위하여 사용되는 자료형이다.
④ 인수가 없는 함수를 호출할 때 함수명만 이용하면 된다.

(연습문제 7-3) 함수의 호출 시 실인수가 가인수 사이에 일치해야 하는 것이 아닌 것은?

① 이름
② 자료 유형
③ 개수
④ 순서

(연습문제 7-4) 재귀함수의 특징이 아닌 것은?

① 함수가 자신을 다시 호출한다.
② 탈출 조건을 명시하는 부분이 필요하다.
③ 간결하게 프로그램이 작성된다.
④ 실행 속도가 빨라진다.

(연습문제 7-5) 다음 프로그램을 컴파일하면 경고가 발생한다. 그 이유는?

```
#include <stdio.h>

int main(void)
{
        int iValue = -5;

        printf(" 실인수 : %d \n", iValue);
        printf(" %d의 절대값은 %d입니다. \n", iValue, myAbs(iValue));

        return 0;
}

int myAbs(int intValue)
{
        int iAbs;
        printf(" 가인수 : %d \n", intValue);
        if (intValue >= 0){
                iAbs = intValue;
        }
        else{
                iAbs = -intValue;
        }
        printf(" 반환값 : %d \n", iAbs);
        return iAbs;
}
```

(연습문제 7-6) 다음 프로그램을 컴파일하면 문제가 발생한다. 그 이유는?

```
#include <stdio.h>
void swap(int iValue3, int iValue4);

int main(void)
{
        int iValue1, iValue2;

        iValue1 = 5;
        iValue2 = 10;
        printf("[Before] iValue1 = %d, iValue2 = %d \n", iValue1, iValue2);
        swap(iValue1);
        printf("[After] iValue1 = %d, iValue2 = %d \n", iValue1, iValue2);

```

```
        return 0;
}

void swap(int iValue3, int iValue4)
{
        int iTemp;

        iTemp = iValue3;
        iValue3 = iValue4;
        iValue4 = iTemp;
}
```

(연습문제 7-7) x^n을 계산하는 프로그램을 함수를 이용하여 작성하시오.

```
C:\WINDOWS\system32\cmd.exe

======== Problem 7-7 Start ========

밑 값을 입력하세요 : 2.5
지수 값을 입력하세요 : 3

2.500000의 3승은 15.625000입니다.

======== Problem 7-7 End ========

계속하려면 아무 키나 누르십시오 . . .
```

(연습문제 7-8) n! = 1*2*3*...*(n-1)*n을 계산하는 프로그램을 재귀호출을 이용하지 않는 함수를 이용하여 작성하시오.

```
C:\WINDOWS\system32\cmd.exe

======== Problem 7-8 Start ========

숫자를 입력하세요 : 5

5! = 120

======== Problem 7-8 End ========

계속하려면 아무 키나 누르십시오 . . .
```

(연습문제 7-9) 1부터 30까지 6, 9, 9 게임의 결과를 출력하는 프로그램을 함수를 이용하여 작성하시오. (3, 6, 9 숫자가 한 번 들어갈 경우에는 "*", 3, 6, 9 숫자가 두 번 들어갈 경우에는 "**"을, 그 외의 경우에는 숫자를 표시하시오.)

```
C:\WINDOWS\system32\cmd.exe

======== Problem 7-9 Start ========

3 6 9 게임

 1 =  1     2 =  2     3 =  *     4 =  4     5 =  5
 6 =  *     7 =  7     8 =  8     9 =  *    10 = 10
11 = 11    12 = 12    13 =  *    14 = 14    15 = 15
16 =  *    17 = 17    18 = 18    19 =  *    20 = 20
21 = 21    22 = 22    23 =  *    24 = 24    25 = 25
26 =  *    27 = 27    28 = 28    29 =  *    30 =  *
31 =  *    32 =  *    33 = **    34 =  *    35 =  *
36 = **    37 =  *    38 =  *    39 = **    40 = 40
41 = 41    42 = 42    43 =  *    44 = 44    45 = 45
46 =  *    47 = 47    48 = 48    49 =  *    50 = 50

======== Problem 7-9 End ========

계속하려면 아무 키나 누르십시오 . . .
```

(연습문제 7-10) 1부터 n까지 더하는 프로그램을 재귀함수를 이용하여 작성하시오.

```
C:\WINDOWS\system32\cmd.exe

======== Problem 7-10 Start ========

숫자를 입력하세요 : 100

1에서 100까지 더한 결과 = 5050

======== Problem 7-10 End ========

계속하려면 아무 키나 누르십시오 . . .
```

(연습문제 7-11) 두 수를 입력 받아, 두 수의 최대 공약수를 구하는 프로그램을 재귀함수를 이용하여 작성하시오.

```
C:\WINDOWS\system32\cmd.exe

======== Problem 7-11 Start ========

첫 번째 수를 입력하세요 : 64
두 번째 수를 입력하세요 : 48

64와 48의 최대 공약수는 16 입니다.


======== Problem 7-11 End ========

계속하려면 아무 키나 누르십시오 . . .
```

변수 범위

프로그램 내에서 변수를 사용하기 위해서는 반드시 선언을 해야 한다. 그러나 변수가 함수 또는 블록의 내부에서 선언되느냐 외부에서 선언되느냐에 따라서 변수의 사용 범위 및 유지 기간이 결정된다. 변수가 함수 또는 블록의 내부에서 선언되면 내부변수 또는 지역변수라고 하며, 변수가 함수의 외부에서 선언되면 외부변수 또는 전역변수라고 한다. 함수에서 인수로 사용되는 가인수는 내부변수와 동일한 특성을 가지며, 별도의 선언과정을 거치지 않고 사용한다. 내부변수는 함수의 내부에서 사용하기 위하여 선언된 변수이며, 외부변수는 여러 함수에서 공통으로 사용하기 위한 변수이다.

8.1 자동변수

자동변수는 함수의 내부 또는 블록의 내부에서 선언되어 이용되는 지역변수이다. 자동변수는 변수를 선언할 때 auto라는 기억장소 지정자를 사용하며, 일반적으로 auto는 생략한다. 자동변수의 선언 예는 아래와 같다.

<자동변수의 선언 예>

```
int main(void)
{
    auto int iValue1;
    int iValue2;
    {
```

```
        auto float fValue1;
        float fValue2;
    }
}
```

자동변수는 변수를 선언한 후 값을 할당하지 않으면 변수에 저장되어 있는 값이 임의의 값이 되므로 주의해야만 한다. 만일 값을 할당하지 않고 변수의 값을 출력하거나 다른 변수에 저장하려고 하면 심각한 오류를 발생시킬 수 있다. [예제 8-1]은 자동변수에 값을 할당하지 않아서 생기는 결과를 보여준다.

[예제 8-1] 자동변수에 값을 할당하지 않아서 생기는 결과

```
/*
Example 8-1
자동변수에 값을 할당하지 않아서 생기는 결과
*/

#include <stdio.h>

int main(void)
{
        int iValue1, iValue2 = 10;

        printf("\n\n======== Example 8-1 Start ========\n\n");

        {
                float fValue1 = 1.1f;
                float fValue2;
                fValue2 = 2.2f;
        }

        printf("iValue1 = %d, iValue2 = %d\n", iValue1, iValue2);
        // fValue1과 fValue2는 위의 블록 내에서만 사용 가능한 자동변수(지역변수)
        // 따라서, 아래와 같이 출력하면 에러 발생
        // printf("fValue1 = %f, fValue2 = %f\n", fValue1, fValue2);

        printf("\n\n======== Example 8-1 End ========\n\n");

        return 0;
}
```

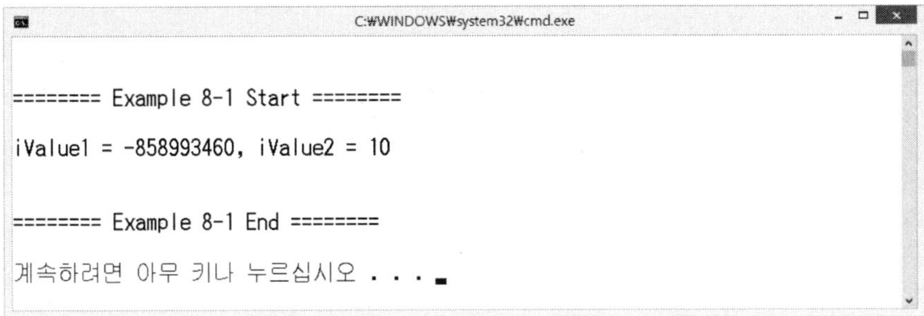

(그림 8-1) [예제 8-1]의 결과

함수 내에 있고 블록 밖에서 선언된 자동변수는 함수의 실행 시 운영체제로부터 기억장소가 할당되며, 함수가 종료되면 기억장소를 운영체제에게 반환한다. 따라서 함수의 실행 동안에만 유효한 변수이다. 함수 내에 있는 블록의 내부에서 선언된 자동변수의 경우 블록의 실행 시 기억장소가 할당되며, 블록이 종료되면 기억장소를 반환한다. 따라서 함수 내부에서 선언된 자동변수는 함수의 내부에서만 사용이 가능하며, 블록의 내부에서 선언된 자동변수는 블록의 내부에서만 사용이 가능하다. 예를 들어 [예제 8-1]의 23번째 행에서 fValue1과 fValue2를 출력하고자 하면 그 변수는 함수의 내부에 있는 블록에서 사용이 국한된 변수이기 때문에 오류를 발생한다. 그러나 iValue1과 iValue2는 함수의 내부와 블록의 외부에서 선언된 변수이기 때문에 아직 함수가 종료되지 않은 관계로 메모리에 그 변수가 유지되어 함수의 내부와 블록의 내부에서 모두 사용이 가능하다. [예제 8-2]는 블록의 외부에서 선언된 자동변수가 블록의 내부에서 사용한 것을 보여준다.

[예제 8-2] 블록 외부에서 선언된 자동변수의 블록 내부에서 사용

```
/*
Example 8-2
블록 외부에서 선언된 자동변수의 블록 내부에서 사용
*/

#include <stdio.h>

int main(void)
{
        int iValue1, iValue2 = 10;

        printf("\n\n======== Example 8-2 Start ========\n\n");

        {
                float fValue1 = 1.1f;
                float fValue2;
                fValue2 = 2.2f;
```

```
            printf("iValue1 = %d, iValue2 = %d\n", iValue1, iValue2);
            printf("fValue1 = %f, fValue2 = %f\n", fValue1, fValue2);
      }

      printf("\n\n======== Example 8-2 End ========\n\n");

      return 0;
}
```

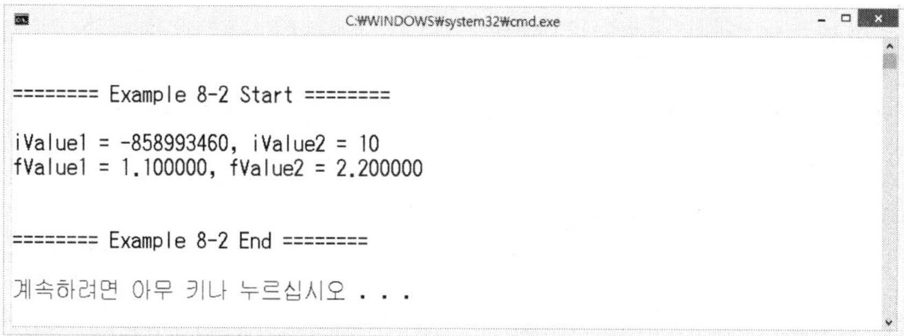

(그림 8-2) [예제 8-2]의 결과

동일한 이름의 변수를 하나의 영역에서 선언하는 것은 불가능하다. 그러나 함수 내에 있는 블록에서 선언된 변수는 블록 외부에 있는 함수의 내부변수의 변수명을 사용하여 선언할 수 있다. 이 때 블록의 안에 있는 내부변수의 변수명이 블록 외부에 있는 함수의 내부변수의 변수명과 일치하는 경우, 블록의 내부에서 함수의 내부변수의 변수명을 사용하는 것이 불가능하다. 예를 들어, [예제 8-3]에서 블록 안의 내부변수 iValue가 함수 안의 내부변수 iValue와 변수명이 같기 때문에 블록 내에서 함수 내에 선언된 내부변수 iValue를 사용할 수 없다. 만일 둘의 이름이 다르면 블록 내에서 함수 내에 선언된 지역변수를 사용할 수 있다. 이처럼 지역변수명이 외부변수명과 일치하는 경우 함수의 내부에서 지역변수명만을 사용 가능하며 외부변수명을 사용하는 것이 C언어에서는 불가능하다. 따라서 C언어에서 지역변수명과 동일하게 외부변수명을 정의하는 것은 좋은 방법이 아니다. 주의할 점은 C언어에서 지역변수는 다른 명령문이 실행되기 이전에 선언되어야 하며, 즉 함수의 시작 또는 블록의 시작에서 선언되어야 한다. [예제 8-3]은 함수 및 블록 내 자동변수의 통용 범위에 대한 예제이다.

[예제 8-3] 함수 및 블록 내 자동변수의 통용 범위

```
/*
Example 8-3
함수 및 블록 내 자동변수의 통용 범위
```

```c
*/

#include <stdio.h>

int main(void)
{
		int iValue = 10;

		printf("\n\n======== Example 8-3 Start ========\n\n");

		{
				int iValue = 20;
				printf("[block] iValue = %d\n", iValue);
		}

		printf("[main] iValue = %d\n", iValue);

		printf("\n\n======== Example 8-3 End ========\n\n");

		return 0;
}
```

```
C:\WINDOWS\system32\cmd.exe

======== Example 8-3 Start ========

[block] iValue = 20
[main] iValue = 10


======== Example 8-3 End ========

계속하려면 아무 키나 누르십시오 . . .
```

(그림 8-3) [예제 8-3]의 결과

블록 내의 자동변수가 블록 외부에서 선언된 변수와 이름이 동일하더라도 그 유효 기간은 블록 내에서만 유지되는 것과 같이 함수 내에서 선언된 변수는 함수의 실행 동안에만 유효한 변수이다. 또한 함수의 가인수로 사용되는 변수는 함수의 내부에서 지역변수와 동일한 유효기간을 가지며, 따라서 함수를 호출한 곳에서 사용되는 변수와 그 이름이 동일하더라도 값을 유지할 수 있는 기간에는 차이가 있다. 예를 들어 [예제 8-4]에서 main함수에서 정의된 자동변수 iValue1과 iValue2는 function 함수에서 가인수로 사용된 iValue1과 function 함수의 내부에서 정의된 iValue2와 이름은 같아도 각각의 함수에서만 사용 가능한 지역변수이다. 따라서 두 변수는 메모리에서 서로 다른 번지의 영향을 받으며 서로 무관하다. 만일 function 함수에서 iValue1와 iValue2의 값을 변경하더라도 main 함수의 iValue1과 iValue2의 값은 변하지 않는다. [예제 8-4]는 함수 내 자동변수의 통용 범위에 관한 것이다.

[예제 8-4] 함수 내 자동변수의 통용 범위

```
/*
Example 8-4
함수 내 자동변수의 통용 범위
*/

#include <stdio.h>

void function(int iValue1);

int main(void)
{
		int iValue1 = 10;
		int iValue2 = 20;

		printf("\n\n======== Example 8-4 Start ========\n\n");

		function(iValue1);

		printf("[main] iValue1 = %d, iValue2 = %d\n", iValue1, iValue2);

		printf("\n\n======== Example 8-4 End ========\n\n");

		return 0;
}

void function(int iValue1)
{
		int iValue2 = 40;

		iValue1 = 30;

		printf("[function] iValue1 = %d, iValue2 = %d\n", iValue1, iValue2);

		return;
}
```

8.2 외부변수

외부변수는 함수의 밖에서 선언되며 선언된 이후의 모든 함수에서 참조가 가능한 전역변수이다. 외부변수는 프로그램 시작 시 운영체제로부터 기억장소가 할당되며 프로그램 종료 시 운영체제에게 기억장소를 반환한다. 따라서 프로그램의 수행 중에는 외부변수에 저장된 내용이 유지된다. 외부변수는 주로 함수 사이에 자료를 공유하기 위하여 사용되며 기억장소 지정자(예, auto, static)를 사용하지 않는다. 자동변수와는 다르게 외부변수의 초기화는 선언과 동시에 또는 선언 뒤 대입연산자를 이용하여 이루어지며, 만일 외부변수의 선언 후 초기값을 명시하지 않으면 0으로 초기화된다. [예제 8-5]는 자동변수와 외부변수를 초기화하지 않은 경우 프로그램에서 자동으로 결정되는 초기값을 보여준다.

[예제 8-5] 자동변수와 외부변수를 초기화하지 않은 경우의 값

```
/*
Example 8-5
자동변수와 외부변수를 초기화하지 않은 경우의 값
*/

#include <stdio.h>

int giValue;

int main(void)
{
		int iValue;

		printf("\n\n======== Example 8-5 Start ========\n\n");

		printf("iValue = %d\n", iValue);
		printf("giValue = %d\n", giValue);

		printf("\n\n======== Example 8-5 End ========\n\n");

		return 0;
}
```

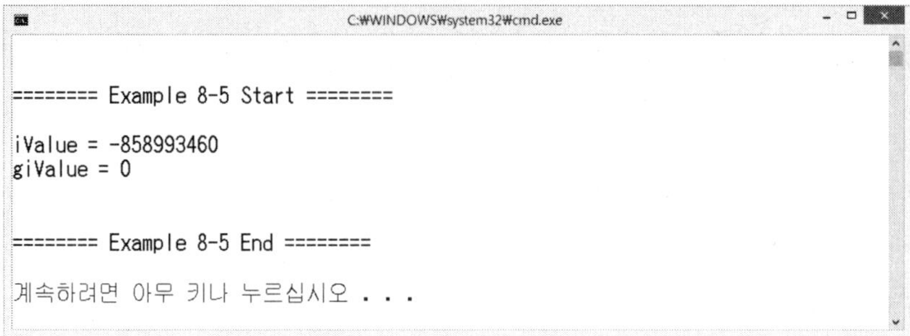

(그림 8-5) [예제 8-5]의 결과

8.2.1 동일 파일 내의 외부변수 참조

파일 내에서 외부변수의 위치는 일반적으로 함수의 정의 이전에 선언되는 경우가 대부분이기는 하지만, 함수의 정의 이후에 선언될 수도 있다. 이 경우 함수에서 이후에 선언되는 외부변수랄 사용하기 위해서는 기억장소 지정자 extern을 이용하여 함수의 내부에서 동일 변수를 재선언해야 한다. 이 경우 재선언된 변수를 위하여 메모리 공간은 별도로 할당되지 않으며, 후에 외부 변수로 선언된다는 것을 의미한다. [예제 8-6]은 extern 예약어를 이용하여 외부변수를 사용한 예이다. 외부변수 giValue는 변수의 선언 전에 main함수에서 사용되며, 이 경우 main 함수에서 외부변수 giValue를 사용하기 위하여 extern 예약어를 이용하여 함수의 내부에서 동일 변수를 재선언하였다.

[예제 8-6] extern 예약어를 이용하여 외부변수의 선언 전 사용 예

```
/*
Example 8-6
extern 예약어를 이용하여 외부변수의 선언 전 사용 예
*/

#include <stdio.h>

void function();

int main(void)
{
        extern int giValue;

        printf("\n\n======== Example 8-6 Start ========\n\n");

        function();
        printf("giValue = %d\n", giValue);

```

```c
        printf("\n\n======== Example 8-6 End ========\n\n");

        return 0;
}

int giValue;

void function()
{
        giValue = giValue + 10;
}
```

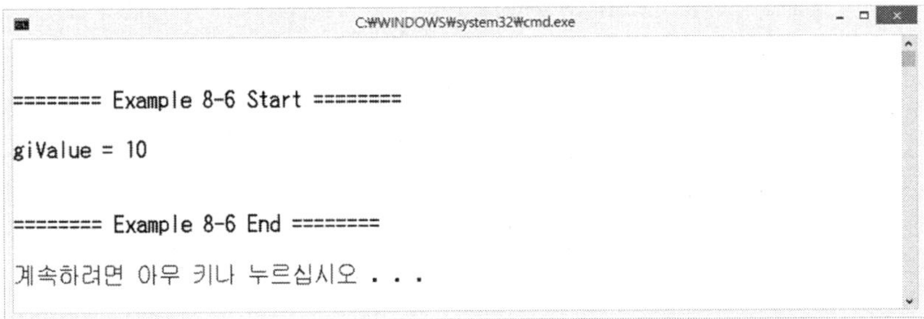

(그림 8-6) [예제 8-6]의 결과

외부변수를 참조할 때 extern 예약어를 이용하면, 파일 내의 어느 위치에 외부변수가 있더라도 그 변수를 참조할 수가 있으나, 코드가 길어지게 되면 그 변수가 어디에 선언이 되어 있는지 찾기 곤란할 때가 많다. 따라서 일반적인 프로그램 작성 방법은 코드의 가장 위에 외부변수를 위치시키며, 이 경우 extern 예약어를 이용하여 함수의 내부에서 동일 변수를 재선언할 필요가 없다. [예제 8-7]은 extern 예약어를 사용하지 않고 외부변수를 선언 후 사용한 예이다.

[예제 8-7] extern 예약어를 사용하지 않고 외부변수를 선언후 사용 예

```c
/*
Example 8-7
extern 예약어를 사용하지 않고 외부변수를 선언후 사용 예
*/

#include <stdio.h>

void function1();
float function2();

int giValue;
float gfValue;
```

```c

int main(void)
{
	printf("\n\n======== Example 8-7 Start ========\n\n");

	function1();

	printf("giValue = %d\n", giValue);
	printf("gfValue = %f\n", gfValue);

	gfValue = function2();

	printf("giValue = %d\n", giValue);
	printf("gfValue = %f\n", gfValue);

	printf("\n\n======== Example 8-7 End ========\n\n");

	return 0;
}

void function1()
{
	giValue = 10;
	gfValue = 1.23f;
}

float function2()
{
	giValue = giValue + 10;
	return (2 * gfValue);
}
```

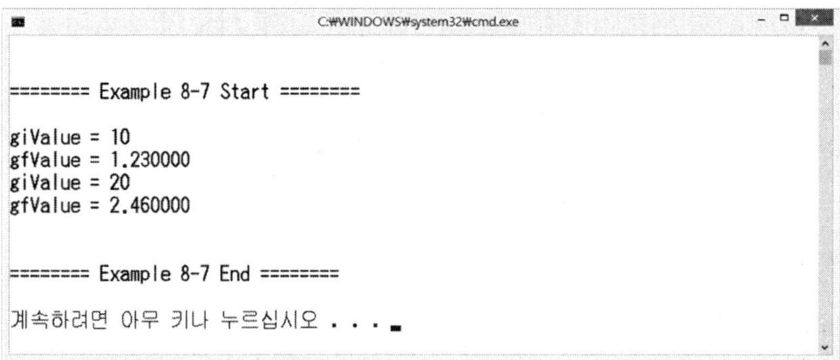

(그림 8-7) [예제 8-7]의 결과

8.2.2 다른 파일 사이의 외부변수 참조

복잡한 프로그램은 일반적으로 여러 개의 파일로 분할하여 작성하며, 이 경우 각각의 파일을 컴파일한 뒤, 컴파일한 결과를 링크하여 실행파일을 생성한다. 이 때 다른 파일에서 외부변수로 선언된 자료를 이용하고자 할 경우 기억장소 지정자 extern을 이용하여 외부변수로 선언해야 한다. 기억장소 지정자 extern은 외부변수 선언 전에 사용하고자 할 때 이용되기도 하지만 특정 파일에서 선언된 외부변수를 다른 파일에서 사용할 수 있는 방법도 제공한다. extern으로 선언하는 경우 다른 파일 또는 다른 위치에서 외부변수로 선언되었다는 사실을 암시하며, 따라서 변수를 위한 기억공간을 할당하지 않는다.

[예제 8-8]은 main 함수와 두 개의 사용자 정의 함수로 구성되어 있는 프로그램이다. 두 개의 사용자 정의 함수는 각각의 소스 파일로 구성되었으며, 하나의 헤더 파일에 그 원형을 표기하였다. 따라서 main 함수를 위한 소스 파일 하나, 사용자 정의 함수를 위한 소스 파일 둘, 그리고 하나의 헤더 파일로 구성되어 있는 프로그램이다. 사용자 정의 함수에는 각각 외부변수가 선언되어 있으며, 다른 소스 파일에 있는 외부변수를 이용하기 위하여 extern을 이용하여 그 변수를 재선언하였다. 프로젝트에 여러 파일을 추가하는 방법은 [예제 7-8]을 참고하기 바란다.

[예제 8-8] extern 예약어를 이용한 다른 파일 사이의 외부변수 참조

```
/*
Example 8-8
extern 예약어를 이용한 다른 파일 사이의 외부변수 참조
main.c
*/

#include <stdio.h>
#include "func.h"

extern int giValue1;
extern int giValue2;

int main(void)
{
		printf("\n\n======== Example 8-8 Start ========\n\n");

		giValue1 = 10;
		function2();
		printf("giValue1 = %d, giValue2 = %d\n", giValue1, giValue2);

		printf("\n\n======== Example 8-8 End ========\n\n");

```

```
        return 0;
}
```

```
/*
Example 8-8
extern 예약어를 이용한 다른 파일 사이의 외부변수 참조
func.h
*/

void function1();
void function2();
```

```
/*
Example 8-8
extern 예약어를 이용한 다른 파일 사이의 외부변수 참조
func1.c
*/

#include "func.h"

int giValue1;
extern int giValue2;

void function1()
{
        giValue2++;
}
```

```
/*
Example 8-8
extern 예약어를 이용한 다른 파일 사이의 외부변수 참조
func2.c
*/

#include "func.h"

extern int giValue1;
int giValue2;

void function2()
{
        giValue2 = 20;
        giValue1--;
        function1();
}
```

```
C:\WINDOWS\system32\cmd.exe

======== Example 8-8 Start ========
giValue1 = 9, giValue2 = 21

======== Example 8-8 End ========
계속하려면 아무 키나 누르십시오 . . .
```

(그림 8-8) [예제 8-8]의 결과

8.3 정적변수

변수의 선언에서 기억장소 지정자 static을 이용하여 선언하면 정적변수를 만들 수 있다. 정적변수는 지역변수와 전역변수 모두에 이용할 수 있으며, 정적이라는 이름에 걸맞게 프로그램이 실행되면 메모리에 할당되고, 프로그램이 종료되면 메모리에서 제거된다.

8.3.1 내부 정적변수

내부 정적변수는 함수의 내부에서 선언되고 함수의 내부에서만 사용 가능한 내부변수이다. 만일 블록의 내부에서 선언되었다면, 블록의 내부에서만 사용 가능하다. 내부 정적변수는 자동변수와는 다르게 프로그램에서 함수의 처음 실행 시에 단 한 번 변수의 기억장소가 초기화되며, 함수가 종료되더라도 프로그램 종료 시 까지 기억장소는 계속 유지된다. 즉, 변수의 값을 프로그램이 종료할 때 까지 보관한다. 내부 정적변수를 선언과 함께 초기화를 한 경우, 프로그램에서 함수를 처음 실행할 때에만 초기화 되며, 이후 함수를 실행할 때는 선언과 함께한 초기화는 무시된다. 만일 함수를 처음 실행할 때 선언과 함께 초기값을 명시하지 않으면 0으로 간주하여 초기화한다.

[예제 8-9]는 자동변수와 내부 정적변수와의 차이점을 보여준다. 함수 sum에서 iStatic은 내부 정적변수이며, iAuto, iValue는 자동변수이다. 내부 정적변수인 iStatic은 처음에 한번 초기화하면 함수가 종료되어도 기억장소에 유지된다. 따라서 함수가 두 번째로 호출되는 경우 iStatic의 선언 및 초기화는 생략되고 그 이전 값을 유지한다. 이후 iValue를 iStatic 및 iAuto에 더하면 변수 iAuto는 함수를 호출할 때마다 0으로 초기화되기 때문에 iAuto의 값은 iValue와 동일하다. 이와는 다르게 iStatic의 값은 그 값이 계속 유지되기 때문에 이전의 iStatic의 값에 iValue 값을 더한 값이 저장된다.

[예제 8-9] 자동변수와 내부 정적변수와의 차이점

```
/*
Example 8-9
extern 예약어를 이용한 다른 파일 사이의 외부변수 참조
main.c
*/

#include <stdio.h>

void sum(int iValue);

int main(void)
{
	int iCount;

	printf("\n\n======== Example 8-9 Start ========\n\n");

	for (iCount = 1; iCount <= 10; iCount++)
	{
		sum(iCount);
	}

	printf("\n\n======== Example 8-9 End ========\n\n");

	return 0;
}

void sum(int iValue)
{
	int iAuto = 0;
	static int iStatic = 0;
	iAuto = iAuto + iValue;
	iStatic = iStatic + iValue;
	printf("iValue = %d, iAuto = %d, iStatic = %d \n", iValue, iAuto, iStatic);
}
```

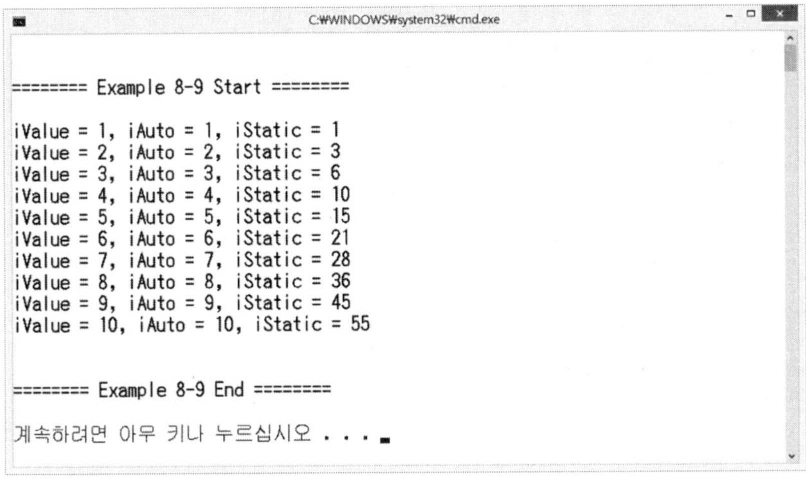

(그림 8-9) [예제 8-9]의 결과

8.3.2 외부 정적변수

외부변수를 static 예약어를 이용하여 외부 정적변수로 선언하게 되면, 그 변수는 동일 파일 내의 함수들에서만 사용 가능하게 된다. 즉, 모든 함수들이 사용하는 변수가 아니라 일부 함수들만 공동으로 사용 가능한 변수를 원하면 이 함수들을 하나의 파일에 정의하고 외부 정적변수를 사용하면 된다. 외부 정적변수가 외부변수와 다른 점은 동일 파일 내의 함수에서만 사용 가능하며, 다른 파일의 함수들은 사용 불가능하다. 즉, 외부변수는 extern 예약어를 이용하면 다른 파일의 함수에서 사용 가능하지만 외부 정적변수는 다른 파일의 함수에서는 사용이 불가능하다. 따라서 다른 파일에서 같은 이름의 외부변수를 사용해도 영향을 미치지 않는다. [예제 8-10]은 [예제 8-8]의 외부변수 giValue1에 static 예약어를 이용하여 외부 정적변수로 만든 것이다. 외부 정적변수이기 때문에 "main.c" 파일과 "func2.c" 파일에서 extern 예약어를 이용하여 참조하고자 한 것이 오류가 발생하였음을 보인다.

[예제 8-10] 외부 정적변수 사용으로 extern 예약어 사용 불가

```
/*
Example 8-10
외부 정적변수 사용으로 extern 사용 불가 예제
main.c
*/

#include <stdio.h>
#include "func.h"

```

```
extern int giValue1;
extern int giValue2;

int main(void)
{
        printf("\n\n======== Example 8-10 Start ========\n\n");

        giValue1 = 10;
        function2();
        printf("giValue1 = %d, giValue2 = %d\n", giValue1, giValue2);

        printf("\n\n======== Example 8-10 End ========\n\n");

        return 0;
}
```

```
/*
Example 8-10
외부 정적변수 사용으로 extern 사용 불가 예제
func.h
*/

void function1();
void function2();
```

```
/*
Example 8-10
외부 정적변수 사용으로 extern 사용 불가 예제
func1.c
*/

#include "func.h"

static int giValue1;
extern int giValue2;

void function1()
{
        giValue2++;
}
```

```
/*
Example 8-10
외부 정적변수 사용으로 extern 사용 불가 예제
func2.c
*/

```

```c
#include "func.h"

extern int giValue1;
int giValue2;

void function2()
{
            giValue2 = 20;
            giValue1--;
            function1();
}
```

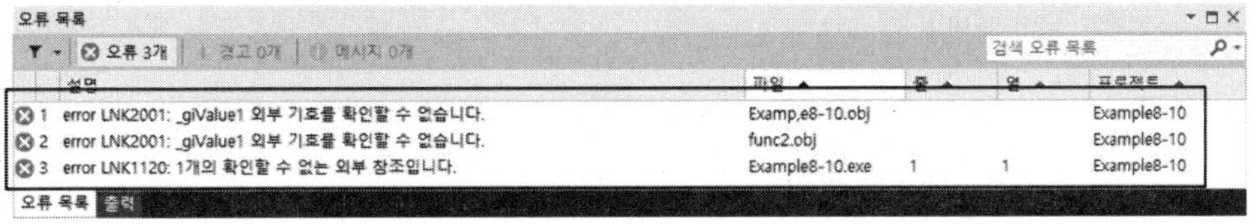

(그림 8-10) [예제 8-10]의 오류

8.4 레지스터변수

변수의 선언에서 기억장소 지정자 register를 이용하여 선언하는 변수인 레지스터 변수는 자동변수와 동일한 특성을 갖는다. 그러나 자동변수와 다른 점은 변수의 저장장소가 메모리가 아니라 중앙처리장치 내의 레지스터를 이용한다는 점이다. 레지스터는 메모리보다 입출력 속도가 빠르기 때문에 프로그램의 고속 처리가 가능하며, 사용빈도가 높은 변수를 레지스터 변수로 이용하면 프로그램의 수행 속도를 높일 수 있다.

레지스터 변수는 지역변수에만 이용이 가능하고 함수나 블록의 실행 시 레지스터가 할당되며, 함수나 블록의 실행이 끝나면 할당된 레지스터를 반환한다. 제약점으로는 중앙처리장치의 레지스터에 따라서 선언 가능한 변수형에 제한이 있을 수 있으며, 일반적으로 정수형 및 문자형 자료에서 사용한다. 중앙처리장치의 사용 가능한 레지스터의 수는 제한되어 있기 때문에 레지스터 변수로 선언을 하였더라도 레지스터가 아닌 메모리에 그 위치가 할당될 수 있다. 따라서 함수 내에서 반복적으로 정보를 참조하고 저장하는 변수를 레지스터 변수로 선언해야만 한다. [예제 8-11]은 정수형 변수 iCount가 사용빈도가 높기 때문에 레지스터 변수로 사용되었다.

[예제 8-11] 레지스터 변수의 사용

```
/*
Example 8-11
레지스터 변수의 사용
*/

#include <stdio.h>

int main(void)
{
		register int iCount;
		int iSum, iValue;

		printf("\n\n======== Example 8-11 Start ========\n\n");

		printf(" 수를 입력하세요 : ");
		scanf("%d", &iValue);

		for (iCount = 1, iSum = 0; iCount <= iValue; iCount++){
			iSum = iSum + iCount;
		}

		printf(" 1부터 %d까지의 합은 %d입니다.", iValue, iSum);

		printf("\n\n======== Example 8-11 End ========\n\n");

		return 0;
}
```

```
C:\WINDOWS\system32\cmd.exe

======== Example 8-11 Start ========

 수를 입력하세요 : 1000
 1부터 1000까지의 합은 500500입니다.

======== Example 8-11 End ========

계속하려면 아무 키나 누르십시오 . . .
```

(그림 8-11) [예제 8-11]의 결과

레지스터 변수로 선언할 때의 주의할 사항 또 다른 한 가지는 레지스터로 선언된 변수의 경우 10장에서 소개되는 포인터 변수에 의한 주소 참조가 불가능하다. 따라서 주소 참조가 필요한 경우 레지스터 변수로 선언하지 말아야 한다.

<레지스터 변수의 잘못된 사용 예>

```
register int iValue;
int *pInt;
pInt = &iValue;
```

8.5 함수의 사용 범위

함수의 사용 범위는 변수의 사용 범위와 동일하다. 일반적으로 함수를 정의하면 같은 파일이 아닌 다른 파일에서도 이 함수를 호출할 수가 있으며, 지금까지는 헤더 파일을 이용하여 함수의 원형을 다른 곳에 위치하여 사용할 수가 있었다. 그러나 다른 파일에서 함수를 사용하기 위해 extern 예약어를 이용하여 재선언하면 헤더 파일을 포함하지 않더라도 함수를 호출할 수가 있다. 또한, 정적(static)으로 함수가 정의되면 함수가 정의된 파일에서만 이 함수를 호출할 수 있다. 그러나 특별한 경우가 아니면 헤더 파일과 소스 파일을 나눈 후 "#include" 전처리기를 이용하여 프로그램을 작성하는 것이 좋다.

[예제 8-12]는 함수의 사용 범위에 대한 예제이다. 예제는 "main.c"와 "func.c"의 두 파일로 나누어져 있으며, "func.c"의 calculation 함수는 정적으로 정의되지 않았기 때문에 "main.c"에서 extern을 이용하여 재선언하여 이용 가능하다. 그러나 다른 함수들은 "func.c"에서 정적으로 정의되었기 때문에 다른 파일에서 사용하는 것은 불가능하다.

[예제 8-12] 함수의 사용 범위

```
/*
Example 8-12
함수의 사용 범위
main.c
*/

#include <stdio.h>

extern float calculation(float fValue1, char cType, float fValue2);

int main(void)
{
		float fValue1, fValue2, fResult;
		char cType;

```

```
        printf("\n\n======== Example 8-12 Start ========\n\n");

        printf("[사칙연산 계산기]\n");
        printf("연산식을 입력하세요 (ex. 1.5 + 3.7) : ");
        scanf("%f %c %f", &fValue1, &cType, &fValue2);

        if ((cType == '+') || (cType == '-') || (cType == '*') || (cType == '/'))
        {
                fResult = calculation(fValue1, cType, fValue2);
                printf(" 계산 결과는 %f입니다. \n", fResult);
        }

        printf("\n\n======== Example 8-12 End ========\n\n");

        return 0;
}
```

```
C:\WINDOWS\system32\cmd.exe

======== Example 8-12 Start ========

[사칙연산 계산기]
연산식을 입력하세요 (ex. 1.5 + 3.7) : 2.3 * 1.7
 2.300000 * 1.700000 = 3.910000
 계산 결과는 3.910000입니다.


======== Example 8-12 End ========

계속하려면 아무 키나 누르십시오 . . .
```

(그림 8-12) [예제 8-12]의 결과

```
/*
Example 8-12
함수의 사용 범위
func.c
*/

#include <stdio.h>

float calculation(float fValue1, char cType, float fValue2);
static float local_add(float fValue1, float fValue2);
static float local_subtract(float fValue1, float fValue2);
static float local_multiply(float fValue1, float fValue2);
static float local_divide(float fValue1, float fValue2);

float calculation(float fValue1, char cType, float fValue2)
```

```
{
        float fResult;

        switch (cType){
        case '+':
                fResult = local_add(fValue1, fValue2);
                printf(" %f + %f = %f \n", fValue1, fValue2, fResult);
                break;
        case '-':
                fResult = local_subtract(fValue1, fValue2);
                printf(" %f - %f = %f \n", fValue1, fValue2, fResult);
                break;
        case '*':
                fResult = local_multiply(fValue1, fValue2);
                printf(" %f * %f = %f \n", fValue1, fValue2, fResult);
                break;
        case '/':
                fResult = local_divide(fValue1, fValue2);
                printf(" %f / %f = %f \n", fValue1, fValue2, fResult);
                break;
        }

        return fResult;
}

static float local_add(float fValue1, float fValue2)
{
        return fValue1 + fValue2;
}

static float local_subtract(float fValue1, float fValue2)
{
        return fValue1 - fValue2;
}

static float local_multiply(float fValue1, float fValue2)
{
        return fValue1*fValue2;
}

static float local_divide(float fValue1, float fValue2)
{
        return fValue1 / fValue2;
}
```

8.6 연습문제

(연습문제 8-1) 다음 괄호 부분을 채우시오.

① 다른 파일에서 외부 변수로 선언된 자료를 이용하는 경우 기억장소 지정자 (　　　)를 이용하여 외부 변수로 선언해야 한다.

② 정적변수는 (　　　)이라는 기억장소 지정자를 이용하여 내부변수 또는 외부 변수로 모두 사용할 수 있다.

③ 함수에서 이후에 선언되는 외부 변수를 사용하기 위해서는 기억장소 지정자 (　　　)를 이용하여 함수의 내부에서 동일 변수를 재선언해야 한다.

④ 레지스터 변수를 이용하기 위하여 기억장소 지정자 (　　　)를 사용한다.

(연습문제 8-2) 다음의 문장 중 틀린 것들을 고르고 이유를 설명하시오.

① 함수의 가인수는 정적변수와 동일하다.

② 외부 정적변수가 외부 변수와 다른 점은 동일 파일 내의 함수에서만 사용 가능하며, 다른 파일의 함수들은 사용 불가능하다.

③ 자동변수를 선언과 함께 초기화 하는 경우, 프로그램에서 함수를 처음 실행할 때에만 초기화된다. 이 후 함수를 실행할 때는 선언과 함께한 초기화는 무시된다.

④ 함수의 내부에서 선언된 자동변수는 함수의 내부에서만 사용 가능하며, 블록의 내부에서 선언된 자동변수는 블록의 내부에서만 사용 가능하다.

(연습문제 8-3) 다음의 특징을 갖는 변수의 선언 방법은?

"함수의 내부 또는 블록(block)의 내부에서 선언되며, 자료형 앞에 auto라는 기억장소 지정자를 사용하며, auto는 생략할 수 있다."

① 자동변수

② 외부 변수

③ 내부 정적변수

④ 외부 정적변수

(연습문제 8-4) 사용 빈도가 높은 변수를 이 방법으로 선언하면 프로그램의 수행 속도를 높일 수 있다. 이 방법은?

① 내부 정적변수
② 외부 정적변수
③ 레지스터 변수
④ 외부 변수

(연습문제 8-5) 함수를 처음 실행할 때 선언과 함께 초기값을 명시하지 않으면 0으로 초기화되지 않는 변수는?

① 자동변수
② 외부 변수
③ 내부 정적변수
④ 외부 정적변수

(연습문제 8-6) 다음 프로그램을 컴파일하면 문제가 발생한다. 그 이유는?

```
#include <stdio.h>

void function();

int main()
{
        function();
        printf("iValue1 = %d, iValue2 = %d \n", iValue1, iValue2);

        return 0;
}

void function()
{
        int iValue1 = 30;
        int iValue2 = 40;
}
```

(연습문제 8-7) 다음 프로그램을 컴파일하면 문제가 발생한다. 그 이유는?

```
#include <stdio.h>

void function();

int main(void)
{
        function();
        printf(" Ivalue = %d \n", Ivalue);

        return 0;
}

int Ivalue;
void function()
{
        Ivalue = Ivalue + 10;
}
```

(연습문제 8-8) 다음 프로그램의 실행 결과는?

```
#include <stdio.h>

void function();

int iValue1;

int main(void)
{
        int iValue2 = 20;
        int iValue3 = 30;

        printf("\n\n======== Problem 8-8 Start ========\n\n");

        iValue1 = 10;

        function();
        function();
        printf("\n[main] iValue1 = %d, iValue2 = %d, iValue3 = %d \n",
                iValue1, iValue2, iValue3);

        printf("\n\n======== Problem 8-8 End ========\n\n");
```

```c

	return 0;
}

void function()
{
	static int iValue2 = 200;
	int iValue3 = 300;

	printf("\n[function] iValue1 = %d, iValue2 = %d, iValue3 = %d \n",
		iValue1, iValue2, iValue3);

	iValue1 = iValue1 + 10;
	iValue2 = iValue2 + 10;
	iValue3 = iValue3 + 10;
}
```

CHAPTER 09

배열

9.1 배열의 의미

변수 하나에 저장할 수 있는 값은 하나이다. 그러나 대규모의 프로그램은 많은 값을 한 번에 저장하고 관리할 수 있는 방법이 필요하다. 예를 들어 한 반에 30명인 학급의 학생들에 관한 평균점수를 구하는 프로그램을 만든다고 가정하자. 30명의 점수를 저장하기 위해서는 변수를 30개 선언해야만 한다. 그러나 이러한 방법은 비효율적이다. 만약 100명의 학생에 대한 점수를 저장해야 한다면 어떻게 될까? 변수를 선언하는 것 자체가 큰 작업이 된다.

C언어를 비롯하여 많은 프로그래밍 언어들은 배열을 이용하여 대용량 데이터를 다룰 수 있는 방법을 제공한다. 배열은 데이터 형식이 같고 같은 이름으로 참조되는 변수들의 집합으로, 배열을 이용하면 같은 종류로 이루어진 대량의 데이터를 효율적으로 처리할 수 있다. 즉, 한 반에 30명인 학생들의 점수를 처리하기 위하여 변수를 30개 선언하는 것 보다 배열로 선언한 후 이를 이용하는 것이 훨씬 효율적이다. 아래의 예는 배열을 이용하는 방법을 보여준다.

```
<30명인 학생의 점수를 저장하기 위한 변수 선언>

int iEngScore1;
int iEngScore2;
...
int iEngScore30;
```

```
<30명인 학생의 점수를 저장하기 위한 배열 변수 선언>

int iEngScore[30];
```

9.2 일차원 배열의 선언

배열은 같은 자료형 여러 개를 하나의 이름으로 사용하기 위한 변수이다. 배열 역시 변수이기 때문에 반드시 사용 전에 선언을 해야 하며, 배열을 선언하는 방법은 변수의 이름 뒤에 대괄호([])를 이용하여 크기를 지정하며, "[배열의 크기]"를 이용한다는 것을 제외하고는 일반 변수의 선언과 동일하다. 배열의 크기는 반드시 양의 정수이어야 하며, 이 숫자가 배열의 크기값이 된다.

```
<일차원 배열의 선언 형식>

자료형 변수명[배열의 크기];


<일차원 배열의 선언 예>

int iEngScore[30];
float fAverage[30];
```

배열을 선언하게 되면 컴퓨터는 배열에 선언된 자료형을 배열의 크기에 해당하는 숫자만큼 메모리에 할당한다. 예를 들어 "int iEngScore[30];"과 같이 정수형 자료형의 배열을 만들고 그 크기를 30으로 지정하면, 정수형 자료형 30개에 해당하는 공간을 만들게 된다. 이 때 30개의 공간은 각각 접근이 가능하며, 이러한 각각의 항목을 배열의 요소(element) 또는 원소라고 한다. 배열의 요소는 첨자(index)를 이용하여 접근이 가능하며, 첨자의 하한값은 0으로 고정되어 있고, 첨자의 상한값은 배열의 크기보다 1이 적은 값이다. 첨자를 이용하여 각 요소에 접근할 때에는 "배열명[첨자]"를 이용하여 접근이 가능하며, iEngScore[0], iEngScore[1], ..., iEngScore[29]와 같이 접근할 수 있다. 따라서 iEngScore[0]은 일반적인 변수와 동일하며, "iEngScore[0] = 100;"과 같이 값을 할당할 수 있다. (그림 9-1)은 일차원 배열을 선언한 후 메모리의 저장 예를 보여준다.

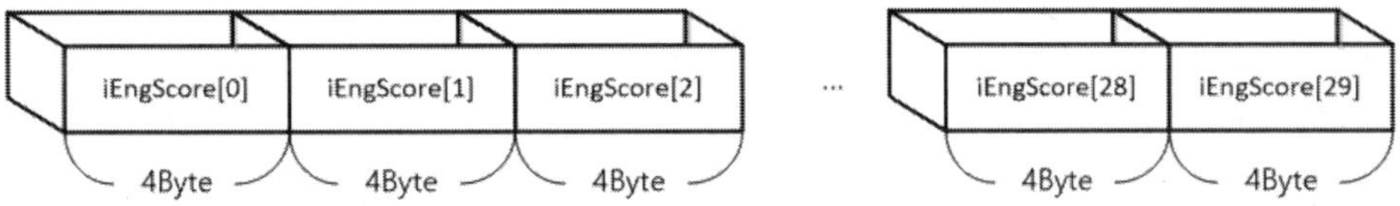

(그림 9-1) 일차원 배열의 예

배열의 사용에서 주의할 점은 배열의 선언에서 사용하는 대괄호 사이의 수와 배열 각 요소에 접근할 때의 대괄호 사이의 수의 의미가 다르다는 것이다. 배열의 선언에서의 대괄호 사이의 수는 배열의 크기를 의미하며, 배열의 각 요소를 참조하는 대괄호 사이의 수는 각각의 배열의 요소를 표현하는 첨자가 된다. 또한, 유효한 첨자의 범위를 초과하는 요소에 접근하게 될 경우 프로그램의 실행 도중 에러가 발생하므로 반드시 주의해야만 한다. 예를 들어 "int iEngScore[30];"과 같이 선언하여 배열의 크기를 30으로 지정하면, 배열의 요소는 "iEngScore[0]"에서 "iEngScore[29]"이므로, 배열의 요소에 "iEngScore[30] = 100;"과 같이 접근하면 에러를 발생시키므로 반드시 주의해야만 한다.

```
<배열에서 대괄호의 차이점 및 배열의 사용 시 주의사항>

int iEngScore[30];          // 정수형 변수 30개의 배열 선언
iEngScore[3] = 90;          // 배열의 3번 요소에 접근
iEngScore[29] = 95;         // 배열의 29번 요소에 접근
iEngScore[30] = 100;        // 에러 발생. 배열의 크기보다 큰 요소에 접근, 에러 발생
```

9.3 일차원 배열의 초기화

배열 역시 변수이기 때문에 사용하기 전에 반드시 값을 할당해야만 한다. 값을 할당하는 방법 역시 변수와 동일하며, 배열을 선언하면서 동시에 초기화 하는 방법과 배열의 선언 뒤 값을 각 요소에 할당하는 방법이 있다. 배열을 선언한 후 값을 할당할 때에는 일반변수와 같이 대입 연산자를 이용하여 값을 할당할 수 있으며, 이 때에는 각각의 요소에 배열의 첨자를 이용하여 접근하여 값을 할당할 수 있다.

```
<일차원 배열에서의 각 요소에 값을 할당하는 예>

int iEngScore[5];
iEngScore[0] = 90;
```

```
iEngScore[1] = 95;
iEngScore[2] = 85;
iEngScore[3] = 80;
iEngScore[4] = 70;
```

초기화 과정에서 값의 할당을 각 요소마다 하는 것은 매우 불편하며, 많은 변수에 편리하게 접근하고자 하는 배열의 사용 의미도 줄어든다. 이 때문에 배열을 초기화하는 별도의 방법을 제공하며, 배열은 여러 개의 자료를 하나의 이름으로 관리하는 것이기 때문에 초기화할 때에는 변수와는 다르게 중괄호를 이용하여 작업을 수행한다.

```
<선언과 동시에 일차원 배열의 초기화 예 1>

int iEngScore[5] = {90, 95, 85, 80, 70};
```

배열을 선언과 동시에 초기화할 때에는 반드시 중간 값을 생략해서는 안된다. 예를 들어 "int iEngScore[5] = {90, 95, , 80, 70};"과 같이 중간에 값이 생략되어 있는 경우 오류를 발생하게 된다. 그러나 중괄호 안의 초기값의 개수가 배열의 크기보다 적은 경우는 가능하며, 이 때에는 나머지 요소의 초기값은 0으로 간주한다. 예를 들어 "int iEngScore[5] = {90, 95};"와 같이 선언하면, iEngScore[0]의 값은 90이 되고, iEngScore[1]의 값은 95가 되며, iEngScore[2], iEngScore[3], iEngScore[4]의 값은 모두 0이 된다. 이를 이용하여 배열의 크기가 크고, 많은 값을 0으로 초기화해야 하는 경우 유용하게 이용될 수 있다. 예를 들어 "int iEngScore[500] = {0};"이라고 하면 iEngScore[0]부터 iEngScore[499]까지 모든 배열의 요소가 0으로 초기화되며, "int iEngScore[500] = {60};"이라고 하면 iEngScore[0]만 60이 되고 나머지 요소는 0으로 초기화된다.

```
<선언과 동시에 일차원 배열의 초기화 예 2>

int iEngScore[5] = {90, 95};    // iEngScore[0] = 90, iEngScore[1] = 95, 나머지는 모두 0
int iEngScore[500] = {0};      // iEngScore[0] ~ iEngScore[499]까지 모두 0
int iEngScore[500] = {60};     // iEngScore[0] = 60, 나머지는 모두 0
```

배열을 선언할 때 중괄호를 이용하여 그 값을 초기화할 경우 배열의 크기를 지정하지 않아도 된다. 만일 배열의 크기를 지정하지 않고 중괄호를 이용하여 초기화할 경우 배열의 크기는 자동으로 초기화한 값만큼 된다. 예를 들어, "int iEngScore[] = {90, 95, 85,

80, 70};"으로 배열의 크기를 지정하지 않고 초기화하면 iEngScore 배열은 자동으로 크기가 5가 되며 iEngScore[0]부터 iEngScore[4]까지의 요소를 갖는다. 이 때 주의할 점은 선언 시 크기를 지정하지 않은 경우에는 반드시 중괄호를 이용해서 초기화해야 한다.

<선언과 동시에 일차원 배열의 초기화 예 3>

```
int iEngScore[] = {90, 95, 85, 80, 70};    // iEngScore 배열의 크기는 5
iEngScore[];                               // 초기화 하지 않았기 때문에 에러 발생
```

배열은 반복문인 for문을 이용하여 각각의 요소를 쉽게 접근할 수 있다. for문의 특징은 초기값과 종료값을 문장에서 지정이 가능하기 때문에, 초기값을 배열의 하한값, 종료값을 배열의 크기 또는 상한값으로 지정하여 각 요소를 접근하기 쉽게 되어 있다. [예제 9-1]은 일차원 배열을 이용한 성적처리 프로그램의 예이다.

[예제 9-1] 일차원 배열을 이용한 성적처리 프로그램

```
/*
Example 9-1
일차원 배열을 이용한 성적처리 프로그램
*/

#include <stdio.h>

int main(void)
{
	int iEngScore[5] = { 90, 95, 85, 80, 70 };
	int iSum, iMaxScore, iCount;
	float fAverage;

	printf("\n\n======== Example 9-1 Start ========\n\n");

	iSum = 0;
	iMaxScore = 0;

	for (iCount = 0; iCount < 5; iCount++)
	{
		iSum = iSum + iEngScore[iCount];
		if (iEngScore[iCount] > iMaxScore)
		{
			iMaxScore = iEngScore[iCount];
		}
```

```
        }

        fAverage = (float)iSum / 5;

        printf("평균접수 = %5.2f\n", fAverage);
        printf("최고점수 = %d\n", iMaxScore);

        printf("\n\n======== Example 9-1 End ========\n\n");

        return 0;
}
```

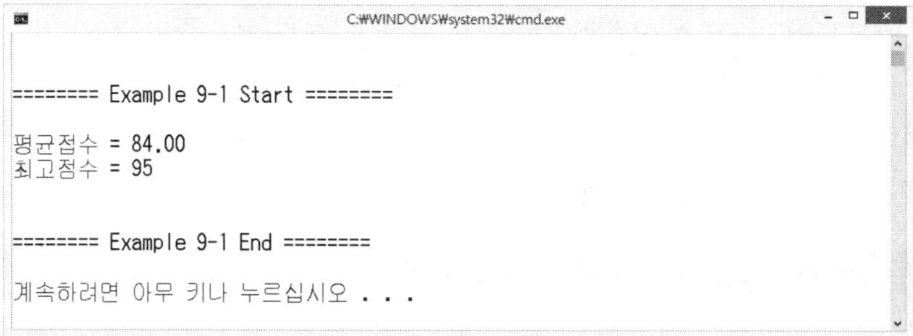

(그림 9-2) [예제 9-1]의 결과

9.4 다차원 배열의 선언

연속적인 저장 공간을 지원하는 배열은 일차원뿐만 아니라 이차원 이상의 배열도 지원한다. 이차원 배열은 데이터 형식이 같고 같은 이름으로 참조되는 변수들의 이차원 집합으로, 관련된 자료들을 편리하게 처리하기 위한 방법을 제공한다. 예를 들어, 한 반이 30명으로 구성된 5학급의 학생들에 대한 프로그램을 만들고자 할 때, 일차원 배열을 5개 선언하고 이용하는 것 보다 이차원 배열로 선언하고 이를 이용하는 것이 효율적이다. 이차원 배열을 선언하기 위해서는 그 크기를 대괄호를 이용하여 두 번 지정하며, 각 요소를 참조하기 위해서는 2개의 첨자를 이용한다.

```
<30명으로 이루어진 학급 5개를 선언하기 위한 배열 변수 선언>

int iEngScore1[30];
int iEngScore2[30];
int iEngScore3[30];
```

```
int iEngScore4[30];
int iEngScore5[30];


<30명으로 이루어진 학급 5개를 사용하기 위한 이차원 배열>

int iEngScore[5][30];
```

"int iEngScore[5][30];"으로 선언한 이차원 배열은 0부터 29까지 30개의 요소를 갖고 있는 배열을 0부터 4까지 총 다섯 개 생성한 것이다. 즉, 전체 요소의 개수는 150개가 된다. (그림 9-3)은 이차원 배열의 저장 구조를 나타낸 것이다.

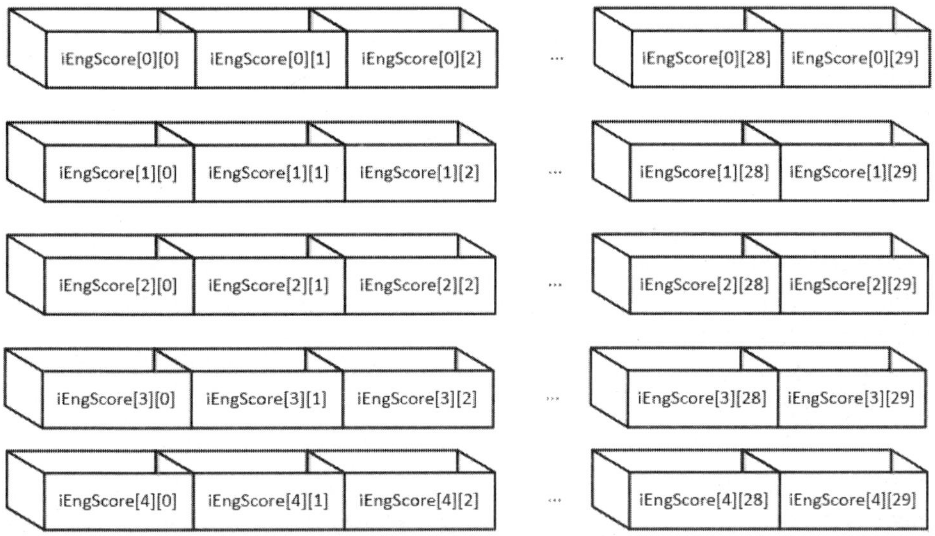

(그림 9-3) 이차원 배열의 예

삼차원 배열은 이차원 배열의 확장이며, 확장 방법은 일차원 배열에서 이차원 배열로의 확장과 동일하다. 예를 들어 A중학교가 3학년으로 구성되고 학년 당 한 반이 30명으로 구성된 5학급의 학생들에 대한 프로그램을 만들 때 이차원 배열을 3개 선언하고 이용하는 것 보다는 삼차원 배열로 선언하고 이를 이용하는 것이 효율적이다. 삼차원 배열에서 각 요소를 참조하기 위해서는 3개의 첨자를 이용한다.

```
<삼차원 배열의 선언 예>

int iEngScore[3][5][30];
```

9.5 다차원 배열의 초기화

이차원 배열 역시 사용하기 전에 값을 할당해야 하며 일차원 배열과 같은 방법으로 각각의 요소에 값을 대입할 수도 있고 선언과 동시에 초기화도 가능하다. 이차원 배열에 값을 할당할 때에는 각 차원에 맞는 첨자를 이용하여 배열의 요소에 접근하며, 일차원 배열과 마찬가지로 첨자의 범위가 배열의 크기를 벗어나지 않도록 유의해야 한다. 다음은 이차원 배열의 각 요소에 값을 할당하는 예이다.

```
<이차원 배열의 각 요소에 값을 할당하는 예>

int iEngScore[3][5];

iEngScore[0][0] = 90;
iEngScore[0][1] = 95;
iEngScore[0][2] = 85;
iEngScore[0][3] = 80;
iEngScore[0][4] = 70;

iEngScore[1][0] = 60;
iEngScore[1][1] = 55;
iEngScore[1][2] = 80;
iEngScore[1][3] = 80;
iEngScore[1][4] = 75;

iEngScore[2][0] = 90;
iEngScore[2][1] = 90;
iEngScore[2][2] = 80;
iEngScore[2][3] = 80;
iEngScore[2][4] = 70;
```

그러나 이차원 배열의 초기화는 일반적으로 요소의 개수가 일차원 배열보다는 많기 때문에 선언과 동시에 초기화 작업을 수행하는 것이 일반적이며, 일차원 배열에서 중괄호를 이용하여 초기화를 수행했듯이 이차원 배열에서는 중괄호를 중첩하여 이차원 적으로 표현한다.

```
<이차원 배열의 초기화 예 1>

int iEngScore[3][5] = {{90, 95, 85, 80, 70}, {60, 55, 80, 80, 75}, {90, 90, 80, 80, 70}};
```

일차원 배열과 같이 이차원 배열의 초기화에서 중괄호 안의 초기값의 개수가 배열의 크기보다 적은 경우 나머지 요소의 초기값은 0으로 간주한다. 따라서 아래의 예는 서로 같은 초기값을 갖는다.

```
<이차원 배열의 초기화 예 2>

int iEngScore[3][5] = {{90, 95, 0, 0, 0}, {60, 55, 80, 0, 0}, {90, 90, 80, 80, 0}};
int iEngScore[3][5] = {{90, 95}, {60, 55, 80}, {90, 90, 80, 80}};
```

만일 이차원 배열의 초기화에서 내부의 중괄호는 생략이 가능하다. 이 때 각 요소에 값이 할당되는 순서는 첨자 [0][0], [0][1]에서부터 [1][0], [1][1] 순으로 하나씩 그 값이 채워진다. 또한, 중괄호가 생략이 가능하기 때문에 이차원 배열의 모든 요소를 0으로 초기화하기 위해서는 일차원 배열과 같은 방법으로 초기화하면 된다.

```
<이차원 배열의 초기화 예 3>

int iEngScore[3][5] = {90, 95, 85, 80, 70, 60, 55, 80, 80, 75, 90, 90, 80, 80, 70};
int iEngScore[3][5] = {0};
```

내부의 중괄호를 사용하지 않았을 때 배열의 요소의 개수 보다 초기화한 값의 개수가 적을 경우 뒤의 요소의 값이 0이 된다. 따라서 다음의 두 초기화 예는 위의 예 2번과는 서로 다른 값을 나타낸다.

```
<이차원 배열의 초기화 예 4>

int iEngScore[3][5] = {90, 95, 60, 55, 80, 90, 90, 80, 80};
```

위의 "int iEngScore[3][5] = {90, 95, 60, 55, 80, 90, 90, 80, 80};"는 iEngScore[0][0]부터 iEngScore[0][4]까지의 값은 각각 90, 95, 60, 55, 80이 되며, iEngScore[1][0]에서 iEngScore[1][3]까지의 값이 90, 90, 80, 80이 된다. 그리고 iEngScore[1][4]부터 나머지의 값은 0으로 초기화된다. 따라서 이차원 배열을 초기화할 때에는 가급적 내부의 중괄호를 명기하여 표현하는 것이 오류를 막을 수 있다. 또한 내부의 중괄호를 이용할 때에는 일차원 배열과 마찬가지로 중간의 값이 생략되어서는 안 된다. 다음의 예는 중괄호 내부의 값을 생략하여 오류를 발생하는 예이다.

```
<이차원 배열의 잘못된 초기화 예>

int iEngScore[3][5] = {{90, 95, 60}, { }, {55, 80, 90}, {90, 80, 80}};        // 에러 발생
```

이차원 배열을 초기화할 경우, 일차원 배열과 마찬가지로 대괄호 내의 크기를 지정하지 않고 초기화가 가능하다. 그러나 이차원 배열에서는 대괄호의 크기를 생략할 때 가장 첫 번째 대괄호의 크기만 생략이 가능하다. 같은 방법으로 삼차원 배열의 초기화에서도 크기를 생략할 수 있으며, 이 때에는 첫 번째 크기만 생략 가능하고, 두 번째와 세 번째 크기는 반드시 지정해야 한다. 또한 배열의 크기 선언 시 첫 번째 크기를 지정하지 않는 경우 선언과 동시에 반드시 초기화해야 한다.

```
<선언과 동시에 이차원 배열의 초기화 예 5>

int iEngScore[][5] = {{90, 95, 85, 80, 70}, {60, 55, 80, 80, 75}, {90, 90, 80, 80, 70}};


<이차원 배열의 잘못된 선언>

int iEngScore[3][] = {{90, 95, 85, 80, 70}, {60, 55, 80, 80, 75}, {90, 90, 80, 80, 70}};
int iEngScore[][] = {{90, 95, 85, 80, 70}, {60, 55, 80, 80, 75}, {90, 90, 80, 80, 70}};
int iEngScore[][5];
```

일차원 배열이 for문을 이용하여 각각의 요소에 대한 접근이 가능한 것과 같이 다차원 배열은 중첩 for문을 이용하여 각각의 요소에 접근이 가능하다. [예제 9-2]는 이차원 배열을 이용한 성적처리 프로그램이다.

[예제 9-2] 이차원 배열을 이용한 성적 처리 프로그램

```
/*
Example 9-2
이차원 배열을 이용한 성적처리 프로그램
*/

#include <stdio.h>

int main(void)
{
        int iEngScore[2][5] = { { 90, 95, 85, 80, 70 }, { 60, 55, 80, 80, 75 } };
        int iSum, iMaxScore, iCount1, iCount2;
```

```
        float fAverage;

        printf("\n\n======== Example 9-2 Start ========\n\n");

        for (iCount1 = 0; iCount1 < 2; iCount1++)
        {
                iSum = 0;
                iMaxScore = 0;

                for (iCount2 = 0; iCount2 < 5; iCount2++)
                {
                        iSum = iSum + iEngScore[iCount1][iCount2];
                        if (iEngScore[iCount1][iCount2] > iMaxScore)
                        {
                                iMaxScore = iEngScore[iCount1][iCount2];
                        }
                }

                fAverage = (float)iSum / 5;
                printf("%d반의 평균점수 = %5.2f\n", iCount1 + 1, fAverage);
                printf("%d반의 최고점수 = %d\n\n", iCount1 + 1, iMaxScore);
        }

        printf("\n\n======== Example 9-2 End ========\n\n");

        return 0;
}
```

```
C:\WINDOWS\system32\cmd.exe

======== Example 9-2 Start ========

1반의 평균점수 = 84.00
1반의 최고점수 = 95

2반의 평균점수 = 70.00
2반의 최고점수 = 80



======== Example 9-2 End ========

계속하려면 아무 키나 누르십시오 . . .
```

(그림 9-4) [예제 9-2]의 결과

9.6 배열과 문자열의 관계

C언어에서는 문자열을 처리하기 위한 자료형이 별도로 제공되지 않는다. 문자열이란 문자들의 집합을 말하며, 문자형 자료형의 집합이다. 따라서 C언어에서는 문자열을 처리하기 위하여 일차원 문자 배열을 이용한다. 일반적인 문자형 배열 변수와 문자열을 구분하기 위하여, 문자열은 문자열의 마지막에 널(null) 문자가 반드시 저장되며, 그 값은 '₩0'이다. 예를 들어 문자의 개수가 5개인 문자열을 배열을 이용하여 저장하고자 하면, 문자 배열은 널 문자를 포함하여 6개를 생성하여야 한다.

문자열은 선언과 함께 초기화할 수 있으며, 그 방법은 다음과 같다. 첫째, 배열을 초기화 할 때와 같이 중괄호를 이용하여 요소별 개별 문자를 지정이 가능하다. 둘째, 인용부호로 둘러싸인 문자열상수를 이용하여 초기화할 수 있다. 셋째, 배열의 크기를 지정하지 않고 문자열상수를 이용하여 초기화하면 문자열의 개수와 널 문자가 합쳐진 크기가 배열의 크기가 되며, 이 중 세 번째 방법을 가장 많이 사용한다.

```
<문자열 배열의 초기화 예>

char sNation[6] = {'K', 'O', 'R', 'E', 'A', '\0'};
char sNation[6] = "KOREA";
char sNation[] = "KOREA";
```

문자열 배열을 선언한 후 배열의 각 요소에 값을 대입할 경우 각각의 요소에 문자를 대입해야만 한다. 이 방법을 사용할 경우 반드시 문자열의 끝에 널 문자인 '₩0'를 포함해야 하는 것을 기억해야만 한다.

```
<문자열 배열의 값 할당>

char sNation[6];
sNation[0] = 'K';
sNation[1] = 'O';
sNation[2] = 'R';
sNation[3] = 'E';
sNation[4] = 'A';
sNation[5] = '\0';
```

문자열 배열에서 각각의 요소에 하나의 문자씩 할당하는 것은 프로그램의 작성에서 비효율적이다. 따라서 C언어는 시스템 제공 함수를 제공하여 문자열을 쉽게 관리할 수 있도록 하고 있다. 시스템 제공 함수인 strcpy는 문자열을 복사할 수 있도록 하는 함수이며, 문자열 값을 문자 배열에 한 번에 대입하게 한다. 만일 문자열 배열을 선언한 후 값을 저장할 때에는 strcpy 함수를 이용하는 것을 권장한다. 문자열 처리를 위하여 제공하는 시스템 제공 함수 및 예제는 12장에서 자세히 다룬다.

```
<시스템 제공함수를 이용한 문자열에 값 대입>

char sNation[6];
strcpy(sNation, "KOREA");
```

9.7 연습문제

(연습문제 9-1) 다음 괄호 부분을 채우시오.

① 배열을 선언하는 형식은 변수의 이름 뒤에 (   )를 이용한다는 것을 제외하고는 일반 변수의 선언과 동일하다.
② C언어에서 배열 첨자의 하한값은 (   )이며, 배열 첨자의 상한값은 배열의 크기보다 (   )이 적은 값이다.
③ 삼차원 배열에서 각 요소를 참조하기 위해서는 (   )개의 첨자를 이용한다.
④ 중괄호 안의 초기값의 개수가 배열의 크기보다 적은 경우 나머지 요소의 초기값은 (   )으로 간주한다.

(연습문제 9-2) 다음의 문장 중 틀린 것들을 고르고 이유를 설명하시오.

① 배열의 첨자는 정수만 허용된다.
② 배열의 선언 시 크기를 지정하지 않는 경우 선언과 동시에 초기화해야 한다.
③ 배열의 선언에서 대괄호 사이의 수는 배열의 크기를 의미하지만, 각각의 배열 요소를 참조하는 대괄호 사이의 수는 각각의 배열 요소를 표현하는 첨자가 된다.
④ 배열을 선언한 후 나중에 값을 할당할 때 전체 배열 요소의 값을 중괄호를 이용하여 할당할 수 있다.

(연습문제 9-3) 배열의 초기화에 대한 내용 중 틀린 것은?

① 배열을 선언하면서 동시에 초기화 할 수 있다.
② 배열의 선언 뒤 배열의 각 요소에 값을 대입하여 초기화 할 수 있다.
③ 배열을 선언하면서 초기화하는 방법은 중괄호를 이용하면 된다.
④ 배열을 초기화하지 않으면 자동으로 0으로 초기화 된다.

(연습문제 9-4) 일차원 문자 배열의 선언과 함께 문자열로 초기화하는 예 중 틀린 것은?

① char sNation[6] = {‘K’, ‘O’, ‘R’, ‘E’, ‘A’, ‘₩0’};
② char sNation[6] = “KOREA”;
③ char sNation[] = “KOREA”;
④ char sNation[7] = ‘KOREA’;

(연습문제 9-5) 다음은 1차원 문자 배열의 선언 뒤 문자열로 초기화하는 예이다.

```
char sNation[6];
sNation[0] = 'K';
sNation[1] = 'O';
sNation[2] = 'R';
sNation[3] = 'E';
sNation[4] = 'A';
sNation[5] = '\0';
```

위와 동일한 효과를 내기 위하여 시스템 제공 함수를 이용하여 재 작성하고자 할 때 빈칸을 채우시오.

```
char sNation[6];
(                                              );
```

(연습문제 9-6) 다음 프로그램을 컴파일하면 문제가 발생한다. 그 이유는?

```
#include <stdio.h>

int main(void)
{
        int iEngScore[], iSum = 0, iAverage, iMaxScore = 0, iCount;

        iEngScore[0] = 90;
        iEngScore[1] = 95;
        iEngScore[2] = 85;
        iEngScore[3] = 80;
        iEngScore[4] = 70;

        for (iCount = 0; iCount<5; iCount++)
        {
                iSum = iSum + iEngScore[iCount];
                if (iEngScore[iCount] > iMaxScore)
                {
                        iMaxScore = iEngScore[iCount];
                }
        }

        iAverage = iSum / 5;

        printf(" 평균점수 = %d \n", iAverage);
```

```
        printf(" 최고점수 = %d \n", iMaxScore);

        return 0;
}
```

(연습문제 9-7) 다음 프로그램을 컴파일하면 문제가 발생한다. 그 이유는?

```
#include <stdio.h>

int main(void)
{
        int iEngScore[2][] = { { 90, 95, 85, 80, 70 }, { 60, 55, 80, 80, 75 } };
        int iSum, iAverage, iMaxScore, iCount1, iCount2;

        for (iCount1 = 0; iCount1<2; iCount1++)
        {
                iSum = 0;
                iMaxScore = 0;

                for (iCount2 = 0; iCount2<5; iCount2++)
                {
                        iSum = iSum + iEngScore[iCount1][iCount2];
                        if (iEngScore[iCount1][iCount2] > iMaxScore)
                        {
                                iMaxScore = iEngScore[iCount1][iCount2];
                        }

                }

                iAverage = iSum / 5;
                printf(" %d반의 평균점수 = %d \n", iCount1 + 1, iAverage);
                printf(" %d반의 최고점수 = %d \n\n", iCount1 + 1, iMaxScore);
        }

        return 0;
}
```

(연습문제 9-8) 20명으로 구성된 학생들의 성적을 입력받아 학점을 계산하고, 이를 이용하여 성적 분포도를 보여주는 프로그램을 작성하시오. (학생의 성적은 58점에서 100점까지 랜덤하게 입력되며, A, B, C, D, F의 분포도를 출력하시오. 또한, 랜덤한 값을 입력받기 위하여 "#include 〈stlib.h〉" 헤더 파일을 추가하고, rand() 함수를 이용하여 랜덤한 값을 받으시오.)

```
C:\WINDOWS\system32\cmd.exe

======== Problem 9-8 Start ========

     0번의 점수는 58점
     1번의 점수는 68점
     2번의 점수는 72점
     3번의 점수는 70점
     4번의 점수는 95점
     5번의 점수는 95점
     6번의 점수는 79점
     7번의 점수는 82점
     8번의 점수는 65점
     9번의 점수는 87점
    10번의 점수는 58점
    11번의 점수는 69점
    12번의 점수는 65점
    13번의 점수는 89점
    14번의 점수는 78점
    15번의 점수는 97점
    16번의 점수는 94점
    17번의 점수는 80점
    18번의 점수는 68점
    19번의 점수는 68점

    성적 분포도

    A학점 : ****
    B학점 : ****
    C학점 : ****
    D학점 : ******
    F학점 : **

======== Problem 9-8 End ========

계속하려면 아무 키나 누르십시오 . . .
```

(연습문제 9-9) 이차원 배열에 구구단의 결과를 저장하고 3단을 출력하는 프로그램을 작성하시오.

```
C:\WINDOWS\system32\cmd.exe

======== Problem 9-9 Start ========

3단 출력
3 * 1 = 3
3 * 2 = 6
3 * 3 = 9
3 * 4 = 12
3 * 5 = 15
3 * 6 = 18
3 * 7 = 21
3 * 8 = 24
3 * 9 = 27

======== Problem 9-9 End ========

계속하려면 아무 키나 누르십시오 . . .
```

(연습문제 9-10) 이차원 배열로 구성된 3개 반의 성적을 이용하여 각 반의 평균을 출력하는 프로그램을 작성하시오. (성적은 58점에서 100점까지 랜덤하게 입력된다.)

```
C:\WINDOWS\system32\cmd.exe

======== Problem 9-10 Start ========

성적 분포도
1반의 평균은 82.000 입니다.
2반의 평균은 79.000 입니다.
3반의 평균은 78.000 입니다.

======== Problem 9-10 End ========

계속하려면 아무 키나 누르십시오 . . .
```

(연습문제 9-11) 로또 번호를 자동으로 만들어주는 프로그램을 작성하시오.

```
C:\WINDOWS\system32\cmd.exe

======== Problem 9-11 Start ========

    Lotto 번호

  4  25  15  11  42  18

======== Problem 9-11 End ========

계속하려면 아무 키나 누르십시오 . . .
```

CHAPTER 10

포인터

10.1 포인터의 의미

컴퓨터의 주기억장치인 메모리는 프로그램을 실행하는 중에 필요한 값을 저장하며, 저장 장소의 위치를 나태는 것을 주소(address)라고 한다. 주소는 바이트(byte) 단위로 관리하며, 1바이트마다 1씩 증가하도록 연속적인 번호가 구성되어 있다. 레지스터 변수를 제외하고 프로그램에서 변수가 선언되면 그 변수에 해당하는 메모리 주소가 할당되며, 변수는 할당된 메모리 주소에 자신의 자료형에 해당하는 값을 저장한다. 메모리 주소는 대부분 16진수를 사용하여 표현하며, (그림 10-1)은 메모리 저장 장소의 기본 개념을 나타낸다.

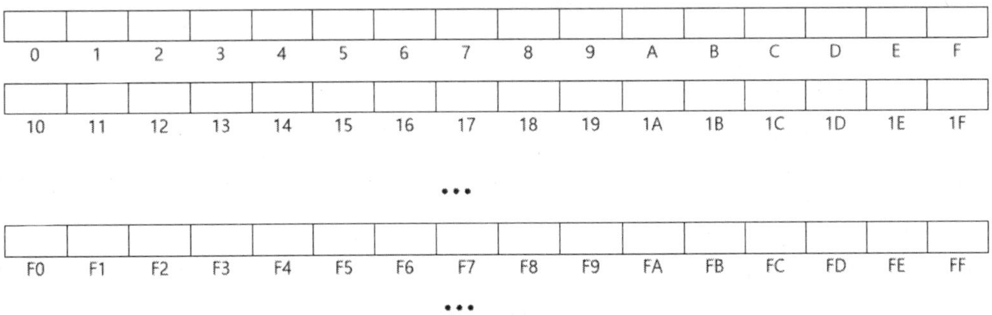

(그림 10-1) 메모리 저장 장소의 기본 개념

주소값은 변수의 이름과 함께 기억 장소를 참조하는 또 다른 방법이다. 중국집에 전화해서 음식을 시킬 때 집의 위치를 말하지 않고 주소를 이용하여 배달을 시키는 것과 같

이 프로그램을 만들 때도 변수의 주소값을 저장하여 사용하게 되면 훨씬 더 효율적으로 프로그램의 작성이 가능해진다. 이를 위해 C언어에서는 포인터(pointer)라는 이름의 조금은 특별한 변수를 사용한다. 포인터는 일반 변수와는 달리 메모리의 주소값만을 저장할 수 있는 변수이고, 포인터 변수를 이용하여 다른 변수의 주소값을 저장하여 사용할 수 있다.

10.2 주소 연산자

변수의 주소값을 저장하려면, 일단 변수의 주소값을 가져와야 한다. 일반적으로 변수가 선언되면 메모리의 특정 위치에 공간이 마련되고, 이름이 부여된다. 예를 들어 정수형 int 변수는 정수값을 저장할 수 있도록 4바이트의 저장 공간이 메모리에 만들어지고, 변수의 선언에서 사용된 이름이 부여된다. 또한 문자형 char 변수는 문자형 값을 저장할 수 있도록 1바이트의 저장 공간이 메모리에 만들어지고, 변수의 선언에서 사용된 이름이 부여된다. (그림 10-2)는 정수형 변수를 선언한 후 메모리에 할당된 위치를 나타낸다.

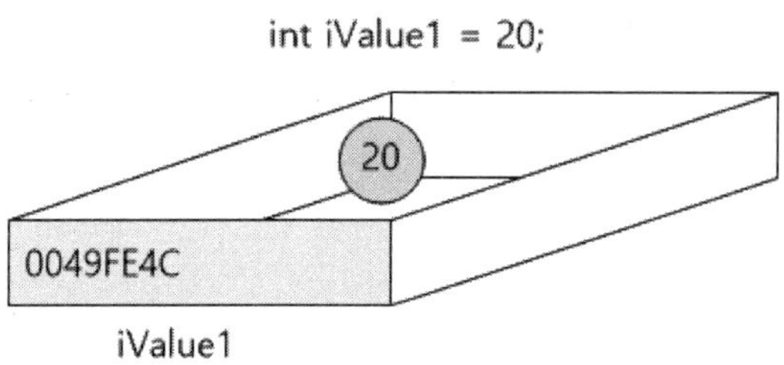

(그림 10-2) 정수형 변수의 선언 및 초기화

"int iValue1 = 20;"을 선언하면 메모리에 변수의 저장 공간이 할당되고, 그 이름은 iValue1이며, 할당된 메모리 내에 20이라는 정수값을 저장한다. 이 때 변수 iValue1이 사용하는 메모리의 주소는 수행되는 프로그램의 환경에 따라 달라지며 (그림 10-2)에서는 0049FE4C라는 주소가 할당되었다.

이렇게 메모리에 변수가 할당된 후에는 주소 연산자를 이용하여 메모리의 주소값을 가져올 수 있다. 주소 연산자 또는 참조 연산자 "&"를 이용하면 변수의 주소값을 가져올 수 있으며, 주소 연산자 "&"가 변수 앞에 사용되면 변수가 저장된 메모리의 주소를 나타낸다. 예를 들어 iValue1의 주소값은 "&iValue1"이며, 그 값은 16진수로 0049FE4C이다. 만일 printf 함수를 이용하여 변수의 주소값을 출력하고자 할 때에는 형식 지정자

“%p” 또는 “%P”를 이용하여 출력한다. [예제 10-1]은 변수를 선언한 후 변수에 저장된 값과 주소값을 출력하는 예제이다.

[예제 10-1] 변수의 주소값 출력 프로그램

```
/*
Example 10-1
변수의 주소값 출력 프로그램
*/

#include <stdio.h>

int main(void)
{
		int iValue1, iValue2;

		printf("\n\n======== Example 10-1 Start ========\n\n");

		iValue1 = 20;
		iValue2 = 50;

		printf("iValue1에 저장된 값은 %d입니다.\n", iValue1);
		printf("iValue1의 메모리 주소값은 %p입니다\n", &iValue1);

		printf("iValue2에 저장된 값은 %d입니다.\n", iValue2);
		printf("iValue2의 메모리 주소값은 %p입니다\n", &iValue2);

		printf("\n\n======== Example 10-1 End ========\n\n");

		return 0;
}
```

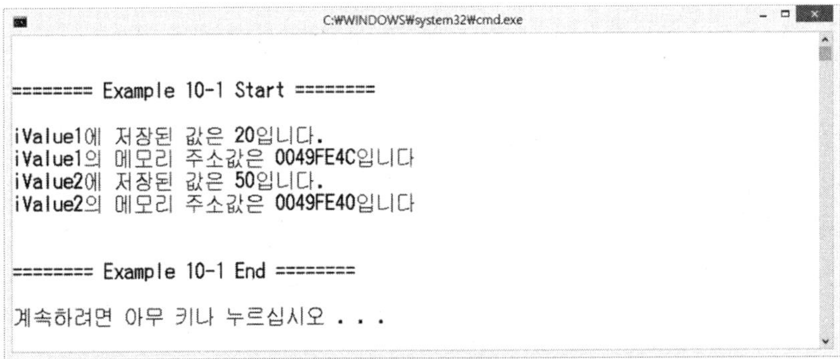

(그림 10-2) [예제 10-1]의 결과

10.3 포인터 변수의 선언

포인터 변수는 일반 변수와는 달리 변수에 저장할 수 있는 값이 반드시 메모리의 주소 값이어야 한다. 따라서 포인터 변수는 일반 변수와 구별되며, 변수의 선언 방법도 일반 변수의 선언과 다르다. 포인터 변수의 선언은 다음과 같이 세 가지 형식으로 가능하다.

```
<포인터 변수의 선언 형식>

자료형 *포인터변수명;                          // 권장하는 방법
자료형 * 포인터변수명;
자료형* 포인터변수명;


<포인터 변수의 선언 예>

int *pInt;
int * pInt;
int* pInt;
```

포인터 변수를 선언할 때에는 변수의 앞에 별표(*)를 붙여서 그 변수가 포인터 변수임을 나타낸다. 별표(*)가 산술연산자에서 사용될 때의 의미는 곱셈의 기호지만, 포인터 변수를 선언할 때의 별표(*)는 곱셈과는 아무런 관계가 없다. 이 때 별표(*)의 위치는 변수의 자료형과 변수의 이름 사이에 위치하며, 어디에 위치하든 상관은 없으나, 가급적 변수명에 붙이는 것을 권장한다. 포인터 변수에서의 자료형은 포인터 변수가 저장할 수 있는 변수의 자료형과 같다. 즉, "int *pInt;"라고 선언하면, pInt라는 변수는 정수형(int) 변수의 주소값만 저장이 가능하다. 만일 같은 자료형의 다수의 포인터 변수들을 선언할 때에는 다음과 같이 각각의 변수 앞에 별표(*)를 붙여야만 한다.

```
<같은 자료형의 다수의 포인터 변수의 선언 형식>

자료형 *포인터변수명1, *포인터변수명2;


<같은 자료형의 다수의 포인터 변수의 선언 예>

int *pInt1, *pInt2;
```

포인터 변수를 선언하고 난 이후에는 메모리에 저장되어 있는 변수의 주소값을 포인터 변수에 저장할 수 있다. 포인터 변수를 사용할 때에는 포인터 변수를 선언할 때 사용했던 별표(*)를 생략하고 변수의 이름만 사용하며, 변수의 주소값은 주소 연산자(&)를 이용하여 가져올 수 있다. 만일 iValue라는 정수형 변수의 주소값을 pInt라는 포인터 변수에 대입하고자 할 때는 다음과 같은 형식을 이용하여 대입한다.

```
<포인터 변수에 변수의 주소값을 대입하는 형식>

포인터변수 = &일반변수;


<포인터 변수에 변수의 주소값을 대입하는 예>

pInt = &iValue;
```

포인터 변수가 단순히 메모리의 주소값만 저장할 경우 실제 프로그래밍에서 사용하는 것은 그리 도움이 되지 못한다. 포인터를 이용하여 변수의 주소를 저장하는 이유는 그 주소를 이용하여 해당 변수가 위치하고 있는 곳에 저장되어 있는 값을 가져오거나 또는 수정하고자 하는 것이다. 이처럼 포인터 변수를 이용하여 값을 가져오기 위해서는 역참조 연산자를 이용해야 한다. 역참조 연산자는 간접 참조 연산자라고도 하며, 포인터 변수를 선언할 때 사용했던 별표(*)를 이용한다. 만약 pInt가 iValue의 주소값을 갖고 있다고 가정하면, *pInt는 iValue가 갖고 있는 실제의 값을 나타낸다. 즉, pInt는 &iValue와 같고, *pInt는 iValue와 같은 값을 갖는다. 다음의 예는 포인터 변수에서 역참조 연산자를 이용하는 형식이다.

```
<역참조 연산자의 사용 형식>

일반변수 = *포인터변수;
*포인터변수 = 일반변수 또는 상수;


<역참조 연산자의 사용 예>

iValue = *pInt;
*pInt = iValue;
```

〈표 10-1〉은 pInt라는 포인터 변수가 iValue라는 일반 변수의 주소값을 갖고 있을 때 일반 변수와 포인터 변수와의 비교이고, (그림 10-3)은 두 변수 사이의 관계를 표현한 것이다.

〈표 10-1〉 pInt = &iValue일 때 일반 변수와 포인터 변수와의 비교

구분	변수의 선언	주소 참조	값 참조
일반 변수	int iValue;	&iValue	iValue
포인터 변수	int *pInt	pInt	*pInt

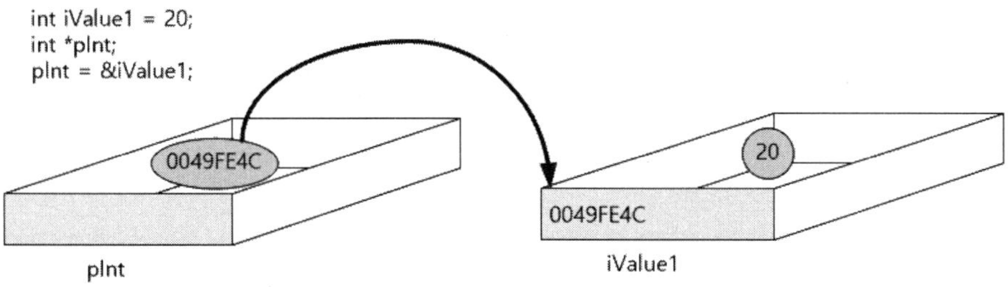

(그림 10-3) 포인터 변수와 일반 변수와의 관계

다음의 예제들은 포인터 변수와 일반 변수의 다양한 사용 예이다. [예제 10-2]는 포인터 변수를 선언한 후 주소 연산자를 이용하여 변수의 주소를 대입하고, 역참조 연산자를 이용하여 변수가 갖고 있는 값을 출력한다. [예제 10-3]은 역참조 연산자를 이용하여 포인터 변수가 갖고 있는 주소값에 해당하는 변수의 값을 변경한 것이다.

[예제 10-2] 주소 연산자와 역참조 연산자의 사용

```
/*
Example 10-2
주소 연산자와 역참조 연산자의 사용
*/

#include <stdio.h>

int main(void)
{
	int iValue1, iValue2;
	int *pInt;

	printf("\n\n======== Example 10-2 Start ========\n\n");

	iValue1 = 20;
```

```
	iValue2 = 50;

	printf(" 변수 iValue1에 저장된 값은 %d입니다. \n", iValue1);
	printf(" 변수 iValue1의 메모리 주소값은 %p입니다. \n", &iValue1);
	printf(" 변수 iValue2에 저장된 값은 %d입니다. \n", iValue2);
	printf(" 변수 iValue2의 메모리 주소값은 %p입니다. \n\n", &iValue2);

	pInt = &iValue1;
	printf(" pInt = &iValue1 후에 변수 pInt에 저장된 값은 %p입니다. \n", pInt);
	printf(" *pInt는 pInt가 지시하는 변수에 저장된 값입니다. \n");
	printf(" *pInt의 값은 %d입니다. \n\n", *pInt);

	pInt = &iValue2;
	printf(" pInt = &iValue2 후에 변수 pInt에 저장된 값은 %p입니다. \n", pInt);
	printf(" *pInt는 pInt가 지시하는 변수에 저장된 값입니다. \n");
	printf(" *pInt의 값은 %d입니다. \n", *pInt);

	printf("\n\n======== Example 10-2 End ========\n\n");

	return 0;
}
```

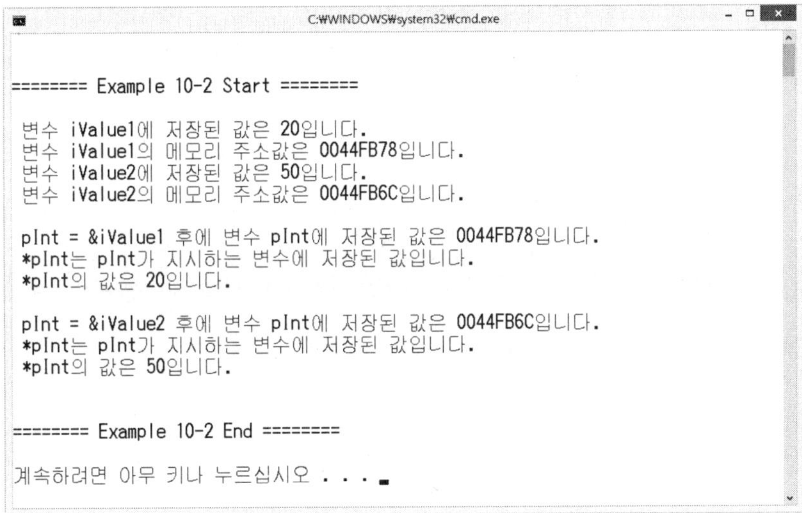

(그림 10-4) [예제 10-2]의 결과

[예제 10-3] 역참조 연산자에 의한 일반 변수값 변경

```
/*
Example 10-3
역참조 연산자에 의한 일반 변수값 변경
```

```
*/

#include <stdio.h>

int main(void)
{
	int iValue;
	int *pInt;

	printf("\n\n======== Example 10-3 Start ========\n\n");

	iValue = 20;

	printf(" 변수 iValue에 저장된 값은 %d입니다. \n", iValue);
	printf(" 변수 iValue의 메모리 주소값은 %p입니다. \n\n", &iValue);

	pInt = &iValue;
	printf(" pInt = &iValue 후에 변수 pInt에 저장된 값은 %p입니다. \n", pInt);
	printf(" 변수 pInt가 지시하는 변수의 값은 %d입니다. \n\n", *pInt);

	iValue = 50;

	printf(" iValue에 50을 저장하였습니다. \n");
	printf(" 변수 iValue에 저장된 값은 %d입니다. \n", iValue);
	printf(" 변수 pInt가 지시하는 변수의 값은 %d입니다. \n\n", *pInt);

	*pInt = 100;

	printf(" *pInt 에 100을 저장하였습니다. \n");
	printf(" 변수 iValue에 저장된 값은 %d입니다. \n", iValue);
	printf(" 변수 pInt가 지시하는 변수의 값은 %d입니다. \n", *pInt);

	printf("\n\n======== Example 10-3 End ========\n\n");

	return 0;
}
```

```
C:\WINDOWS\system32\cmd.exe

======== Example 10-3 Start ========

 변수 iValue에 저장된 값은 20입니다.
 변수 iValue의 메모리 주소값은 00B3FB88입니다.

 pInt = &iValue 후에 변수 pInt에 저장된 값은 00B3FB88입니다.
 변수 pInt가 지시하는 변수의 값은 20입니다.

 iValue에 50을 저장하였습니다.
 변수 iValue에 저장된 값은 50입니다.
 변수 pInt가 지시하는 변수의 값은 50입니다.

 *pInt 에 100을 저장하였습니다.
 변수 iValue에 저장된 값은 100입니다.
 변수 pInt가 지시하는 변수의 값은 100입니다.


======== Example 10-3 End ========

계속하려면 아무 키나 누르십시오 . . .
```

(그림 10-5) [예제 10-3]의 결과

C언어의 포인터 변수는 자신의 자료형에 일치하는 변수의 주소값만을 저장해야 하며, 만일 자료형에 일치하지 않는 변수의 주소를 저장하면 오류를 발생하므로 유의해야만 한다. [예제 10-4]는 다양한 자료형의 포인터 변수들을 사용한 예이고, [예제 10-5]는 자료형이 일치하지 않는 변수의 주소를 포인터 변수에 대입했을 때의 오류이다.

[예제 10-4] 다양한 자료형의 포인터 변수들의 사용

```
/*
Example 10-4
다양한 자료형의 포인터 변수들의 사용
*/

#include <stdio.h>

int main(void)
{
	int *pInt;
	float *pFloat;
	char *pChar;

	int iValue = 100;
	float fValue = 1.23;
	char cValue = 'a';

	printf("\n\n======== Example 10-4 Start ========\n\n");

	pInt = &iValue;
```

```
        printf("*pInt value = %d \n", *pInt);

        pFloat = &fValue;
        printf("*pFloat value = %f \n", *pFloat);

        pChar = &cValue;
        printf("*pChar value = %c \n", *pChar);

        printf("\n\n======== Example 10-4 End ========\n\n");

        return 0;
}
```

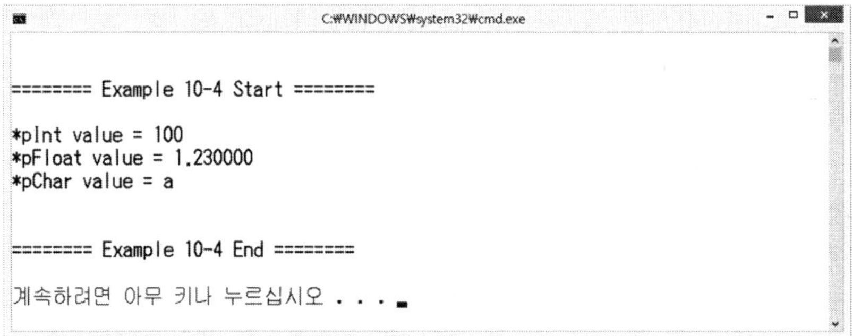

(그림 10-6) [예제 10-4]의 결과

[예제 10-5] 자료형이 일치하지 않는 변수의 주소를 포인터 변수에 대입했을 때의 오류

```
/*
Example 10-5
자료형이 일치하지 않는 변수의 주소를 포인터 변수에 대입했을 때의 오류
*/

#include <stdio.h>

int main(void)
{
        int *pInt;

        float fValue = 1.23;

        printf("\n\n======== Example 10-5 Start ========\n\n");

        pInt = &fValue;
        printf("*pInt value = %d \n", *pInt);
        printf("*pInt value = %f \n", *pInt);
```

```
        printf("\n\n======== Example 10-5 End ========\n\n");

        return 0;
}
```

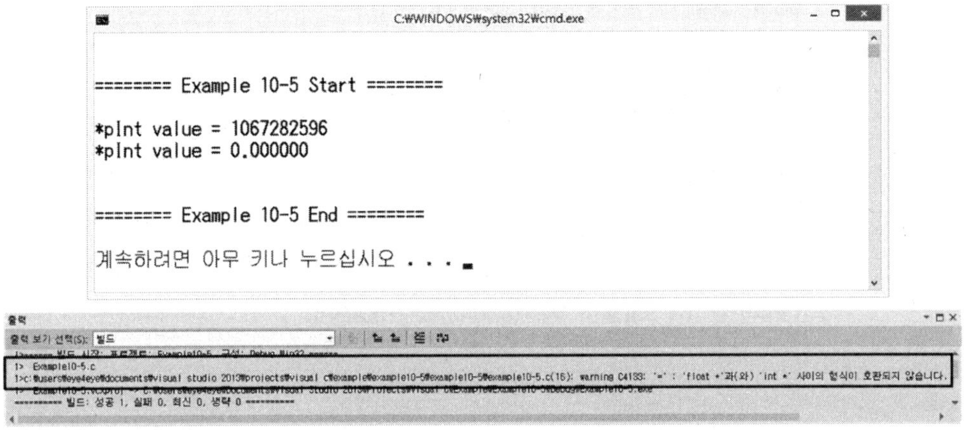

(그림 10-7) [예제 10-5]의 결과

포인터 변수가 자신의 자료형에 일치하는 변수의 주소를 저장해야만 하지만, 다양한 자료형 변수의 주소를 저장해야 할 때도 있다. 이를 위해 C언어에서는 “void”형 변수의 포인터를 이용하여 다양한 자료형 변수의 주소를 저장하게 한다. “void”란 값이 없음을 나타낼 때 사용하는 C언어의 예약어로, 이미 main 함수의 인자에서 값이 없음을 나타낼 때, 함수의 반환값이 없을 때 사용한 바 있다. “void *” 즉 void형 포인터는 포인터의 성질을 갖고 있다는 것만 명시하기 위할 때 사용하며, 어떤 자료형의 포인터로도 변형이 가능한 포인터를 선언할 때 사용한다. void형 포인터 변수는 어떠한 형태의 변수이더라도 그 주소를 저장할 수 있으며, 역참조 연산자를 이용하여 그 주소의 값을 가져올 때는 해당 자료형의 포인터로 강제 형변환하여 사용해야 한다. [예제 10-6]은 void 포인터를 이용하여 포인터 변수에 다양한 자료형의 변수에 대한 주소값을 저장한 것이다.

[예제 10-6] void 포인터 변수에 의한 다양한 자료값의 지시

```
/*
Example 10-6
void 포인터 변수에 의한 다양한 자료값의 지시
*/

#include <stdio.h>

int main(void)
```

```
{
        void *pAny;
        int iValue = 100;
        float fValue = 1.23f;
        char cValue = 'a';

        printf("\n\n======== Example 10-6 Start ========\n\n");

        pAny = &iValue;
        printf("*pAny value = %d \n", *(int *)pAny);

        pAny = &fValue;
        printf("*pAny value = %f \n", *(float *)pAny);

        pAny = &cValue;
        printf("*pAny value = %c \n", *(char *)pAny);

        printf("\n\n======== Example 10-6 End ========\n\n");

        return 0;
}
```

```
C:\WINDOWS\system32\cmd.exe

======== Example 10-6 Start ========

*pAny value = 100
*pAny value = 1.230000
*pAny value = a


======== Example 10-6 End ========

계속하려면 아무 키나 누르십시오 . . .
```

(그림 10-8) [예제 10-6]의 결과

10.4 포인터 변수의 초기화

포인터 변수 역시 변수이기 때문에 값을 사용하기 전에 반드시 값의 대입 과정을 거쳐야 하며, 포인터 변수의 초기화는 일반 변수와 그 방법이 동일하다. 포인터 변수를 선언과 함께 초기화 하는 방법은 다음과 같다.

```
<포인터 변수의 초기화 형식1>

자료형 *포인터변수명 = 초기값;
자료형 *포인터변수명 = NULL;


<포인터 변수의 초기화 예>

int *pInt = &iValue;
int *pInt = NULL;
```

만일 포인터 변수에 저장할 초기값이 없는 경우 NULL을 대입하여 그 값을 초기화한다. NULL은 0을 의미하는 포인터 상수로 시스템에서 아래와 같이 정의되어 있다.

```
#define NULL ((void *) 0)
```

실제로 NULL이 저장된 포인터 변수는 아무 변수도 가리키고 있지 않다는 의미로 사용되며, 주로 포인터에서 특별한 초기값이 없는 경우 이용한다. 또한, 포인터 변수가 변수값을 갖는지 확인할 때에도 다음과 같이 이용된다.

```
<포인터 변수의 저장 값 확인>

if (pInt == NULL)
{
    // 포인터 변수에 값이 없음을 의미함
}
```

[예제 10-7]은 포인터 변수가 사용되었는지 확인하는 프로그램의 예이다.

```
/*
Example 10-7
포인터 변수가 사용되었는지 확인하는 예
*/

#include <stdio.h>

int main(void)
```

```c
{
        int iValue, *pInt = NULL;

        printf("\n\n======== Example 10-7 Start ========\n\n");

        printf("숫자를 입력하세요 ? ");
        scanf("%d", &iValue);

        if (iValue != 1){
                pInt = &iValue;
        }

        if (pInt == NULL){
                printf("포인터 변수 pInt가 사용되지 않았습니다. \n");
        }
        else{
                printf("포인터 변수 *pInt의 값은 %d 입니다. \n", *pInt);
        }

        printf("\n\n======== Example 10-7 End ========\n\n");

        return 0;
}
```

```
C:₩WINDOWS₩system32₩cmd.exe

======== Example 10-7 Start ========

숫자를 입력하세요 ? 3
포인터 변수 *pInt의 값은 3 입니다.


======== Example 10-7 End ========

계속하려면 아무 키나 누르십시오 . . .
```

```
C:₩WINDOWS₩system32₩cmd.exe

======== Example 10-7 Start ========

숫자를 입력하세요 ? 1
포인터 변수 pInt가 사용되지 않았습니다.


======== Example 10-7 End ========

계속하려면 아무 키나 누르십시오 . . .
```

(그림 10-9) [예제 10-7]의 결과

10.5 포인터 변수의 연산

포인터 역시 변수이기 때문에 그 값의 계산이 가능하다. 그러나 포인터는 주소값만을 저장할 수 있는 특별한 변수이기 때문에, 포인터 변수에 적용 가능한 연산은 정수형의 덧셈, 뺄셈, 증가, 감소만 가능하다. 포인터 사이의 덧셈은 허용되지 않으며, 포인터 사이의 뺄셈은 두 개의 포인터가 같은 배열의 다른 요소들을 가리킬 때 유효하다. 포인터 사이의 뺄셈과 관련된 사항은 11장에서 자세히 설명한다.

```
<포인터 변수의 연산 예>

pInt = pInt + 2;
pInt = pInt - 1;
++pInt;
--pInt;
```

일반 변수에 증가 연산자를 적용하면 값이 1 증가한다. 그러나 포인터 변수에 증가 연산자를 적용하면 증가하는 값이 자료형에 따라 달라진다. 즉, 주소를 저장한 변수 자료형의 크기만큼 그 값이 증가한다. 예를 들어, [예제 10-8]에서 문자형의 경우 1번지가 증가하나, 정수형의 경우 short는 2번지, int와 long은 4번지가 증가한다. 즉, 문자형의 변수 1바이트, 정수형 변수(short는 2바이트, int와 long은 4바이트)의 크기만큼 증가하게 된다. 같은 방법으로 정수형 포인터 변수 pInt에 "pInt = pInt + 2;"와 같은 문장을 수행하게 되면 8번지 증가한 주소값이 pInt에 대입된다.

[예제 10-8] 포인터 변수에 증가 연산자의 사용

```
/*
Example 10-8
포인터 변수에 증가 연산자의 사용
*/

#include <stdio.h>

int main(void)
{
        char cValue;
        short int iValue;
        long int lValue;
```

```c

        char *pChar = &cValue;
        short int *pShort = &iValue;
        long int *pLong = &lValue;

        printf("\n\n======== Example 10-8 Start ========\n\n");

        printf("[포인터 변수의 초기 주소] \n");
        printf("pChar = %p, pShort = %p, pLong = %p\n\n",
                                                pChar, pShort, pLong);

        pChar++;
        pShort++;
        pLong++;

        printf("[증가 연산자 적용 뒤 포인터 변수의 주소] \n");
        printf("pChar = %p, pShort = %p, pLong = %p\n", pChar, pShort, pLong);

        printf("\n\n======== Example 10-8 End ========\n\n");

        return 0;
}
```

```
C:₩WINDOWS₩system32₩cmd.exe


======== Example 10-8 Start ========

[포인터 변수의 초기 주소]
pChar = 00F1FB17, pShort = 00F1FB08, pLong = 00F1FAFC

[증가 연산자 적용 뒤 포인터 변수의 주소]
pChar = 00F1FB18, pShort = 00F1FB0A, pLong = 00F1FB00


======== Example 10-8 End ========

계속하려면 아무 키나 누르십시오 . . .
```

(그림 10-10) [예제 10-8]의 결과

10.6 포인터의 포인터

포인터 변수 역시 변수이기 때문에 메모리에 그 값을 저장하고 있으며, 그 주소 역시 별도로 존재한다. 따라서 포인터 변수의 주소 역시 다른 변수에 저장이 가능하다. 이처럼 포인터 변수의 주소값을 갖는 변수를 포인터의 포인터라고 하며, 이러한 포인터의 포인터를 다중 포인터라고도 부른다. 포인터의 포인터는 다음과 같이 변수 선언에서 별표(*)를 여러 번 이용하여 선언한다. 또한, 다중 포인터 변수를 이용하여 일반 변수를 참조하려면 역참조 연산자를 여러 번 이용하여 접근이 가능하다.

<포인터의 포인터 변수의 선언 형식>

자료형 **포인터의포인터변수;

[예제 10-9]에서 pInt는 포인터 변수이며 변수 iValue의 주소를 저장할 수 있다. 그리고 ppInt는 포인터의 포인터 변수이며, 포인터 변수 pInt의 주소를 저장할 수 있다. 따라서 (그림 10-11)과 같이 ppInt가 pInt를 지시하고, pInt가 iValue를 지시한다면, *pInt는 iValue가 저장하고 있는 값인 20이 되고, **pInt 역시 iValue가 저장하고 있는 값인 20이 된다.

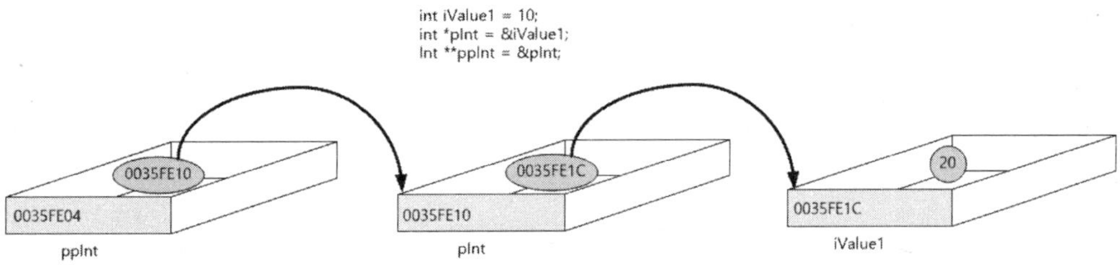

(그림 10-11) 포인터의 포인터 변수의 사용 예

[예제 10-9] 포인터의 포인터 변수의 사용

```
/*
Example 10-9
포인터의 포인터 변수의 이용
*/

#include <stdio.h>

int main(void)
{
        int iValue = 20;
        int *pInt;
        int **ppInt;

```

```
        printf("\n\n======== Example 10-9 Start ========\n\n");

        printf("iValue의 주소 = %p\n", &iValue);
        printf("pInt의 주소 = %p\n", &pInt);
        printf("ppInt의 주소 = %p\n\n", &ppInt);


        pInt = &iValue;
        ppInt = &pInt;

        printf("iValue = %d\n", iValue);
        printf("*pInt = %d\n", *pInt);
        printf("**ppInt = %d\n\n", **ppInt);

        **ppInt = 20;

        printf("iValue = %d\n", iValue);
        printf("*pInt = %d\n", *pInt);
        printf("**ppInt = %d\n", **ppInt);

        printf("\n\n======== Example 10-9 End ========\n\n");

        return 0;
}
```

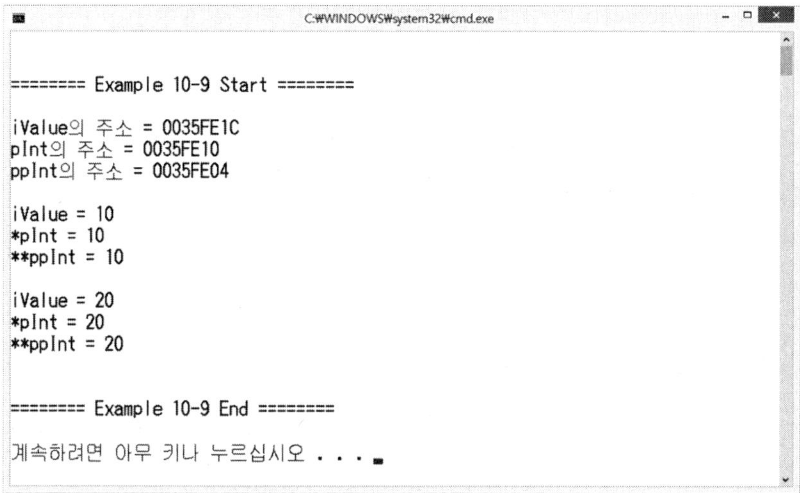

(그림 10-12) [예제 10-9]의 결과

10.7 연습문제

(연습문제 10-1) 다음 괄호 부분을 채우시오.

① 주소 연산자 또는 참조 연산자 "&"가 변수 앞에 사용되면 변수가 저장된 메모리의 (   )를 나타낸다.

② 역참조 연산자 (   )가 포인터 변수 앞에 사용되면 포인터 변수가 지시하는 자료를 나타낸다.

③ 정수형 포인터 변수는 (   ) 변수를 지시할 수 있다.

④ 포인터 변수에 저장할 초기값이 없는 경우 일반적으로 (   )을 대입한다.

(연습문제 10-2) 다음의 문장 중 틀린 것들을 고르고 이유를 설명하시오.

① 포인터 변수는 자신의 자료형에 일치하는 변수의 주소를 저장해야 한다.

② 다양한 자료형의 주소를 저장하기를 원하면 auto 포인터 변수로 선언하면 된다.

③ 포인터 변수에 증가, 감소 연산자를 적용 가능하다.

④ 포인터 간의 덧셈과 뺄셈은 허용된다.

(연습문제 10-3) 다음 중 포인터 변수의 선언 형식은?

① 자료형 포인터변수명;

② 자료형 *포인터변수명;

③ 자료형 &포인터변수명;

④ 자료형 %포인터변수명;

(연습문제 10-4) 아래는 일반 변수와 포인터 변수와의 비교를 위한 표이다. 괄호 부분에 적당한 내용을 선택하시오.

구분	변수의 선언	주소 참조	값 참조
일반 변수	int iValue;	(ⓐ)	iValue
포인터 변수	int *pInt	pInt	(ⓑ)

① ⓐ = iValue, ⓑ = pInt

② ⓐ = iValue, ⓑ = *pInt

③ ⓐ = &iValue, ⓑ = pInt

④ ⓐ = &iValue, ⓑ = *pInt

(연습문제 10-5) 다음 프로그램을 컴파일하고 수행하면 문제가 발생한다. 그 이유는?

```
#include <stdio.h>

int main(void)
{
        int *pInt;
        float *pFloat;
        char *pChar;

        int iValue = 100;
        float fValue = 1.23;
        char cValue = 'a';

        pInt = &fValue;
        printf("*pInt value = %d \n", *pInt);

        pFloat = &iValue;
        printf("*pFloat value = %f \n", *pFloat);

        pChar = &cValue;
        printf("*pChar value = %c \n", *pChar);

        return 0;
}
```

(연습문제 10-6) 다음 프로그램의 결과는?

```
#include <stdio.h>

int main(void)
{
        int iValue1, iValue2, *pInt;

        printf("\n\n======== Problem 10-6 Start ========\n\n");

```

```
	iValue1 = 10;
	iValue2 = 20;

	printf("\n");
	printf(" 변수 iValue1에 저장된 값은 %d입니다. \n", iValue1);
	printf(" 변수 iValue2에 저장된 값은 %d입니다. \n", iValue2);
	printf("\n");

	pInt = &iValue1;
	*pInt = 100;

	printf("\n");
	printf(" 변수 iValue1에 저장된 값은 %d입니다. \n", iValue1);
	printf(" 변수 iValue2에 저장된 값은 %d입니다. \n", iValue2);
	printf("\n");

	pInt = &iValue2;
	*pInt = 200;

	printf("\n");
	printf(" 변수 iValue1에 저장된 값은 %d입니다. \n", iValue1);
	printf(" 변수 iValue2에 저장된 값은 %d입니다. \n", iValue2);
	printf("\n");

	printf("\n\n======== Problem 10-6 End ========\n\n");

	return 0;
}
```

포인터, 배열, 함수의 관계

11.1 포인터와 배열의 관계

배열은 같은 이름으로 참조되는 동일한 자료형의 집합이다. 배열도 역시 변수이기 때문에 메모리에 그 공간이 확보되고 주소가 부여된다. 예를 들어 "int iValue[5];"라고 배열 변수를 선언하면 iValue[0]부터 iValue[4]까지 5개의 요소를 갖는 배열을 선언한다. 그러나 지금까지는 iValue라는 배열의 이름에 대해서는 신경을 쓰지 않았다.

C언어에서 배열의 이름은 다른 변수의 이름과는 달리 조금은 특별한 의미를 갖는다. 일반적으로 변수의 이름은 다른 변수와 구별하기 위한 식별자로써 사용되며, 이것은 다른 저장 공간과의 구분을 의미한다. 그러나 C언어에서의 배열의 이름은 첨자와 함께 사용하여야만 다른 저장 공간과 구별하여 사용할 수 있으며, 배열의 이름 자체는 공간의 개념이 아니다. 따라서 배열의 이름 자체에 의미를 부여할 필요가 있으며, C언어에서의 배열의 이름은 배열의 시작 주소로 그 의미가 부여되었다. 즉, 배열의 이름은 배열의 첫 번째 요소가 있는 메모리의 주소와 같으며, 따라서 "int iValue[5];"라는 배열을 선언할 때 iValue는 &iValue[0]와 같다.

그러나 배열의 이름인 주소와 포인터 변수를 이용한 주소에는 차이가 있다. 예를 들어 "int *pInt;"라고 선언한 포인터 변수 pInt는 정수형 포인터 변수이기 때문에 대입 연산자를 이용하여 다른 변수의 주소를 저장하고 그 내부의 값을 변경할 수 있었다. 그러나 배열의 이름은 iValue는 "int iValue[5];"와 같이 배열을 선언한 후이기 때문에 메모리에 그 위치가 정해져 있고 "&iValue[0]"의 주소값 자체는 변경이 불가능하다. 따라서 iValue의 값, 즉 배열의 주소는 변경될 수 없기 때문에 포인터 상수라고 한다.

포인터 변수 pInt를 선언하고 포인터 상수 iValue를 대입하면 pInt는 iValue[0]의 주소를 저장하고 있다. 이 때 *(pInt + 1)은 무엇일까? 포인터의 연산에서 더하기 1의 의미는 주소값 pInt의 자료형의 크기만큼 증가한다. 따라서 이 때의 (pInt + 1)은 iValue[1]의 주소값과 같으며, *(pInt + 1)은 iValue[1]의 값과 같다. 위의 관계를 일반화하면 배열의 범위 내에서 *(pInt + iCount)는 iValue[iCount]와 같게 된다. [예제 11-1]은 포인터 변수와 포인터 상수를 이용한 프로그램의 예이다.

[예제 11-1] 포인터 변수와 포인터 상수

```
/*
Example 11-1
포인터 변수와 포인터 상수
*/

#include <stdio.h>

int main(void)
{
        int iValue[5] = { 10, 20, 30, 40, 50 };
        int *pInt = iValue;
        int iCount;

        printf("\n\n======== Example 11-1 Start ========\n\n");

        for (iCount = 0; iCount < 5; iCount++)
        {
                printf("iValue[%d]의 주소 = %p, iValue[%d] = %d\n",
                        iCount, &iValue[iCount], iCount, iValue[iCount]);
                printf("(pInt + %d) = %p, *(pInt + %d) = %d\n\n",
                        iCount, pInt, iCount, *(pInt + iCount));
        }

        printf("\n\n======== Example 11-1 End ========\n\n");

        return 0;
}
```

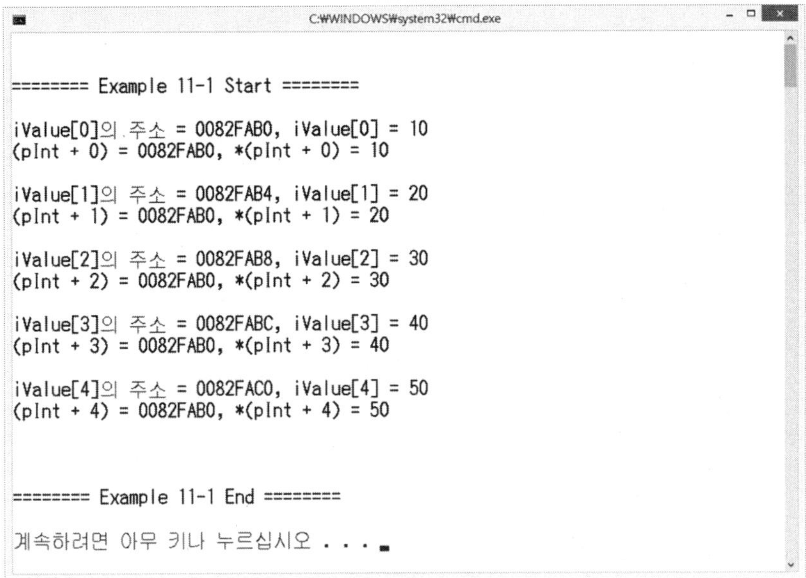

(그림 11-1) [예제 11-1]의 결과

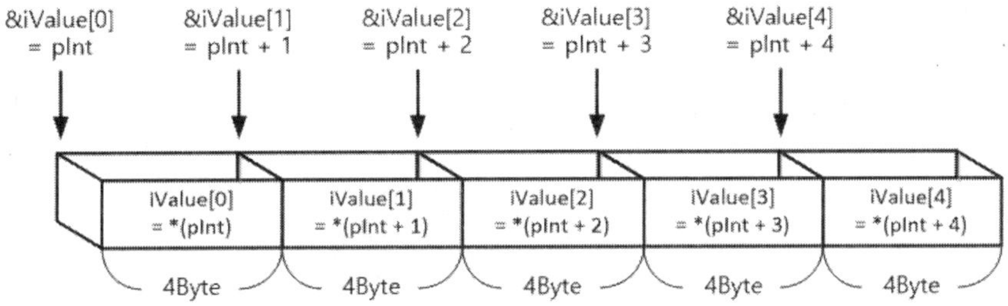

(그림 11-2) [예제 11-1]의 포인터 변수와 포인터 상수의 관계

10장에서 설명한 것과 같이 포인터 사이의 덧셈은 허용되지 않으며, 포인터 사이의 뺄셈은 두 개의 포인터가 같은 배열의 다른 요소들을 가리킬 때 유효하다. 이를 이용하여 배열에서 두 개의 포인터들 사이의 요소의 개수를 계산할 수 있다. [예제 11-2]에서 pChar2 - pChar1의 결과값과 pInt2 - pInt1의 결과값은 동일하다. 그 이유는 자료형은 달라도 포인터 사이의 요소의 개수가 3개로 동일하기 때문이다.

[예제 11-2] 포인터 변수 사이에 뺄셈 연산자의 사용

```
/*
Example 11-2
포인터 변수 사이에 뺄셈 연산자의 사용
*/

#include <stdio.h>
```

```
int main(void)
{
        char s[10], *pChar1 = &s[3], *pChar2 = &s[6];
        int i[10], *pInt1 = &i[3], *pInt2 = &i[6];

        printf("\n\n======== Example 11-2 Start ========\n\n");

        printf("pChar2 - pChar1 = %d \n", pChar2 - pChar1);
        printf("pInt2 - pInt1 = %d \n", pInt2 - pInt1);

        printf("\n\n======== Example 11-2 End ========\n\n");

        return 0;
}
```

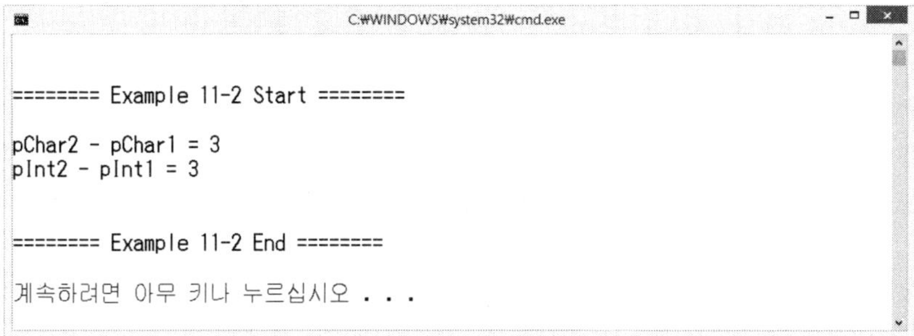

(그림 11-3) [예제 11-2]의 결과

포인터를 이용하여 배열에 접근할 때에는 연산자의 우선순위에 유의해야 한다. 역참조 연산자 "*"의 우선순위는 덧셈 및 뺄셈 연산자에 우선한다. 예를 들어 (*pInt + 1)은 *pInt의 값에 1을 더한 값이 연산의 결과값이며, *(pInt + 1)은 pInt가 하나 증가하여 pInt가 지시하는 장소의 다음번 자료의 값이 연산의 결과값이다. 따라서 (*pInt + 1)은 "iValue[0] + 1"의 결과값을 얻을 수 있으며, *(pInt + 1)은 "iValue[1]"의 결과값을 얻을 수 있다.

증가 및 감소 연산자는 전치형과 후치형에 따라서 우선순위가 달라진다. 역참조 연산자는 전치형 증가 및 전치형 감소 연산자보다는 우선순위가 낮으나, 후치형 증가 및 후치형 감소 연산자보다는 우선순위가 높다. 예를 들어 *pInt++는 *pInt의 값이 연산의 결과값이 되며, pInt는 하나 증가되어 다음 장소를 지시한다. 즉, *pInt가 먼저 실행되고 pInt++가 뒤에 실행된다. 반면에, *++pInt는 pInt가 하나 증가되어 다음 장소를 지시한 다음 그 장소의 값이 연산의 결과값이 된다. 즉, ++pInt가 먼저 실행되고 *pInt가 뒤에 실행된다. [예제 11-3]은 포인터 연산자의 우선순위를 나타낸다.

[예제 11-3] 포인터 연산자의 우선순위

```c
/*
Example 11-3
포인터 연산자의 우선순위
*/

#include <stdio.h>

int main(void)
{
	int iValue[5] = { 10, 20, 30, 40, 50 };
	int *pInt = iValue;

	printf("\n\n======== Example 11-3 Start ========\n\n");

	printf("*pInt + 1 = %d \n", *pInt + 1);
	printf("*(pInt + 1) = %d \n", *(pInt + 1));

	printf("*pInt++ = %d \n", *pInt++);
	printf("*++pInt = %d \n", *++pInt);

	printf("\n\n======== Example 11-3 End ========\n\n");

	return 0;
}
```

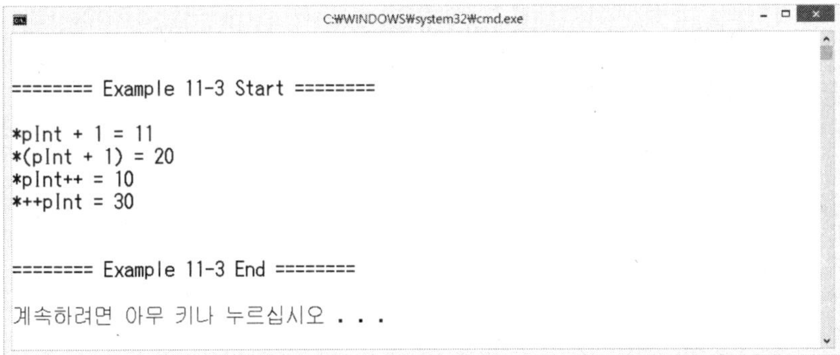

(그림 11-4) [예제 11-3]의 결과

이차원 배열에서도 배열명은 배열의 첫 번째 요소가 있는 메모리의 번지와 같기 때문에 [예제 11-4]에서 iValue는 &iValue[0][0]와 같다. 또한 이차원 배열이 선언 되었을 때 배열명에 해당되는 일차원 배열은 이차원 배열 내 각 일차원 배열의 첫 번째 요소의 번지에 해당된다. 예를 들어 iValue[0]는 iValue[0][0]의 주소가 되며, iValue[1]은

iValue[1][0]의 주소가 된다. 즉, iValue와 iValue[0]는 &iValue[0][0]와 같고, iValue[1]은 &iValue[1][0]와 같다. iValue, iValue[0], iValue[1]등은 이차원 배열에서 포인터 상수다. [예제 11-4]는 이차원 배열에서의 포인터 상수들의 개념을 이해하기 위한 프로그램 예이다.

[예제 11-4] 이차원 배열에서의 포인터 상수들

```
/*
Example 11-4
이차원 배열에서의 포인터 상수들
*/

#include <stdio.h>

int main(void)
{
		int iValue[2][5];

		printf("\n\n======== Example 11-4 Start ========\n\n");

		printf("iValue = %p\n", iValue);
		printf("iValue[0] = %p\n", iValue[0]);
		printf("iValue[0][0]의 주소 = %p\n\n", &iValue[0][0]);

		printf("iValue[1] = %p\n", iValue[1]);
		printf("iValue[1][0]의 주소 = %p\n", &iValue[1][0]);

		printf("\n\n======== Example 11-4 End ========\n\n");

		return 0;
}
```

```
C:\WINDOWS\system32\cmd.exe

======== Example 11-4 Start ========

iValue = 002FFA54
iValue[0] = 002FFA54
iValue[0][0]의 주소 = 002FFA54

iValue[1] = 002FFA68
iValue[1][0]의 주소 = 002FFA68


======== Example 11-4 End ========

계속하려면 아무 키나 누르십시오 . . .
```

(그림 11-5) [예제 11-4]의 결과

11.2 포인터의 배열

포인터 변수 역시 값을 저장할 수 있는 변수이기 때문에 배열로 선언하여 여러 개의 주소를 하나의 이름으로 관리할 수 있다. 즉, 포인터 배열은 포인터 변수를 배열의 요소로 사용하며, 여러 개의 주소를 하나의 이름으로 관리할 수 있다. 포인터 배열을 선언하는 형식은 다음과 같다.

```
<포인터 배열의 선언 형식>

자료형 *포인터배열변수명[배열의 크기];


<포인터 배열의 선언 예>

int *pArray[3];
```

포인터 배열을 선언하면 포인터 배열의 크기만큼 배열이 메모리에 할당되고, 각 요소에는 변수의 주소값을 저장할 수 있다. 포인터 배열을 선언한 후 초기화 하는 방법은 일반적인 배열 변수를 초기화 하는 방법과 동일하다. 포인터 배열을 초기화 하는 예는 다음과 같으며, [예제 11-5]는 포인터 배열을 이용한 프로그램의 예이다.

```
<포인터 배열의 초기화 예>

int *pArray[3] = {&iValue1, &iValue2, &iValue3};
int *pArray[3] = {NULL};
```

[예제 11-5] 포인터 배열을 이용한 프로그램

```
/*
Example 11-5
포인터 배열을 이용한 프로그램
*/

#include <stdio.h>

int main(void)
{
```

```
        int iValue1 = 10, iValue2 = 20, iValue3 = 30, iCount;
        int *pArray[3] = { &iValue1, &iValue2, &iValue3 };

        printf("\n\n======== Example 11-5 Start ========\n\n");

        printf("iValue1의 주소 = %p, iValue1 = %d\n", &iValue1, iValue1);
        printf("iValue2의 주소 = %p, iValue2 = %d\n", &iValue2, iValue2);
        printf("iValue3의 주소 = %p, iValue3 = %d\n\n", &iValue3, iValue3);

        for (iCount = 0; iCount < 3; iCount++)
        {
                printf("pArray[%d] = %p, *pArray[%d] = %d\n",
                        iCount, pArray[iCount], iCount, *pArray[iCount]);
        }

        printf("\n\n======== Example 11-5 End ========\n\n");

        return 0;
}
```

```
C:\WINDOWS\system32\cmd.exe

======== Example 11-5 Start ========

iValue1의 주소 = 00A3FB44, iValue1 = 10
iValue2의 주소 = 00A3FB38, iValue2 = 20
iValue3의 주소 = 00A3FB2C, iValue3 = 30

pArray[0] = 00A3FB44, *pArray[0] = 10
pArray[1] = 00A3FB38, *pArray[1] = 20
pArray[2] = 00A3FB2C, *pArray[2] = 30


======== Example 11-5 End ========

계속하려면 아무 키나 누르십시오 . . .
```

(그림 11-6) [예제 11-5]의 결과

11.3 함수의 인수 전달 방법

정의된 함수를 이용하기 위해서는 반드시 함수를 호출해야 하며, 호출이 이루어지고 난 후 비로소 실행된다. 함수가 호출되면 호출된 함수의 몸체에 있는 문장들이 실행되며, 함수의 실행이 끝나면 호출한 함수로 되돌아간다. 함수를 호출할 때 어떠한 값이 필요한 경우 함수의 인수를 이용하여 값을 넘겨주며, 함수를 호출한 곳에서 함수의 몸체로 값의 복사가 이루어진다. 이 때 함수 호출 시 사용하는 실제의 값을 갖고 있는 변수 또는 상수가 실인수가 되며, 함수의 정의 부분에서 사용한 인수가 가인수가 된다. 함수의 호출 시 실인수와 가인수는 그 자료형, 개수, 순서가 반드시 일치해야 한다.

함수로 인수를 전달할 때 사용하는 방법은 크게 값에 의한 호출과 참조에 의한 호출 방법으로 나눌 수 있다. 값에 의한 호출은 함수가 호출할 때 인수의 복사본이 함수로 전달되는 것을 말하고, 참조에 의한 호출은 인수들의 원본이 전달된다. C언어에서는 함수의 정의에서 인수를 사용하는 방법을 이용하여 값에 의한 호출 방법과 참조에 의한 호출 방법을 나누며, 인수가 일반 변수이면 값에 의한 호출, 인수가 포인터이면 참조에 의한 호출 방식이 된다.

11.3.1 값에 의한 호출 (call by value)

값에 의한 호출은 C언어의 기본적인 인수 전달 방법으로 가인수 값에 실인수 값이 복사되어 함수에서 처리된다. 이 경우, 함수를 수행하는 과정에서 가인수 값이 바뀌어도 실인수 값은 변하지 않는다. 즉, 가인수와 실인수는 서로 다른 메모리 영역을 가지며, 함수의 호출 시 가인수의 메모리 영역에 실인수의 메모리 영역의 값이 복사된다. 서로 다른 메모리 영역을 사용하기 때문에 함수의 수행 과정에서 가인수의 값이 변경되어도 실인수의 값이 변경되지 않는다.

[예제 11-6]의 Swap 함수는 두 수를 입력 받아 서로 바꾸는 함수이다. 그러나 값에 의한 호출 방식으로 함수를 호출하였기 때문에 함수의 수행 후 두 가인수의 값은 서로 바뀌었으나, 두 실인수의 값은 변화가 없음을 알 수 있다. 이것은 두 개의 실인수 iValue1과 iValue2가 함수에 전달되기는 하지만, iValue3와 iValue4에 그 값만 복사되었기 때문에 iValue3와 iValue4의 값이 바뀌더라도 iValue1과 iValue2의 값은 변경이 되지 않은 것이다.

[예제 11-6] 값에 의한 호출 프로그램

```
/*
Example 11-6
값에 의한 호출 프로그램
*/

#include <stdio.h>

void Swap(int iValue3, int iValue4);

int main(void)
{
```

```c
	int iValue1, iValue2;

	printf("\n\n======== Example 11-6 Start ========\n\n");

	iValue1 = 5;
	iValue2 = 10;

	printf("[Before Swap] iValue1 = %d, iValue2 = %d\n", iValue1, iValue2);

	Swap(iValue1, iValue2);

	printf("[After Swap] iValue1 = %d, iValue2 = %d\n", iValue1, iValue2);

	printf("\n\n======== Example 11-6 End ========\n\n");

	return 0;
}

void Swap(int iValue3, int iValue4)
{
	int iTemp;

	iTemp = iValue3;
	iValue3 = iValue4;
	iValue4 = iTemp;
}
```

```
C:\WINDOWS\system32\cmd.exe

======== Example 11-6 Start ========

[Before Swap] iValue1 = 5, iValue2 = 10
[After Swap] iValue1 = 5, iValue2 = 10


======== Example 11-6 End ========

계속하려면 아무 키나 누르십시오 . . .
```

(그림 11-7) [예제 11-6]의 결과

[예제 11-6]과 같이 값에 의한 호출 과정에서 각 변수의 저장 값 변화 과정은 (그림 11-8)과 같다. 즉, main 함수 내에 있는 실인수 iValue1과 iValue2는 Swap 함수의 인수 iValue3와 iValue4와는 서로 다른 영역에 있기 때문에 Swap 함수 내에서 그 값이 변경되더라도 main 함수의 실인수에는 전혀 영향이 없다.

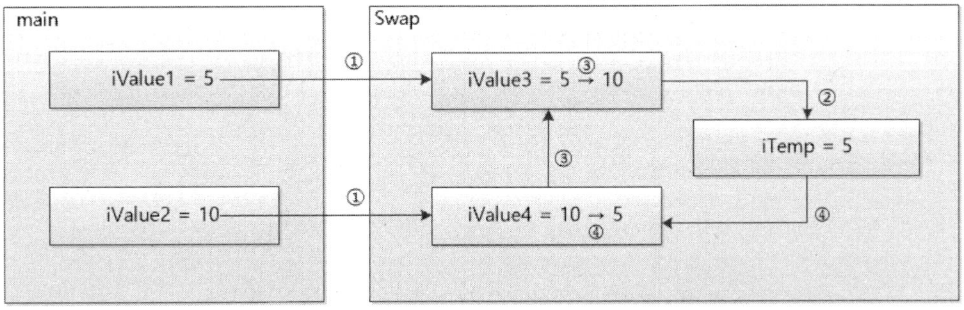

(그림 11-8) 값에 의한 호출에서 변수의 값 변화 과정

11.3.2 참조에 의한 호출 (call by reference)

참조에 의한 호출은 인수로 포인터 변수를 이용하며, 실인수의 값이 아닌 실인수의 주소를 인수로 전달하기 때문에 실인수와 가인수가 같은 공간을 이용하는 것이 가능하다. 서로 같은 메모리 영역을 사용하기 때문에 함수의 수행 과정에서 가인수의 값이 변경되면 실인수의 값도 함께 변경된다.

[예제 11-7]은 참조에 의한 호출을 이용하여 두 수를 서로 바꾸는 프로그램이다. main 함수의 iValue1과 iValue2의 주소값 &iValue1과 &iValue2가 실인수가 되어 함수에 전달되었으며, 함수 내 포인터 변수인 가인수 piValue1과 piValue2에 이 값이 복사되었다. 따라서 가인수인 포인터 변수 piValue1과 piValue2는 main 함수 내의 변수 iValue1과 iValue2의 위치를 정확히 알고 있기 때문에 iValue1과 iValue2의 값을 변경할 수 있다.

[예제 11-7] 참조에 의한 호출 프로그램

```
/*
Example 11-7
참조에 의한 호출 프로그램
*/

#include <stdio.h>

void Swap(int *piValue1, int *piValue2);

int main(void)
{
	int iValue1, iValue2;

	printf("\n\n======== Example 11-7 Start ========\n\n");

	iValue1 = 5;
```

```
        iValue2 = 10;

        printf("[Before Swap] iValue1 = %d, iValue2 = %d\n", iValue1, iValue2);

        Swap(&iValue1, &iValue2);

        printf("[After Swap] iValue1 = %d, iValue2 = %d\n", iValue1, iValue2);

        printf("\n\n======== Example 11-7 End ========\n\n");

        return 0;
}

void Swap(int *piValue1, int *piValue2)
{
        int iTemp;

        iTemp = *piValue1;
        *piValue1 = *piValue2;
        *piValue2 = iTemp;
}
```

```
C:\WINDOWS\system32\cmd.exe

======== Example 11-7 Start ========

[Before Swap] iValue1 = 5, iValue2 = 10
[After Swap] iValue1 = 10, iValue2 = 5


======== Example 11-7 End ========

계속하려면 아무 키나 누르십시오 . . .
```

(그림 11-9) [예제 11-7]의 결과

[예제 11-7]과 같이 참조에 의한 호출 과정에서 각 변수의 저장 값 변화 과정은 (그림 11-10)과 같다. 즉, main 함수 내에 있는 실인수 iValue1과 iValue2의 주소를 Swap 함수의 가인수 piValue1과 piValue2에 넘겨주며, Swap 함수 내부에서는 이 주소를 이용하여 직접 main 함수 내의 iValue1과 iValue2의 값을 변경한다. 따라서 Swap 함수를 실행하고 나면 main 함수 내의 가인수 값이 변경된다.

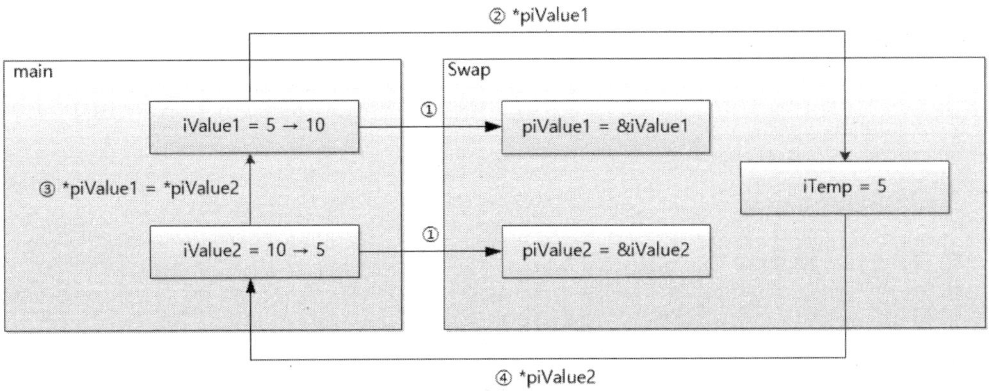

(그림 11-10) 참조에 의한 호출에서 변수의 값 변화 과정

11.4 함수에서 일차원 배열 인수의 전달

지금까지 함수의 인수 전달은 모두 int, float 등의 일반 변수와 일반변수의 주소값을 넘겨주는 일반 변수의 포인터이다. 그러나 배열 역시 변수이고 값을 갖고 있는 것이기 때문에 함수의 인수로 사용될 필요가 있다. 예를 들어 배열 내부의 숫자를 크기순으로 정렬한다거나, 또는 배열 내부의 숫자의 평균을 구한다거나 할 때 함수를 호출하여 실행하면 프로그램을 더욱 효율적으로 작성할 수 있다.

배열 역시 값을 갖고 있는 변수이기 때문에 함수의 인수로 사용될 수 있다. 그러나 배열은 일반 변수와는 그 의미가 조금 다르다. 배열이 함수의 인수로 전달할 때는 반드시 참조에 의한 호출이 이루어진다. 따라서 함수 내에서 인수로 전달된 배열의 요소값을 변경하면 원 배열의 요소값이 함께 변경된다.

배열을 함수의 인수로 사용할 때에는 일반 변수의 사용법과는 조금 차이가 있다. 함수의 실인수로 배열을 전달할 때 배열의 이름을 전달하며, 함수의 정의 시 가인수에서 배열은 배열의 이름 및 비어있는 대괄호를 이용한다. 일반적으로 함수는 가인수로 받은 배열의 크기를 알지 못하기 때문에 함수의 호출 시 배열의 크기를 또 다른 인수를 사용하여 알려준다. [예제 11-8]은 함수에서 배열 인수가 참조에 의한 호출을 사용함을 보여준다. 그리고 [예제 11-9]는 배열 인수를 이용하여 배열 요소의 평균값을 구한 프로그램이다.

[예제 11-8] 함수에서의 배열 인수 사용

```c
/*
Example 11-8
함수에서의 배열 인수 사용
*/

#include <stdio.h>

void change_score(int iEngScore[], int iValue);

int main(void)
{
	int iCount, iEngScore[5] = { 90, 95, 85, 80, 70 };

	printf("\n\n======== Example 11-8 Start ========\n\n");

	printf("[함수 호출 전]\n");
	for (iCount = 0; iCount<5; iCount++){
		printf("iEngScore[%d] = %d\n", iCount, iEngScore[iCount]);
	}

	change_score(iEngScore, 5);

	printf("\n[함수 호출 후]\n");
	for (iCount = 0; iCount<5; iCount++){
		printf("iEngScore[%d] = %d\n", iCount, iEngScore[iCount]);
	}

	return 0;
}

void change_score(int iEngScore[], int iValue)
{
	iEngScore[0] = 60;
	iEngScore[1] = 61;
	iEngScore[2] = 62;
	iEngScore[3] = 63;
	iEngScore[4] = 64;
}
```

```
C:\WINDOWS\system32\cmd.exe

======== Example 11-8 Start ========

[함수 호출 전]
iEngScore[0] = 90
iEngScore[1] = 95
iEngScore[2] = 85
iEngScore[3] = 80
iEngScore[4] = 70

[함수 호출 후]
iEngScore[0] = 60
iEngScore[1] = 61
iEngScore[2] = 62
iEngScore[3] = 63
iEngScore[4] = 64


======== Example 11-8 End ========

계속하려면 아무 키나 누르십시오 . . .
```

(그림 11-11) [예제 11-8]의 결과

[예제 11-9] 배열 인수를 이용한 배열 요소의 평균값 계산

```
/*
Example 11-9
배열 인수를 이용한 배열 요소의 평균값 계산
*/

#include <stdio.h>

void calc_score(int iEngScore[], int iValue);

int main(void)
{
	int iEngScore[5] = { 90, 95, 85, 80, 70 };

	printf("\n\n======== Example 11-9 Start ========\n\n");

	calc_score(iEngScore, 5);

	printf("\n\n======== Example 11-9 End ========\n\n");

	return 0;
}

void calc_score(int iEngScore[], int iValue)
{
	int iCount, iSum = 0, iAverage, iMaxScore = 0;
```

```
		for (iCount = 0; iCount<iValue; iCount++)
		{
			iSum = iSum + iEngScore[iCount];
			if (iEngScore[iCount] > iMaxScore)
			{
				iMaxScore = iEngScore[iCount];
			}
		}

		iAverage = iSum / 5;
		printf(" 평균점수 = %d \n", iAverage);
		printf(" 최고점수 = %d \n", iMaxScore);
}
```

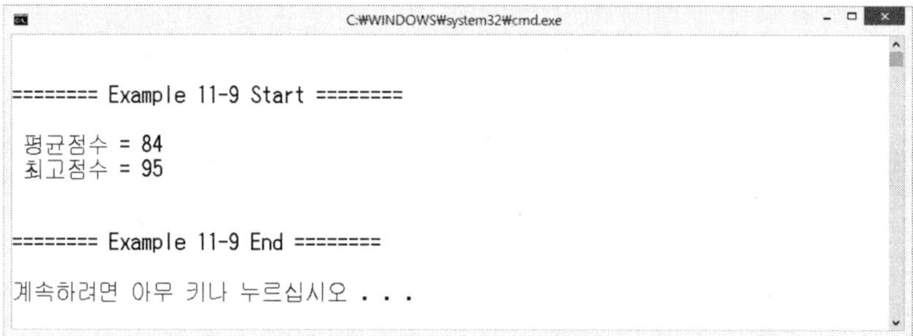

(그림 11-12) [예제 11-9]의 결과

11.5 함수에서 다차원 배열 인수의 전달

다차원 배열도 일차원 배열과 마찬가지로 함수의 인수로 사용될 수 있다. 다만 일차원 배열과 다른 점은 함수의 정의 시에 반드시 첫 번째 크기를 제외한 나머지 크기는 명시해야만 한다. 즉, 함수의 정의 시 가인수에서 배열은 배열의 이름 및 첫 번째 대괄호 내의 크기는 비어 있어야 하지만 두 번째 이후의 대괄호 내의 크기는 명시해야만 한다(예, iEngScore[][5]). 일반적으로 함수는 가인수로 받은 이차원 배열의 첫 번째 대괄호 내의 크기를 알지 못하기 때문에 함수의 호출 시 첫 번째 대괄호 내의 크기를 또 다른 인수를 이용하여 알려준다. [예제 11-10]은 함수에서 이차원 배열 인수를 사용하는 프로그램의 예이다.

[예제 11-10] 이차원 배열 인수를 이용한 배열 요소의 평균값 계산

```
/*
Example 11-10
이차원 배열 인수를 이용한 배열 요소의 평균값 계산
*/

#include <stdio.h>

void calc_score(int iEngScore[][5], int iValue);

int main(void)
{
	int iEngScore[2][5] = { { 90, 95, 85, 80, 70 }, { 60, 55, 80, 80, 75 } };

	printf("\n\n======== Example 11-10 Start ========\n\n");

	calc_score(iEngScore, 2);

	printf("\n\n======== Example 11-10 End ========\n\n");

	return 0;
}

void calc_score(int iEngScore[][5], int iValue)
{
	int iSum, iAverage, iMaxScore, iCount1, iCount2;

	for (iCount1 = 0; iCount1<iValue; iCount1++)
	{
		iSum = 0;
		iMaxScore = 0;
		for (iCount2 = 0; iCount2<5; iCount2++)
		{
			iSum = iSum + iEngScore[iCount1][iCount2];
			if (iEngScore[iCount1][iCount2] > iMaxScore)
			{
				iMaxScore = iEngScore[iCount1][iCount2];
			}
		}

		iAverage = iSum / 5;
		printf("%d반의 평균점수 = %d\n", iCount1 + 1, iAverage);
		printf("%d반의 최고점수 = %d\n\n", iCount1 + 1, iMaxScore);
	}
}
```

```
C:\WINDOWS\system32\cmd.exe

======== Example 11-10 Start ========

1반의 평균점수 = 84
1반의 최고점수 = 95

2반의 평균점수 = 70
2반의 최고점수 = 80


======== Example 11-10 End ========

계속하려면 아무 키나 누르십시오 . . .
```

(그림 11-13) [예제 11-10]의 결과

11.6 포인터에 의한 배열의 인수 전달

함수의 인수로 배열을 전달할 때 참조에 의한 호출로 인수가 전달된다. 즉, 함수 내에서 전달받은 배열의 요소값을 변경하면 원 배열의 요소값이 변경된다. 즉, 배열을 함수의 인수로 사용하면 배열의 주소만 전달되는 것이다. 따라서 함수에 선언된 배열의 인수는 포인터라고 생각할 수 있다.

실제 함수를 호출하여 실인수로 배열을 전달할 때 배열의 이름만 사용하며, 배열의 이름은 배열의 주소와 같다. 또한 함수의 정의 시 가인수에서 배열은 배열의 이름 및 비어있는 대괄호만을 이용한다. 일반적으로 함수는 가인수로 받은 배열의 크기를 알지 못하기 때문에 함수의 호출 시 배열의 크기를 또 다른 인수를 이용하여 알려준다. 이러한 배열을 이용하여 인수를 전달하는 방법을 포인터를 이용하여 전달하는 방법으로 사용할 수 있다. 함수의 정의 시 가인수를 배열 대신에 포인터 변수를 이용한다. 실인수로 배열의 이름이 사용되면 이는 포인터 상수로 배열의 첫 번째 요소의 주소가 된다. 따라서 가인수에서 포인터 변수가 이용 가능한 것이다. [예제 11-11]은 실인수가 배열을 사용하고 가인수는 포인터 변수가 사용됨을 보여준다. 함수 내에서 배열의 요소들은 함수 sum2와 같이 역참조 연산자를 사용하거나, 함수 sum3와 같이 배열처럼 사용할 수도 있다.

[예제 11-11] 배열 실인수에 포인터 가인수의 사용

```
/*
Example 11-11
배열 실인수에 포인터 가인수의 사용
*/
```

```

#include <stdio.h>

void sum1(int iArray[], int iValue);
void sum2(int *pInt, int iValue);
void sum3(int *pInt, int iValue);

int main(void)
{
        int iArray[5] = { 1, 2, 3, 4, 5 };

        printf("\n\n======== Example 11-11 Start ========\n\n");

        sum1(iArray, 5);
        sum2(iArray, 5);
        sum3(iArray, 5);

        printf("\n\n======== Example 11-11 End ========\n\n");

        return 0;
}
void sum1(int iArray[], int iValue)
{
        int iSum = 0, iCount;

        for (iCount = 0; iCount<iValue; iCount++)
        {
                iSum = iSum + iArray[iCount];
        }
        printf("sum = %d\n", iSum);
}

void sum2(int *pInt, int iValue)
{
        int iSum = 0, iCount;
        for (iCount = 0; iCount<iValue; iCount++)
        {
                iSum = iSum + *pInt;
                pInt++;
        }
        printf("sum = %d\n", iSum);
}

void sum3(int *pInt, int iValue)
{
```

```
        int iSum = 0, iCount;
        for (iCount = 0; iCount<iValue; iCount++)
        {
                iSum = iSum + pInt[iCount];
        }
        printf("sum = %d\n", iSum);
}
```

```
C:\WINDOWS\system32\cmd.exe

======== Example 11-11 Start ========

sum = 15
sum = 15
sum = 15


======== Example 11-11 End ========

계속하려면 아무 키나 누르십시오 . . .
```

(그림 11–14) [예제 11–11]의 결과

11.7 연습문제

(연습문제 11-1) 다음 괄호 부분을 채우시오.

① 포인터 사이의 뺄셈 연산은 배열의 (　　　)의 차이와 같다.

② 여러 개의 주소를 하나의 이름으로 관리하기 위해서 (　　　　　　)를 사용한다.

③ (　　　)에 의한 함수 호출은 C언어의 기본적인 인수 전달 방법으로 가인수 값에 실인수 값이 복사되어 함수에서 처리된다.

④ 배열이 함수의 인수로 전달될 때, 함수의 정의 시 가인수에서 배열은 배열의 이름 및 (　　　　　)를 이용한다.

(연습문제 11-2) 다음의 문장 중 틀린 것들을 고르고 이유를 설명하시오.

① 배열을 함수의 인수로 전달할 때는 값에 의한 인수 전달 방법이 사용된다.

② 값에 의한 호출 방법을 이용하여 함수의 인수를 전달할 때, 가인수의 값이 변경되면 실인수의 값이 함께 변경된다.

③ 포인터 배열을 선언하면 포인터 배열의 크기만큼 배열이 메모리에 할당되고, 각 요소에는 변수의 주소값을 저장할 수 있다.

④ 다차원 배열을 함수의 인수로 전달할 때 반드시 첫 번째 대괄호의 크기를 명시해야 한다.

(연습문제 11-3) 다음 프로그램을 컴파일하면 문제가 발생한다. 그 이유는?

```
#include <stdio.h>

void calc_score(int iEngScore[], int iValue);

int main(void)
{
        int iEngScore[5] = { 90, 95, 85, 80, 70 };

        calc_score(iEngScore[5], 5);

        return 0;
}

```

```c
void calc_score(int iEngScore[], int iValue)
{
	int iCount, iSum = 0, iAverage, iMaxScore = 0;

	for (iCount = 0; iCount<iValue; iCount++)
	{
		iSum = iSum + iEngScore[iCount];
		if (iEngScore[iCount] > iMaxScore)
		{
			iMaxScore = iEngScore[iCount];
		}
	}

	iAverage = iSum / 5;
	printf(" 평균점수 = %d \n", iAverage);
	printf(" 최고점수 = %d \n", iMaxScore);
}
```

(연습문제 11-4) 다음 프로그램의 결과는?

```c
#include <stdio.h>

int main(void)
{
	int iValue[10] = { 10, 20, 30, 40, 50, 60, 70, 80, 90, 100 };
	int *pInt = &iValue[7];

	printf("\n\n======== Problem 11-4 Start ========\n\n");

	printf("*pInt = %d \n", *pInt);
	printf("*pInt + 1 = %d \n", *pInt + 1);
	printf("*(pInt + 1) = %d \n", *(pInt + 1));

	printf("*pInt++ = %d \n", *pInt++);
	printf("*++pInt = %d \n", *++pInt);

	printf("\n\n======== Problem 11-4 End ========\n\n");

	return 0;
}
```

(연습문제 11-5) 다음 프로그램의 결과는?

```c
#include <stdio.h>

int main(void)
{
	int iValue[10] = { 10, 20, 30, 40, 50, 60, 70, 80, 90, 100 };
	int *pInt = &iValue[3];
	int iCount;

	printf("\n\n======== Problem 11-5 Start ========\n\n");

	for (iCount = 0; iCount<5; iCount++){
		printf("iValue[%d] = %d \n", iCount, *(pInt + iCount));
	}

	printf("\n\n======== Problem 11-5 End ========\n\n");

	return 0;
}
```

(연습문제 11-6) 두 개의 5*3 이차원 행렬을 더하는 프로그램을 작성하시오.
(단, 행렬의 값은 랜덤하게 제공되며, 행렬의 출력 부분을 함수로 작성하시오.)

```
C:\WINDOWS\system32\cmd.exe

======== Problem 11-6 Start ========

   Matrix1

    1  4

    9  8

    2  5

   Matrix2

    7  0

    4  8

    4  5

   Matrix1 + Matrix2

    8  4

    13  16

    6  10


======== Problem 11-6 End ========

계속하려면 아무 키나 누르십시오 . . .
```

(연습문제 11-7) 스택은 한 쪽 끝에서만 자료를 넣거나 뺄 수 있는 선형 구조로 되어 있다. 스택에 자료를 넣는 것을 푸시(push)라고 하고 반대로 스택에 넣어둔 자료를 꺼내는 것을 팝(pop)이라고 한다. 이 때 꺼내지는 자료는 가장 최근에 보관한 자료부터 나오게 된다. 이처럼 나중에 넣은 값이 먼저 나오는 것을 LIFO(Lat Input First Output)구조라고 한다. 정수값을 저장하는 스택을 프로그램하시오. 이 때 스택의 크기는 100으로 하시오.

```
C:\WINDOWS\system32\cmd.exe

======== Problem 11-7 Start ========

입출력을 결정하세요 입력(1), 출력(2), 프로그램 종료(3) : 1
Stack에 저장할 값을 입력하세요 : 10
입출력을 결정하세요 입력(1), 출력(2), 프로그램 종료(3) : 1
Stack에 저장할 값을 입력하세요 : 20
입출력을 결정하세요 입력(1), 출력(2), 프로그램 종료(3) : 1
Stack에 저장할 값을 입력하세요 : 30
입출력을 결정하세요 입력(1), 출력(2), 프로그램 종료(3) : 2
Stack으로부터 출력값은  30 입니다.
입출력을 결정하세요 입력(1), 출력(2), 프로그램 종료(3) : 2
Stack으로부터 출력값은  20 입니다.
입출력을 결정하세요 입력(1), 출력(2), 프로그램 종료(3) : 2
Stack으로부터 출력값은  10 입니다.
입출력을 결정하세요 입력(1), 출력(2), 프로그램 종료(3) : 2
Stack에 저장된 값이 없습니다.Stack으로부터 출력값은  -1 입니다.
입출력을 결정하세요 입력(1), 출력(2), 프로그램 종료(3) : 3


======== Problem 11-7 End ========

계속하려면 아무 키나 누르십시오 . . .
```

CHAPTER 12

C 언 어 *Practice*

문자열의 처리 및 시스템 제공 함수

12.1 C언어에서의 문자열 관리

프로그래밍 언어에서 자주 다루는 연속된 일련의 문자를 문자열이라고 하며, 이러한 문자열은 문자를 앞뒤로 인용부호("")로 둘러싸서 표기한다. 그러나 C언어에서는 문자열을 처리하기 위한 별도의 자료형이 제공되지 않기 때문에 9장에서 언급한 것과 같이 문자형 배열을 이용한다. 즉, 문자열은 문자형 자료형의 집합이다.

문자열은 일반적인 문자형 배열 변수와 구분하기 위하여, 문자열의 마지막에 널(null) 문자가 반드시 저장되며 그 값은 '₩0'이다. 문자열은 하나 또는 그 이상의 문자들의 집합이 가능하며, 하나의 문자라도 인용부호로 둘러싸면 문자열상수가 되고 작은 인용부호('')로 둘러싸면 문자상수가 된다. 즉, "a"라는 것은 문자 하나이긴 하지만 인용부호로 표기하였기 때문에 문자열이며, 실제의 값은 'a', '₩0'로 구성되어 있다. 반면 'a'는 작은 인용부호로 표기하였기 때문에 하나의 문자인 문자형이다.

C언어에서는 문자열의 입력과 출력을 위하여 표준 입출력 함수를 제공하며 일반적으로 "stdio.h" 헤더 파일을 추가함으로써 사용할 수 있다. 또한, 문자열 내에서의 특정 문자 검색, 문자열의 길이 계산, 문자열의 복사 등 문자열의 처리를 위한 함수를 제공하며 "string.h" 헤더 파일을 추가함으로써 사용할 수 있다. 그리고 하나의 문자에 대한 처리를 위한 함수도 제공하며, "ctype.h" 헤더 파일을 추가함으로써 사용이 가능하다.

12.2 문자 입출력 함수

문자와 문자열은 프로그램 내에서 빈번하게 사용되며, 기본적인 입력 및 출력은 지금까지 변수에 값을 입력하거나 출력할 때 사용했단 scanf와 printf 함수를 이용하여 가능하다. 그러나 특정한 경우에는 다른 입출력 함수들을 사용하는 것이 프로그램을 간단하게 만들 수 있다. C언어에서 문자를 입출력하는 함수들 중 많이 사용되는 것들은 〈표 12-1〉과 같다.

〈표 12-1〉 C언어의 대표적인 문자 입출력 함수

함수명	의미
int getchar(void)	하나의 문자를 읽은 후 ASCII 코드 반환
void putchar(int c)	변수 c에 저장된 문자를 출력
int getch(void)	하나의 문자를 읽은 후 ASCII 코드 반환 (버퍼 사용하지 않음)
void putch(int c)	변수 c에 저장된 문자를 출력 (버퍼 사용하지 않음)
scanf(%c", &c)	하나의 문자를 읽어서 변수 c에 저장
printf("%c", c)	변수 c에 저장된 문자를 출력

12.2.1 getchar()와 putchar() 함수

getchar와 putchar 함수는 하나의 문자를 입력 받거나 출력하기 위하여 사용되는 함수이다. getchar는 하나의 문자를 읽어 들이며 함수의 반환형이 int형이다. 문자를 읽어오는데 함수의 반환형이 char가 아닌 int인 이유는 입력의 끝을 나타내는 EOF(End Of FIle)의 문자를 체크하기 위함이며, 콘솔에서 EOF는 "CTRL + Z" 키를 누름으로써 입력이 가능하다. getchar와 putchar 함수는 버퍼를 사용하기 때문에 키보드에 키를 누른 후 엔터키를 눌러야만 이전에 입력했던 문자를 받을 수 있다. 사용자가 키보드를 이용하여 문자를 입력하면 이들 문자는 버퍼라고 불리는 저장 공간으로 가며, 엔터키가 눌러지면 버퍼에 저장된 문자들이 프로그램으로 전달된다. 즉, 엔터키가 눌릴 때 까지 계속 버퍼에 그 값이 쌓이며, 엔터키를 누르게 되면 버퍼에 쌓였던 문자들을 차례로 가져올 수 있다. 만일 버퍼를 이용하지 않고 바로 프로그램으로 전달되기를 원한다면 getch 함수를 이용해야만 한다. [예제 12-1]은 getchar를 이용하여 문자를 입력받고 putchar를 이용하여 문자를 출력하는 간단한 예이다.

[예제 12-1] getchar와 putchar를 이용한 프로그램

```
/*
```

```
Example 12-1
getchar와 putchar를 이용한 프로그램
*/

#include <stdio.h>

int main(void)
{
        int ch;

        printf("\n\n======== Example 12-1 Start ========\n\n");

        while ((ch = getchar()) != EOF)
        {
                putchar(ch);
        }

        printf("\n\n======== Example 12-1 End ========\n\n");

        return 0;
}
```

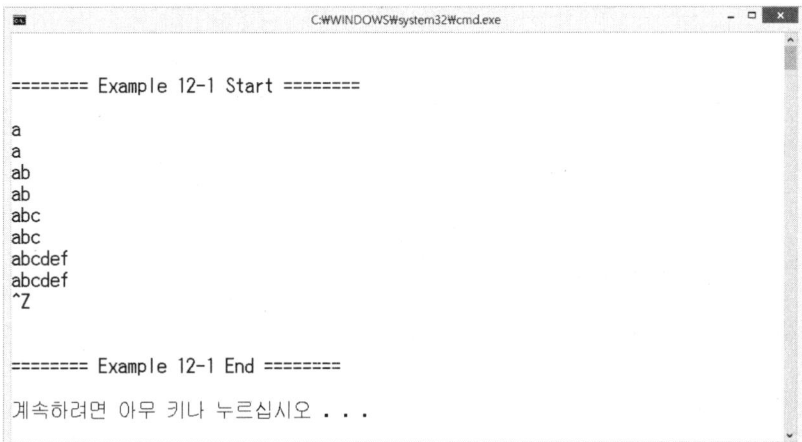

(그림 12-1) [예제 12-1]의 결과

12.2.2 getch()와 putch() 함수

getch와 putch 함수는 "conio.h" 헤더 파일을 추가하여 사용이 가능하며, getchar와 putchar 함수와는 다르게 버퍼를 사용하지 않는다. 따라서 키보드를 누름과 동시에 그 값이 변수에 저장된다. 또 다른 차이점은 보통의 입출력 함수들이 문자를 입력받으면서 화면에 출력하는데 반해, 이 두 함수는 에코를 하지 않기 때문에 getch 함수를 통하여 키보드로부터 입력을 받을 때 전혀 화면에 아무것도 나타나지 않는다. 만약 getch 함수와 같이 버퍼를 사용하지 않는 입력을 받으나 에코가 필요한 경우 getche 함수를 사용할 수도 있다. [예제 12-2]는 getch와 putch 함수를 이용한 예제이다.

[예제 12-2] getch와 putch를 이용한 프로그램

```
/*
Example 12-2
getch와 putch를 이용한 프로그램
*/

#include <conio.h>

int main(void)
{
		int ch;

		printf("\n\n======== Example 12-2 Start ========\n\n");

		while ((ch = getch()) != 'q')
		{
				putch(ch);
		}

		printf("\n\n======== Example 12-2 End ========\n\n");

		return 0;
}
```

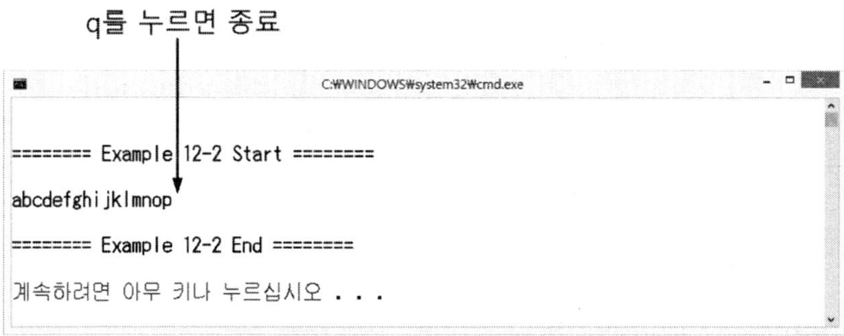

(그림 12-2) [예제 12-2]의 결과

12.2.3 scanf()와 printf() 함수

scanf와 printf 함수를 이용하면 다양한 변수에 그 값을 입출력할 수가 있다. scanf와

printf 함수를 이용하여 문자를 입력받기 위해서는 형식 지정자 "%c"를 사용하며, 자세한 것은 2장에서 설명하였다.

12.3 문자열 입출력 함수

문자열을 입출력하는 것은 프로그램을 작성할 때 많이 사용하는 기능이다. 일반적으로 문자열의 입출력에는 다른 변수의 입출력과 마찬가지로 scanf 함수를 이용하여 입력받고, printf 함수를 이용하여 출력한다. 그러나 특별한 경우에는 다른 함수를 이용하는 것이 프로그램 작성에 도움이 되는 경우가 많으며, C언어에서의 대표적인 문자열 입출력 함수는 〈표 12-2〉와 같다.

〈표 12-2〉 C언어에서의 대표적인 문자열 입출력 함수

함수명	의미
int scanf("%s", s)	문자열을 읽어서 문자 배열 s[]에 저장
int printf("%s", s)	배열 s[]에 저장되어 있는 문자열을 출력
char *gets(char *s)	한 줄의 문자열을 읽어서 문자 배열 s[]에 저장
int puts(const char *s)	배열 s[]에 저장되어 있는 한 줄의 문자열을 출력

12.3.1 scanf()와 printf() 함수

scanf와 printf 함수에서 형식 지정자 "%s"를 이용하면 문자열을 입력받을 수 있다. 그러나 scanf를 이용하여 문자열을 입력받을 때에는 주의할 사항이 있다. 예를 들어, 키보드로부터 숫자를 입력받아 정수형 변수에 대입하고자 할 때에는 다음과 같은 형식으로 scanf를 사용한다.

```
scanf("%d", &iValue);
```

scanf 함수의 두 번째 인수에 유의하자. 두 번째 인수는 반드시 주소값이어야 한다. 만약 문자열을 입력받게 된다면 어떻게 사용해야 하나? 문자열의 입력은 배열을 이용하여 입력 받으며, 이 때 배열의 이름이 배열의 주소가 된다. 따라서 문자열을 입력 받을 때에는 변수 앞에 주소 연산자(&)를 붙이지 않는다. scanf 함수를 이용하여 문자열을 입

력받는 형식은 다음과 같다.

```
<scanf 함수를 이용하여 문자열을 입력받는 형식>

scanf("%s", 배열의이름);


<scanf 함수를 이용하여 문자열을 입력받는 예>

char sValue[10];
scanf("%s", sValue);
```

printf를 이용하여 문자열을 출력하는 것은 일반 변수와 동일하다. 그러나 이 때에도 배열을 이용하여 출력하여야 하며, 배열이 함수의 인수로 사용될 경우 함수를 호출할 때 배열의 이름만 적는 것을 기억하면 된다. 따라서 printf 함수를 이용하여 문자열을 출력하고자 할 때에는 배열의 이름만 적어줌으로써 출력이 가능하다.

```
<printf 함수를 이용한 문자열 출력의 예>

printf("%s", sValue);
```

[예제 12-3]은 scanf 함수를 이용하여 문자열을 입력받은 후 printf 함수를 이용하여 화면에 출력하는 간단한 예이다.

[예제 12-3] scanf와 printf 함수를 이용한 프로그램

```
/*
Example 12-3
scanf와 printf 함수를 이용한 프로그램
*/

#include <stdio.h>

int main(void)
{
        char sValue[10];

        printf("\n\n======== Example 12-3 Start ========\n\n");

```

```
        printf("이름을 입력하세요 : ");
        scanf("%s", sValue);

        printf("%s님 반갑습니다.\n", sValue);

        printf("\n\n======== Example 12-3 End ========\n\n");

        return 0;
}
```

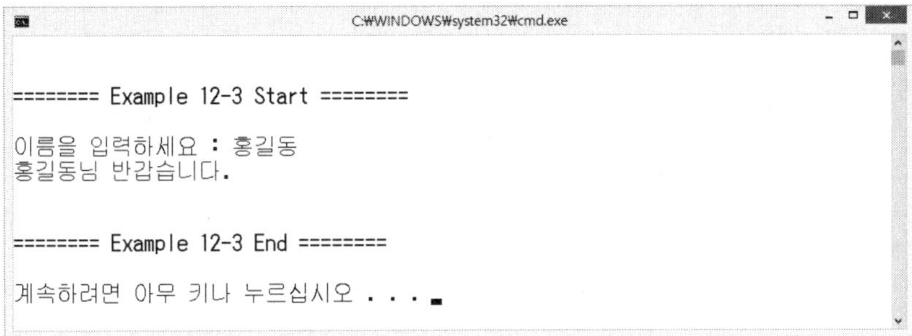

(그림 12-3) [예제 12-3]의 결과

12.3.2 gets()와 puts() 함수

scanf 함수를 사용하면 하나의 단어밖에 입력받지 못한다. 만일 여러 단어를 입력받고자 할 때에는 scanf 함수 내부에서 형식 지정자를 여러 개 사용해야만 한다. 그러나 이러한 방법은 매우 불편하며, gets 함수를 이용하면 간단히 해결할 수 있다. gets 함수는 한 줄 전체를 입력받을 때 사용하는 함수이며, 엔터키가 나올 때 까지 한 줄의 라인을 문자열로 입력받는다. 즉, 여러 개의 단어를 각각의 배열 변수로 입력하기 위해서는 scanf 함수를 이용하고, 하나의 문자열 변수에 여러 단어를 하나의 문장으로 입력하기 위해서는 gets 함수를 사용한다.

puts 함수는 printf 함수와 같이 문자열을 화면에 출력하기 위한 함수이다. 그러나 puts는 형식 지정자를 사용하지 않고 하나의 문자열만 출력이 가능하다. 이 때 띄어쓰기 등은 상관없이 모두 문자열로 인식하여 출력한다.

scanf와 printf와 같이 문자열을 입출력하는 함수가 있는데도 gets나 puts 함수가 있는 이유는 scanf와 printf 함수가 형식 지정자를 이용하여 입력받기 때문에 그 내부가 매우 복잡하기 때문이다. 따라서 속도가 빠른 프로그램이나 혹은 간단한 프로그램을 작성하고자 할 때에는 gets와 puts 함수를 사용하는 것이 좋을 경우도 있다. 그러나 gets 함수를 사용함에는 주의할 점이 한 가지가 있다. gets 함수는 입력되는 문자열의 크기를 검사하지 않고 사용자가 입력하는 대로 저장한다. 따라서 문자 배열의 크기보다 더 큰 문자열이 저장될 수도 있으며, 이 때 주변에 있는 다른 자료들이 입력한 문자열로 덮여 씌워질 수 있다. [예제 12-4]는 gets와 puts 함수를 이용한 간단한 예제이다.

[예제 12-4] gets와 puts 함수를 이용한 프로그램

```
/*
Example 12-4
gets와 puts 함수를 이용한 프로그램
*/

#include <stdio.h>

int main(void)
{
	char sName[100];
	char sMajor[100];

	printf("\n\n======== Example 12-4 Start ========\n\n");

	puts("이름을 입력하세요 : ");
	gets(sName);
	puts("소속을 입력하세요 : ");
	gets(sMajor);

	puts(sName);
	puts(sMajor);

	printf("\n\n======== Example 12-4 End ========\n\n");

	return 0;
}
```

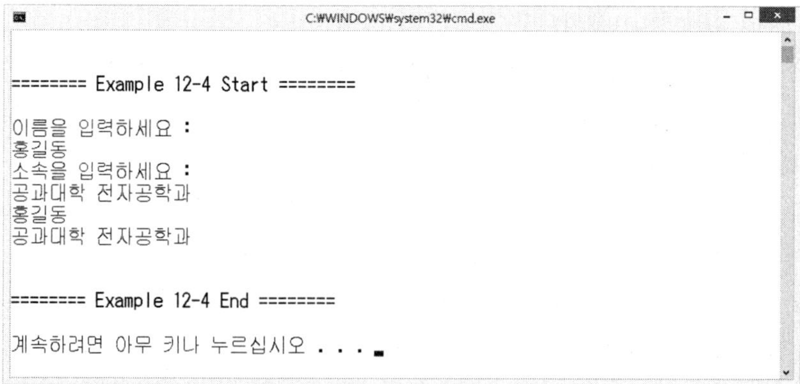

(그림 12-4) [예제 12-4]의 결과

12.4 문자 처리 함수

문자를 처리하는 함수는 프로그램 내에서 필요한 경우가 많이 때문에 C언어에서는 별도의 함수로 제공하고 있다. 문자 관련 함수는 문자들을 검사하거나 대소문자를 변경하기도 하며, 이러한 함수들은 "ctype.h" 헤더 파일에 포함되어 있다.

문자에 대한 검사는 영문자 검사, 대문자 검사, 소문자 검사, 숫자 검사 등과 같은 것들이 주를 이루며 함수 이름은 보통 "is..."로 시작한다. 이 때 반환값은 참이면 0이 아닌 값이 반환되고, 거짓이면 0이 반환된다. 문자 변환은 대표적으로 영문 소문자를 대문자로 변환하거나, 영문 대문자를 소문자로 변환하는 함수가 있으며, 또한 문자를 ASCII 코드로 변환하는 함수도 있다. 이 때 반환값은 변환된 문자이며, 인수와 반환값 모두 int 형을 이용한다. 〈표 12-3〉은 문자 처리 함수를 나타낸다.

〈표 12-3〉 C언어의 문자 처리 함수

구분	함수명	의미
문자 검사	isalpha(c)	영문자 검사 (a~x, A~Z)
	isupper(c)	영문 대문자 검사 (A~Z)
	islower(c)	영문 소문자 검사 (a~z)
	isdigit(c)	숫자 검사 (0~9)
	isxdigit(c)	16진수 숫자 검사 (0~9, a~f, A~F)
	isspace(c)	공백 문자 검사 (' ', '₩n', '₩t', '₩f', '₩v', '₩r')
	ispunct(c)	구두점 문자 검사 (빈칸이나 영문, 숫자 제외한 출력문자)
	isalnum(c)	영문과 숫자 검사 (a~z, A~Z, 0~9)
	isprint(c)	출력 가능 검사
	isgraph(c)	그래픽 문자 검사
	iscntrl(c)	제어문자 검사 ('₩a', '₩b', '₩n', '₩t', '₩f', '₩r', '₩v')
	isascii(c)	아스키 코드 검사
문자 변환	toupper(c)	영문 대문자로 변환
	tolower(c)	영문 소문자로 변환
	toascii(c)	아스키 코드로 변환

[예제 12-5]는 입력받은 문자가 어떤 형태의 문자인지를 다양하게 판단하는 예제이다.

[예제 12-5] 입력받은 문자의 형태 검사

```
/*
Example 12-5
입력받은 문자의 형태 검사
*/

#include <stdio.h>
#include <ctype.h>

int main(void)
{
    char cValue;

    printf("\n\n======== Example 12-5 Start ========\n\n");

    puts("문자를 입력하세요. 종료하려면 ctrl + z를 누르세요 : ");

    while ((cValue = getchar()) != EOF)
    {
        if (isupper(cValue) != 0)
        {
            printf("입력하신 %c는 영문 대문자입니다.\n", cValue);
        }
        else if (islower(cValue) != 0)
        {
            printf("입력하신 %c는 영문 소문자입니다.\n", cValue);
        }
        else if (isdigit(cValue) != 0)
        {
            printf("입력하신 %c는 숫자입니다.\n", cValue);
        }
        else if (ispunct(cValue) != 0)
        {
            printf("입력하신 %c는 구두 문자입니다.\n", cValue);
        }
    }

    printf("\n\n======== Example 12-5 End ========\n\n");

    return 0;
}
```

```
C:\WINDOWS\system32\cmd.exe

======== Example 12-5 Start ========

문자를 입력하세요. 종료하려면 ctrl + z를 누르세요 :
1
입력하신 1는 숫자입니다.
a
입력하신 a는 영문 소문자입니다.
D
입력하신 D는 영문 대문자입니다.
#
입력하신 #는 구두 문자입니다.
^Z


======== Example 12-5 End ========

계속하려면 아무 키나 누르십시오 . . .
```

(그림 12-5) [예제 12-5]의 결과

[예제 12-6]은 입력받은 문자를 toupper 함수를 이용하여 모두 대문자로 변경하는 프로그램이다.

[예제 12-6] 입력받은 문자를 대문자로 변경하는 프로그램

```
/*
Example 12-6
입력받은 문자를 대문자로 변경하는 프로그램
*/

#include <stdio.h>
#include <ctype.h>

int main(void)
{
        char cValue;

        printf("\n\n======== Example 12-6 Start ========\n\n");

        puts("알파벳 문자를 입력하세요. 종료하려면 ctrl + z를 누르세요 : ");

        while ((cValue = getchar()) != EOF)
        {
                if (islower(cValue) != 0)
                {
                        cValue = toupper(cValue);
                }

                putchar(cValue);
```

```
        }

        printf("\n\n======== Example 12-6 End ========\n\n");

        return 0;
}
```

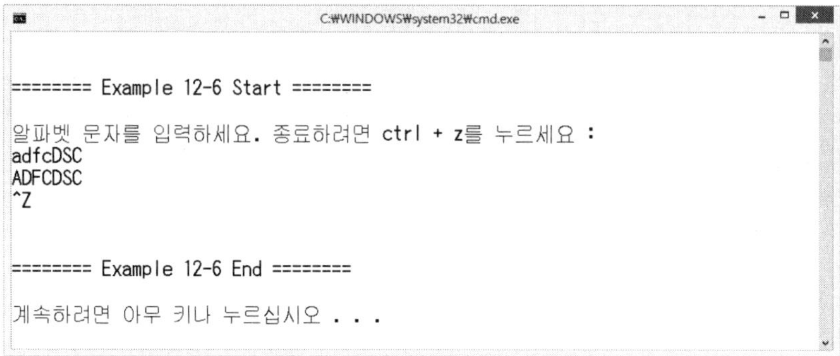

(그림 12-6) [예제 12-6]의 결과

12.5 문자열 처리 함수

문자열 처리 함수는 "string.h" 헤더 파일을 이용하여 사용할 수 있으며, 프로그램 작성 시 매우 유용하게 사용할 수 있다. 예를 들어 두 개의 문자열을 붙이는 작업이나, 또는 비밀번호 검사 등 두 개의 문자열을 서로 비교할 때 유용하다. 이러한 문자열을 처리하는 작업을 프로그래머가 직접 사용자 정의 함수로 작성하여 사용하는 것도 가능하기는 하지만 작성에의 필요 시간과 오류 발생 가능성 등의 이유로 비효율적이기 때문에 C언어에서 제공하는 시스템 제공함수를 많이 이용하고 있다. 〈표 12-4〉는 C언어에서 제공하는 대표적인 문자열 처리 함수들이다.

〈표 12-4〉 C언어에서 제공하는 대표적인 문자열 처리 함수

함수명	의미
size_t strlen(s)	문자열 s의 길이 반환 (size_t은 sizeof 연산자로 반환되는 자료형, 일반적으로 unsigned int형이나 시스템에 따라 아닐 수 있음)
char *strcpy(s1, s2)	s2를 s1에 복사
char *strcat(s1, s2)	s2를 s1의 끝에 붙여넣음

int strcmp(s1, s2)	s1과 s2를 비교
char *strncpy(s1, s2, n)	s2의 최대 n개의 문자를 s1에 복사
char *strncat(s1, s2, n)	s2의 최대 n개의 문자를 s1의 끝에 붙여넣음
int strncmp(s1, s2, n)	최대 n개의 문자까지 s1과 s2를 비교
char *strchr(s, c)	문자열 s안에서 문자 c를 찾아 위치 반환 찾는 문자가 없을 경우 NULL
char *strstr(s1, s2)	문자열 s1에서 문자열 s2를 찾아 위치 반환 찾는 문자열이 없을 경우 NULL
char *strtok(s1, s2)	문자열 s1을 문자열 s2를 이용하여 토큰으로 분리
int sscanf(s, "형식 지정자", ...)	문자열 s로부터 지정된 형식으로 수치를 읽어 변수에 저장
int sprintf(s, "형식 지정자", ...)	변수의 값을 형식 지정자에 따라 문자열 형태로 문자 배열 s에 저장

12.5.1 strlen() 함수

<strlen 함수의 형식>

```
size_t strlen(const char *);
```

strlen 함수는 널(NULL)문자를 제외한 문자열의 길이를 반환하는 함수이다. 반환값은 size_t형으로 자료의 크기를 표시하는데 사용되는 자료형이며, 시스템마다 자료형의 크기를 표현하는 자료형이 다르기 때문에 사용된다. 일반적으로 size_t 자료형은 unsigned int형과 같다. 배열로 표현되는 문자열은 sizeof 연산자를 이용하여 그 크기를 구할 수 있으나, 보통은 배열의 전체 크기보다 문자열의 길이가 작을 수 있다. 따라서 정확한 문자열의 길이를 구하기 위해서는 strlen 함수를 이용하여 구해야 한다. [예제 12-7]은 배열의 크기와 문자열의 길이의 차이를 비교하는 예제이다.

[예제 12-7] strlen 함수를 이용한 문자열의 길이 계산

```
/*
Example 12-7
strlen 함수를 이용한 문자열의 길이 계산
*/

#include <stdio.h>
#include <string.h>

int main(void)
```

```
{
        char sValue[50] = "Korea";

        printf("\n\n======== Example 12-7 Start ========\n\n");

        printf("sValue = %s\n", sValue);
        printf("sizeof of sValue = %d\n", sizeof(sValue));
        printf("length of sValue = %d\n", strlen(sValue));

        printf("\n\n======== Example 12-7 End ========\n\n");

        return 0;
}
```

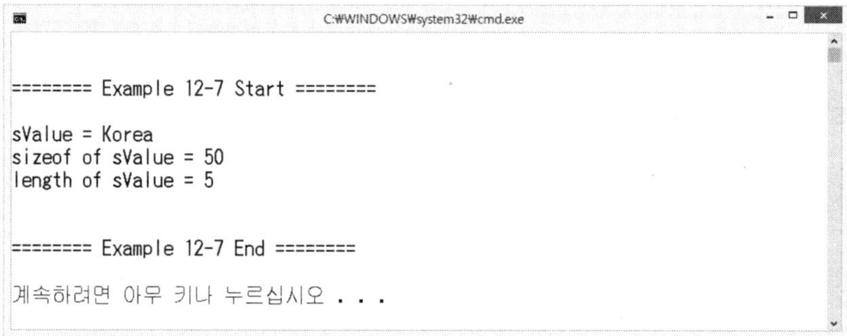

(그림 12-7) [예제 12-7]의 결과

12.5.2 strcpy()와 strncpy() 함수

```
<strcpy와 strncpy 함수의 형식>

char *strcpy(char *s1, const char *s2);
char *strncpy(char *s1, const char *s2, size_t n);
```

C언어에서 문자열을 복사하는 함수로는 strcpy 함수와 strncpy 함수를 제공한다. strcpy 함수는 첫 번째 인수의 문자열에 두 번째 인수의 문자열을 복사하며, 첫 번째 인수의 문자열이 완전히 두 번째 인수의 문자열로 바뀌는 역할을 수행한다. 반면 strncpy 함수는 복사되는 최대 문자의 수를 지정하여 사용이 가능하며, 세 번째 인수에 복사하는 문자의 바이트 수 즉 단어의 수를 지정하여 복사할 수 있다. 그러나 strncpy 함수의 경우 단어의 개수를 지정하여 복사하기 때문에 문자열의 끝을 나타내는 널문자의 복사가 이루어지지 않을 수 있다. 따라서 이미 저장되어 있는 문자열에 strncpy 함수를 이용하여 복사를 수행할 때 복사할 문자열이 이미 존재하는 문자열보다 길이가 작을 경우 기존

의 문자열의 일부가 남을 수 있으니 주의해야만 한다.

[예제 12-8]은 strcpy 함수와 strncpy 함수를 이용한 문자열 복사 예제이다. 프로그램 작성 시 주의할 사항은 Visual Studio에서는 strcpy 함수를 바로 사용할 경우 에러 메시지를 발생하게 된다. 따라서 (그림 12-8)과 같이 [프로젝트] 메뉴 - [속성]을 선택한 후 나오는 속성 페이지를 실행시킨다. 그리고 [구성 속성] - [C/C++] - [전처리기]를 선택한 후 전처리기 정의에서 _CRT_SECURE_NO_WARNINGS를 추가한다.

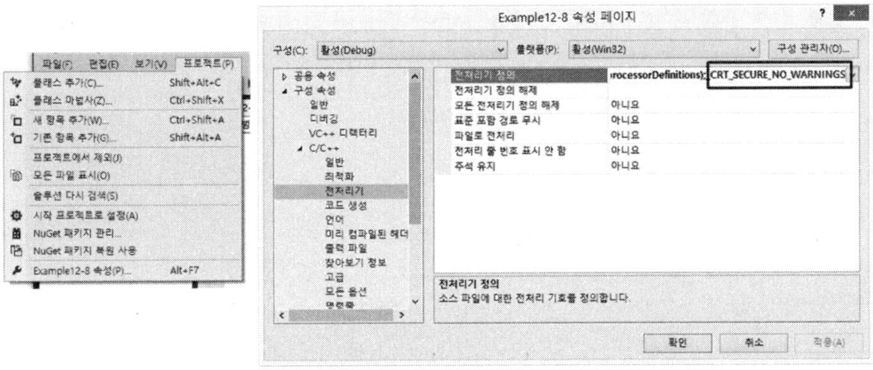

(그림 12-8) strcpy 함수를 사용하기 위한 속성 편집 화면

[예제 12-8] strcpy와 strncpy 함수를 이용한 문자열 복사

```
/*
Example 12-8
strcpy와 strncpy 함수를 이용한 문자열 복사
*/

#include <stdio.h>
#include <string.h>

int main(void)
{
        char sValue1[50] = { 0 };
        char sValue2[50] = { 0 };

        printf("\n\n======== Example 12-8 Start ========\n\n");

        strcpy(sValue1, "Korea");
        printf("sValue1 = %s\n", sValue1);

        strncpy(sValue1, "America", 3);
        printf("sValue1 = %s\n", sValue1);
```

```
	strncpy(sValue2, "Korea", 3);
	printf("sValue2 = %s\n", sValue2);

	printf("\n\n======== Example 12-8 End ========\n\n");

	return 0;
}
```

```
C:\WINDOWS\system32\cmd.exe

======== Example 12-8 Start ========

sValue1 = Korea
sValue1 = Ameea
sValue2 = Kor


======== Example 12-8 End ========

계속하려면 아무 키나 누르십시오 . . .
```

(그림 12-9) [예제 12-8]의 결과

12.5.3 strcat()와 strncat() 함수

```
<strcat와 strncat 함수의 형식>

char *strcat(char *s1, const char *s2);
char *strncat(char *s1, const char *s2, size_t n);
```

strcat 함수와 strncat 함수는 두 개의 문자열이 있는 경우 이 두 개의 문자열을 연결하여 하나의 문자열로 만들 때 사용하는 함수이다. strcat 함수는 첫 번째 인수의 배열에 두 번째 인수인 문자열 전체를 연결하며, strncat 함수는 문자열의 개수를 지정하여 연결한다. 이 두 함수를 사용할 경우 첫 번째 인수의 배열에 충분한 공간이 없을 경우에도 복사 작업이 수행되어 다른 변수의 메모리 영역을 침범할 수 있기 때문에 오류에 주의해야 한다. [예제 12-9]는 strcat 함수와 strncpy 함수를 이용하여 문자열을 연결한 프로그램이다. 또한 strcat 함수 역시 속성에서 _CRT_SECURE_NO_WARNINGS를 추가해야 정상적으로 컴파일 가능하다.

[예제 12-9] strcat와 strncat 함수를 이용한 문자열 연결

```
/*
Example 12-9
```

```
strcat와 strncat 함수를 이용한 문자열 연결
*/

#include <stdio.h>
#include <string.h>

int main(void)
{
        char sValue[50] = "Korea";

        printf("\n\n======== Example 12-9 Start ========\n\n");

        printf("sValue = %s\n", sValue);

        strcat(sValue, " Seoul");
        printf("sValue = %s\n", sValue);

        strncat(sValue, " Excellent", 5);
        printf("sValue = %s\n", sValue);

        printf("\n\n======== Example 12-9 End ========\n\n");

        return 0;
}
```

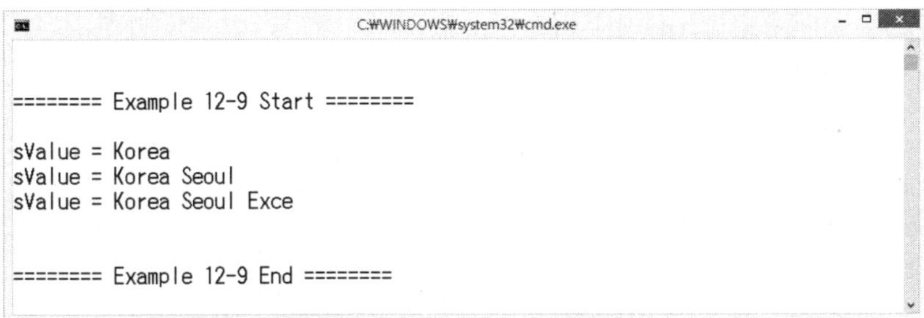

(그림 12-10) [예제 12-9]의 결과

12.5.4 strcmp()와 strncmp() 함수

```
<strcmp와 strncmp 함수의 형식>

int strcmp(const char *s1, const char *s2);
int strncmp(const char *s1, const char *s2, size_t n);
```

strcmp 함수와 strncmp 함수는 문자열을 비교하는 함수로 두 문자열의 비교는 모두 ASCII 코드의 값을 비교하는 것으로 이루어진다. strcmp 함수에서의 문자열의 비교는 개별 문자를 처음부터 시작하여 끝날 때 까지 검사하며, 만일 문자열을 최대 n개의 문자까지만 비교하고 싶을 때에는 strncmp 함수를 이용해야 한다. 두 함수는 문자열이 같을 경우 함수는 0값을 반환하고, 만일 첫 번째 문자열이 두 번째 문자열 보다 사전적으로 앞에 있을 경우(ASCII 코드 값이 작을 경우) 음수를 반환하며, 첫 번째 문자열이 두 번째 문자열보다 사전적으로 뒤에 있을 경우 양수를 반환한다. [예제 12-10]은 strcmp 함수와 strncmp 함수를 이용하여 문자열을 비교한 프로그램이다.

[예제 12-10] strcmp와 strncmp 함수를 이용한 문자열 비교

```
/*
Example 12-10
strcmp와 strncmp 함수를 이용한 문자열 비교
*/

#include <stdio.h>
#include <string.h>

int main(void)
{
        char sValue1[50] = "Korea";
        char sValue2[50] = "Kor";

        printf("\n\n======== Example 12-10 Start ========\n\n");

        printf("sValue1 = %s, sValue2 = %s\n", sValue1, sValue2);

        if (strcmp(sValue1, sValue2) == 0)
        {
                printf("sValue1과 sValue2는 문자열이 서로 같습니다.\n");
        }
        else
        {
                printf("sValue1과 sValue2는 문자열이 서로 같지 않습니다.\n");
        }

        if (strncmp(sValue1, sValue2, 3) == 0)
        {
                printf("sValue1과 sValue2는 앞의 세 문자열이 서로 같습니다.\n");
        }
        else
        {
```

```
                printf("sValue1과 sValue2는 앞의 세 문자열이 서로 같지 않습니다.\n");
        }

        printf("\n\n======== Example 12-10 End ========\n\n");

        return 0;
}
```

```
C:\WINDOWS\system32\cmd.exe

======== Example 12-10 Start ========

sValue1 = Korea, sValue2 = Kor
sValue1과 sValue2는 문자열이 서로 같지 않습니다.
sValue1과 sValue2는 앞의 세 문자열이 서로 같습니다.


======== Example 12-10 End ========

계속하려면 아무 키나 누르십시오 . . .
```

(그림 12-11) [예제 12-10]의 결과

12.5.5 strchr()과 strstr() 함수

```
<strchr과 strstr 함수의 형식>

char *strchr(const char *s, int c);
char *strstr(const char *s1, const char *s2);
```

strchr 함수는 문자열 내에서 특정 문자를 찾기 위한 함수이며, strstr 함수는 문자열 내에서 특정 문자열을 찾기 위한 함수이다. 문자열의 첫 번째 문자부터 차례대로 검색하면서 해당 문자 또는 문자열이 발견되면 위치를 반환한다. 두 함수 모두 위치를 찾은 후 문자열의 주소값을 반환하며, 찾지 못할 경우 NULL 값을 반환한다. 반환값이 주소값이므로 포인터의 뺄셈 연산이 배열 내에서의 요소값만큼 차이가 나는 점을 이용하여 해당 문자 또는 문자열의 위치가 문자열 내에서 몇 번째에 위치해 있는 지를 확인할 수가 있다. [예제 12-11]은 strchr 함수와 strstr 함수를 이용하여 문자열 내에서 특정 문자 또는 문자열의 위치를 찾는 예제이다.

[예제 12-11] strchr과 strstr 함수를 이용한 문자열 내에서의 위치 검색

```
/*
Example 12-11
strchr과 strstr 함수를 이용한 문자열 내에서의 위치 검색
```

```
*/

#include <stdio.h>
#include <string.h>

int main(void)
{
	char sValue[50] = "Republic of Korea";
	char *location;
	int iPosition;

	printf("\n\n======== Example 12-11 Start ========\n\n");

	printf("sValue = %s\n", sValue);

	location = strchr(sValue, 'c');

	if (location == NULL)
	{
		printf("sValue에서 c가 발견되지 않았습니다.\n");
	}
	else
	{
		iPosition = location - sValue;
		printf("sValue에서 c가 %d번째 위치에서 발견되었습니다.\n", iPosition);
	}

	location = strstr(sValue, "Kor");

	if (location == NULL)
	{
		printf("sValue에서 Kor이 발견되지 않았습니다.\n");
	}
	else
	{
		iPosition = location - sValue;
		printf("sValue에서 Kor이 %d번째 위치에서 발견되었습니다.\n", iPosition);
	}

	printf("\n\n======== Example 12-11 End ========\n\n");

	return 0;
}
```

```
======== Example 12-11 Start ========

sValue = Republic of Korea
sValue에서 c가 7번째 위치에서 발견되었습니다.
sValue에서 Kor이 12번째 위치에서 발견되었습니다.


======== Example 12-11 End ========

계속하려면 아무 키나 누르십시오 . . .
```

(그림 12-12) [예제 12-11]의 결과

12.5.6 strtok() 함수

```
<strtok 함수의 형식>

char *strtok(char *s1, const char *s2);
```

strtok 함수는 문자열 내에서 문자열을 특정 구분자를 이용하여, 토큰(token)이라 불리는 단어 단위로 문자열을 분리하는 함수이다. 예를 들어 “Republic of Korea”라는 문자열은 공백 문자를 구분자로 하여 “Republic”, “of”, “Korea”라는 세 개의 단어 즉 토큰으로 분리가 가능하다. 주의할 점은 strtok 함수는 첫 번째 인수인 s1의 값을 변경한다. 즉, 토큰을 하나 얻을 때 마다 토큰의 끝에 널 문자를 추가한다. strtok 함수를 이용하여 토큰을 분리하는 기본 방식은 다음과 같다.

```
<strtok 함수를 이용한 토큰 분리 방법>

char sValue[] = “Republic of Korea”;
char *token;
token = strtok(sValue, " ");

while (token != NULL)
{
        printf("%s", token);
        token = strtok(NULL, " ");
}
```

"token = strtok(sValue, " ");으로 첫 토큰을 추출한다. 문자열 sValue의 처음 토큰 뒤에 NULL저장한 후, 첫 토큰의 주소를 반환하여 token 포인터 변수에 저장한다. 계속적으로 토큰을 추출하기 위해서는 NULL을 첫 번째 인자로 다시 strok(NULL, " ") 함수를 호출하여 그 다음 토큰을 반환받을 수 있다. 이 함수의 두 번째 인자는 구분자로 구성되는 문자열이며 다른 구분자 문자가 필요하면 포함할 수 있다. [예제 12-12]는 strtok 함수를 이용하여 문자열을 토큰으로 분리한 것이다. strtok 함수 역시 속성에서 _CRT_SECURE_NO_WARNINGS를 추가해야 정상적으로 컴파일 가능하다.

[예제 12-12] strtok 함수를 이용한 문자열 분리

```
/*
Example 12-12
strtok 함수를 이용한 문자열 분리
*/

#include <stdio.h>
#include <string.h>

int main(void)
{
	char sValue[] = "Republic of Korea";
	char *token;

	printf("\n\n======== Example 12-12 Start ========\n\n");

	printf("sValue = %s\n", sValue);

	token = strtok(sValue, " ");

	while (token != NULL)
	{
		printf("%s\n", token);
		token = strtok(NULL, " ");
	}

	printf("\n\n======== Example 12-12 End ========\n\n");

	return 0;
}
```

```
C:\WINDOWS\system32\cmd.exe

======== Example 12-12 Start ========

sValue = Republic of Korea
Republic
of
Korea


======== Example 12-12 End ========

계속하려면 아무 키나 누르십시오 . . .
```

(그림 12-13) [예제 12-12]의 결과

12.5.7 문자열의 숫자 변환 및 숫자의 문자열 변환 함수

프로그램을 작성하다 보면 문자열을 숫자로 변환하거나 숫자를 문자열로 변환할 상황도 발생한다. 예를 들어 3.14라는 것은 숫자이지만 "3.14"는 문자열이다. 3.14라는 숫자는 소수점을 갖는 값으로 float이나 double형 변수에 저장되며, "3.14"는 문자열로 문자형 배열 변수에 저장된다. C언어에서는 문자열을 숫자로 혹은 숫자를 문자열로 변경하는 다양한 방법을 제공한다.

<sscanf와 sprintf 함수의 형식>

```
int sscanf(const char *s1, "형식 지정자", 변수의 주소);
int sprintf(char *s1, "형식 지정자", 변수);
```

sscanf와 sprintf 함수는 scanf와 printf 함수 앞에 s를 붙인 것으로 그 사용법은 scanf와 printf와 거의 동일하다. 단지 차이점이 있다면 첫 번째 인수가 추가되었다는 것 하나이며, sscanf 함수는 키보드에서 입력받는 대신에 문자열에서 입력을 받고, sprintf 함수는 화면에 출력하는 대신에 문자열로 출력한다. 즉, sccanf 함수는 함수의 형식 중 첫 번째 인수인 s1으로부터 입력을 받아서 형식 지정자를 이용하여 해당 형식으로 변환한 후 세 번째 인수인 변수에 그 값을 대입한다. sprintf 함수는 형식 지정자를 이용하여 세 번째 인수인 변수를 변환한 후 첫 번째 인수인 s1 문자열에 그 값을 대입한다. [예제 12-13]은 sscanf 함수와 sprintf 함수를 이용한 문자열과 숫자의 변환 예제이다. sscanf와 sprintf 함수 역시 속성에서 _CRT_SECURE_NO_WARNINGS를 추가해야 정상적으로 컴파일 가능하다.

[예제 12-13] sscanf와 sprintf 함수를 이용한 문자열과 숫자의 변환

```
/*
Example 12-13
sscanf와 sprintf 함수를 이용한 문자열과 숫자의 변환
*/

#include <stdio.h>
#include <string.h>

int main(void)
{
        char *today = "19 6 2014";
        int day, month, year;
        char sDate[20];

        printf("\n\n======== Example 12-13 Start ========\n\n");

        sscanf(today, "%d %d %d", &day, &month, &year);
        sprintf(sDate, "%d년 %d월 %d일", year, month, day);

        printf("today = %s\n", today);
        printf("day = %d\n", day);
        printf("month = %d\n", month);
        printf("year = %d\n", year);
        printf("sDate = %s\n", sDate);

        printf("\n\n======== Example 12-13 End ========\n\n");

        return 0;
}
```

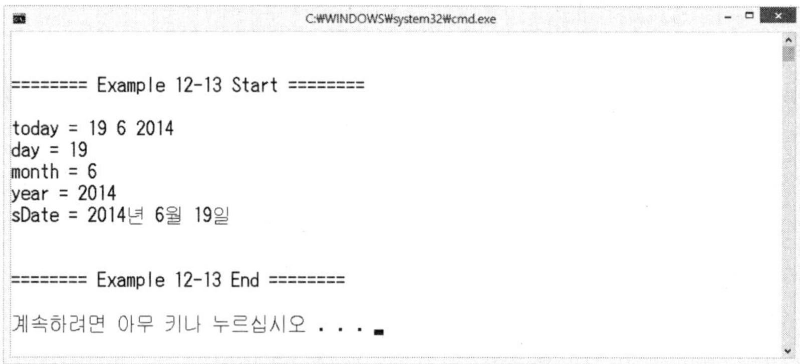

(그림 12-14) [예제 12-13]의 결과

프로그램을 작성하다 보면 형식을 이용하지 않고 간단하게 문자열을 정수나 실수로 변환하는 경우도 필요하다. 문자열을 숫자로 변환하는 전용 함수는 atoi 함수와 atof 함수 등이 있으며, 숫자를 문자열로 변환하는 함수는 _itoa 함수가 있다. 이 함수들은 "stdlib.h" 헤더 파일에 포함되어 있기 때문에 주의해야만 한다. 가장 많이 사용하는 atoi와 _itoa 함수의 형식은 다음과 같다.

<atoi와 _itoa 함수의 형식>

```
int atoi(const char *s);
char *_itoa(int i, char *s1, int base);
```

atoi 함수는 인수로 받은 문자열을 정수로 변환하여 그 값을 반환한다. _itoa 함수는 첫 번째 인수로 받은 정수를 세 번째 인수로 받은 진수 값으로 변환한 후 두 번째 인수인 문자열에 넣는다. [예제 12-14]는 atoi와 _itoa 함수를 이용하여 숫자와 문자열을 서로 변환한 것이다.

[예제 12-14] atoi와 itoa 함수를 이용한 문자열과 숫자의 변환

```
/*
Example 12-14
atoi와 itoa 함수를 이용한 문자열과 숫자의 변환
*/

#include <stdio.h>
#include <stdlib.h>

int main(void)
{
		char sValue[10] = "100";
		int iValue;

		printf("\n\n======== Example 12-14 Start ========\n\n");

		printf("sValue = %s\n", sValue);

		iValue = atoi(sValue);
		iValue = iValue * 2;

		printf("sValue * 2 = ");
		_itoa(iValue, sValue, 10);			// 10진수 형태의 문자열로 변환
```

```
        printf("%s\n", sValue);

        printf("\n\n======== Example 12-14 End ========\n\n");

        return 0;
}
```

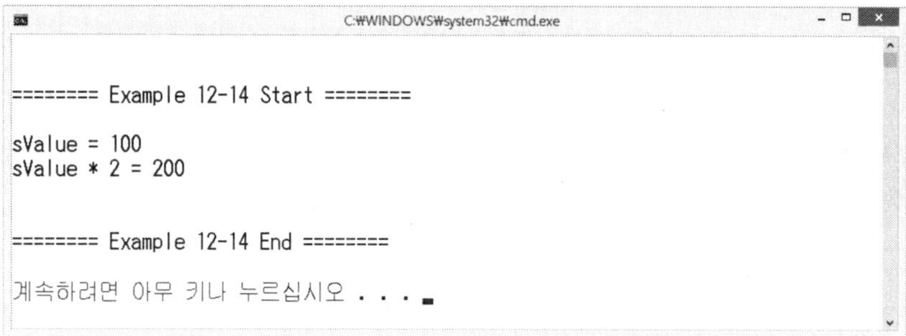

(그림 12-15) [예제 12-14]의 결과

12.6 포인터와 문자열

문자형의 포인터 변수에 대입 연산자를 이용하여 문자열상수를 대입할 수 있다. 이 경우 문자형 포인터 변수에는 문자열상수의 시작 주소가 저장되어 있기 때문에 문자열상수의 시작 주소는 문자열의 첫 번째 문자의 메모리 주소이다. 예를 들어 "char *pChar = "Korea";"를 실행하면 문자형 포인터 변수 pChar에는 문자 'K'의 주소가 저장된다. 그러나 이 문자열은 상수이기 때문에 더 이상 변경이 불가능하다. 즉, "strcpy(pChar, "English");"라고 할 수가 없는 것이다. 그러나 pChar 변수가 다른 문자열의 주소를 가리킬 수는 있으며, "pChar = "English";"라고 하는 문장은 가능하다.

그러나 만약 문자열을 배열을 이용하여 초기화하는 경우에는 초기화할 때에는 대입연산자를 이용하여 초기화가 가능하지만, 배열을 선언하고 난 후에 값을 대입할 때에는 대입연산자의 사용이 불가능하다. 이 때에는 시스템에서 제공하는 strcpy 함수를 이용해야 한다. [예제 12-15]는 포인터를 이용한 문자열상수의 대입을 나타낸다.

[예제 12-15] 포인터를 이용한 문자열과 배열을 이용한 문자열의 차이

```
/*
Example 12-15
포인터를 이용한 문자열과 배열을 이용한 문자열의 차이
```

```c
*/

#include <stdio.h>
#include <string.h>

int main(void)
{
        char sValue[10] = "Korea";
        char *pValue = "China";

        printf("\n\n======== Example 12-15 Start ========\n\n");

        printf("sValue = %s\n", sValue);
        printf("pValue = %s\n", pValue);

        strcpy(sValue, "America");              // sValue = "America"; 사용 불가
        pValue = "Japan";                       // strcpy(pValue, "Japan"); 사용 불가

        printf("sValue = %s\n", sValue);
        printf("pValue = %s\n", pValue);

        printf("\n\n======== Example 12-15 End ========\n\n");

        return 0;
}
```

```
C:\WINDOWS\system32\cmd.exe

======== Example 12-15 Start ========

sValue = Korea
pValue = China
sValue = America
pValue = Japan


======== Example 12-15 End ========

계속하려면 아무 키나 누르십시오 . . .
```

(그림 12-16) [예제 12-15]의 결과

12.7 문자열의 배열

C언어에서 문자열 관리는 문자형 배열 변수를 이용한다. 그러면 문자열이 여러 개 있을 경우에는 어떻게 처리해야 할까? 여러 개의 문자열을 처리하기 위해서는 문자형 배열 변수 여러 개를 선언할 수도 있지만, 배열을 이차원으로 만들어서 처리할 수도 있다. 다음의 예는 이차원 배열을 이용하여 문자열 여러 개를 처리하는 방법이다.

<이차원 배열을 이용한 문자열 배열>

```
char sNation[3][10] = { "Korea", "America", "Japan" };
```

그러나 만약 문자열의 길이가 서로 다르고 길이가 짧은 문자열이 저장된 행은 낭비되는 공간이 많아진다. 앞의 예에서 sNation 배열은 10개의 문자 배열 3개를 관리하는 것이다. 그러나 "Korea"라는 문자열은 총 6개의 문자 공간을 차지하므로 그 낭비가 조금은 포함되어 있다. 이를 위하여 포인터의 배열을 이용하여 문자열을 처리하면 메모리 공간의 절약이 가능하다.

<포인터 배열을 이용한 문자열 관리>

```
char *sNation[3] = { "Korea", "America", "Japan" };
```

포인터 배열은 포인터 변수를 배열의 요소로 사용하기 때문에 각각 국가의 문자열을 가리킬 수 있다. 즉, sNation[0]에는 "Korea"의 주소가 포함되어 있고, sNation[1]에는 "America"의 주소가 포함되어 있으며, sNation[2]에는 "Japan"의 주소가 포함되어 있다. [예제 12-16]은 포인터 배열을 이용하여 여러 개의 문자열을 관리하는 프로그램이다.

[예제 12-16] 포인터 배열을 이용한 문자열 관리

```
/*
Example 12-16
포인터의 배열을 이용한 문자열 관리
*/

#include <stdio.h>

```

```
int main(void)
{
            char *sNation[3] = { "Korea", "America", "Japan" };
            int iCount;

            printf("\n\n======== Example 12-16 Start ========\n\n");

            for (iCount = 0; iCount < 3; iCount++)
            {
                        printf("%s\n", sNation[iCount]);
            }

            printf("\n\n======== Example 12-16 End ========\n\n");

            return 0;
}
```

```
C:\WINDOWS\system32\cmd.exe

======== Example 12-16 Start ========

Korea
America
Japan


======== Example 12-16 End ========
계속하려면 아무 키나 누르십시오 . . .
```

(그림 12-17) [예제 12-16]의 결과

12.8 시스템 제공 수학 함수

C언어에는 수학 계산을 위한 다양한 함수를 제공하고 있다. 본 교재에서는 계산에 필요한 몇 가지 수학 함수를 소개한다. 이 중 abs, rand, srand 함수는 "stdlib.h" 헤더 파일을 포함해야 하며, 나머지 함수들은 "math.h" 헤더 파일을 포함해야 사용이 가능하다.

구분	함수명	설명
삼각함수	double sin(double x)	x의 사인값을 반환
	double cos(double x)	x의 코사인 값을 반환
	double tan(double x)	x의 탄젠트 값을 반환

역삼각함수	double asin(double x)	x의 아크 사인 값을 반환
	double acos(double x)	x의 아크 코사인 값을 반환
	double atan(double x)	x의 아크 탄젠트 값을 반환
쌍곡선함수	double sinh(double x)	x의 하이퍼볼릭 사인 값을 반환
	double cosh(double x)	x의 하이퍼볼릭 코사인 값을 반환
	double tanh(double x)	x의 하이퍼볼릭 탄젠트 값을 반환
지수, 대수 함수	double exp(double x)	e^x 값을 반환
	double log(double x)	$\log_e x$ 값을 반환
	double log10(double x)	$\log_{10} x$ 값을 반환
거듭제곱 및 기타 함수	double pow(double x, double y)	x^y 값을 반환
	double sqrt(double x)	$\sqrt{x}$ 값을 반환
	double ceil(double x)	x보다 작지 않은 가장 작은 정수 반환
	double floor(double x)	x보다 크지 않은 가장 큰 정수 반환
	double abs(double x)	x의 절대값 반환
	double fmod(double x, double y)	x를 y로 나눈 나머지 반환 (실수형)
난수 발생 함수	rand()	난수 생성
	srand(unsigned int seed)	난수 생성기에 대한 시드 값을 설정

12.9 연습문제

(연습문제 12-1) 다음 괄호 부분을 채우시오.

① C언어에서의 문자열은 별도의 자료형이 제공되지 않기 때문에 (　　　　　)을 이용한다.

② 문자열의 길이 계산, 문자열의 복사 등 문자열의 처리를 위한 함수를 제공하기 위해서는 (　　　　) 헤더 파일을 추가해야 한다.

③ 문자 처리 함수 중 (　　)로 시작하는 함수들은 문자에 대한 검사를 하는 것이 일반적이다.

④ C언어에서 수학 계산을 위한 함수는 (　　　　) 헤더 파일을 포함해야 사용 가능하다.

(연습문제 12-2) 다음의 문장 중 틀린 것들을 고르고 이유를 설명하시오.

① "KOREA"라는 문자열을 저장하기 위해서 크기가 5인 문자형 배열을 선언하면 된다.

② 문자열은 문자를 앞뒤로 인용부호(큰따옴표)로 둘러싸서 표기한다.

③ strlen 함수를 이용하면 문자열이 저장된 배열의 크기를 알 수 있다.

④ 포인터 배열을 이용하여 문자열 배열을 저장할 수 있다.

(연습문제 12-3) 다음 프로그램을 컴파일하면 문제가 발생한다. 그 이유는?

```
#include <stdio.h>
#include <string.h>

int main(void)
{
		char s[20];
		char *pChar;

		s = "kyonggi university";
		strcpy(pChar, "dssung");

		printf(" %s \n", s);
		printf(" %s \n", pChar);

		return 0;
}
```

(연습문제 12-4) 문자열을 역순으로 출력하는 프로그램을 작성하시오.

```
C:\WINDOWS\system32\cmd.exe

======== Problem 12-4 Start ========

처음 문자 : hello
바뀐 문자 : olleh

======== Problem 12-4 End ========

계속하려면 아무 키나 누르십시오 . . .
```

(연습문제 12-5) 문자열을 입력받은 후 문자열에 포함된 모든 문자를 대문자로 변환하여 출력하는 프로그램을 작성하시오.

```
C:\WINDOWS\system32\cmd.exe

======== Problem 12-5 Start ========

문자열을 입력하세요 : korea
KOREA

======== Problem 12-5 End ========

계속하려면 아무 키나 누르십시오 . . .
```

(연습문제 12-6) strlen 함수는 문자열의 길이를 구하는 함수이다. strlen 함수를 이용하지 않고 문자열의 길이를 구하는 프로그램을 작성하시오.

```
C:\WINDOWS\system32\cmd.exe

======== Problem 12-6 Start ========

문자열을 입력하세요 : korea
입력하신 korea 문자열의 길이는 5입니다.

======== Problem 12-6 End ========

계속하려면 아무 키나 누르십시오 . . .
```

(연습문제 12-7) strstr 함수는 문자열 내에서 특정 문자열을 찾기 위한 함수이다. strstr 함수를 이용하지 않고 그림과 같이 주어진 문자열에서 해당되는 문자열을 찾는 프로그램을 작성하시오.

```
C:\WINDOWS\system32\cmd.exe

======== Problem 12-7 Start ========

   문장 : My name is john.

   찾을 단어를 입력하세요 : is
   is는 문장에 포함되어 있습니다.

계속하려면 아무 키나 누르십시오 . . .
```

```
C:\WINDOWS\system32\cmd.exe

======== Problem 12-7 Start ========

   문장 : My name is john.

   찾을 단어를 입력하세요 : are
   are는 문장에 포함되어 있지 않습니다.


======== Problem 12-7 End ========

계속하려면 아무 키나 누르십시오 . . .
```

CHAPTER 13 유도 자료형

C언어에서의 자료형은 기본 자료형과 이번 장에서 소개하는 유도 자료형으로 구분된다. 기본 자료형은 프로그램이 기본적으로 제공하는 자료형이기는 하지만 실세계의 다양한 자료를 표현하는 데에는 한계가 있다. 실세계에서의 다양한 자료는 하나의 형태에 국한되지 않고 여러 개의 형태가 복합적으로 나타나는 것이 일반적이다. 이를 위해서 C언어에서는 다양한 유도 자료형을 지원하고 있으며, 대표적으로 구조체, 공용체, 열거형이 있다.

13.1 구조체의 의미

C언어에서 제공하는 기본 자료형은 프로그램이 기본적으로 제공하는 자료형이며, 유도 자료형은 기본 자료형을 이용한 새로운 자료형이다. 우리가 프로그램을 작성하다 보면, 하나의 자료형을 사용하는 것 보다는 여러 개의 자료형을 복합적으로 사용하는 것이 프로그램 작성에 효과적이다. 예를 들어 학생의 성적을 처리하는 프로그램을 만든다고 가정하자. 성적 처리 프로그램에는 학생의 이름, 번호, 점수 등이 포함될 수 있다. 학생의 이름은 문자열로 표현해야 하기 때문에 문자형 배열이 되고, 번호 및 점수 등은 정수형 자료형이 될 것이다. 만일 여러 명의 학생을 관리한다고 하면, 문자형 배열 여러 개, 정수형 배열 여러 개가 필요할 것이다. 이것을 유도 자료형을 이용하여 하나의 배열로 사용하면 그 관리가 용이해진다. 즉, 기존의 자료형을 묶어서 새로운 자료형을 만드는 것을 유도 자료형이라고 하며, 유도 자료형 중에서 대표적인 것이 구조체이다. 구조체는 여러 개의 자료형을 하나의 자료형으로 관리할 수 있도록 만든 새로운 자료형이다.

13.2 구조체의 정의 및 변수의 선언

구조체는 하나의 자료형으로 여러 종류의 자료형을 저장하기 위한 사용자 정의 자료형이다. 구조체 자료형을 만든다는 것은 벽돌을 만들기 위해서 벽돌의 틀인 거푸집을 만드는 것과 같으며, 구조체 자료형을 이용해서 변수를 선언하는 것은 거푸집을 이용하여 벽돌을 만드는 것과 같다. 구조체 자료형은 다음과 같은 형식으로 정의된다.

```
<구조체 자료형의 선언 형식>

struct 구조체명
{
    자료형 멤버명1;
    자료형 멤버명2;
    ...
};
```

struct는 구조체 자료형을 생성하기 위한 예약어이며, 구조체명은 새로운 자료형의 이름이다. 이 구조체명은 기본 자료형인 int, char와 동등한 자격을 갖기 때문에, 구조체명을 이용하여 변수의 선언, 배열의 선언 등이 모두 가능하다. 구조체 내부의 멤버는 구조체가 포함하고 있는 자료형들의 집합이며, 중괄호를 이용하여 구조체의 블록을 표시한다. 구조체는 하나 이상의 서로 다른 자료형을 갖기 때문에, 그 내부는 여러 자료형으로 이루어질 수 있으며, 각각의 멤버는 세미콜론으로 끝을 맺음으로써 구성할 수 있다. 구조체의 멤버는 기본 자료형뿐만 아니라 배열, 포인터, 또는 다른 구조체 자료형이 올 수도 있다. 구조체의 정의는 변수의 선언과는 다른 의미이고, 새로운 자료형을 사용하겠다고 알리는 하나의 문장이기 때문에 반드시 중괄호 다음 마지막에 세미콜론을 기술해야 한다. 다음의 예는 studentScore라는 구조체 자료형을 정의한 것이다.

```
<구조체 자료형의 정의 예>

struct studentScore
{
    char name[20];
    int iMathScore;
    int iEngScore;
    float fAverageScore;
};
```

13.3 구조체 변수의 사용

구조체 자료형을 정의하고 이 구조체를 이용하여 변수를 만들기 위해서는 기본 자료형과 마찬가지로 선언 과정을 거쳐야 한다. 그러나 구조체 변수의 선언은 기본 자료형의 변수 선언과 비슷하기는 하지만 차이가 있으며, 구조체 변수의 사용에도 기본 자료형과는 차이점이 있다.

13.3.1 구조체 변수의 선언

새로운 구조체 자료형을 이용하여 구조체 변수를 선언하는 방법은 기본 자료형을 이용하여 변수를 선언하는 것과 거의 동일하지만, 변수의 선언에서 앞에 struct를 붙이는 차이가 있다. 구조체 자료형을 이용한 변수의 선언 방법은 다음의 형식과 같다.

```
<구조체 자료형을 이용한 변수의 선언 형식 1>

struct 구조체명 구조체변수명;


<구조체 자료형을 이용한 구조체 변수의 선언 예 1>

struct studentScore student1;
```

일반적으로 새로운 구조체 자료형을 정의하고 이 구조체를 이용하여 구조체 변수를 선언하기는 하지만, 다음과 같이 구조체 자료형을 정의하고 동시에 구조체 변수를 선언할 수도 있다.

```
<구조체 자료형을 이용한 변수의 선언 형식 2>

struct 구조체명
{
   자료형 멤버명1;
   자료형 멤버명2;
   ...
} 구조체변수명;
```

```
<구조체 자료형을 이용한 구조체 변수의 선언 예 2>

struct studentScore
{
    char name[20];
    int iMathScore;
    int iEngScore;
    float fAverageScore;
} student1;
```

일반적으로 구조체 자료형은 함수 밖에서 정의되어 여러 함수에서 공동을 사용한다. 만일 함수 안에서 구조체의 자료형의 정의된다면 그 함수 내에서만 그 구조체 자료형이 사용될 수 있다. 이 때 구조체 자료형의 변수가 프로그램에서 한 번만 선언되고 재사용되지 않는다면 다음과 같이 구조체명의 생략이 가능하다. 그러나 이러한 방법은 그 구조체를 이용하여 다시는 변수를 생성할 수 없기 때문에 추천하지 않는다.

```
<구조체 자료형을 이용한 변수의 선언 형식 3>

struct
{
    자료형 멤버명1;
    자료형 멤버명2;
    ...
} 구조체변수명;


<구조체 자료형을 이용한 구조체 변수의 선언 예 3>

struct
{
    char name[20];
    int iMathScore;
    int iEngScore;
    float fAverageScore;
} student1;
```

13.3.2 구조체 변수의 배열

구조체 역시 자료형이기 때문에 구조체를 이용하여 배열 변수를 선언할 수도 있다. 즉, 다수의 구조체 변수를 하나의 이름으로 관리하고자 할 때 구조체 배열을 선언하며, 구조체 배열을 선언하는 형식은 다음과 같다.

```
<구조체 자료형을 이용한 구조체 배열의 선언 형식>

struct 구조체명 구조체변수명[배열의크기];


<구조체 자료형을 이용한 구조체 배열의 선언 예>

struct studentScore student[30];
```

구조체 변수의 배열을 선언할 때 역시 일반 구조체 변수를 선언할 때 사용했던 형식 2와 형식 3을 사용할 수 있다.

13.3.3 구조체 변수의 초기화

구조체 변수 역시 변수를 사용하기 전에 값을 대입해야 하며, 변수의 선언과 동시에 초기화할 수 있다. 구조체 변수의 초기화는 배열의 초기화와 유사하게 선언과 동시에 중괄호를 이용하여 각 메버 순서대로 초기화하면 된다. 또한, 멤버를 초기화할 때에는 반드시 중간에 있는 멤버의 값을 생략하면 오류가 발생하므로 주의해야 한다. 다음은 구조체 변수와 구조체 배열 변수의 초기화 예이다.

```
<구조체 변수의 초기화 예>

struct studentScore student1 = {"kim", 80, 90, 0.0f};
struct studentScore student[2] = { {"kim", 80, 90, 0.0f}, {"lee", 80, 80, 0.0f} }
```

13.3.4 구조체 변수 내 멤버의 참조

구조체 변수를 선언하고 초기화한 후에 비로소 구조체 변수를 사용할 수 있다. 또는 구조체 변수를 선언하고 초기화하지 않았다면 각 구조체 멤버에 값을 대입해야 한다. 이처럼 구조체 변수 내에는 다수의 멤버들이 있으며, 이 멤버들을 각각 접근할 수 있어야 한다. 구조체의 각 멤버에 접근하기 위해서는 멤버 연산자 "."를 이용한다. 멤버 연산자는 구조체 변수 내 멤버를 지정하며, "구조체변수명.멤버명 = 값"의 형태로 구조체 멤버 변수에 값을 대입할 수도 있고, "구조체변수명.멤버명"과 같이 값을 가져올 수도 있다. [예제 13-1]은 구조체 변수를 이용하여 학생의 평균 점수를 계산하는 프로그램이다. "student1.iMathScore = 90"의 형태로 변수에 값을 대입할 수도 있으며, "student1.iMathScore"를 printf 함수의 인수로 넣어 값의 출력도 가능하다.

[예제 13-1] 구조체 변수 내 멤버의 참조

```
/*
Example 13-1
구조체 변수 내 멤버의 참조
*/

#include <stdio.h>
#include <string.h>

struct studentScore
{
	char name[20];
	int iMathScore;
	int iEngScore;
	float fAverageScore;
};

int main(void)
{
	struct studentScore student1;

	printf("\n\n======== Example 13-1 Start ========\n\n");

	strcpy(student1.name, "kim");
	student1.iMathScore = 90;
	student1.iEngScore = 80;

	student1.fAverageScore = (float)(student1.iMathScore + student1.iEngScore) / 2;

	printf(" 이름 : %s \n", student1.name);
	printf(" 수학 점수 : %d \n", student1.iMathScore);
	printf(" 영어 점수 : %d \n", student1.iEngScore);
	printf(" 평균 점수 : %5.2f \n", student1.fAverageScore);

	printf("\n\n======== Example 13-1 End ========\n\n");

```

```
        return 0;
}
```

```
C:\WINDOWS\system32\cmd.exe

======== Example 13-1 Start ========

 이름 : kim
 수학 점수 : 90
 영어 점수 : 80
 평균 점수 : 85.00

======== Example 13-1 End ========

계속하려면 아무 키나 누르십시오 . . .
```

(그림 13-1) [예제 13-1]의 결과

구조체 변수의 배열에서 각각의 멤버에 접근하기 위해서는 일반 구조체 변수의 멤버 접근 방법과 동일하다. 즉, 구조체 배열의 각 요소에 첨자를 이용하여 접근하고 난 뒤에 멤버 연산자를 이용하면 된다. 따라서 "구조체변수명[첨자].멤버명 = 값"의 형태로 변수를 초기화하고, "구조체변수명[첨자].멤버명"의 형태로 변수에서 값을 가져올 수 있다. [예제 13-2]는 구조체 변수의 배열을 선언하고 멤버를 참조하는 프로그램의 예이다.

[예제 13-2] 구조체 변수의 배열 내 멤버의 참조

```
/*
Example 13-2
구조체 변수의 배열 내 멤버의 참조
*/

#include <stdio.h>
#include <string.h>

struct studentScore
{
        char name[20];
        int iMathScore;
        int iEngScore;
        float fAverageScore;
};

int main(void)
{
        struct studentScore student[3];
        int iCount;

```

```
    printf("\n\n======== Example 13-2 Start ========\n\n");

    strcpy(student[0].name, "kim");
    student[0].iMathScore = 90;
    student[0].iEngScore = 80;

    strcpy(student[1].name, "lee");
    student[1].iMathScore = 95;
    student[1].iEngScore = 90;

    strcpy(student[2].name, "park");
    student[2].iMathScore = 80;
    student[2].iEngScore = 90;
    printf(" [성적표] \n\n");
    for (iCount = 0; iCount<3; iCount++){
        printf(" 이름 : %s \n", student[iCount].name);
        printf(" 수학 점수 : %d \n", student[iCount].iMathScore);
        printf(" 영어 점수 : %d \n", student[iCount].iEngScore);
        student[iCount].fAverageScore =
        (float)(student[iCount].iMathScore + student[iCount].iEngScore) / 2;
        printf(" 평균 점수 : %f \n\n", student[iCount].fAverageScore);
    }

    printf("\n\n======== Example 13-2 End ========\n\n");

    return 0;
}
```

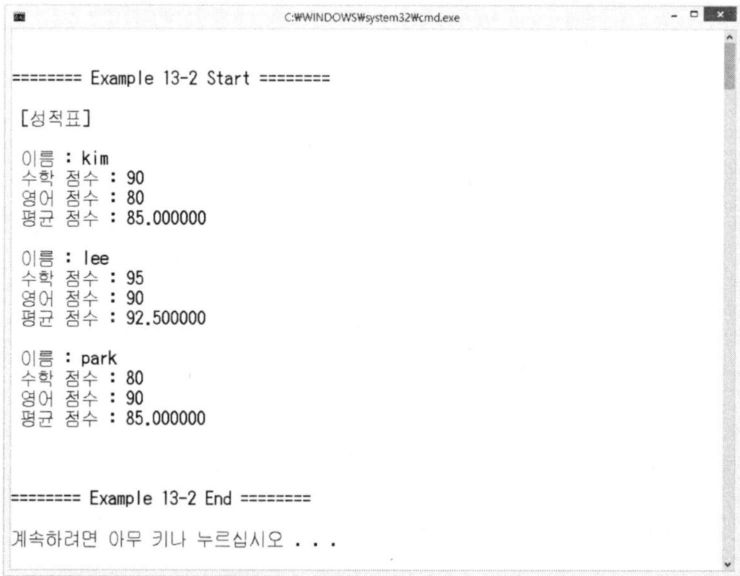

(그림 13-2) [예제 13-2]의 결과

13.4 구조체의 포인터

구조체 변수의 주소를 저장하기 위해서는 구조체 포인터 변수를 선언하여 이용한다. 구조체 포인터 변수는 동일한 구조체 자료형 변수의 주소를 저장할 수 있으며, 그 형식은 다음과 같다.

```
<구조체 포인터 변수의 선언 형식>

struct 구조체명 *구조체포인터변수명;
```

구조체 변수의 주소를 얻는 방법은 일반 변수와 같이 주소 연산자 "&"를 이용하여 알 수 있으며, 이를 구조체 포인터 변수에 대입하면 구조체 포인터 변수가 구조체 변수를 가리키게 된다. 즉, 구조체 포인터 변수에 구조체 변수의 주소가 저장된다. 또한 역참조 연산자 "*"를 이용하면 구조체 포인터 변수를 이용하여 구조체 변수의 멤버를 참조하거나 값을 변경할 수 있다. 다음은 구조체 포인터 변수의 이용 형식이다.

```
<구조체 포인터 변수의 이용 형식>

구조체포인터변수 = &구조체변수;
구조체변수 = *구조체포인터변수;


<구조체 포인터 변수의 사용 예>

struct studentScore student1, *ptr;
ptr = &student1;
```

[예제 13-3]은 구조체 포인터 변수를 이용한 프로그램의 예이다. 구조체 포인터 변수 ptr이 구조체 변수 student를 지시하면, *ptr은 student와 같다. 따라서 (*ptr).iMathScore는 student.iMathScore와 같다. 이 때 멤버 연산자 "."의 우선순위는 역참조 연산자 "*"의 우선순위보다 높다는 것에 유의한다. 따라서 *ptr.iMathScore는 *(ptr.iMathScore)와 같은 의미가 되고, ptr이 구조체의 포인터이기 때문에 멤버 연산자 "."를 이용하여 iMathScore 멤버에 접근이 불가능하여 문제가 발생한다. 또한 ptr.iMathScore로 접근이 가능하더라도 iMathScore는 포인터 변수가 아닌 일반 변수이기 때문에 그 앞에 역참

조 연산자를 사용할 수 없기 때문에 문제가 발생한다. 이처럼 역참조 연산자를 이용하여 구조체 멤버에 접근할 때에는 연산자의 우선순위에 특히 유의해야 한다.

[예제 13-3] 구조체 포인터의 사용

```c
/*
Example 13-3
구조체 포인터의 사용
*/

#include <stdio.h>
#include <string.h>

struct studentScore
{
        char name[20];
        int iMathScore;
        int iEngScore;
        float fAverageScore;
};

int main(void)
{
        struct studentScore student, *ptr;

        printf("\n\n======== Example 13-3 Start ========\n\n");

        ptr = &student;

        strcpy(student.name, "kim");
        student.iMathScore = 90;
        student.iEngScore = 80;

        printf(" 이름 : %s \n", student.name);
        printf(" 수학 점수 : %d \n", student.iMathScore);
        printf(" 영어 점수 : %d \n\n", student.iEngScore);

        (*ptr).iMathScore = 75;

        printf(" 이름 : %s \n", (*ptr).name);
        printf(" 수학 점수 : %d \n", (*ptr).iMathScore);
        printf(" 영어 점수 : %d \n", (*ptr).iEngScore);

        printf("\n\n======== Example 13-3 End ========\n\n");

```

```
        return 0;
}
```

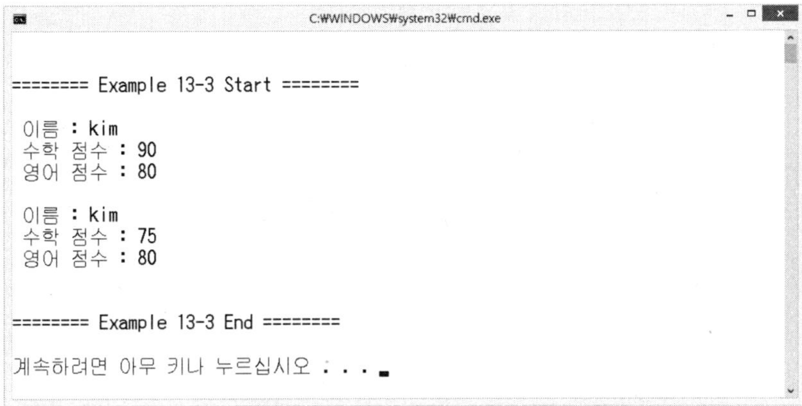

(그림 13-3) [예제 13-3]의 결과

역참조 연산자를 사용해서 구조체의 멤버에 접근이 가능하기는 하지만 사용상 편의를 위해 C언어에서는 구조체 포인터의 멤버 접근을 위한 별도의 방법을 제공하며, 구조체의 멤버 참조 연산자 “->”를 사용해서 구조체 포인터의 멤버에 직접 접근이 가능하다. 즉, 구조체 멤버 참조 연산자를 이용한 ptr->iMathScore는 (*ptr).iMathScore와 같다. [예제 13-4]는 [예제 13-3]을 구조체 멤버 참조 연산자를 이용하여 재작성한 것이다.

[예제 13-4] 구조체 멤버 참조 연산자 “->”의 사용

```
/*
Example 13-4
구조체 멤버 참조 연산자 "->"의 사용
*/

#include <stdio.h>
#include <string.h>

struct studentScore
{
        char name[20];
        int iMathScore;
        int iEngScore;
        float fAverageScore;
};

int main(void)
{
```

```
	struct studentScore student, *ptr;

	printf("\n\n======== Example 13-4 Start ========\n\n");

	ptr = &student;

	strcpy(student.name, "kim");
	student.iMathScore = 90;
	student.iEngScore = 80;

	printf(" 이름 : %s \n", student.name);
	printf(" 수학 점수 : %d \n", student.iMathScore);
	printf(" 영어 점수 : %d \n\n", student.iEngScore);

	ptr->iMathScore = 75;

	printf(" 이름 : %s \n", ptr->name);
	printf(" 수학 점수 : %d \n", ptr->iMathScore);
	printf(" 영어 점수 : %d \n", ptr->iEngScore);

	printf("\n\n======== Example 13-4 End ========\n\n");

	return 0;
}
```

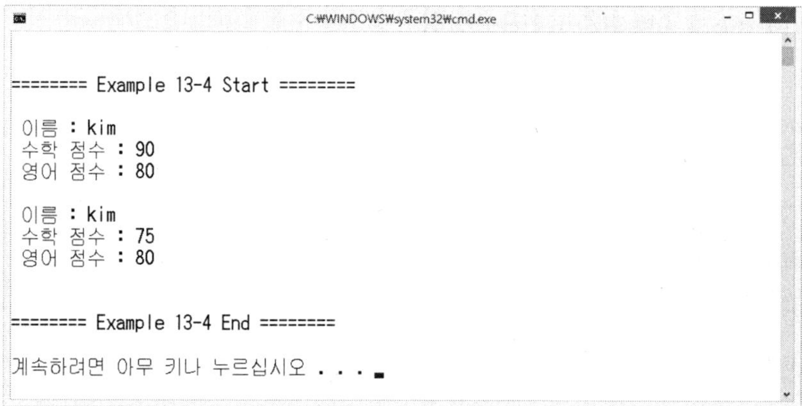

(그림 13-4) [예제 13-4]의 결과

구조체의 멤버에 포인터가 있을 경우, 구조체 포인터의 역참조 연산 및 구조체 멤버의 역참조 연산은 혼동이 되기 쉽다. 구조체의 멤버를 참조하는 연산자 "->"와 "."는 우선순위가 가장 높은 연산자이기 때문에 역참조 연산자를 이용한 해석에서 주의가 필요하다. 〈표 13-1〉은 구조체 변수 및 포인터 변수를 이용하는 4가지 구문의 구별 예이다.

구문	의미
(*ptr).name	포인터 ptr이 가리키는 구조체의 멤버 name 즉, student.name
ptr->name	포인터 ptr이 가리키는 구조체의 멤버 name 즉, student.name
*student.name	구조체 변수 student의 멤버인 name이 가리키는 변수 이 경우 name 문자열의 첫 글자 즉, *(student.name)
*ptr->name	구조체 포인터 ptr이 가리키는 구조체 변수 student의 멤버인 name이 가리키는 변수, 이 경우 name 문자열의 첫 글자 즉, *(ptr->name)을 의미하며, *(student.name)과 같음

13.5 구조체의 복사

구조체 변수 역시 대입 연산자를 이용하여 그 내용을 다른 변수로 복사할 수 있다. 그러나 구조체 변수는 새로운 구조체 자료형으로 만든 변수이기 때문에 같은 구조체 자료형을 이용하여 생성한 변수들 사이의 복사만 가능하며, 다른 구조체 자료형으로 만든 변수는 복사가 불가능하다. [예제 13-5]는 구조체 변수의 복사를 보이는 예이다.

[예제 13-5] 구조체 변수의 복사

```
/*
Example 13-5
구조체 변수의 복사
*/

#include <stdio.h>
#include <string.h>

struct studentScore
{
		char name[20];
		int iMathScore;
		int iEngScore;
		float fAverageScore;
};

int main(void)
```

```c
{
        struct studentScore student1 = { "kim", 90, 95, 0.0f }, student2;

        printf("\n\n======== Example 13-5 Start ========\n\n");

        student2 = student1;

        strcpy(student2.name, "lee");

        printf(" 이름 : %s \n", student1.name);
        printf(" 수학 점수 : %d \n", student1.iMathScore);
        printf(" 영어 점수 : %d \n\n", student1.iEngScore);

        printf(" 이름 : %s \n", student2.name);
        printf(" 수학 점수 : %d \n", student2.iMathScore);
        printf(" 영어 점수 : %d \n\n", student2.iEngScore);

        printf("\n\n======== Example 13-5 End ========\n\n");

        return 0;
}
```

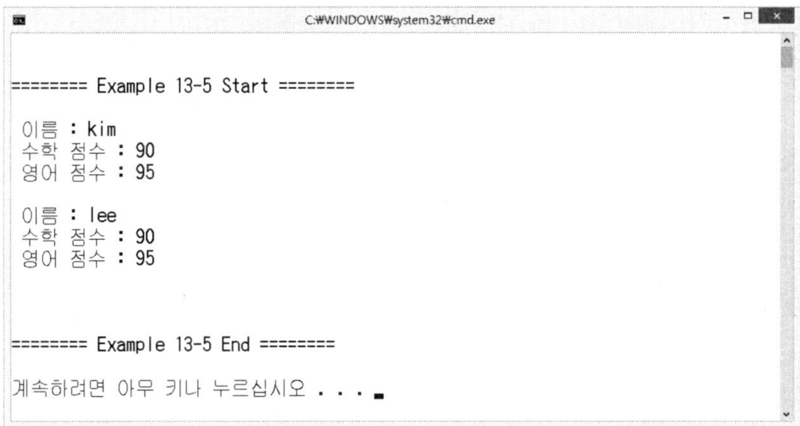

(그림 13-5) [예제 13-5]의 결과

13.6 함수에서의 구조체 인수의 전달

구조체 변수도 기본 자료형을 이용하여 생성한 변수와 같이 함수의 인수로 하여 작업을 처리하는 것이 가능하다. 구조체 변수가 함수의 인수로 사용되면 값에 의한 호출이 되며, 실인수의 내용이 가인수로 복사된다. 또한, 구조체 변수를 이용한 인수를 참조에 의한 호출로 전달하기 위해서는 구조체 포인터 변수를 이용하여 전달하는 것도 가능하다. [예제 13-6]은 구조체 변수와 구조체 포인터 변수를 이용한 함수의 인수 전달 방법이다. display1 함수에서는 구조체 변수를 이용하여 전달하였으며, display2 함수에서는 구조체 포인터 변수를 이용하여 전달하였다.

[예제 13-6] 함수에서 구조체 인수의 사용

```
/*
Example 13-6
함수에서 구조체 인수의 사용
*/

#include <stdio.h>

struct studentScore
{
		char name[20];
		int iMathScore;
		int iEngScore;
		float fAverageScore;
};

void display1(struct studentScore student);
void display2(struct studentScore *pStudent);

int main(void)
{
		struct studentScore student1 = { "kim", 90, 95, 0.0f };

		printf("\n\n======== Example 13-6 Start ========\n\n");

		display1(student1);
		display2(&student1);
		display1(student1);

		printf("\n\n======== Example 13-6 End ========\n\n");

```

```
        return 0;
}

void display1(struct studentScore student)
{
        printf(" 이름 : %s \n", student.name);
        printf(" 수학 점수 : %d \n", student.iMathScore);
        printf(" 영어 점수 : %d \n\n", student.iEngScore);
        student.iMathScore = 100;
}

void display2(struct studentScore *pStudent)
{
        printf(" 이름 : %s \n", pStudent->name);
        printf(" 수학 점수 : %d \n", pStudent->iMathScore);
        printf(" 영어 점수 : %d \n\n", pStudent->iEngScore);
        pStudent->iMathScore = 50;
}
```

```
C:\WINDOWS\system32\cmd.exe

======== Example 13-6 Start ========

 이름 : kim
 수학 점수 : 90
 영어 점수 : 95

 이름 : kim
 수학 점수 : 90
 영어 점수 : 95

 이름 : kim
 수학 점수 : 50
 영어 점수 : 95


======== Example 13-6 End ========

계속하려면 아무 키나 누르십시오 . . .
```

(그림 13-6) [예제 13-6]의 결과

구조체 배열 변수 역시 함수의 인수로 전달이 가능하며, 배열의 경우 참조에 의한 전달이 되는 특성을 그대로 유지한다. 배열이 함수의 인수로 사용되면 함수에서 배열을 변경한 함수를 호출한 곳의 배열 변수의 값이 변경된다. 예를 들어, [예제 13-7]에서 change_score1 함수의 인수로 배열을 사용하면, 함수 내에서 배열의 값을 변경할 때 main 함수의 배열의 값이 함께 변경된다. 이와 비교하여 구조체 내부에 배열을 두고 구조체 변수를 함수의 인수로 사용하면 구조체는 값에 의한 전달이기 때문에 실인수의 구조체 값이 가인수의 구조체 값에 복사된다. 따라서 실인수 구조체 내의 배열의 값이 가인수 구조체 내의 배열에 복사된다. 따라서 change_score2 함수의 인수로 구조체 변수를 사용하면, 함수 내에서 구조체 내의 배열의 값을 변경하더라도 main 함수의 실인수 구조체 내 배열의 값은 변경되지 않는다.

[예제 13-7]

```
/*
Example 13-7
함수에서 인수로 사용되는 구조체와 배열의 차이
*/

#include <stdio.h>

struct sEngScore
{
	int iEngScore;
};

struct aEngScore
{
	int iEngScore[5];
};

void change_score1(struct sEngScore sScore[], int iValue);
void change_score2(struct aEngScore sScore);

int main(void)
{
	int iCount;
	struct sEngScore sScore[5] = { { 90 }, { 95 }, { 85 }, { 80 }, { 70 } };
	struct aEngScore aScore = { 90, 95, 85, 80, 70 };

	printf("\n\n======== Example 13-7 Start ========\n\n");

	printf("[함수 호출 전] \n");
	for (iCount = 0; iCount<5; iCount++){
	    printf("sScore[%d].iEngScore = %d\n", iCount, sScore[iCount].iEngScore);
	}
	printf("\n");
	for (iCount = 0; iCount<5; iCount++){
	     printf("aScore.iEngScore[%d] = %d\n",
	                    iCount, aScore.iEngScore[iCount]);
```

```
        }

        change_score1(sScore, 5);
        change_score2(aScore);

        printf("\n\n[함수 호출 후] \n");
        for (iCount = 0; iCount<5; iCount++){
            printf("sScore[%d].iEngScore = %d\n", iCount, sScore[iCount].iEngScore);
        }
        printf("\n");
        for (iCount = 0; iCount<5; iCount++){
                printf("aScore.iEngScore[%d] = %d\n",
                        iCount, aScore.iEngScore[iCount]);
        }

        printf("\n\n======== Example 13-7 End ========\n\n");

        return 0;
}

void change_score1(struct sEngScore sScore[], int iValue)
{
        sScore[0].iEngScore = 60;
        sScore[1].iEngScore = 61;
        sScore[2].iEngScore = 62;
        sScore[3].iEngScore = 63;
        sScore[4].iEngScore = 64;
}

void change_score2(struct aEngScore aScore)
{
        aScore.iEngScore[0] = 60;
        aScore.iEngScore[1] = 61;
        aScore.iEngScore[2] = 62;
        aScore.iEngScore[3] = 63;
        aScore.iEngScore[4] = 64;
}
```

```
C:\WINDOWS\system32\cmd.exe

======== Example 13-7 Start ========

[함수 호출 전]
sScore[0].iEngScore = 90
sScore[1].iEngScore = 95
sScore[2].iEngScore = 85
sScore[3].iEngScore = 80
sScore[4].iEngScore = 70

aScore.iEngScore[0] = 90
aScore.iEngScore[1] = 95
aScore.iEngScore[2] = 85
aScore.iEngScore[3] = 80
aScore.iEngScore[4] = 70


[함수 호출 후]
sScore[0].iEngScore = 60
sScore[1].iEngScore = 61
sScore[2].iEngScore = 62
sScore[3].iEngScore = 63
sScore[4].iEngScore = 64

aScore.iEngScore[0] = 90
aScore.iEngScore[1] = 95
aScore.iEngScore[2] = 85
aScore.iEngScore[3] = 80
aScore.iEngScore[4] = 70


======== Example 13-7 End ========

계속하려면 아무 키나 누르십시오 . . .
```

(그림 13-7) [예제 13-7]의 결과

13.7 구조체를 포함하는 구조체

구조체 자료형을 정의할 때 다른 구조체의 자료형을 멤버로 사용할 수 있으며, 이를 구조체를 포함하는 구조체라 한다. 단, 멤버로 정의한 다른 구조체의 자료형은 이미 정의되어 있어야 한다. 예를 들어, 삼각형을 표시하는 triangle 구조체를 정의하기 위해서는 삼각형의 세 점이 포함되어야 한다. 이 때 삼각형의 세 점을 x좌표 및 y좌료를 갖는 새로운 point 구조체를 정의하고, triangle 구조체에서 point 구조체를 멤버로 가지면 된다. 이 때 구조체 내의 멤버 역시 구조체이므로, 그 내부에 또 다른 멤버가 존재한다. 구조체 변수 내의 멤버에서 다시 멤버를 접근하기 위해서는 멤버 접근 연산자를 두 번 이용하여 접근이 가능하다. [예제 13-8]은 구조체를 포함하는 구조체를 이용하여 삼각형을 표현하는 것이다. triangle 구조체 자료형을 정의한 후 변수 triangle1을 선언하였으며, triangle1 구조체 변수 내의 멤버 point1 역시 구조체이므로 point1 내의 멤버 x

에 접근하기 위해서 triangle1.point1.x와 같이 멤버 접근 연산자 "."를 두 번 이용한다.

[예제 13-8] 구조체를 포함하는 구조체의 사용

```
/*
Example 13-8
구조체를 포함하는 구조체의 사용
*/

#include <stdio.h>

struct point
{
	int x;
	int y;
};

struct triangle
{
	struct point point1;
	struct point point2;
	struct point point3;
};

int main(void)
{
	struct triangle triangle1 = { { 1, 1 }, { 10, 1 }, { 5, 5 } };

	printf("\n\n======== Example 13-8 Start ========\n\n");

	printf("triangle1.point1.x = %d \n", triangle1.point1.x);
	printf("triangle1.point1.y = %d \n", triangle1.point1.y);
	printf("triangle1.point2.x = %d \n", triangle1.point2.x);
	printf("triangle1.point2.y = %d \n", triangle1.point2.y);
	printf("triangle1.point3.x = %d \n", triangle1.point3.x);
	printf("triangle1.point3.y = %d \n", triangle1.point3.y);

	printf("\n\n======== Example 13-8 End ========\n\n");

	return 0;
}
```

```
C:\WINDOWS\system32\cmd.exe

======== Example 13-8 Start ========

triangle1.point1.x = 1
triangle1.point1.y = 1
triangle1.point2.x = 10
triangle1.point2.y = 1
triangle1.point3.x = 5
triangle1.point3.y = 5


======== Example 13-8 End ========

계속하려면 아무 키나 누르십시오 . . .
```

(그림 13-8) [예제 13-8]의 결과

13.8 자기 참조 구조체

구조체 자료형을 정의할 때 다른 구조체 자료형을 멤버로 사용할 수는 있으나, 자기 자신의 구조체 자료형을 멤버는 사용할 수가 없다. 그러나 자신의 구조체 자료형을 지시하는 포인터 변수는 구조체 자료형의 멤버로 사용될 수 있으며, 이를 자기 참조 구조체라고 한다. 다음의 예는 자기 참조 구조체의 예이다.

```
<구조체 선언이 잘못된 예>

struct list
{
   int iValue;
   struct list listValue;
};


<자기 참조 구조체를 이용한 구조체 선언의 예>

struct list
{
   int iValue;
   struct list *pList;
};
```

자기 참조 구조체는 stack, queue, list 등의 자료구조에서 많이 사용되며, 여러 자료들을 연속적으로 관리할 때 많이 사용한다. [예제 13-9]는 자기 참조 구조체를 사용하여 구조체 변수들을 연결한 예이다.

[예제 13-9] 자기 참조 구조체의 사용

```
/*
Example 13-9
자기 참조 구조체의 사용
*/

#include <stdio.h>

struct studentScore{
		char name[20];
		int iMathScore;
		int iEngScore;
		float fAverageScore;
		struct studentScore *next;
};

int main(void)
{
		struct studentScore student1 = { "kim", 90, 95, 0.0f },
				student2 = { "lee", 80, 85, 0.0f },
				student3 = { "park", 70, 60, 0.0f };
		struct studentScore *pStudent;

		printf("\n\n======== Example 13-9 Start ========\n\n");

		student1.next = &student2;
		student2.next = &student3;
		student3.next = NULL;

		for (pStudent = &student1; pStudent; pStudent = pStudent->next){
				printf(" 이름 : %s \n", pStudent->name);
				printf(" 수학 점수 : %d \n", pStudent->iMathScore);
				printf(" 영어 점수 : %d \n\n", pStudent->iEngScore);
		}

		printf("\n\n======== Example 13-9 End ========\n\n");

		return 0;
}
```

```
C:\WINDOWS\system32\cmd.exe

======== Example 13-9 Start ========

 이름 : kim
 수학 점수 : 90
 영어 점수 : 95

 이름 : lee
 수학 점수 : 80
 영어 점수 : 85

 이름 : park
 수학 점수 : 70
 영어 점수 : 60


======== Example 13-9 End ========

계속하려면 아무 키나 누르십시오 . . .
```

(그림 13-9) [예제 13-9]의 결과

13.9 새로운 자료형의 정의

구조체 변수를 선언할 때 항상 struct 예약어를 써서 선언하는 것은 그다지 효율적이지 못하다. 이를 위하여 C언어에서는 기존 자료형을 이용하여 새로운 자료형을 정의할 수 있는 방법을 제공한다. C언어는 typedef 예약어를 이용하여 새로운 자료형의 이름을 정의할 수가 있으며, 그 형식은 다음과 같다.

```
<typedef를 이용한 새로운 자료형의 정의 형식>

typedef 기존자료형 새로운자료형;
```

typedef를 이용하여 재정의할 수 있는 자료형은 C언어에서 제공하는 기본 자료형뿐만 아니라 구조체 자료형 등 모든 자료형이 가능하다. 다음은 typedef를 이용하여 기본 자료형을 재정의한 예이다.

```
<typedef를 이용한 새로운 자료형의 정의 예 1>

typedef int Integer;
Integer i;                    // int i;와 같음
```

```
typedef int *Intptr;
Intptr p1, p2;                // int *p1, *p2;와 같음
```

typedef를 이용하여 자료를 재정의하여 사용하는 것 중에서 가장 유용하게 사용되는 것이 구조체 자료형을 정의하는 것이다. typedef를 이용하여 구조체 자료형의 동의어를 정의하면, 이를 이용하여 구조체 변수를 선언할 수 있다. 예를 들어 struct studentScore의 동의어를 StudentScore로 정의하면 구조체 변수의 선언 시 "struct studentScore student" 대신에 "StudentScore student"로 선언이 가능하다. 다음은 typedef를 이용하여 구조체 자료형을 재정의한 예이다.

```
<typedef를 이용한 새로운 자료형의 정의 예 2>

struct studentScore{
    char name[20];
    int iMathScore;
    int iEngScore;
    int iAverageScore;
};
typedef struct studentScore StudentScore;
StudentScore student1, student2;
```

구조체 자료형을 정의하고 난 후에 새로운 구조체 자료형을 재정의해도 되지만, 구조체명 없이 구조체 자료형을 정의하고 동시에 typedef 및 동의어를 이용하면 다음과 같이 간단하게 새로운 구조체 자료형의 동의어가 정의된다. [예제 13-10]은 typedef를 이용하여 구조체 자료형을 재정의한 예이다.

```
<typedef를 이용한 새로운 자료형의 정의 예 3>

typedef struct {
    char name[20];
    int iMathScore;
    int iEngScore;
    int iAverageScore;
} StudentScore;
StudentScore student1, student2;
```

[예제 13-10] typedef를 이용한 새로운 구조체 자료형의 정의

```
/*
Example 13-10
typedef를 이용한 새로운 구조체 자료형의 정의
*/

#include <stdio.h>

typedef struct{
        char name[20];
        int iMathScore;
        int iEngScore;
        float fAverageScore;
        struct studentScore *next;
} StudentScore;

int main(void)
{
        StudentScore student1 = { "kim", 90, 95, 0.0f },
                student2 = { "lee", 80, 85, 0.0f },
                student3 = { "park", 70, 60, 0.0f };
        StudentScore *pStudent;

        printf("\n\n======== Example 13-10 Start ========\n\n");

        student1.next = &student2;
        student2.next = &student3;
        student3.next = NULL;

        for (pStudent = &student1; pStudent; pStudent = pStudent->next){
                printf(" 이름 : %s \n", pStudent->name);
                printf(" 수학 점수 : %d \n", pStudent->iMathScore);
                printf(" 영어 점수 : %d \n\n", pStudent->iEngScore);
        }

        printf("\n\n======== Example 13-10 End ========\n\n");

        return 0;
}
```

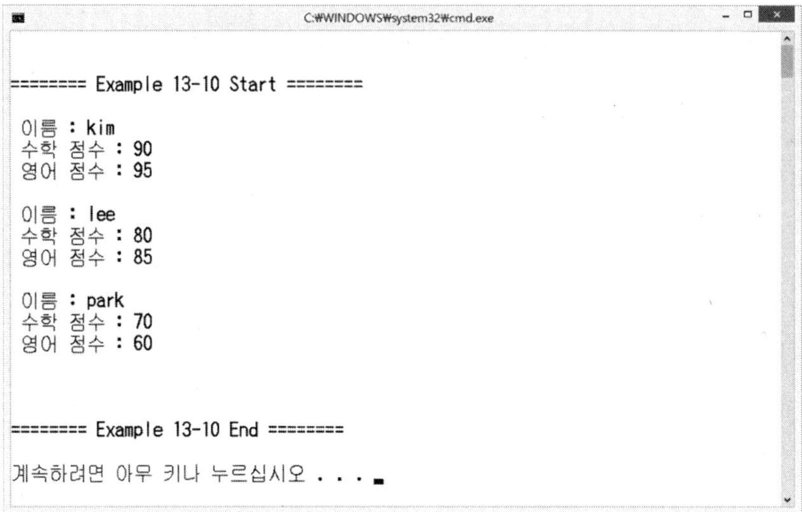

(그림 13-10) [예제 13-10]의 결과

13.10 공용체

공용체는 서로 다른 자료형들을 동일한 저장 공간을 이용하여 저장하는 방법을 제공하는 사용자 정의 자료형이다. 공용체를 정의하는 것은 구조체를 정의하는 방법과 동일하나, struct 대신 union 키워드를 이용하여 공용체 자료형을 정의한다. 다음은 공용체 자료형의 정의 형식이다.

```
<공용체 자료형의 정의 형식>

union 공용체명
{
   자료형 멤버명1;
   자료형 멤버명2;
   ...
};


<공용체 자료형의 정의 예>

union data
```

```
{
    char c;
    int i;
};
```

공용체는 그 정의 및 사용법이 구조체와 동일하다. 그러나 공용체의 멤버는 모든 멤버가 동일한 저장 공간을 사용하므로 동시에 여러 멤버의 값을 저장하여 이용할 수 없다. 따라서 마지막에 저장한 하나의 멤버의 자료만을 저장하며, 멤버들 중 가장 큰 크기의 자료형만큼의 저장 공간을 확보하고 멤버들이 함께 이용한다. (그림 13-11)은 앞의 예에서 선언한 data 공용체 자료형이 실제 메모리에서 멤버들을 공유하는 방법을 나타낸다.

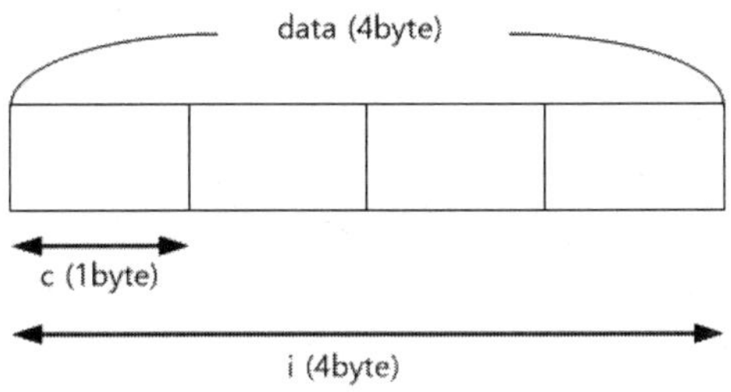

(그림 13-11) 공용체 자료형의 메모리 공간

공용체 자료형 data의 멤버 중에서 가장 큰 자료형은 int형이므로 data의 크기는 int형의 크기인 4바이트가 된다. 이후 멤버가 char인 경우는 전체 data 공용체의 공간 중 첫 1바이트만 사용하고, 멤버가 int인 경우에는 전체 data 공용체의 공간을 모두 사용한다. [예제 13-11]은 공용체 자료형을 사용한 예이다. 공용체 변수 data1를 위하여 확보된 공간은 4바이트이다. 그 이유는 문자형의 경우 1바이트이며 정수형의 경우 4바이트이기 때문에 4바이트가 공동으로 확보된다. 따라서 하나의 멤버 값을 변경하면 나머지 멤버의 값도 변경된다. 공용체 변수의 초기화는 선언과 동시에 가능하며, 주의할 점은 첫 번째 멤버의 초기화만 가능하다. 예를 들어, [예제 13-11]의 경우 문자형 멤버 c의 초기화만 가능하다.

[예제 13-11] 공용체 자료형의 사용

```
/*
Example 13-11
공용체 자료형의 사용
*/

#include <stdio.h>

```

```c
union data{
        char c;
        int i;
};

int main(void)
{
        union data data1;

        printf("\n\n======== Example 13-11 Start ========\n\n");

        data1.c = 'a';
        data1.i = 200;
        printf(" data1.c = %c : data1.i = %d \n\n", data1.c, data1.i);

        data1.i = 200;
        data1.c = 'a';
        printf(" data1.c = %c : data1.i = %d \n", data1.c, data1.i);

        printf("\n\n======== Example 13-11 End ========\n\n");

        return 0;
}
```

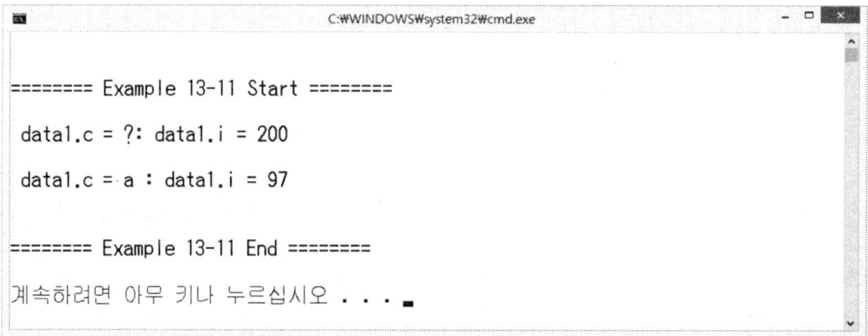

(그림 13-12) [예제 13-11]의 결과

공용체 변수의 멤버는 동일한 저장 공간을 이용하기 때문에 멤버의 내용을 변경하면 다른 멤버들의 내용은 지워지게 된다. 즉, 공용체 변수에는 마지막에 저장한 멤버의 값만이 의미가 있는 값이므로 사용 시에 유의해야만 한다. 또한, 공용체 자료형 역시 typedef 예약어를 이용하여 새로운 자료형으로 정의할 수 있다.

<typedef를 이용한 공용체 자료형의 정의 예>

```c
typedef union data Data;
```

13.11 열거형

열거형은 관련 있는 정수형 상수 목록만을 가질 수 있는 자료형으로 정수형과 비슷하나 가질 수 있는 정수상수가 한정되어 있다. 열거형을 정의하기 위해서는 enum 예약어를 이용하며, 구조체의 정의 방법과 비슷하다. 또한 typedef를 이용하여 열거형 자료형의 동의어를 정의할 수 있으며, 이를 이용하여 열거형 변수를 선언할 수 있다.

```
<열거형의 정의 및 선언 형식>

enum 열거형명 {열거상수1, 열거상수2, ...};
enum 열거형명 변수명;
enum {열거상수1, 열거상수2, ...} 변수명;

<typedef를 이용한 열거형의 정의 및 선언>

typedef enum {열거상수1, 열거상수2, ...} 새로운형;
새로운형 변수명;
```

다음은 열거형을 이용하여 자료형을 선언한 예이다. 첫 번째 예에서 color1 변수는 정수형 상수 BLACK, BLUE, YELLOW만을 가질 수 있다. 이 때 BLACK은 0, BLUE은 1, YELLOW는 2의 상수값을 나타낸다. 즉, 열거형을 정의할 때 멤버에 값을 지정하지 않으면 자동으로 대응되는 값은 0부터 시작해서 1씩 증가한다. 두 번째 예에서 BLACK에 2의 값을 지정했으므로 BLACK 값은 2가 되며, BLUE는 BLACK보다 1 증가한 3이 되고, YELLOW는 4가 된다. 마지막 예에서 멤버 각각 값을 지정하면, BLACK은 2, BLUE는 4, YELLOW는 7이 된다. [예제 13-12]는 열거형을 사용한 프로그램의 예이다.

```
<열거형의 정의 및 선언 예>

예1)
 enum color {BLACK, BLUE, YELLOW};
 enum color color1;

예2)
 enum color {BLACK=2, BLUE, YELLOW};
 enum color color1;
```

예3)

```
enum color {BLACK=2, BLUE=4, YELLOW=7};
enum color color1;
```

[예제 13-12] 열거형의 사용

```
/*
Example 13-12
열거형의 사용
*/

#include <stdio.h>

enum color {BLACK, WHITE, BLUE};

int main(void)
{
	enum color color1;

	printf("\n\n======== Example 13-12 Start ========\n\n");

	printf(" Select color [BLACK=0], [WHITE=1], [BLUE=2] : ");
	scanf("%d", &color1);
	switch (color1){
	case BLACK:
		printf(" BLACK을 선택하였습니다. \n");
		break;
	case WHITE:
		printf(" WHITE를 선택하였습니다. \n");
		break;
	case BLUE:
		printf(" BLUE를 선택하였습니다. \n");
		break;
	default:
		printf("Error \n");
	}

	printf("\n\n======== Example 13-12 End ========\n\n");

	return 0;
}
```

```
======== Example 13-12 Start ========

 Select color [BLACK=0], [WHITE=1], [BLUE=2] : 1
 WHITE를 선택하였습니다.


======== Example 13-12 End ========

계속하려면 아무 키나 누르십시오 . . .
```

(그림 13-13) [예제 13-12]의 결과

13.12 연습문제

(연습문제 13-1) 다음 괄호 부분을 채우시오.

① 구조체 변수 내에는 다수의 멤버들이 있으며, 각 멤버에 접근하기 위해서는 멤버 연산자(   )를 이용한다.

② C언어는 (   )를 이용하여 새로운 자료형의 이름을 정의할 수 있다.

③ (   )는 멤버들의 저장 공간을 서로 공유하는 사용자 정의 자료형이다.

④ 구조체 변수가 함수의 인수로 사용되면 (   ) 호출이 되며, 실인수의 내용이 가인수로 복사된다.

(연습문제 13-2) 다음의 문장 중 틀린 것들을 고르고 이유를 설명하시오.

① 구조체 변수들 사이에는 대입 연산자를 이용하여 내용을 복사할 수 있다. 구조체 변수가 함수의 인수로 사용되면 값에 의한 호출이 되며 실인수의 내용이 가인수로 복사된다.

② 구조체 자료형을 정의할 때 자신의 구조체 자료형을 멤버로 사용할 수 있다.

③ 자신의 구조체 자료형을 지시하는 포인터 변수는 구조체 자료형의 멤버로 사용할 수 있다.

④ 구조체 자료형을 정의할 때 다른 구조체 자료형을 멤버로 사용할 수 있다.

(연습문제 13-3) 구조체에 대한 설명 중 틀린 것은?

① 구조체는 하나의 변수명으로 여러 개의 상이한 자료를 한꺼번에 다룰 때 유용하다.

② 구조체를 이용하면 기존의 자료형을 묶어서 새로운 자료형을 정의할 수 있다.

③ 구조체 자료형은 반드시 함수 밖에서 정의되어야 한다.

④ 새롭게 정의된 자료형을 이용하여 변수를 선언하고 이용할 수 있다.

(연습문제 13-4) 공용체에 대한 설명 중 틀린 것은?

① 서로 다른 자료형들이 동일한 저장 공간을 이용하는 방법을 제공한다.

② 공용체는 멤버들 중 가장 큰 크기의 자료형의 크기를 공용체의 저장 공간으로 확보하고 멤버들이 함께 이용한다.

③ 하나의 멤버 값을 변경해도 나머지 멤버의 값은 절대로 변경되지 않는다.

④ 공용체 변수의 초기화는 선언과 동시에 가능하며 주의할 점은 첫 번째 멤버의 초기화만 가능하다.

(연습문제 13-5) 다음 프로그램을 컴파일하면 문제가 발생한다. 그 이유는?

```
#include <stdio.h>
#include <string.h>

struct studentScore{
        char name[20];
        int iMathScore;
        int iEnglishScore;
        int iAverageScore;
};

int main(void)
{
        struct studentScore student, *ptr;

        ptr = &student;

        strcpy(student.name, "kim");
        student.iMathScore = 90;
        student.iEnglishScore = 80;

        printf(" 이름 : %s \n", student.name);
        printf(" 수학 점수 : %d \n", student.iMathScore);
        printf(" 영어 점수 : %d \n\n", student.iEnglishScore);

        ptr.iMathScore = 75;

        printf(" 이름 : %s \n", student.name);
        printf(" 수학 점수 : %d \n", student.iMathScore);
        printf(" 영어 점수 : %d \n\n", student.iEnglishScore);

        return 0;
}
```

(연습문제 13-6) 다음 프로그램을 컴파일하면 문제가 발생한다. 그 이유는?

```
#include <stdio.h>

struct triangle {
        struct point point1;
        struct point point2;
        struct point point3;
};

struct point {
        int x;
        int y;
};

int main(void)
{
        struct triangle triangle1 = { { 1, 1 }, { 10, 1 }, { 5, 5 } };

        printf(" triangle1.point1.x = %d \n", triangle1.point1.x);
        printf(" triangle1.point1.y = %d \n", triangle1.point1.y);
        printf(" triangle1.point2.x = %d \n", triangle1.point2.x);
        printf(" triangle1.point2.y = %d \n", triangle1.point2.y);
        printf(" triangle1.point3.x = %d \n", triangle1.point3.x);
        printf(" triangle1.point3.y = %d \n", triangle1.point3.y);

        return 0;
}
```

(연습문제 13-7) 밑변과 높이로 이루어진 삼각형의 유도 자료형을 정의하시오.

(연습문제 13-8) (연습문제 13-7)의 자료형을 이용하여 삼각형의 면적을 계산하는 프로그램을 작성하시오. 밑변과 높이는 scanf 함수를 이용하여 입력을 받도록 프로그램을 작성하시오.

```
C:\WINDOWS\system32\cmd.exe

======== Problem 13-8 Start ========

밑변의 길이를 입력하시오 : 2
높이를 입력하시오 : 9
삼각형의 넓이는 9.000000입니다.


======== Problem 13-8 End ========

계속하려면 아무 키나 누르십시오 . . .
```

(연습문제 13-9) 아래의 프로그램을 완성하시오.

```
#include <stdio.h>





int main(void)
{
        enum color color1;

        printf("\n\n======== Problem 13-9 Start ========\n\n");

        printf(" Select color [BLACK=0], [WHITE=1], [BLUE=2] : ");
        scanf("%d", &color1);
        switch (color1){
        case BLACK:
                printf(" BLACK을 선택하였습니다. \n");
                break;
        case WHITE:
                printf(" WHITE를 선택하였습니다. \n");
                break;
        case BLUE:
                printf(" BLUE를 선택하였습니다. \n");
                break;
        default:
                printf("Error \n");
        }

        printf("\n\n======== Problem 13-9 End ========\n\n");

        return 0;
}
```

(연습문제 13-10) 아래의 유도 자료형을 이용하여 3명의 학생들의 평균 평점을 계산하는 프로그램을 작성하시오. 각 과목의 학점은 A+, A, B+, B, C+, C, D+, D, F를 배정하시오.

```
struct StudentScore
{
    char strName[20];
    char strMathGrade[5];
    char strEnglishGrade[5];
    char strComputerGrade[5];
    float fAverageScore;
};
```

```
C:\WINDOWS\system32\cmd.exe

======== Problem 13-10 Start ========

   성적표

   이름: 홍길동
   평균 학점: 3.83

   이름: 김동수
   평균 학점: 4.00

   이름: 이만수
   평균 학점: 4.17


======== Problem 13-10 End ========

계속하려면 아무 키나 누르십시오 . . .
```

(연습문제 13-11) 아래의 유도 자료형을 이용하여 복소수의 덧셈, 뺄셈, 곱셈을 계산하는 프로그램을 작성하시오.

```
struct Complex
{
    float real;
    float imag;
};
```

```
C:\WINDOWS\system32\cmd.exe

======== Problem 13-11 Start ========

   복소수의 덧셈
   ( 2.00 +  3.00i ) + ( 4.00 +  5.00i ) = ( 6.00 +  8.00i )
   복소수의 뺄셈
   ( 2.00 +  3.00i ) - ( 4.00 +  5.00i ) = (-2.00 -  2.00i )
   복소수의 곱셈
   ( 2.00 +  3.00i ) * ( 4.00 +  5.00i ) = (-7.00 + 22.00i )

======== Problem 13-11 End ========

계속하려면 아무 키나 누르십시오 . . .
```

(연습문제 13-12) 신장과 체중을 이용하여 3명의 학생들의 BMI를 계산하는 프로그램을 완성하시오.

```
struct StudentStatus{
   char strName[20];
   float Height;
   float Weight;
   float BMI;
   char strStatus[10];
};
비만도를 측정하는 BMI지수는 아래와 같이 계산된다.
   BMI = 체중(kg)/ (신장 (m) X 신장 (m))
   BMI 20미만 (저체중)
         20 - 25미만 (정상)
         25 - 30미만 (과체중)
         30이상 (비만)
```

```
C:\WINDOWS\system32\cmd.exe

======== Problem 13-12 Start ========

    비만 상태

      BMI 20미만 (저체중)
      BMI 20 - 25미만 (정상)
      BMI 25 - 30미만 (과체중)
      BMI 30이상 (비만)

    이름: 홍길동
    키: 170.000
    몸무게: 95.000
    BMI: 32.872
    상태: 비만

    이름: 김동수
    키: 180.000
    몸무게: 75.000
    BMI: 23.148
    상태: 정상

    이름: 성만수
    키: 180.000
    몸무게: 90.000
    BMI: 27.778
    상태: 과체중

======== Problem 13-12 End ========

계속하려면 아무 키나 누르십시오 . . .
```

(연습문제 13-13) 두두 도형이 한 직선으로 접어서 완전히 포개어질 때, 두 도형은 그 직선에 대하여 선대칭의 위치에 있다고 한다. 세 점의 좌표가 (1, 2) (3, 1) (3, 6)인 삼각형에 직선 x=4 에 대하여 선대칭의 위치에 있는 삼각형을 찾는 프로그램을 완성하시오.

```
C:\WINDOWS\system32\cmd.exe

======== Problem 13-13 Start ========

    삼각형의 세 좌표
    Point1의 X 좌표: 1
    Point1의 Y 좌표: 2
    Point2의 X 좌표: 3
    Point2의 Y 좌표: 1
    Point3의 X 좌표: 3
    Point3의 Y 좌표: 6

    선대칭에 있는 삼각형의 세 좌표
    Point1의 X 좌표: 7
    Point1의 Y 좌표: 2
    Point2의 X 좌표: 5
    Point2의 Y 좌표: 1
    Point3의 X 좌표: 5
    Point3의 Y 좌표: 6

======== Problem 13-13 End ========

계속하려면 아무 키나 누르십시오 . . .
```

(연습문제 13-14) 대칭의 중심점을 중심으로 180도 돌렸을 때, 완전히 포개어지는 두 고형은 점대칭의 위치에 있다고 하고, 두 도형을 점대칭의 위치에 있는 도형이라 한다. 세 점의 좌표가 (1, 5) (1, 1) (4, 2)인 삼각형 에 중심점 (5, 3)에 대하여 점대칭의 위치에 있는 삼각형을 찾는 프로그램을 완성하시오.

```
C:\WINDOWS\system32\cmd.exe

======== Problem 13-14 Start ========

   삼각형의 세 좌표
   Point1의 X 좌표: 1
   Point1의 Y 좌표: 5
   Point2의 X 좌표: 1
   Point2의 Y 좌표: 1
   Point3의 X 좌표: 4
   Point3의 Y 좌표: 2

   점대칭에 있는 삼각형의 세 좌표
   Point1의 X 좌표: 9
   Point1의 Y 좌표: 1
   Point2의 X 좌표: 9
   Point2의 Y 좌표: 5
   Point3의 X 좌표: 6
   Point3의 Y 좌표: 4


======== Problem 13-14 End ========

계속하려면 아무 키나 누르십시오 . . .
```

전처리기와 동적 할당

14.1 전처리기 지시자

전처리기는 그 이름에서 알 수 있듯이 C언어 컴파일러가 컴파일하기 전에 미리 처리해야 하는 부분을 의미한다. 전처리기는 보통 컴파일러에 포함되어 있고 자동으로 실행되며 컴파일러의 하나의 요소로 취급된다. 모든 전처리기는 "#"이라는 문자로 시작하고 컴파일 전에 처리하기 때문에 main 함수의 위, 즉 코드의 가장 윗부분에 넣는 것이 일반적이다. 대표적인 전처리기에는 include와 define 등이 있으며 전처리기 지시자라고 한다. 반드시 "#" 기호와 include 등 전처리기 지시자 사이에는 공백이 없어야 하며, 〈표 14-1〉은 전처리기에 가장 많이 사용되는 지시자들이다. 본 교재에서는 전처리기에서 가장 많이 사용하는 기능인 매크로 기능과 조건부 컴파일에 대해서 설명한다.

〈표 14-1〉 전처리기 지시자

지시자	의미
#define	매크로 정의
#include	파일 포함
#undef	매크로 정의 해제
#if	조건이 참일 경우
#else	조건이 거짓일 경우
#endif	조건 처리 문장 종료
#ifdef	매크로가 정의되어 있는 경우
#ifndef	매크로가 정의되어 있지 않은 경우

#line	행 번호 출력
#pragma	시스템에 따라 의미가 다름

14.2 매크로

전처리기 지시자인 #define을 사용하면 소스에서 지정된 기호상수를 정의한 문자열로 대체가 가능하다. 일반적으로 기호상수는 대문자를 이용하며 전처리기 지시자를 이용하여 문자열을 기호상수로 대체하는 방법은 다음과 같다.

```
<#define 전처리기 지시자의 사용 형식>

#define 기호상수 문자열


<#define 전처리기 지시자의 사용 예>

#define PHI 3.141592
...
Area = PHI * radius * radius
```

전처리기 지시자 #define을 이용하여 생성한 기호상수는 컴파일하기 전에 전처리기에 의하여 문자열로 변경된다. 전처리기 지시자 #define은 시스템에 따라 변할 수 있는 상수를 한 번에 수정할 수 있고, 수정되는 한 부분만 검사하면 되므로 이식성과 신뢰성을 높여준다. 예를 들어, 원의 넓이를 계산한다고 가정하면, π의 값을 3.14로 하는 것 보다 3.141592로 지정하는 것이 좋다. 만일 이전에 작성한 프로그램에서 3.14를 이용하여 계산했다고 가정하면, 다시 3.141592로 소스 전체의 코드를 모두 변경해야 한다. 이 때 3.14를 전처리기를 이용하여 지정했으면, 전처리기 지시자 부분만 바꾸면 소스 코드 전체에 모두 적용이 가능해진다. [예제 14-1]은 전처리기의 사용 예이다.

[예제 14-1] 전처리기의 사용

```
/*
Example 14-1
전처리기의 사용
*/
```

```c

#include <stdio.h>

#define PHI 3.141592

int main(void)
{
		float fArea, fRadius;

		printf("\n\n======== Example 14-1 Start ========\n\n");

		printf("반지름을 입력하세요 : ");
		scanf("%f", &fRadius);

		fArea = PHI * fRadius * fRadius;

		printf("반지름이 %f인 원의 면적은 %f입니다.\n", fRadius, fArea);

		printf("\n\n======== Example 14-1 End ========\n\n");

		return 0;
}
```

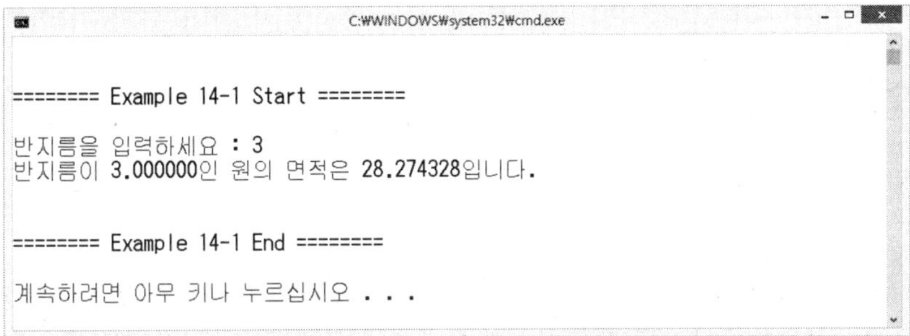

(그림 14-1) [예제 14-1]의 결과

[예제 14-1]은 전처리기하면 다음과 같이 변환된다. 즉, 전처리기 지시자가 정의한 기호상수 PHI는 소스 코드에서 PHI라는 글자를 만나면 무조건 대체된 값으로 자동으로 치환된다.

[예제 14-1]의 전처리 후의 소스

```c
#include <stdio.h>

int main(void)
{
```

```
    float fArea, fRadius;

    printf("\n\n======== Example 14-1 Start ========\n\n");

    printf("반지름을 입력하세요 : ");
    scanf("%f", &fRadius);

    fArea = 3.141592 * fRadius * fRadius;

    printf("반지름이 %f인 원의 면적은 %f입니다.\n", fRadius, fArea);

    printf("\n\n======== Example 14-1 End ========\n\n");

    return 0;
}
```

지시자 #define의 바로 뒤에 나오는 문자열을 기호상수라고 하며, 기호상수 뒤에 오는 치환 문자열에는 일반 상수, 상수의 연산, 이미 정의된 기호상수 등이 올 수 있다. 만일 어떤 수의 제곱을 나타내는 기호상수를 만든다고 가정하면 다음과 같이 생성이 가능하다.

<어떤 수의 제곱을 구하는 기호상수의 예>

```
#define SQUARE2 2 * 2
#define SQUARE3 3 * 3
...
printf(“%d, %d\n”, SQUARE2, SQUARE3);
```

그러나 위와 같은 방법은 원하는 정수에 대하여 기호상수를 모두 만들어야 하는 단점이 있다. 이를 위해서 C언어에서는 기호상수에 인수를 포함하여 정의할 수 있으며, 이를 매크로라고 한다. 매크로는 기호상수 뒤에 소괄호를 이용하여 인수를 지정하며, 여러 인수가 필요한 경우 함수와 같이 콤마(,)를 이용한다. 다음은 인수를 이용한 매크로의 정의 방법이다.

<인수를 이용한 매크로의 정의 형식>

```
#define 기호상수(인수) 문자열
```

<인수를 이용한 매크로의 정의 예>

```
#define SQUARE(X) ((X)*(X))
```

매크로의 정의에서 SQUARE(2)는 ((2)*(2))로 변환된다. 인수를 이용한 매크로를 정의할 때 소괄호가 매우 중요하다. 만일 다음과 같이 소괄호 없이 매크로가 정의된다면 잘못된 결과가 발생할 수 있다.

<인수를 이용한 매크로의 정의의 잘못된 예>

```
#define SQUARE(X) (X*X)
```

SQUARE(X)가 (X*X)로 정의되면 그냥 보아서는 아무런 문제가 없을 것처럼 보인다. 예를 들어, SQUARE(3+4)로 호출하면, 우리가 원하는 값은 (7*7)인 값을 원할 것이다. 그러나 매크로의 정의를 그대로 사용하면 (3+4*3+4)가 되어 원하는 값이 나오지 않는다. 만일 SQUARE(X)를 ((X)*(X))로 정의하면 ((3+4)*(3+4))가 되기 때문에 전혀 문제가 없다. [예제 14-2]는 인수를 사용하는 매크로를 이용하는 프로그램의 예이다.

[예제 14-2] 인수를 사용하는 매크로의 이용

```
/*
Example 14-2
인수를 사용하는 매크로의 이용
*/

#include <stdio.h>

#define SQUARE(X) ((X)*(X))

int main(void)
{
        int iResult, iValue;

        printf("\n\n======== Example 14-2 Start ========\n\n");

        printf("숫자를 입력하세요 : ");
        scanf("%d", &iValue);

        iResult = SQUARE(iValue);

```

```
            printf("%d의 제곱은 %d입니다.\n", iValue, iResult);

            printf("\n\n======== Example 14-2 End ========\n\n");

            return 0;
}
```

```
C:\WINDOWS\system32\cmd.exe

======== Example 14-2 Start ========

숫자를 입력하세요 : 8
8의 제곱은 64입니다.

======== Example 14-2 End ========

계속하려면 아무 키나 누르십시오 . . .
```

(그림 14-2) [예제 14-2]의 결과

특별한 경우에는 이미 정의되어있는 기호상수를 해지할 필요도 있다. 만일 이미 정의되어있는 기호상수를 해지할 경우에는 #undef 전처리기 지시자를 이용하여 기호상수를 해지한다. 예를 들어 PHI로 된 기호상수를 해지하기 위해서는 #undef PHI를 이용하면 된다.

<기호상수의 해지 형식>

#undef 기호상수

14.3 조건부 컴파일

조건부 컴파일이란 특정한 조건이 만족되는 경우에만 컴파일러가 지정된 소스 블록을 컴파일하는 것으로, #ifdef와 #ifndef를 이용하여 처리할 수 있다. #ifdef는 #ifdef 다음에 있는 기호상수를 검사하여 기호상수가 정의되어 있으면 #ifdef와 #endif 사이에 있는 모든 문장들을 컴파일한다. 또한 #ifndef는 반대로 기호상수가 정의되어 있지 않으면 #endif까지의 모든 문장들을 컴파일한다. 조건부 컴파일을 위한 #ifdef와 #ifndef 전처리기 지시자는 if ~ else 구문과 같은 방법으로 #ifdef(또는 #ifndef)와 #endif 사이에 #else를 이용하여 기호상수의 조건을 만족하지 않을 때의 문장 처리도 지원한다. 다음은 조건부 컴파일의 정의 형식이다.

```
<조건부 컴파일의 정의 형식>

#ifdef 기호상수
   문장
#endif

#ifdef 기호상수
   문장1
#else
   문장2
#endif
```

[예제 12-3]은 #ifdef 지시자를 사용한 조건부 컴파일의 예제이며 #define DEBUG를 이용하여 DEBUG 기호상수를 정의하였다. [예제 12-4]는 모든 코드가 동일하지만 #define DEBUG 기호상수 정의 부분이 생략되었다. 조건부 컴파일의 결과에 따른 두 프로그램의 결과를 비교한다.

[예제 14-3] #ifdef 지시자의 이용 1

```c
/*
Example 14-3
#ifdef 지시자의 이용 1
*/

#include <stdio.h>

#define DEBUG

int main(void)
{
	int iValue1, iValue2, iCount, iSum;

	printf("\n\n======== Example 14-3 Start ========\n\n");

	printf(" 두 수를 입력하세요 : ");
	scanf("%d %d", &iValue1, &iValue2);

	for (iSum = 0, iCount = iValue1; iCount <= iValue2; iCount++){
		iSum = iSum + iCount;
```

```
#ifdef DEBUG
		printf(" %d부터 %d까지의 합은 %d입니다. \n", iValue1, iCount, iSum);
#endif
		}

		printf(" %d부터 %d까지의 합은 %d입니다. \n", iValue1, iValue2, iSum);

		printf("\n\n======== Example 14-3 End ========\n\n");

		return 0;
}
```

[예제 14-4] #ifdef 지시자의 이용 2

```
/*
Example 14-4
#ifdef 지시자의 이용 2
*/

#include <stdio.h>

// #define DEBUG

int main(void)
{
		int iValue1, iValue2, iCount, iSum;

		printf("\n\n======== Example 14-4 Start ========\n\n");

		printf(" 두 수를 입력하세요 : ");
		scanf("%d %d", &iValue1, &iValue2);

		for (iSum = 0, iCount = iValue1; iCount <= iValue2; iCount++){
				iSum = iSum + iCount;
#ifdef DEBUG
				printf(" %d부터 %d까지의 합은 %d입니다. \n", iValue1, iCount, iSum);
#endif
		}

		printf(" %d부터 %d까지의 합은 %d입니다. \n", iValue1, iValue2, iSum);

		printf("\n\n======== Example 14-4 End ========\n\n");

		return 0;
}
```

```
C:\WINDOWS\system32\cmd.exe

======== Example 14-3 Start ========

 두 수를 입력하세요 : 3 8
 3부터 3까지의 합은 3입니다.
 3부터 4까지의 합은 7입니다.
 3부터 5까지의 합은 12입니다.
 3부터 6까지의 합은 18입니다.
 3부터 7까지의 합은 25입니다.
 3부터 8까지의 합은 33입니다.
 3부터 8까지의 합은 33입니다.


======== Example 14-3 End ========

계속하려면 아무 키나 누르십시오 . . .
```

```
C:\WINDOWS\system32\cmd.exe

======== Example 14-4 Start ========

 두 수를 입력하세요 : 3 8
 3부터 8까지의 합은 33입니다.


======== Example 14-4 End ========

계속하려면 아무 키나 누르십시오 . . .
```

(그림 14-3) [예제 14-3]과 [예제 14-4]의 결과

14.4 동적 할당

일반적으로 프로그램 중에서 변수를 선언하면 컴퓨터는 선언된 변수를 위한 메모리 공간을 만들며, 함수가 종료될 때와 같이 변수의 사용이 끝나면 메모리에서 할당된 공간을 제거한다. 이처럼 변수의 선언에 의하여 메모리가 할당되는 방식을 정적 할당이라고 한다. 반면 지금부터 배울 동적 할당은 변수의 선언 이외에 프로그램을 실행하는 과정에서 메모리를 요청하고 메모리가 할당되는 방식이다.

정적 할당 방식은 변수의 이용은 간단하지만 사용할 메모리를 모두 확보해야만 한다. 따라서 메모리의 사용 예측이 부정확한 경우 충분한 메모리를 미리 확보해야 하는 비효율이 따른다. 그러나 메모리의 동적 할당은 실행 도중 메모리의 크기를 결정할 수 있기 때문에 정적 할당보다는 공간의 사용에 있어서 효율적이다.

프로그램의 메모리를 동적으로 할당하기 위하여 필요한 함수는 malloc과 calloc이며 할당된 메모리를 해제하는 함수는 free이다. 이 세 함수는 모두 “stdlib.h” 헤더 파일에 포함되어 있다. malloc 함수는 메모리 할당의 크기를 지정 받고, 반환값으로 메모리의

시작 주소를 반환한다. 다음의 예는 malloc 함수를 이용하여 정수형 자료형을 10개 할당한 경우이며, 요소가 10개인 배열이 선언된 것과 같다.

```
<malloc 함수를 이용한 동적 메모리 할당의 예>

int *pInt;
pInt = (int *)malloc(sizeof(int) * 10);
```

calloc 함수는 두 개의 인자를 가지며, 첫 번째 인자는 할당된 메모리 요소의 개수이며, 두 번째 인자는 메모리 한 요소의 크기이다. calloc 함수는 함수의 수행 시 할당된 메모리를 0으로 초기화한다. 다음의 예는 calloc 함수를 이용하여 정수형 자료형을 10개 할당한 경우이며, 요소가 10개인 배열이 선언된 것과 같고, 모든 요소가 0으로 초기화된다.

```
<calloc 함수를 이용한 동적 메모리 할당의 예>

int *pInt;
pInt = (int *)calloc(10, sizeof(int));
```

malloc 및 calloc 함수를 이용하여 할당받은 메모리를 사용하고 난 다음 반드시 free 함수를 이용하여 할당된 메모리를 해제해야 한다. 만약 free 함수를 사용하지 않을 경우에는 메모리에 공간이 계속 유지가 되며, 함수를 종료하더라도 공간이 유지되기 때문에 메모리의 낭비가 발생할 수 있다.

```
<free 함수를 이용한 동적 메모리 해제의 예>

free(pInt);
```

[예제 14-5]는 배열을 이용하여 연속 자료를 정적으로 할당한 프로그램의 예이며, [예제 14-6]은 malloc 함수를 이용하여 연속 자료를 동적으로 할당한 프로그램의 예이다. 그리고 [예제 14-7]은 calloc 함수를 이용하여 연속 자료를 동적으로 할당한 프로그램의 예이며, [예제 14-8]은 [예제 14-7]을 포인터 대신에 배열을 이용하여 변형한 것이다. 배열의 크기가 변하는 프로그램에서 동적 할당을 이용하면 메모리를 절약할 수 있다.

[예제 14-5] 배열을 이용한 연속 자료의 정적 할당

```c
/*
Example 14-5
배열을 이용한 연속 자료의 정적 할당
*/

#include <stdio.h>

int main(void)
{
	int iEngScore[5], iSum = 0, iCount;
	float fAverage;

	printf("\n\n======== Example 14-5 Start ========\n\n");

	iEngScore[0] = 90;
	iEngScore[1] = 95;
	iEngScore[2] = 85;
	iEngScore[3] = 80;
	iEngScore[4] = 70;

	for (iCount = 0; iCount < 5; iCount++)
	{
		iSum = iSum + iEngScore[iCount];
	}

	fAverage = (float)iSum / 5;
	printf(" 평균점수 = %f \n", fAverage);

	printf("\n\n======== Example 14-5 End ========\n\n");

	return 0;
}
```

```
C:\WINDOWS\system32\cmd.exe

======== Example 14-5 Start ========

 평균점수 = 84.000000


======== Example 14-5 End ========

계속하려면 아무 키나 누르십시오 . . .
```

(그림 14-4) [예제 14-5]의 결과

[예제 14-6] malloc 함수를 이용한 연속 자료의 동적 할당 및 free 함수를 이용한 할당 자료의 해제

```
/*
Example 14-6
malloc 함수를 이용한 연속 자료의 동적 할당 및
free 함수를 이용한 할당 자료의 해제
*/

#include <stdio.h>
#include <stdlib.h>                         // 메모리 할당과 관련된 헤더 파일

int main(void)
{
        int *piEngScore, iSum = 0, iCount;
        float fAverage;

        printf("\n\n======== Example 14-6 Start ========\n\n");

        piEngScore = (int *)malloc(sizeof(int) * 5);

        *piEngScore = 90;
        *(piEngScore + 1) = 95;
        *(piEngScore + 2) = 85;
        *(piEngScore + 3) = 80;
        *(piEngScore + 4) = 70;

        for (iCount = 0; iCount < 5; iCount++)
        {
                iSum = iSum + *(piEngScore + iCount);
        }

        fAverage = (float)iSum / 5;
        printf(" 평균점수 = %f \n", fAverage);

        free(piEngScore);

        printf("\n\n======== Example 14-6 End ========\n\n");

        return 0;
}
```

(그림 14-5) [예제 14-6]의 결과

[예제 14-7] calloc 함수를 이용한 연속 자료의 동적 할당 및 free 함수를 이용한 할당 자료의 해제

```
/*
Example 14-7
calloc 함수를 이용한 연속 자료의 동적 할당 및
free 함수를 이용한 할당 자료의 해제
*/

#include <stdio.h>
#include <stdlib.h>                         // 메모리 할당과 관련된 헤더 파일

int main(void)
{
        int *piEngScore, iSum = 0, iCount;
        float fAverage;

        printf("\n\n======== Example 14-7 Start ========\n\n");

        piEngScore = (int *)calloc(10, sizeof(int));

        *piEngScore = 90;
        *(piEngScore + 1) = 95;
        *(piEngScore + 2) = 85;
        *(piEngScore + 3) = 80;
        *(piEngScore + 4) = 70;

        for (iCount = 0; iCount < 5; iCount++)
        {
                iSum = iSum + *(piEngScore + iCount);
        }

        fAverage = (float)iSum / 5;
        printf(" 평균점수 = %f \n", fAverage);

```

```c
        free(piEngScore);

        printf("\n\n======== Example 14-7 End ========\n\n");

        return 0;
}
```

```
C:\WINDOWS\system32\cmd.exe

======== Example 14-7 Start ========

 평균점수 = 84.000000

======== Example 14-7 End ========

계속하려면 아무 키나 누르십시오 . . .
```

(그림 14-6) [예제 14-7]의 결과

[예제 14-8] calloc 함수를 이용한 연속 자료의 동적 할당 및 free 함수를 이용한 할당 자료의 해제, 포인터 대신에 배열을 이용

```c
/*
Example 14-8
calloc 함수를 이용한 연속 자료의 동적 할당 및
free 함수를 이용한 할당 자료의 해제
포인터 대신 배열을 사용
*/

#include <stdio.h>
#include <stdlib.h>                              // 메모리 할당과 관련된 헤더 파일

int main(void)
{
        int *piEngScore, iSum = 0, iCount;
        float fAverage;

        printf("\n\n======== Example 14-8 Start ========\n\n");

        piEngScore = (int *)calloc(10, sizeof(int));

        piEngScore[0] = 90;
        piEngScore[1] = 95;
        piEngScore[2] = 85;
        piEngScore[3] = 80;
        piEngScore[4] = 70;
```

```
	for (iCount = 0; iCount < 5; iCount++)
	{
		iSum = iSum + piEngScore[iCount];
	}

	fAverage = (float)iSum / 5;
	printf(" 평균점수 = %f \n", fAverage);

	free(piEngScore);

	printf("\n\n======== Example 14-8 End ========\n\n");

	return 0;
}
```

```
C:\WINDOWS\system32\cmd.exe

======== Example 14-8 Start ========

 평균점수 = 84.000000


======== Example 14-8 End ========

계속하려면 아무 키나 누르십시오 . . .
```

(그림 14-7) [예제 14-8]의 결과

14.5 연습문제

(연습문제 14-1) 다음 괄호 부분을 채우시오.

① (   ) 지시자는 전처리기에 의하여 기호상수를 정의한 문자열로 변경한다.

② (   )는 이미 정의된 기호상수를 해지하는 지시자이다.

③ (   ) 지시자는 특정 기호상수가 정의되었을 때 특정 문장을 수행하도록 하는 상황에서 유용하게 사용된다.

④ 정적 할당은 변수의 선언에 의하여 메모리가 할당되는 방식이며, (   ) 할당은 변수의 선언 이외에 프로그램에 의한 메모리 요청에 의하여 메모리가 할당되는 방식이다.

(연습문제 14-2) 아래의 형식을 설명하시오.

```
#ifdef 기호상수
    문장1
#else
    문장2
#endif
```

(연습문제 14-3) 동적으로 할당된 메모리를 해제하는 함수는?

① malloc

② calloc

③ free

④ return

(연습문제 14-4) 다음 프로그램을 컴파일하면 문제가 발생한다. 그 이유는?

```
#include <stdio.h>

int main(void)
{
            float fArea, fRadius;
```

```
	printf(" 반지름을 입력하세요 : ");
	scanf("%f", &fRadius);

	fArea = PHI * fRadius * fRadius;

	printf(" 원의 면적은 %f입니다.\n", fArea);

	return 0;
}
```

(연습문제 14-5) 다음 프로그램을 컴파일하면 문제가 발생한다. 그 이유는?

```
#include <stdio.h>
#define DEBUG

int main(void)
{
	int iValue1, iValue2, iCount, iSum;

	printf(" 두 수를 입력하세요?");
	scanf("%d %d", &iValue1, &iValue2);
	for (iSum = 0, iCount = iValue1; iCount <= iValue2; iCount++){
		iSum = iSum + iCount;
#ifdef DEBUG
		printf(" %d부터 %d까지의 합은 %d입니다. \n", iValue1, iCount, iSum);
	}
	printf(" %d부터 %d까지의 합은 %d입니다. \n", iValue1, iValue2, iSum);

	return 0;
}
```

(연습문제 14-6) 동적으로 할당될 정수형의 자료의 수를 입력받아 정수형의 연속 자료를 동적으로 할당하는 프로그램을 작성하시오.

```
C:\WINDOWS\system32\cmd.exe

======== Problem 14-6 Start ========

 동적으로 할당될 정수형의 자료의 수를 입력하세요 : 10

 10개의 정수형의 자료가 동적으로 할당되었습니다.

======== Problem 14-6 End ========

계속하려면 아무 키나 누르십시오 . . .
```

CHAPTER 15

파일 입출력

지금까지 작성한 프로그램은 모두 키보드로부터 입력을 받고 모니터로 출력하는 형태의 프로그램이었다. 그러나 종종 파일에서 자료를 읽은 후 그 결과를 파일로 저장하는 프로그램을 만들 필요가 있으며, 실제의 응용 프로그램은 대부분 파일에서 자료를 읽고 파일에 저장한다. 키보드로부터 읽고 화면에 출력하는 프로그램은 프로그램의 실행 도중에 그 결과를 바로 확인할 수 있다는 장점이 있지만 프로그램이 종료되면 그 결과를 더 이상 확인할 수 없다. 따라서 데이터를 영구적으로 보관하려면 하드 디스크 등의 보조 기억 장치에 그 결과를 저장해야 하며, C언어에서는 이를 위하여 다양한 파일 처리 방법을 제공하고 있다. 참고로, 본 교재에서 다루고 있는 파일 입출력 관련 함수들을 Visual Studio에서 사용하기 위해서는 앞에서 보았던 strcpy 함수를 이용할 때와 같이 설정에서 _CRT_SECURE_NO_WARNINGS를 지정해 주어야 한다.

15.1 C언어에서의 파일 처리를 위한 파일 열기

C언어에서 파일을 사용하기 위해서는 해당 파일을 여는 과정이 필요하다. 파일을 열기 위한 시스템 제공 함수는 fopen() 함수를 이용하며, "stdio.h" 헤더 파일에 포함되어 있다. 다음은 fopen 함수의 형식이다.

```
<fopen 함수의 형식>

FILE * fopen(char *name, char *mode);
```

fopen 함수를 실행하면 파일의 포인터를 가져올 수 있으며, 반환형인 FILE은 "stdio.h" 헤더 파일에 정의되어 있는 것으로 "typedef struct _iobuf FILE"로 정의되어 있다. 즉, FILE 구조체 _iobuf와 동일한 자료형이며 _iobuf 구조체는 다음과 같다. 다만, 복잡한 멤버로 구성된 FILE 구조체의 내부 멤버는 알 필요 없으며, 단지 구조체 FILE이 파일을 표현하는 C언어의 자료형인 것만 기억한다.

```
<_iobuf 구조체>

struct _iobuf
{
    char *ptr;
    int  _cnt;
    char *_base;
    int  _flag;
    int  _file;
    int  _charbuf;
    int  _bufsiz;
    char *_tmpfname;
};
```

fopen 함수에서 첫 번째 인수는 파일의 이름이며, 두 번째 인수는 파일 처리를 위한 형태이다. 파일 처리를 위한 형태는 대표적으로 읽기와 쓰기가 있으며, 파일 열기를 성공하면 fopen 함수에 의하여 선언된 구조체 _iobuf의 자료형을 갖는 변수의 주소를 반환한다. 만일 여러 가지 문제로 인해 파일 열기에 실패하면 널(NULL)의 값을 반환받는다.

fopen 함수의 두 번째 인수인 파일 처리 형태는 일반적으로 모드(mode)라고 하며, "r", "w", "a", "r+", "w+", "a+" 등이 있다. 이 중 많이 사용하는 모드는 파일로부터 정보를 읽기위한 "r"과 파일에 정보를 저장하기 위한 "w"이다. 〈표 15-1〉은 파일 모드에 대한 설명이다.

〈표 15-1〉 파일 모드

파일 모드	의미
r	읽기 모드로 파일을 연다. 파일이 없으면 파일 열기에 실패하고 널 값을 반환한다. 읽기 모드에서는 파일에 쓰기를 할 수 없다.
w	쓰기 모드로 파일을 연다. 파일이 없으면 새로 파일을 만들고, 파일이 존재하면 파일의 내용을 지운다. 파일에 쓰기를 하면 파일의 처음부터 쓴다. 쓰기 모드에서는 파일로부터 읽기를 할 수 없다.

a	쓰기 추가 모드로 파일을 연다. 파일이 없으면 새로 파일을 만들고 파일에 쓰기를 하면 파일의 처음부터 쓴다. 파일이 존재할 경우 파일에 쓰기를 하면 파일의 끝에 이어서 쓴다. 추가 모드에서는 파일로부터 읽기를 할 수 없다.
r+	읽기와 쓰기 모드로 파일을 연다. 파일이 없으면 파일 열기에 실패하고 널 값을 반환한다.
w+	읽기와 쓰기 모드로 파일을 연다. 파일이 없으면 새로 파일을 만들고, 파일이 존재하면 파일의 내용을 지운다. 파일에 쓰기를 하면 파일의 처음부터 쓴다.
a+	읽기와 쓰기 추가 모드로 파일을 연다. 파일이 없으면 새로 파일을 만들고 파일에 쓰기를 하면 파일의 처음부터 쓴다. 파일이 존재할 경우 파일에 쓰기를 하면 파일의 끝에 이어서 쓴다.

다음의 예는 inputfile.txt 파일을 읽기 모드로 열고, outputfile.txt 파일을 쓰기 모드로 여는 예이다. 읽기 모드로 파일을 여는 것은 책장으로부터 읽은 책을 선택하는 것과 동일하며, 쓰기 모드로 파일을 여는 것은 빈 노트를 선택하고 노트에 제목을 정하는 것과 유사하다.

```
<파일 열기의 예>

#include <stdio.h> // fopen, fclose등 파일 입출력 관련 함수 사용 시 필요
#include <stdlib.h> // exit 함수 사용 시 필요

int main(void)
{
   char *strInFileName, *strOutFileName;
   FILE *inFile, *outFile;
   strInFileName = "C:\\inputfile.txt";
   strOutFileName = "C:\\outputfile.txt";

   if((inFile = fopen(strInFileName, "r")) == NULL){
      printf("입력 파일 열기 실패 \n");
      exit(1); /* 프로그램을 강제로 종료, 인자가 1이면 문제가 있음을 의미 */
   }

   if((outFile = fopen(strOutFileName, "w")) == NULL){
      printf("출력 파일 열기 실패 \n");
      exit(1); /* 프로그램을 강제로 종료, 인자가 1이면 문제가 있음을 의미 */
   }
   ...
}
```

입력파일 또는 출력파일로부터의 자료의 입출력이 끝나면 반드시 파일 닫기 작업을 수행해야 한다. 파일 닫기 작업은 fclose 함수를 이용하며, fclose 함수의 인수는 fopen 함수에서 반환 받은 파일 포인터의 값이다. 즉, 파일 닫기는 사용한 책이나 노트를 사용 후에 제 자리에 다시 두는 과정과 유사하며, 파일 닫기 작업이 수행되지 않으면, 다른 프로그램에서 그 파일을 수정할 수 없게 된다. 예를 들어 문서 작업을 수행하고 있는 도중에 탐색기를 통하여 그 파일을 삭제하려고 하면 삭제되지 않는 것처럼 파일 닫기 작업은 더 이상 파일의 사용이 필요 없을 때 반드시 수행되어야 한다. 다음은 파일 닫기 작업을 위한 fclose 함수의 형식과 사용 예이다.

```
<fclose 함수의 형식>

fclose(FILE *file);


<fclose 함수의 예>

fclose(inFile);
fclose(outFile);
```

15.2 텍스트 파일의 읽기와 쓰기

파일 열기를 한 다음에는 파일에 정보를 저장하거나 파일로부터 정보를 읽어올 수 있다. 파일에 정보를 저장하기 위한 함수는 fprintf 함수와 fputs 함수를 이용하여 가능하며, 파일로부터 정보를 읽는 방법은 fscanf와 fgets 함수를 이용하여 가능하다.

15.2.1 파일에의 정보 저장

파일에 정보를 저장하는 것은 선택한 노트에 펜을 이용하여 글을 쓰는 것과 유사하다. 파일에 정보를 저장하기 위하여 C언어에서 제공하는 함수는 fprintf 함수와 fputs 함수를 이용하여 수행할 수 있다. fprintf 함수는 printf 함수와 그 사용 방법이 거의 동일하며, printf 함수가 화면에 출력하는 것과 비교하여 단지 파일에 출력한 다는 점만 다르다. 따라서 fprintf 함수는 출력을 원하는 파일을 지정하기 위하여 첫 번째 인수로 fopen 함수의 반환값인 파일 포인터를 사용한다. 다음은 printf 함수와 fprintf 함수의 형식과 fprintf 함수의 사용 예이다.

```
<printf 함수와 fprintf 함수의 형식>

printf("형식 문자열", 인수들);
fprintf(파일포인터, "형식 문자열", 인수들);


<fprintf 함수의 사용 예>

fprintf(outFile, "이름은 %s입니다.\n", strName);
```

fputs 함수는 puts 함수와 화면 출력 대신에 파일에 출력한다는 점만 제외하면 기능이 동일하다. fputs 함수는 출력을 원하는 파일을 지정하기 위하여 두 번째 인수로 fopen 함수의 반환값인 파일 포인터를 사용한다. 즉, fputs의 첫 번째 인수는 출력할 문자열이며, 두 번째 인수는 파일 포인터이다. 다음은 puts와 fputs의 사용 예이다.

```
<puts와 fputs 함수의 사용 예>

puts("Korea");
fputs("Korea", outFile);
```

C언어에서는 파일에 문자열을 출력하는 fputs 대신에 문자 하나를 출력하는 putc 함수와 fputc 함수도 지원한다. 이 두 함수 대신에 화면에 하나의 문자를 출력하는 함수는 putchar 함수가 있다. 다음은 문자 출력을 위한 함수들의 예이다.

```
<putc, fputc, putchar 함수의 예>

putc('a', outFile);
fputc('a', outFile);
putchar('a');
```

15.2.2 파일로부터 정보 읽기

파일로부터 정보를 읽는 것은 선택한 책을 읽는 것과 유사하며, C언어에서는 파일 열기를 한 다음 fscanf 함수와 fgets 함수를 이용하여 파일로부터 정보를 입력받을 수 있다. fscanf 함수는 scanf 함수와 키보드 입력 대신에 파일로부터 입력을 받는 점만 제외하고 기능이 동일하다. fscanf 함수는 입력을 원하는 파일을 지정하기 위하여 첫 번째 인수로 fopen 함수의 반환값인 파일포인터를 사용한다. 다음은 scanf 함수와 fscanf 함수의 형식과 fscanf 함수의 사용 예이다.

```
<scanf 함수와 fscanf 함수의 형식>

scanf("형식 문자열", 인수들);
fscanf(파일포인터, "형식 문자열", 인수들);

<fscanf 함수의 사용 예>

fscanf(inFile, "%s", strName);
```

fgets 함수는 gets 함수와 키보드 입력 대신에 파일로부터 입력을 받는 다 점만 제외하면 기능이 동일하다. fgets 함수는 입력을 원하는 파일을 지정하기 위하여 첫 번째 인수로 fopen 함수의 반환값인 파일포인터를 사용한다. fgets의 첫 번째 인수는 입력받은 문자열이 저장될 포인터이며 두 번째 인수는 입력받을 문자열의 최대 크기이며, 세 번째 인수는 파일포인터이다. 다음은 gets 함수와 fgets 함수의 사용 예이다.

```
<gets와 fgets 함수의 사용 예>

gets(strName);
fgets(strName, 20, inFile);
```

getc 함수 또는 fgetc 함수는 원하는 파일로부터 하나의 문자를 입력받는 함수이다. getchar 함수는 키보드로부터 하나의 문자를 입력받는 함수이다. 다음은 fgetc와 getc 함수의 사용 예이다.

```
<fgetc와 getc 함수의 사용 예>

int iValue;
iValue = fgetc(inFile);
iValue = getc(inFile);
iValue = getchar();
```

15.3 파일 내부 검사 함수

우리가 책을 읽을 때 읽어야 할 위치가 증가하듯이 파일 읽기 함수를 수행하면 파일의 내부 포인터가 증가한다. 만일 파일 내부의 포인터가 파일의 끝을 가리키면 파일의 읽기를 끝내야 한다. feof 함수는 end of file의 약자이며, 파일의 내부 포인터의 위치가 파일의 끝인가를 검사하는 함수이다. feof 함수는 파일의 끝이면 참의 값을 반환하며, 파일의 끝이 아니면 거짓의 값을 반환한다. 다음의 예는 feof 함수를 이용한 파일의 끝 검사하는 예이다.

```
<feof 함수의 사용 예>

while(!feof(inFile)){
        fscanf(inFile, "%s %d %d %d", strName, &intEng, &intMath, &intKor);
        ...
}
```

[예제 15-1]은 fscanf 함수를 이용하여 inputfile.txt 파일로부터 국어, 수학, 영어 성적을 읽은 후 총점과 평균을 계산하고 fprintf 함수를 이용하여 outputfile.txt 파일에 그 결과를 저장하는 프로그램이다. [예제 15-2]는 getchar 함수를 이용하여 키보드로부터 자료를 입력 받고 putc 함수를 이용하여 이 자료를 파일에 저장하는 프로그램이다. [예제 15-3]은 fgetc 함수를 이용하여 파일의 내용을 읽고 putchar 함수를 이용하여 그 내용을 화면에 출력하는 프로그램이다.

프로그램을 작성하기 전에 입력을 위한 inputfile.txt 파일을 먼저 작성한다. inputfile.txt 파일은 (그림 15-1)과 같이 작성하며, (그림 15-2)와 같이 해당 프로젝트 폴더의 소스 파일이 위치한 곳과 같은 곳에 저장한다.

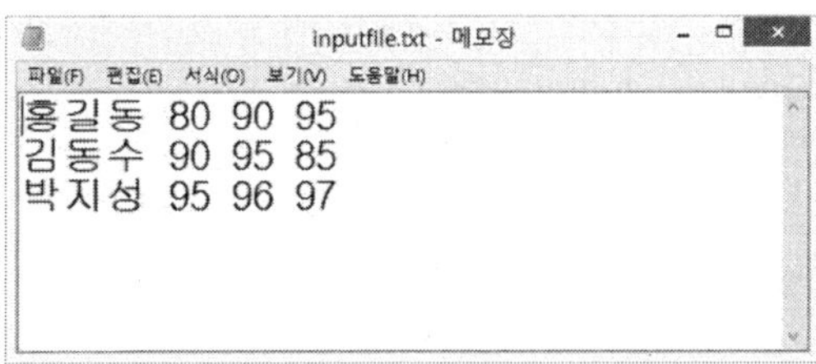

(그림 15-1) inputfile.txt 파일

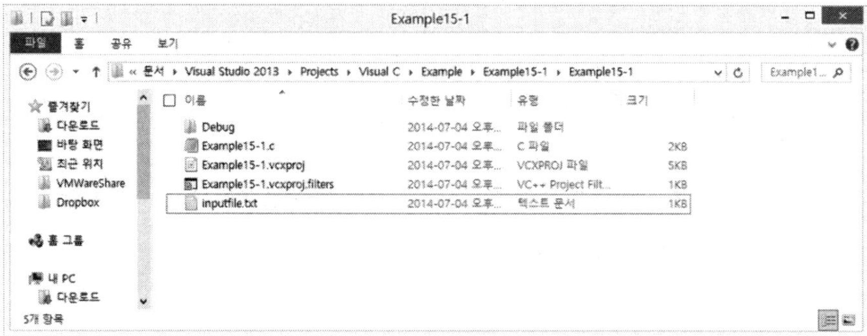

(그림 15-2) inputfile.txt의 저장 위치

[예제 15-1] inputfile.txt로부터 국어, 수학, 영어 성적을 읽어 총점과 평균을 계산하고 outputfile.txt 파일에 저장하는 프로그램

```
/*
Example 15-1
inputfile.txt 파일로부터 국어, 수학, 영어 성적을 읽어
총점과 평균을 계산하고 outputfile.txt에 저장하는 프로그램
*/

#include <stdio.h>
#include <stdlib.h>

int main(void)
{
        char strName[20];
        int intKor, intMath, intEng, intTotal, intAverage;

        char *strInFileName, *strOutFileName;
        FILE *inFile, *outFile;

        printf("\n\n======== Example 15-1 Start ========\n\n");

        strInFileName = "inputfile.txt";
        strOutFileName = "outputfile.txt";

        if ((inFile = fopen(strInFileName, "r")) == NULL){
                printf("입력 파일 열기 실패 \n");
                exit(1);
        }

        if ((outFile = fopen(strOutFileName, "w")) == NULL){
                printf("출력 파일 열기 실패 \n");
```

```
                exit(1);
        }

        while (!feof(inFile)){
                fscanf(inFile, "%s %d %d %d", strName, &intEng, &intMath, &intKor);
                printf(" [이름 = %s] : [국어 = %d] : [수학 = %d] : [영어 = %d] \n",
                        strName, intEng, intMath, intKor);
                intTotal = intKor + intMath + intEng;
                intAverage = intTotal / 3;
                printf("\t\t\t [총점 = %d] : [평균 = %d] \n\n",
                        intTotal, intAverage);
                fprintf(outFile, " [이름 = %s] : [총점 = %d] : [평균 = %d] \n",
                        strName, intTotal, intAverage);
        }
        fclose(inFile);
        fclose(outFile);

        printf("\n\n======== Example 15-1 End ========\n\n");

        return 0;
}
```

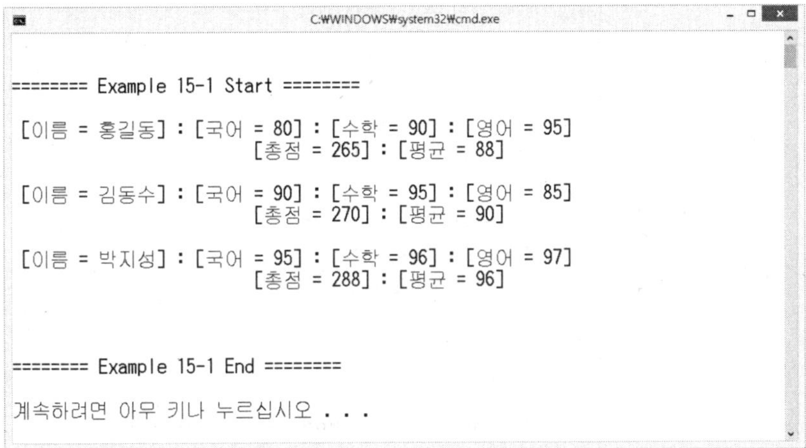

(그림 15-3) [예제 15-1]의 실행 결과

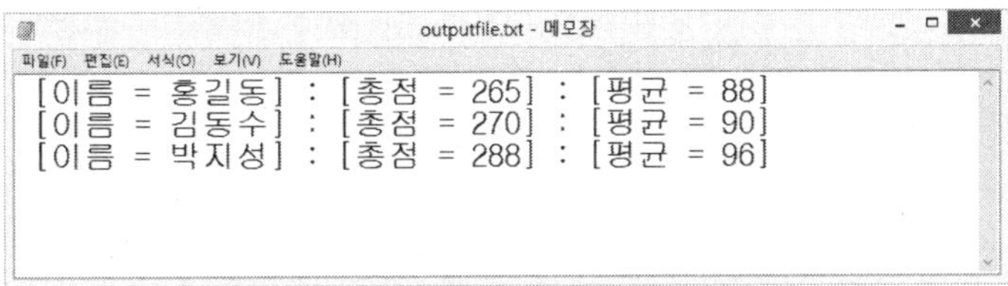

(그림 15-4) [예제 15-2]의 출력 파일

[예제 15-2] 키보드로부터의 입력을 파일에 저장하는 프로그램

```
/*
Example 15-2
키보드로부터의 입력을 파일에 저장하는 프로그램
*/

#include <stdio.h>
#include <stdlib.h>

int main(void)
{
        char strOutFileName[20];
        FILE *outFile;
        int iValue;

        printf("\n\n======== Example 15-2 Start ========\n\n");

        printf(" 파일명을 입력하세요 : ");
        scanf("%s", strOutFileName);

        if ((outFile = fopen(strOutFileName, "w")) == NULL){
                printf("출력 파일 열기 실패 \n");
                exit(1);
        }

        printf(" [ 파일의 내용을 입력하세요 ] \n");

        while ((iValue = getchar()) != '.'){
                putc(iValue, outFile);
        }

        fclose(outFile);

        printf("\n\n======== Example 15-2 End ========\n\n");

        return 0;
}
```

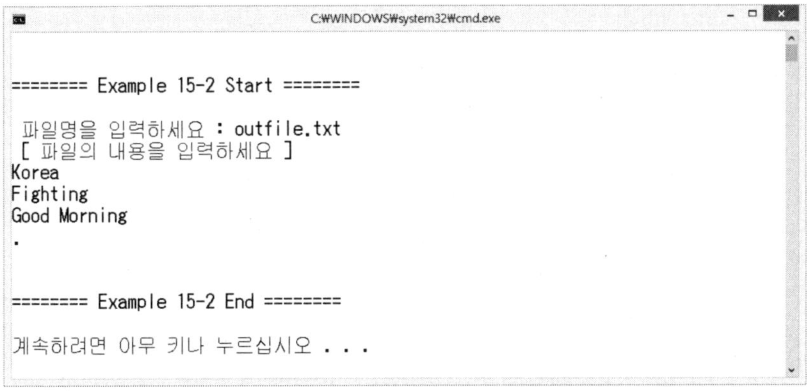

(그림 15-5) [예제 15-2]의 결과

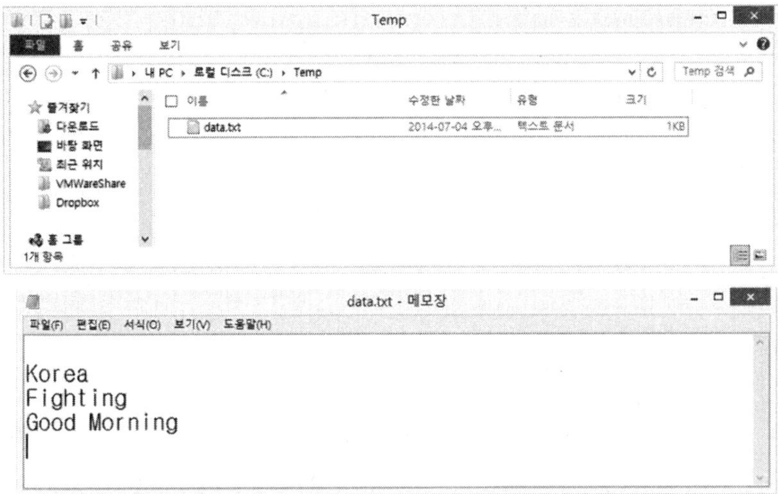

(그림 15-6) [예제 15-2]에서 생성된 파일의 위치 및 내용

[예제 15-3] 파일의 내용을 화면에 출력하는 프로그램

```
/*
Example 15-3
파일의 내용을 화면에 출력하는 프로그램
*/

#include <stdio.h>
#include <stdlib.h>

int main(void)
{
        char strInFileName[20];
        FILE *inFile;
```

```
        int iValue;

        printf("\n\n======== Example 15-3 Start ========\n\n");

        printf(" 파일명을 입력하세요 : ");
        scanf("%s", strInFileName);

        if ((inFile = fopen(strInFileName, "r")) == NULL){
                printf("입력 파일 열기 실패 \n");
                exit(1);
        }

        printf(" [ 파일 %s의 내용 ]  \n", strInFileName);

        while (!feof(inFile)){
                iValue = fgetc(inFile);
                putchar(iValue);
        }

        fclose(inFile);

        printf("\n\n======== Example 15-3 End ========\n\n");

        return 0;
}
```

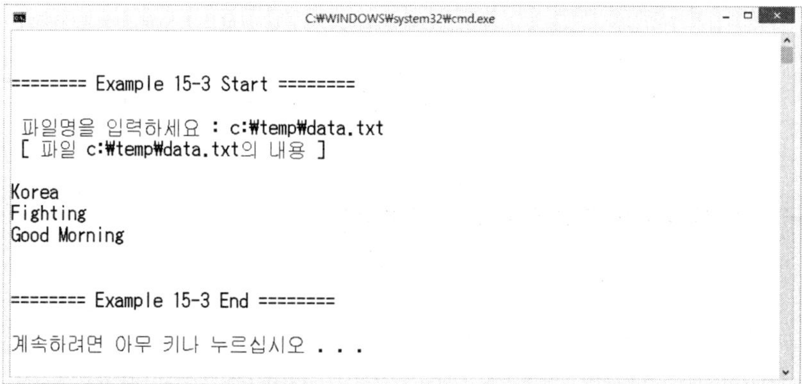

(그림 15-7) [예제 15-3]의 결과

15.4 이진 파일의 읽기와 쓰기

텍스트 파일은 모든 정보가 문자열로 변환되어 파일에 기록되며, 저장 단위가 문자이며 문자 이외의 정보는 저장할 수 없다. 즉, 정수값도 fprintf 함수를 통하여 문자열로 변환된 후에 파일에 쓰인다. 그러나 이진 파일은 바이트 단위로 정보를 저장한다. 1바이트는 8비트이며, 비트는 0 또는 1의 값을 저장할 수 있고, 디지털 공학에서 정보를 저장하는 기본 단위이다. 따라서 이진 파일은 텍스트 파일보다 넓은 범위의 파일이며, 각각의 문자도 바이트 단위로 표기되기 때문에 텍스트 파일도 이진 파일에 포함된다. 그러나 이미지 파일이나, 음악 파일과 같이 문자 형태로 표현되지 않는 바이트 정보가 있다. 따라서 이진 파일 중에는 텍스트 파일이 아닌 경우가 있다. 예를 들어 그림 파일을 문자 편집기로 보면 이상하게 보이며, 문자 자료형을 제외한 모든 형태가 이진 형태라고 생각하면 된다. 이진 파일에 정보를 저장하는 함수는 fwrite이고 그 사용 예는 다음과 같다.

```
<fwrite 함수의 예>

StudentScore student;
fwrite(&student, sizeof(StudentScore), 1, outFile);
```

fwrite 함수는 네 개의 인수를 가지고 있으며, 각각을 설명하면 〈표 15-2〉와 같다.

〈표 15-2〉 fwrite 함수의 인수 설명

인수	설명
첫 번째 인수	출력될 자료의 주소값
두 번째 인수	출력될 단위 자료의 크기 (바이트 단위)
세 번째 인수	출력될 자료의 개수
네 번째 인수	이진 파일의 파일 포인터

이진 파일로부터 정보를 저장한 후 저장된 데이터를 읽을 수 있다. 이진 파일로부터 정보를 읽는 함수는 fread이며, fread 함수의 사용 예는 다음과 같다.

```
<fread 함수의 예>

StudentScore student;
```

```
fread(&student, sizeof(StudentScore), 1, inFile);
```

fread 함수 역시 fwrite 함수와 같이 총 네 개의 인수를 갖고 있으며, 〈표 15-3〉은 fread 함수의 인수에 대한 설명이다.

〈표 15-3〉 fread 함수의 인수 설명

인수	설명
첫 번째 인수	입력될 자료의 주소값
두 번째 인수	입력될 단위 자료의 크기 (바이트 단위)
세 번째 인수	입력될 자료의 개수
네 번째 인수	이진 파일의 파일 포인터

[예제 15-4]는 fwrite 함수를 이용하여 이진 파일에 구조체 자료를 저장한다. 구조체 자료형도 이진 정보이기 때문에 구조체 자료 형태로 저장된 내용을 문자 편집기로 보면 이상하게 보인다. 이진 파일은 다양한 형태로 이용되며, 구조체의 정보를 구조체 단위로 저장하거나 읽어올 때 사용할 수 있다. 그리고 [예제 15-5]는 [예제 15-4]에서 파일로 저장한 이진 자료를 fread 함수를 이용하여 이진 파일로부터 구조체 자료를 읽어 자료를 처리한 다음 그 결과를 이진 파일 형태로 저장하는 예이다. [예제 15-4]와 [예제 15-5]의 파일 자료는 편의상 "c:₩temp" 폴더에 저장한다.

[예제 15-4] fwrite 함수를 이용하여 이진 파일에 구조체 자료의 저장

```
/*
Example 15-4
fwrite 함수를 이용하여 이진 파일에 구조체 자료의 저장
*/

#include <stdio.h>
#include <stdlib.h>
#include <string.h>

typedef struct{
        char name[20];
        int iMathScore;
        int iEngScore;
        int iAverageScore;
}StudentScore;

int main(void)
```

```
{
        StudentScore student[3];
        int iCount;

        char *strOutFileName;
        FILE *outFile;

        printf("\n\n======== Example 15-4 Start ========\n\n");

        strOutFileName = "C:\\temp\\inputfile.bin";
        if ((outFile = fopen(strOutFileName, "w")) == NULL){
                printf("출력 파일 열기 실패 \n");
                exit(1);
        }

        strcpy(student[0].name, "홍길동");
        student[0].iMathScore = 90;
        student[0].iEngScore = 90;

        strcpy(student[1].name, "김동수");
        student[1].iMathScore = 95;
        student[1].iEngScore = 90;

        strcpy(student[2].name, "이만수");
        student[2].iMathScore = 80;
        student[2].iEngScore = 90;

        for (iCount = 0; iCount<3; iCount++){
                fwrite(&student[iCount], sizeof(StudentScore), 1, outFile);
                printf(" 구조체 student[%d]의 내용 저장 \n", iCount);
        }

        fclose(outFile);

        printf("\n\n======== Example 15-4 End ========\n\n");

        return 0;
}
```

```
C:₩WINDOWS₩system32₩cmd.exe

======== Example 15-4 Start ========

 구조체 student[0]의 내용 저장
 구조체 student[1]의 내용 저장
 구조체 student[2]의 내용 저장


======== Example 15-4 End ========

계속하려면 아무 키나 누르십시오 . . .
```

(그림 15-8) [예제 15-4]의 결과

```
inputfile.bin - 메모장
파일(F) 편집(E) 서식(O) 보기(V) 도움말(H)
홍길동 儆儆儆儆儆儆?  Z   儆儆김동수 儆儆儆儆儆儆?  Z   儆
儆이만수 儆儆儆儆儆儆?  Z   儆儆
```

(그림 15-9) [예제 15-4]의 출력 파일

[예제 15-5] fread 함수를 이용하여 이진 파일로부터 구조체 자료의 읽기

```
/*
Example 15-5
fwrite 함수를 이용하여 이진 파일에 구조체 자료의 저장
*/

#include <stdio.h>
#include <stdlib.h>
#include <string.h>

typedef struct{
        char name[20];
        int iMathScore;
        int iEngScore;
        int iAverageScore;
}StudentScore;

int main(void)
{
        StudentScore student[3];
        int iCount;

        char *strInFileName, *strOutFileName;
        FILE *inFile, *outFile;
```

```
	printf("\n\n======== Example 15-5 Start ========\n\n");

	strInFileName = "C:\\temp\\inputfile.bin";
	if ((inFile = fopen(strInFileName, "r")) == NULL){
		printf("입력 파일 열기 실패 \n");
		exit(1);
	}

	strOutFileName = "C:\\temp\\outputfile.bin";
	if ((outFile = fopen(strOutFileName, "w")) == NULL){
		printf("출력 파일 열기 실패 \n");
		exit(1);
	}

	for (iCount = 0; iCount<3; iCount++){
		fread(&student[iCount], sizeof(StudentScore), 1, inFile);
	}

	for (iCount = 0; iCount<3; iCount++){
		printf(" [이름] : %s \n", student[iCount].name);
		printf(" [수학 점수] : %d \n", student[iCount].iMathScore);
		printf(" [영어 점수] : %d \n", student[iCount].iEngScore);
		student[iCount].iAverageScore = (student[iCount].iMathScore +
				student[iCount].iEngScore) / 2;
		printf(" [평균 점수] : %d \n\n", student[iCount].iAverageScore);
	}

	for (iCount = 0; iCount<3; iCount++){
		fwrite(&student[iCount], sizeof(StudentScore), 1, outFile);
	}

	fclose(inFile);
	fclose(outFile);

	printf("\n\n======== Example 15-5 End ========\n\n");

	return 0;
}
```

```
C:\WINDOWS\system32\cmd.exe

======== Example 15-5 Start ========

 [이름] : 홍길동
 [수학 점수] : 90
 [영어 점수] : 90
 [평균 점수] : 90

 [이름] : 김동수
 [수학 점수] : 95
 [영어 점수] : 90
 [평균 점수] : 92

 [이름] : 이만수
 [수학 점수] : 80
 [영어 점수] : 90
 [평균 점수] : 85


======== Example 15-5 End ========

계속하려면 아무 키나 누르십시오 . . .
```

(그림 15-10) [예제 15-5]의 결과

15.5 임의 접근 읽기

파일에서 정보를 읽을 때 일반적으로 파일의 처음부터 끝까지 정보를 읽는 순차적 읽기(sequential read)를 이용한다. 그러나 fseek 함수를 이용하면 파일의 내부 포인터를 변경할 수 있으며, 파일 내부의 임의 접근 읽기(random access read)가 가능하다. 우리가 책을 읽을 때 일반적으로 책의 앞에서부터 순차적으로 읽지만, 경우에 따라서는 필요한 부분을 찾아서 읽을 수도 있다. 즉 책을 처음부터 읽을 경우 읽을 곳의 위치는 순차적으로 증가한다. 그러나 읽을 위치를 임의로 변경하여 그 위치부터 읽을 수 있다. 이 경우 읽을 곳의 위치는 임의로 변경되며, 변경된 위치에서부터 책을 읽게 되면 다시 이 위치부터 순차적으로 증가하게 된다.

처음 파일을 읽을 때 파일의 내부 포인터는 일반적으로 제일 처음이며 이 위치에서부터 정보가 읽어지게 된다. 정보를 읽게 되면 읽은 정보량에 따라 파일의 내부 포인터는 바이트 단위로 증가하게 된다. 이렇게 하여 파일의 내부 포인터가 파일의 끝을 가리키게 되면 더 이상 파일로부터 정보를 가져올 수 없다. 이렇게 정보를 읽는 경우가 일반적이며 이 경우가 순차적 읽기가 된다. fseek를 이용하여 파일의 내부 포인터를 변경할 수 있으며, fseek 함수는 총 3개의 인수를 가지며, 자세한 설명은 〈표 15-4〉와 같다.

〈표 15-4〉 fseek 함수의 인수 설명

인수	설명
첫 번째 인수	파일 포인터
두 번째 인수	오프셋(offset) 값으로 기준값으로 부터 떨어진 값이며, 바이트 단위 인수의 자료형이 long형이기 때문에 값 뒤에 L을 첨가한다. 양수의 경우 파일의 내부 포인터가 기준값보다 증가하게 되며, 음수의 경우 파일의 내부 포인터가 기준값보다 감소하게 된다.
세 번째 인수	기준값의 상태 SEEK_SET : 파일의 시작 위치 SEEK_CUR : 파일의 현재 위치 SEEK_END : 파일의 끝 위치

다음의 예는 fseek 함수를 이용하여 파일의 내부 포인터를 변경하는 예이다.

〈fseek 함수를 이용한 파일의 내부 포인터 변경 예〉

fseek(fp, 200L, SEEK_SET);
파일의 처음 위치에서 200바이트 떨어진 위치로 파일의 내부 포인터를 이동

fseek(fp, 200L, SEEK_CUR);
파일의 현재 위치에서 200바이트 떨어진 위치로 파일의 내부 포인터를 이동

fseek(fp, −200L, SEEK_END);
파일의 끝 위치에서 -200바이트 떨어진 위치로 파일의 내부 포인터를 이동

[예제 15-6]은 fseek 함수를 이용하여 김동수의 자료형을 제외하고 홍길동과 이만수의 자료형만을 출력하였다. fseek 함수와 함께 ftell 함수와 rewind함수가 사용되며, ftell 함수는 현재 파일의 내부 포인터의 위치를 알려주며, rewind 함수는 파일의 내부 포인터를 0으로 초기화한다.

[예제 15-6] fseek 함수의 사용

```
/*
Example 15-6
fseek 함수의 사용
*/
```

```
#include <stdio.h>
#include <stdlib.h>
#include <string.h>

typedef struct{
        char name[20];
        int iMathScore;
        int iEngScore;
        int iAverageScore;
}StudentScore;

int main(void)
{
        StudentScore student[3];
        int iCount;

        char *strInFileName;
        FILE *inFile;

        printf("\n\n======== Example 15-6 Start ========\n\n");

        strInFileName = "C:\\temp\\outputfile.bin";
        if ((inFile = fopen(strInFileName, "r")) == NULL){
                printf("입력 파일 열기 실패 \n");
                exit(1);
        }

        for (iCount = 0; iCount<2; iCount++){
                fread(&student[iCount], sizeof(StudentScore), 1, inFile);
                printf(" [이름] : %s \n", student[iCount].name);
                printf(" [수학 점수] : %d \n", student[iCount].iMathScore);
                printf(" [영어 점수] : %d \n", student[iCount].iEngScore);
                printf(" [평균 점수] : %d \n\n", student[iCount].iAverageScore);
                fseek(inFile, sizeof(StudentScore), SEEK_CUR);
        }

        fclose(inFile);

        printf("\n\n======== Example 15-6 End ========\n\n");

        return 0;
}
```

```
C:\WINDOWS\system32\cmd.exe

======== Example 15-6 Start ========

 [이름] : 홍길동
 [수학 점수] : 90
 [영어 점수] : 90
 [평균 점수] : 90

 [이름] : 이만수
 [수학 점수] : 80
 [영어 점수] : 90
 [평균 점수] : 85



======== Example 15-6 End ========

계속하려면 아무 키나 누르십시오 . . .
```

(그림 15-11) [예제 15-6]의 결과

15.6 연습문제

(연습문제 15-1) 다음 괄호 부분을 채우시오.

① fprintf 함수는 출력을 원하는 파일을 지정하기 위하여 첫 번째 인수로 (　　　　) 함수의 반환값인 파일 포인터를 사용한다.

② fgetc 함수는 원하는 파일로부터 하나의 문자를 입력받는 함수이다. (　　　　) 함수는 키보드로부터 하나의 문자를 입력받는 함수이다.

③ (　　　　) 함수는 파일의 내부 포인터의 위치가 파일의 끝인가를 검사하는 함수이다.

④ 이진 파일로부터 정보를 읽는 함수는 (　　　　)이다.

⑤ (　　　　) 함수를 이용하여 파일의 내부 포인터를 변경할 수 있다.

(연습문제 15-2) 해당되는 명령어를 아래의 박스에서 연결하시오.

ⓐ fopen
ⓑ fscanf, fgets, fread
ⓒ fclose
ⓓ printf, puts, fwrite

① 파일 입출력을 위하여 해당 파일을 열어야 하며 이를 위하여 사용하는 함수 – (　　　　)

② 더 이상 파일을 사용할 필요가 없을 때 파일을 닫아야 하며, 이 때 사용하는 함수 – (　　　　)

③ 파일에 정보를 저장하기 위하여 사용하는 함수 – (　　　　)

④ 파일로부터 정보를 입력받기 위하여 사용하는 함수 – (　　　　)

(연습문제 15-3) 다음 프로그램을 컴파일하면 문제가 발생한다. 그 이유는?

```
#include <stdio.h>
#include <stdlib.h>

int main()
{
        char strInFileName[20];
```

```
    File *inFile;
    int iValue;

    printf(" 파일명을 입력하세요 : ");
    scanf("%s", strInFileName);

    if ((inFile = fopen(strInFileName, "r")) == NULL){
        printf("입력 파일 열기 실패 \n");
        exit(1);
    }

    printf(" [ 파일 %s의 내용 ]  \n", strInFileName);

    while (!feof(inFile)){
        iValue = fgetc(inFile);
        putchar(iValue);
    }

    fclose(inFile);

    return 0;
}
```

(연습문제 15-4) 다음 프로그램을 컴파일하면 문제가 발생한다. 그 이유는?

```
#include <stdio.h>
#include <stdlib.h>

int main(void)
{
    char strOutFileName[20];
    FILE *outFile;
    int iValue;

    printf(" 파일명을 입력하세요 : ");
    scanf("%s", strOutFileName);

    if ((outFile = fopen(strOutFileName, "w")) == NULL){
        printf("출력 파일 열기 실패 \n");
        exit(1);
    }

    printf(" [ 파일의 내용을 입력하세요 ] \n");

```

```c
		while ((iValue = getchar()) != '.'){
				putc(iValue);
		}

		fclose(outFile);

		return 0;
}
```

(연습문제 15-5) inputfile.txt로부터 n명의 학생들의 신장과 체중을 입력받아 BMI를 계산하고 outputfile.txt에 저장하는 프로그램을 작성하시오.

비만도를 측정하는 BMI지수는 아래와 같이 계산된다.

BMI = 체중(kg)/ (신장 (m) X 신장 (m))

BMI 20미만 (저체중)

20 - 25미만 (정상)

25 - 30미만 (과체중)

30이상 (비만)

```
inputfile.txt - 메모장
파일(F) 편집(E) 서식(O) 보기(V) 도움말(H)
홍길동 170 95
김동수 180 75
성만수 180 90
```

(연습문제 11-5)의 입력 파일

```
C:\WINDOWS\system32\cmd.exe

======== Problem 15-5 Start ========

   비만 상태

     BMI 20미만 (저체중)
     BMI 20 - 25미만 (정상)
     BMI 25 - 30미만 (과체중)
     BMI 30이상 (비만)

 [이름 = 홍길동] : [키 = 170.000] : [몸무게 = 95.000] :
               [BMI = 32.872] : [상태 = 비만]
 [이름 = 김동수] : [키 = 180.000] : [몸무게 = 75.000] :
               [BMI = 23.148] : [상태 = 정상]
 [이름 = 성만수] : [키 = 180.000] : [몸무게 = 90.000] :
               [BMI = 27.778] : [상태 = 과체중]

======== Problem 15-5 End ========

계속하려면 아무 키나 누르십시오 . . .
```

```
outputfile.txt - 메모장
파일(F) 편집(E) 서식(O) 보기(V) 도움말(H)

  비만 상태

    BMI 20미만 (저체중)
    BMI 20 - 25미만 (정상)
    BMI 25 - 30미만 (과체중)
    BMI 30이상 (비만)

[이름 = 홍길동] : [키 = 170.000] : [몸무게 = 95.000] : [BMI = 32.872] : [상태 = 비만]
[이름 = 김동수] : [키 = 180.000] : [몸무게 = 75.000] : [BMI = 23.148] : [상태 = 정상]
[이름 = 성만수] : [키 = 180.000] : [몸무게 = 90.000] : [BMI = 27.778] : [상태 = 과체중]
```

(연습문제 15-5)의 출력 파일

(연습문제 15-6) 로또 번호를 자동으로 만들어 화면 및 outputfile.txt에 저장하는 프로그램을 작성하시오.

```
C:₩WINDOWS₩system32₩cmd.exe

======== Problem 15-6 Start ========

    Lotto 번호

  5  4  34  1  32  3

======== Problem 15-6 End ========

계속하려면 아무 키나 누르십시오 . . .
```

```
outputfile.txt - 메모장
파일(F) 편집(E) 서식(O) 보기(V) 도움말(H)

    Lotto 번호

  5  4  34  1  32  3
```

(연습문제 15-7) inputfile.txt로부터 학생들의 성적을 입력받아 학점을 계산하고 이를 이용하여 성적 분포도를 파일 및 화면에 출력하는 프로그램을 작성하시오. 성적은 A, B, C, D, F의 분포도로 출력하시오.

```
inputfile.txt - 메모장
파일(F) 편집(E) 서식(O) 보기(V) 도움말(H)
홍길동 90 95 80
김동수 95 90 85
성만수 90 85 90
이민성 80 84 81
박상현 75 72 65
박민수 70 68 65
강대호 78 74 68
김민철 83 78 71
이민자 88 82 80
남아공 70 68 75
```

(연습문제 15-7)의 입력 파일

```
[이름 = 홍길동] : [총점 = 265] : [평균 = 88]
[이름 = 김동수] : [총점 = 270] : [평균 = 90]
[이름 = 성만수] : [총점 = 265] : [평균 = 88]
[이름 = 이민성] : [총점 = 245] : [평균 = 81]
[이름 = 박상현] : [총점 = 212] : [평균 = 70]
[이름 = 박민수] : [총점 = 203] : [평균 = 67]
[이름 = 강대호] : [총점 = 220] : [평균 = 73]
[이름 = 김민철] : [총점 = 232] : [평균 = 77]
[이름 = 이민자] : [총점 = 250] : [평균 = 83]
[이름 = 남아공] : [총점 = 213] : [평균 = 71]

  성적 분포도

  A학점 : *
  B학점 : ****
  C학점 : ****
  D학점 : *
  F학점 :
```

(연습문제 15-7)의 출력 파일

```
======== Problem 15-7 Start ========

 [이름 = 홍길동] : [국어 = 90] : [수학 = 95] : [영어 = 80]
                   [총점 = 265] : [평균 = 88]

 [이름 = 김동수] : [국어 = 95] : [수학 = 90] : [영어 = 85]
                   [총점 = 270] : [평균 = 90]

 [이름 = 성만수] : [국어 = 90] : [수학 = 85] : [영어 = 90]
                   [총점 = 265] : [평균 = 88]

 [이름 = 이민성] : [국어 = 80] : [수학 = 84] : [영어 = 81]
                   [총점 = 245] : [평균 = 81]

 [이름 = 박상현] : [국어 = 75] : [수학 = 72] : [영어 = 65]
                   [총점 = 212] : [평균 = 70]

 [이름 = 박민수] : [국어 = 70] : [수학 = 68] : [영어 = 65]
                   [총점 = 203] : [평균 = 67]

 [이름 = 강대호] : [국어 = 78] : [수학 = 74] : [영어 = 68]
                   [총점 = 220] : [평균 = 73]

 [이름 = 김민철] : [국어 = 83] : [수학 = 78] : [영어 = 71]
                   [총점 = 232] : [평균 = 77]

 [이름 = 이민자] : [국어 = 88] : [수학 = 82] : [영어 = 80]
                   [총점 = 250] : [평균 = 83]

 [이름 = 남아공] : [국어 = 70] : [수학 = 68] : [영어 = 75]
                   [총점 = 213] : [평균 = 71]


   성적 분포도

   A학점 : *
   B학점 : ****
   C학점 : ****
   D학점 : *
   F학점 :


======== Problem 15-7 End ========

계속하려면 아무 키나 누르십시오 . . .
```

연습문제 풀이

[2장 연습문제 풀이]

(연습문제 2-8)

```
C:₩WINDOWS₩system32₩cmd.exe

======== Problem 2-8 Start ========
 20 + 30 = 600

======== Problem 2-8 End ========
계속하려면 아무 키나 누르십시오 . . .
```

(연습문제 2-9)

```
C:₩WINDOWS₩system32₩cmd.exe

======== Problem 2-9 Start ========
        987.654 + 123.457 = 864.198

======== Problem 2-9 End ========
계속하려면 아무 키나 누르십시오 . . .
```

(연습문제 2-10)

```
C:₩WINDOWS₩system32₩cmd.exe
        ===== program ₩₩ % % start =====
계속하려면 아무 키나 누르십시오 . . .
```

[3장 연습문제 풀이]

(연습문제 3-8)

```
C:\WINDOWS\system32\cmd.exe

======== Problem 3-8 Start ========

 10.12 +  20.46 =  30.58

======== Problem 3-8 End ========
계속하려면 아무 키나 누르십시오 . . .
```

(연습문제 3-9)

```
C:\WINDOWS\system32\cmd.exe

======== Problem 3-9 Start ========

 fResult = 25.000000

======== Problem 3-9 End ========
계속하려면 아무 키나 누르십시오 . . .
```

(연습문제 3-10)

```c
#include <stdio.h>

int main(void)
{
		float fRadius, fHeight, fArea, fVolume;

		printf("\n\n======== Problem 3-10 Start ========\n\n");

		printf("   원기둥 밑면의 반지름을 입력하세요 (cm) : ");
		scanf("%f", &fRadius);

		printf("   원기둥의 높이를 입력하세요 (cm) : ");
		scanf("%f", &fHeight);

		printf("\n   원기둥 밑면의 반지름 = %7.2f cm \n", fRadius);
		printf("   원기둥의 높이 = %7.2f cm \n", fHeight);

		fArea = 2 * 3.14 * fRadius * fRadius + 2 * 3.14 * fRadius * fHeight;
```

```
        fVolume = 3.14 * fRadius * fRadius * fHeight;

        printf("\n    원기둥의 겉면적 = %10.2f cm^2 \n", fArea);
        printf("    원기둥의 체적 = %10.2f cm^3 \n", fVolume);

        printf("\n\n======== Problem 3-10 End ========\n\n");

        return 0;
}
```

(연습문제 3-11)

```
#include <stdio.h>

int main(void)
{
        float fMidTerm, fFinalTerm, fAttandance, fHomework, fScore;

        printf("\n\n======== Problem 3-11 Start ========\n\n");

        printf("    중간고사 점수를 입력하세요 (100점 만점 : 30%%) : ");
        scanf("%f", &fMidTerm);

        printf("    기말고사 점수를 입력하세요 (100점 만점 : 30%%) : ");
        scanf("%f", &fFinalTerm);

        printf("    숙제 점수를 입력하세요 (100점 만점 : 10%%) : ");
        scanf("%f", &fHomework);

        printf("    출석 점수를 입력하세요 (100점 만점 : 30%%) : ");
        scanf("%f", &fAttandance);

        printf("\n    중간고사 점수 = %6.2f \n", fMidTerm);
        printf("    기말고사 점수 = %6.2f \n", fFinalTerm);
        printf("    숙제 점수 = %6.2f \n", fHomework);
        printf("    출석 점수 = %6.2f \n", fAttandance);
        fScore = (fMidTerm + fFinalTerm + fAttandance) * 0.3 + fHomework * 0.1;
        printf("    최종 점수 = %6.2f \n", fScore);

        printf("\n\n======== Problem 3-11 End ========\n\n");

        return 0;
}
```

[4장 연습문제 풀이]

(연습문제 4-8)

```
C:\WINDOWS\system32\cmd.exe

======== Problem 4-8 Start ========

 iValue = 6, iResult = 4
 iValue = 7, iResult = 9
 iValue = 6, iResult = 4
 iValue = 5, iResult = 9


======== Problem 4-8 End ========

계속하려면 아무 키나 누르십시오 . . .
```

(연습문제 4-9)

```
C:\WINDOWS\system32\cmd.exe

======== Problem 4-8 Start ========

 iValue = 6, iResult = 4
 iValue = 7, iResult = 9
 iValue = 6, iResult = 4
 iValue = 5, iResult = 9


======== Problem 4-8 End ========

계속하려면 아무 키나 누르십시오 . . .
```

(연습문제 4-10)

```
#include <stdio.h>

int main(void)
{
        int iValue;
        iValue = 3;

        printf("\n\n======== Problem 4-10 Start ========\n\n");

        printf("  3 의 제곱 = %d \n", iValue*iValue);
        printf("  3 의 세제곱 = %d \n", iValue*iValue*iValue);

        printf("\n\n======== Problem 4-10 End ========\n\n");

```

```c
        return 0;
}
```

(연습문제 4-11)

```c
#include <stdio.h>

int main(void)
{
        int iValue1;
        int iValue2;
        int iArea;

        printf("\n\n======== Problem 4-11 Start ========\n\n");

        iValue1 = 12;
        iValue2 = 34;
        iArea = iValue1 * iValue2;

        printf("가로가 12cm 세로가 34cm 인 사각형의 면적 = %d cm*cm \n", iArea);

        printf("\n\n======== Problem 4-11 End ========\n\n");

        return 0;
}
```

(연습문제 4-12)

```c
#include <stdio.h>

int main(void)
{
        int iRadius;
        float fGirth;
        float fArea;

        printf("\n\n======== Problem 4-12 Start ========\n\n");

        iRadius = 3;

        printf("    원의 반지름 = %d cm \n\n", iRadius);

        fGirth = 2 * 3.14 * iRadius;
        fArea = 3.14 * iRadius * iRadius;
```

```

	printf("	원의 둘레 = %f cm \n", fGirth);
	printf("	원의 면적 = %f cm*cm \n", fArea);

	printf("\n\n======== Problem 4-12 End ========\n\n");

	return 0;
}
```

[5장 연습문제 풀이]

(연습문제 5-3)

```
C:\WINDOWS\system32\cmd.exe

======== Problem 5-3 Start ========

*
**
***
****

*
**
***
****

*
**
***
****


======== Problem 5-3 End ========

계속하려면 아무 키나 누르십시오 . . .
```

(연습문제 5-4)

```c
#include <stdio.h>

int main(void)
{
	int iValue;

	printf("\n\n======== Problem 5-4 Start ========\n\n");

	printf("정수를 입력하세요 : ");
	scanf("%d", &iValue);

	if (iValue % 3 == 0)
	{
		printf("입력하신 %d는 3의 배수입니다.\n", iValue);
	}
	else
	{
		printf("입력하신 %d는 3의 배수가 아닙니다\n", iValue);
	}

	printf("\n\n======== Problem 5-4 End ========\n\n");
```

```

	return 0;
}
```

(연습문제 5-5)

```
#include <stdio.h>

int main(void)
{
	float fValue;
	int iFee = 3000000;

	printf("\n\n======== Problem 5-5 Start ========\n\n");

	printf("평균 평점을 입력하세요 : ");
	scanf("%f", &fValue);

	if ((fValue > 4.5) || (fValue < 0)){
		printf("평균 평점은 0이상 4.5이하 이어야 합니다. \n");
		printf("\n *** 프로그램 끝 *** \n\n");
		exit(0);
	}

	if ((fValue >= 4.3) && (fValue <= 4.5)){
		iFee = 0;
		printf("\n전액 장학금을 지급받았습니다. \n");
	}
	else if ((fValue >= 4.1) && (fValue < 4.3)){
		iFee = iFee * 0.5;
		printf("\n반액 장학금을 지급받았습니다. \n");
	}
	else if ((fValue >= 3.9) && (fValue < 4.1)){
		iFee = iFee * 0.25;
		printf("\n1/4 장학금을 지급받았습니다. \n");
	}

	printf("수업료는 %d원 입니다. \n", iFee);

	printf("\n\n======== Problem 5-5 End ========\n\n");

	return 0;
}
```

(연습문제 5-6)

```
#include <stdio.h>

int main(void)
{
        int iYear, iMonth;

        printf("\n\n======== Problem 5-6 Start ========\n\n");

        printf("원하는 년도를 입력하세요 : ");
        scanf("%d", &iYear);
        printf("원하는 달을 입력하세요 : ");
        scanf("%d", &iMonth);

        switch (iMonth){
        case 1:
        case 3:
        case 5:
        case 7:
        case 8:
        case 10:
        case 12:
                printf("%d년 %d월의 마지막 날짜는 31일 입니다. \n",
                        iYear, iMonth);
                break;
        case 4:
        case 6:
        case 9:
        case 11:
                printf("%d년 %d월의 마지막 날짜는 30일 입니다. \n",
                        iYear, iMonth);
                break;
        case 2:
                if ((iYear % 4 == 0) && (iYear % 100 != 0) || (iYear % 400 == 0)){
                        printf("%d년 %d월의 마지막 날짜는 29일 입니다. \n",
                                iYear, iMonth);
                }
                else{
                        printf("%d년 %d월의 마지막 날짜는 28일 입니다. \n",
                                iYear, iMonth);
                }
                break;
        default:
                printf("1월부터 12월까지 입력하세요. \n");
        }
```

```

	printf("\n\n========= Problem 5-6 End ========\n\n");

	return 0;
}
```

[6장 연습문제 풀이]

(연습문제 6-4)

```
C:\WINDOWS\system32\cmd.exe

======== Problem 6-4 Start ========




   *
   **
******
*******
********
*******
******
   **
   *




======== Problem 6-4 End ========

계속하려면 아무 키나 누르십시오 . . .
```

(연습문제 6-5)

```
C:\WINDOWS\system32\cmd.exe

======== Problem 6-5 Start ========

*
***
*****
*******
*****
***
*
*
***
*****
*******
*****
***
*
*
***
*****
*******
*****
***
*
*
***
*****
*******
*****
***
*
*
***
*****
*******
*****
***
*


======== Problem 6-5 End ========

계속하려면 아무 키나 누르십시오 . . .
```

(연습문제 6-6)

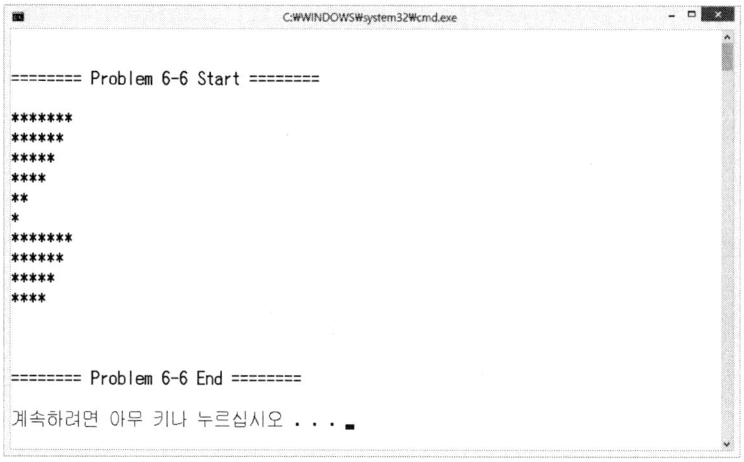

(연습문제 6-7)

```
#include <stdio.h>

int main(void)
{
	int i, iSum, iValue;

	printf("\n\n======== Problem 6-7 Start ========\n\n");

	printf("숫자를 입력하세요 : ");
	scanf("%d", &iValue);

	iSum = 1;
	for (i = 1; i<1000; i++){
		iSum = iSum * i;
		if (iSum > iValue) break;
	}

	printf("\n곱의 결과값이 %d을 넘지 않는 가장 큰 수는 %d입니다.\n",
		iValue, i - 1);

	printf("\n\n======== Problem 6-7 End ========\n\n");

	return 0;
}
```

문제풀이

(연습문제 6-8)

```
#include <stdio.h>

int main(void)
{
	int i, j;

	printf("\n\n======== Problem 6-8 Start ========\n\n");

	for (i = 1; i <= 5; i++){
		for (j = 1; j <= i; j++){
			printf("%d ", j);
		}
		printf("\n");
	}

	for (i = 4; i >= 1; i--){
		for (j = 1; j <= i; j++){
			printf("%d ", j);
		}
		printf("\n");
	}

	printf("\n\n======== Problem 6-8 End ========\n\n");

	return 0;
}
```

(연습문제 6-9)

```
#include <stdio.h>

int main(void)
{
	int i, iValue = 0;

	printf("\n\n======== Problem 6-9 Start ========\n\n");

	for (i = 1; i <= 200; i++){
		if (((i % 5) == 0) && ((i % 8) == 0)){
			if (iValue == 0){
				printf("%d은 5와 8의 최소 공배수 입니다. \n", i);
			}
			else{
```

```
                        printf("%d은 5와 8의 공배수 입니다. \n", i);
                    }
                    iValue = iValue + 1;
            }
    }

    printf("\n\n======== Problem 6-9 End ========\n\n");

    return 0;
}
```

(연습문제 6-10)

```
#include <stdio.h>

int main(void)
{
    int iValue, iCount = 0, iSum = 0, iMax = 0, iMin = 0;
    float fAverage;

    printf("\n\n======== Problem 6-10 Start ========\n\n");

    printf("양의 정수를 입력하세요, 0입력하면 입력이 종료됩니다.\n");

    do
    {
        scanf("%d", &iValue);
        iSum = iSum + iValue;
        iCount = iCount + 1;

        if (iCount == 1)
        {
            iMax = iValue;
            iMin = iValue;
        }

        if (iMax < iValue)
        {
            iMax = iValue;
        }

        if (iValue != 0 && iMin > iValue)
        {
            iMin = iValue;
        }
```

```
        } while (iValue != 0);

        fAverage = (float)iSum / iCount;

        printf("입력하신 수 들 중 최소값은 %d입니다.\n", iMin);
        printf("입력하신 수 들 중 최대값은 %d입니다.\n", iMax);
        printf("입력하신 수 들의 총 합은 %d입니다.\n", iSum);
        printf("입력하신 수 들의 평균값은 %f입니다.\n", fAverage);

        printf("\n\n======== Problem 6-10 End ========\n\n");

        return 0;
}
```

[7장 연습문제 풀이]

(연습문제 7-7)

```
#include <stdio.h>

float Power(float x, int n);

int main(void)
{
		float fValue_x;
		int iValue_n;
		float fResult;

		printf("\n\n======== Problem 7-7 Start ========\n\n");

		printf("밑 값을 입력하세요 : ");
		scanf("%f", &fValue_x);

		printf("지수 값을 입력하세요 : ");
		scanf("%d", &iValue_n);

		fResult = Power(fValue_x, iValue_n);
		printf("\n%f의 %d승은 %f입니다. \n", fValue_x, iValue_n, fResult);

		printf("\n\n======== Problem 7-7 End ========\n\n");

		return 0;
}

float Power(float x, int n)
{
		if (n <= 1){
				return x;
		}
		else{
				return x * Power(x, n - 1);
		}
}
```

(연습문제 7-8)

```
#include <stdio.h>

int Factorial(int iValue);

```

```
int main(void)
{
		int iValue, iResult;

		printf("\n\n======== Problem 7-8 Start ========\n\n");

		printf("숫자를 입력하세요 : ");
		scanf("%d", &iValue);
		iResult = Factorial(iValue);
		printf("\n%d! = %d \n", iValue, iResult);

		printf("\n\n======== Problem 7-8 End ========\n\n");

		return 0;
}

int Factorial(int iValue)
{
		int i, iResult = 1;
		for (i = 1; i <= iValue; i++){
				iResult = iResult * i;
		}
		return iResult;
}
```

(연습문제 7-9)

```
#include <stdio.h>

int Game369(int iValue);

int main(void)
{
		int i, iResult;

		printf("\n\n======== Problem 7-9 Start ========\n\n");

		printf("3 6 9 게임 \n\n");

		for (i = 1; i <= 50; i++){
				iResult = Game369(i);
				if (iResult == 0){
						printf("%2d = %2d      ", i, i);
				}
				else if (iResult == 1){
						printf("%2d =  *      ", i);
```

```
		}
		else{
			printf("%2d = **      ", i);
		}

		if (i % 5 == 0) printf("\n");
	}

	printf("\n\n======== Problem 7-9 End ========\n\n");

	return 0;
}


int Game369(int iValue)
{
	int iQuotient, iRemainder, iResult = 0;

	iQuotient = iValue / 10;
	iRemainder = iValue % 10;

	if ((iRemainder == 3) || (iRemainder == 6) || (iRemainder == 9)){
		iResult++;
	}

	if ((iQuotient == 3) || (iQuotient == 6) || (iQuotient == 9)){
		iResult++;
	}
	return iResult;
}
```

(연습문제 7-10)

```
#include <stdio.h>

int Sum(int iValue);

int main(void)
{
	int iValue, iResult;

	printf("\n\n======== Problem 7-10 Start ========\n\n");

	printf("숫자를 입력하세요 : ");
	scanf("%d", &iValue);
```

```
    iResult = Sum(iValue);

    printf("\n1에서 %d까지 더한 결과 = %d \n", iValue, iResult);

    printf("\n\n======== Problem 7-10 End ========\n\n");

    return 0;
}

int Sum(int iValue)
{
    int iResult;
    if (iValue <= 1){
        iResult = 1;
    }
    else{
        iResult = iValue + Sum(iValue - 1);
    }
    return iResult;
}
```

(연습문제 7-11)

```
#include <stdio.h>

int gcd(int iMax, int iMin);

int main(void)
{
    int iValue1, iValue2, iResult;

    printf("\n\n======== Problem 7-11 Start ========\n\n");

    printf("첫 번째 수를 입력하세요 : ");
    scanf("%d", &iValue1);

    printf("두 번째 수를 입력하세요 : ");
    scanf("%d", &iValue2);

    iResult = gcd(iValue1, iValue2);

    printf("\n%d와 %d의 최대 공약수는 %d 입니다. \n",
        iValue1, iValue2, iResult);

    printf("\n\n======== Problem 7-11 End ========\n\n");

```

```
        return 0;
}

int gcd(int iMax, int iMin)
{
        int iResult;
        if (iMin == 0){
                iResult = iMax;
        }
        else{
                iResult = gcd(iMin, iMax%iMin);
        }
        return iResult;
}
```

[8장 연습문제 풀이]

● (연습문제 8-8)

```
C:\WINDOWS\system32\cmd.exe

======== Problem 8-8 Start ========

[function] iValue1 = 10, iValue2 = 200, iValue3 = 300

[function] iValue1 = 20, iValue2 = 210, iValue3 = 300

[main] iValue1 = 30, iValue2 = 20, iValue3 = 30

======== Problem 8-8 End ========

계속하려면 아무 키나 누르십시오 . . .
```

[9장 연습문제 풀이]

(연습문제 9-8)

```
#include <stdio.h>
#include <time.h> /* time 함수 */
#include <stdlib.h> /* srand, rand 함수 */

int main(void)
{
        int iScore[20];
        int iGrade[5];
        char cGrade[5];
        int i, j;

        printf("\n\n======== Problem 9-8 Start ========\n\n");

        for (i = 0; i<5; i++) iGrade[i] = 0;
        cGrade[0] = 'A';
        cGrade[1] = 'B';
        cGrade[2] = 'C';
        cGrade[3] = 'D';
        cGrade[4] = 'F';

        srand((unsigned)time(NULL));
        /* 랜덤 함수를 사용하기 위해 랜덤 시드 값을 초기화 */

        for (i = 0; i<20; i++){
                iScore[i] = rand() % 42 + 58; /* rand - 랜덤값 발생 함수 */
                printf("   %2d번의 점수는 %d점 \n", i, iScore[i]);
                if (iScore[i] >= 90){
                        iGrade[0]++;
                }
                else if ((iScore[i] < 90) && (iScore[i] >= 80)){
                        iGrade[1]++;
                }
                else if ((iScore[i] < 80) && (iScore[i] >= 70)){
                        iGrade[2]++;
                }
                else if ((iScore[i] < 70) && (iScore[i] >= 60)){
                        iGrade[3]++;
                }
                else if (iScore[i] < 60){
                        iGrade[4]++;
```

```
			}
		}

		printf("\n	성적 분포도 \n\n");
		for (i = 0; i<5; i++){
			printf("	%c학점 : ", cGrade[i]);
			for (j = 0; j<iGrade[i]; j++){
				printf("*");
			}
			printf("\n");
		}

		printf("\n\n======== Problem 9-8 End ========\n\n");

		return 0;
}
```

● (연습문제 9-9)

```
#include <stdio.h>

int main(void)
{
		int iValue[10][10];
		int i, j;

		printf("\n\n======== Problem 9-9 Start ========\n\n");

		for (i = 1; i <= 9; i++){
			for (j = 1; j <= 9; j++){
				iValue[i][j] = i * j;
			}
		}

		printf("\n3단 출력 \n");
		for (j = 1; j <= 9; j++){
			printf("3 * %d = %d \n", j, iValue[3][j]);
		}

		printf("\n\n======== Problem 9-9 End ========\n\n");

		return 0;
}
```

(연습문제 9-10)

```
#include <stdio.h>
#include <time.h> /* time 함수 */
#include <stdlib.h> /* srand, rand 함수 */

int main(void)
{
        int iScore[3][20];
        int iSum[3];
        float fAverage[3];
        int i, j;

        printf("\n\n======== Problem 9-10 Start ========\n\n");

        srand((unsigned)time(NULL));

        for (i = 0; i<3; i++){
                iSum[i] = 0;
                for (j = 0; j<20; j++){
                        iScore[i][j] = rand() % 42 + 58;
                        iSum[i] = iSum[i] + iScore[i][j];
                }
                fAverage[i] = iSum[i] / 20;
        }

        printf("\n성적 분포도\n");
        for (i = 0; i<3; i++){
                printf("%d반의 평균은 %6.3f 입니다. \n", i + 1, fAverage[i]);
        }

        printf("\n\n======== Problem 9-10 End ========\n\n");

        return 0;
}
```

(연습문제 9-11)

```
#include <stdio.h>
#include <time.h> /* time 함수 */
#include <stdlib.h> /* srand, rand 함수 */

int main(void)
{
        int i, iValue, iNumber, iState, iLottoValue[6];

```

```
    printf("\n\n======== Problem 9-11 Start ========\n\n");

    srand((unsigned)time(NULL));

    iNumber = 0;
    for (i = 0; i<6; i++) iLottoValue[i] = 0;

    while (iNumber != 6){
        iValue = rand() % 45 + 1;
        iState = 0;
        for (i = 0; i<iNumber; i++){
            if (iValue == iLottoValue[i]){
                iState = 1;
                break;
            }
        }
        if (iState == 0){
            iLottoValue[iNumber] = iValue;
            iNumber++;
        }
    }

    printf("\n      Lotto 번호 \n\n");
    for (i = 0; i<6; i++){
        printf("   %d", iLottoValue[i]);
    }

    printf("\n\n======== Problem 9-11 End ========\n\n");

    return 0;
}
```

[10장 연습문제 풀이]

● (연습문제 10-6)

```
C:\WINDOWS\system32\cmd.exe

======== Problem 10-6 Start ========


 변수 iValue1에 저장된 값은 10입니다.
 변수 iValue2에 저장된 값은 20입니다.


 변수 iValue1에 저장된 값은 100입니다.
 변수 iValue2에 저장된 값은 20입니다.


 변수 iValue1에 저장된 값은 100입니다.
 변수 iValue2에 저장된 값은 200입니다.



======== Problem 10-6 End ========

계속하려면 아무 키나 누르십시오 . . .
```

[11장 연습문제 풀이]

(연습문제 11-4)

```
C:\WINDOWS\system32\cmd.exe

======== Problem 11-4 Start ========

*pInt = 80
*pInt + 1 = 81
*(pInt + 1) = 90
*pInt++ = 80
*++pInt = 100


======== Problem 11-4 End ========

계속하려면 아무 키나 누르십시오 . . .
```

(연습문제 11-5)

```
C:\WINDOWS\system32\cmd.exe

======== Problem 11-5 Start ========

iValue[0] = 40
iValue[1] = 50
iValue[2] = 60
iValue[3] = 70
iValue[4] = 80


======== Problem 11-5 End ========

계속하려면 아무 키나 누르십시오 . . .
```

(연습문제 11-6)

```
#include <stdio.h>
#include <stdlib.h> /* rand 함수 */

void Show_Matrix(int iResult[][2]);

int main(void)
{
        int iMatrix1[3][2];
        int iMatrix2[3][2];
        int iResult[3][2];
        int i, j;

        printf("\n\n======== Problem 11-6 Start ========\n\n");
```

```

    for (i = 0; i<3; i++){
        for (j = 0; j<2; j++){
            iMatrix1[i][j] = rand() % 10;
            iMatrix2[i][j] = rand() % 10;
        }
    }

    for (i = 0; i<3; i++){
        for (j = 0; j<2; j++){
            iResult[i][j] = iMatrix1[i][j] + iMatrix2[i][j];
        }
    }

    printf("    Matrix1 \n");
    Show_Matrix(iMatrix1);

    printf("    Matrix2 \n");
    Show_Matrix(iMatrix2);

    printf("    Matrix1 + Matrix2 \n");
    Show_Matrix(iResult);

    printf("\n\n======== Problem 11-6 End ========\n\n");

    return 0;
}

void Show_Matrix(int iResult[][2])
{
    int i, j;
    for (i = 0; i<3; i++){
        printf("\n    ");
        for (j = 0; j<2; j++){
            printf(" %d ", iResult[i][j]);
        }
        printf("\n");
    }
    printf("\n\n");
}
```

(연습문제 11-7)

```
#include <stdio.h>

void push(int iInputValue);
```

```
int pop(void);

int intStack[100];
int *pStackPointer;

int main(void)
{
		int iValue;

		printf("\n\n======== Problem 11-7 Start ========\n\n");

		pStackPointer = intStack - 1;

		while (1){
				printf("입출력을 결정하세요 입력(1), 출력(2), 프로그램 종료(3) : ");
				scanf("%d", &iValue);
				if (iValue == 3) break;
				switch (iValue){
				case 1:
						printf("Stack에 저장할 값을 입력하세요 : ");
						scanf("%d", &iValue);
						push(iValue);
						break;
				case 2:
						printf("Stack으로부터 출력값은  %d 입니다. \n", pop());
						break;
				}
		}

		printf("\n\n======== Problem 11-7 End ========\n\n");

		return 0;
}

void push(int iInputValue)
{
		pStackPointer++;
		if (pStackPointer == (intStack + 100)){
				printf("Stack에 입력할 수 없습니다.");
				return;
		}
		*pStackPointer = iInputValue;
}

int pop(void)
```

```
{
	int iOutputValue;
	if (pStackPointer == intStack - 1){
		printf("Stack에 저장된 값이 없습니다.");
		return -1;
	}
	iOutputValue = *pStackPointer;
	pStackPointer--;
	return iOutputValue;
}
```

12장 연습문제 풀이]

● (연습문제 12-4)

```
#include <stdio.h>
#include <string.h>

void swap(char *pcValue1, char *pcValue2);

int main(void)
{
		char strInput[10];
		char *pcFirstChar, *pcLastChar;
		int iLength;

		printf("\n\n======== Problem 12-4 Start ========\n\n");

		strcpy(strInput, "hello");

		printf("처음 문자 : %s \n", strInput);

		iLength = strlen(strInput);
		pcLastChar = strInput + iLength - 1;

		for (pcFirstChar = strInput; pcFirstChar < pcLastChar; pcFirstChar++, pcLastChar--){
				swap(pcFirstChar, pcLastChar);
		}

		printf("바뀐 문자 : %s \n", strInput);

		printf("\n\n======== Problem 12-4 End ========\n\n");

		return 0;
}

void swap(char *pcValue1, char *pcValue2)
{
		char cTemp;

		cTemp = *pcValue1;
		*pcValue1 = *pcValue2;
		*pcValue2 = cTemp;
}
```

(연습문제 12-5)

```c
#include <stdio.h>
#include <ctype.h>

int main(void)
{
		char strValue[100] = { 0 };
		int iCount;

		printf("\n\n======== Problem 12-5 Start ========\n\n");

		printf("문자열을 입력하세요 : ");
		scanf("%s", &strValue);

		for (iCount = 0; iCount < 100; iCount++)
		{
				putchar(toupper(strValue[iCount]));
		}

		printf("\n\n======== Problem 12-5 End ========\n\n");

		return 0;
}
```

(연습문제 12-6)

```c
#include <stdio.h>

int main(void)
{
		char strValue[100] = { 0 };
		int iCount;

		printf("\n\n======== Problem 12-6 Start ========\n\n");

		printf("문자열을 입력하세요 : ");
		scanf("%s", &strValue);

		iCount = 0;

		while (strValue[iCount] != '\0')
		{
				iCount++;
		}

```

```
        printf("입력하신 %s 문자열의 길이는 %d입니다.\n", strValue, iCount);

        printf("\n\n======== Problem 12-6 End ========\n\n");

        return 0;
}

```

(연습문제 12-7)

```
#include <stdio.h>
#include <stdlib.h>                    // exit 함수
#include <string.h>                    // strlen 함수

int strCheck(char *strValue1, char *strValue2);

int main(void)
{
        char *strInput = "My name is john.";
        char *pcFirstChar, *pcLastChar;
        int iLength;
        char strValue[20];

        printf("\n\n======== Problem 12-7 Start ========\n\n");

        printf("   문장 : %s \n\n", strInput);
        printf("   찾을 단어를 입력하세요 : ");
        scanf("%s", strValue);

        iLength = strlen(strInput);
        pcLastChar = strInput + iLength;

        for (pcFirstChar = strInput; pcFirstChar < pcLastChar; pcFirstChar++){
                if (strCheck(pcFirstChar, strValue)){
                        printf("   %s는 문장에 포함되어 있습니다. \n\n", strValue);
                          exit(0);
                }
        }

        printf("   %s는 문장에 포함되어 있지 않습니다. \n", strValue);

        printf("\n\n======== Problem 12-7 End ========\n\n");

        return 0;
}

```

```
int strCheck(char *strValue1, char *strValue2)
{
        char *pFirstChar1;
        char *pFirstChar2;

        pFirstChar1 = strValue1;
        pFirstChar2 = strValue2;

        while ((*pFirstChar1 != 0) && (*pFirstChar2 != 0)){
                if (*pFirstChar1 != *pFirstChar2){
                        return 0;
                }
                pFirstChar1++;
                pFirstChar2++;
        }

        if (*pFirstChar2 == 0){
                return 1;
        }
        else{
                return 0;
        }
}
```

[13장 연습문제 풀이]

(연습문제 13-8)

```c
#include <stdio.h>

struct triangle
{
		int width;
		int height;
};

int main(void)
{
		struct triangle tri;

		printf("\n\n======== Problem 13-8 Start ========\n\n");

		printf("밑변의 길이를 입력하시오 : ");
		scanf("%d", &tri.width);

		printf("높이를 입력하시오 : ");
		scanf("%d", &tri.height);

		printf("삼각형의 넓이는 %f입니다.\n", (float)tri.width * tri.height / 2);

		printf("\n\n======== Problem 13-8 End ========\n\n");

		return 0;
}
```

(연습문제 13-10)

```c
#include <stdio.h>
#include <string.h>

struct StudentScore{
		char strName[20];
		char strMathGrade[5];
		char strEnglishGrade[5];
		char strComputerGrade[5];
		float fAverageScore;
};

float GradeToScore(char Grade[]);
```

```
int main(void)
{
        struct StudentScore student[3];
        int i;

        printf("\n\n======== Problem 13-10 Start ========\n\n");

        strcpy(student[0].strName, "홍길동");
        strcpy(student[0].strMathGrade, "B+");
        strcpy(student[0].strEnglishGrade, "A+");
        strcpy(student[0].strComputerGrade, "B+");

        strcpy(student[1].strName, "김동수");
        strcpy(student[1].strMathGrade, "A+");
        strcpy(student[1].strEnglishGrade, "A");
        strcpy(student[1].strComputerGrade, "B+");

        strcpy(student[2].strName, "이만수");
        strcpy(student[2].strMathGrade, "A");
        strcpy(student[2].strEnglishGrade, "A+");
        strcpy(student[2].strComputerGrade, "A");

        for (i = 0; i<3; i++){
                student[i].fAverageScore = (GradeToScore(student[i].strMathGrade) +
                        GradeToScore(student[i].strEnglishGrade) +
                        GradeToScore(student[i].strComputerGrade)) / 3;
        }

        printf("\n    성적표 \n\n");
        for (i = 0; i<3; i++){
                printf("    이름: %s \n", student[i].strName);
                printf("    평균 학점: %5.2f \n\n", student[i].fAverageScore);
        }

        printf("\n\n======== Problem 13-10 End ========\n\n");

        return 0;
}

float GradeToScore(char Grade[])
{
        float fResult = 0;

        if (!strcmp(Grade, "A+")){
```

```
                fResult = 4.5;
        }
        else if (!strcmp(Grade, "A")){
                fResult = 4;
        }
        else if (!strcmp(Grade, "B+")){
                fResult = 3.5;
        }
        else if (!strcmp(Grade, "B")){
                fResult = 3;
        }
        else if (!strcmp(Grade, "C+")){
                fResult = 2.5;
        }
        else if (!strcmp(Grade, "C")){
                fResult = 2;
        }
        else if (!strcmp(Grade, "D+")){
                fResult = 1.5;
        }
        else if (!strcmp(Grade, "D")){
                fResult = 1;
        }
        else if (!strcmp(Grade, "F")){
                fResult = 0;
        }

        return fResult;
}
```

(연습문제 13-11)

```
#include <stdio.h>

struct Complex{
        float real;
        float imag;
};

void ShowComplex(struct Complex comp);

int main(void)
{
        struct Complex complex1;
        struct Complex complex2;
```

```
        struct Complex Result;

        printf("\n\n======== Problem 13-11 Start ========\n\n");

        complex1.real = 2;
        complex1.imag = 3;

        complex2.real = 4;
        complex2.imag = 5;

        printf("   복소수의 덧셈 \n");

        Result.real = complex1.real + complex2.real;
        Result.imag = complex1.imag + complex2.imag;

        printf("   ");
        ShowComplex(complex1);
        printf(" + ");
        ShowComplex(complex2);
        printf(" = ");
        ShowComplex(Result);

        printf("\n   복소수의 뺄셈 \n");

        Result.real = complex1.real - complex2.real;
        Result.imag = complex1.imag - complex2.imag;

        printf("   ");
        ShowComplex(complex1);
        printf(" - ");
        ShowComplex(complex2);
        printf(" = ");
        ShowComplex(Result);

        printf("\n   복소수의 곱셈 \n");

        Result.real = complex1.real * complex2.real
                    - complex1.imag * complex2.imag;
        Result.imag = complex1.real * complex2.imag
                    + complex1.imag * complex2.real;

        printf("   ");
        ShowComplex(complex1);
        printf(" * ");
        ShowComplex(complex2);
```

```
        printf(" = ");
        ShowComplex(Result);

        printf("\n\n======== Problem 13-11 End ========\n\n");

        return 0;
}

void ShowComplex(struct Complex comp)
{
        printf("(%5.2f", comp.real);
        if (comp.imag > 0){
                printf(" + %5.2fi", comp.imag);
        }
        else if (comp.imag < 0){
                printf(" - %5.2fi", -comp.imag);
        }
        printf(" )");
}
```

(연습문제 13-12)

```
#include <stdio.h>
#include <string.h>

struct StudentStatus{
        char strName[20];
        float Height;
        float Weight;
        float BMI;
        char strStatus[10];
};

char *Status(float BMI);

int main(void)
{
        struct StudentStatus student[3];
        int i;

        printf("\n\n======== Problem 13-12 Start ========\n\n");

        strcpy(student[0].strName, "홍길동");
        student[0].Height = 170;
        student[0].Weight = 95;
```

```

	strcpy(student[1].strName, "김동수");
	student[1].Height = 180;
	student[1].Weight = 75;

	strcpy(student[2].strName, "성만수");
	student[2].Height = 180;
	student[2].Weight = 90;

	for (i = 0; i<3; i++){
		student[i].BMI = student[i].Weight / ((student[i].Height / 100)
			* (student[i].Height / 100));
		strcpy(student[i].strStatus, Status(student[i].BMI));
	}

	printf("\n    비만 상태 \n\n");
	printf("     BMI 20미만 (저체중) \n");
	printf("     BMI 20 - 25미만 (정상) \n");
	printf("     BMI 25 - 30미만 (과체중) \n");
	printf("     BMI 30이상 (비만) \n");

	for (i = 0; i<3; i++){
		printf("\n    이름: %s \n", student[i].strName);
		printf("    키: %6.3f \n", student[i].Height);
		printf("    몸무게: %6.3f \n", student[i].Weight);
		printf("    BMI: %6.3f \n", student[i].BMI);
		printf("    상태: %s \n", student[i].strStatus);
	}

	printf("\n\n======== Problem 13-12 End ========\n\n");

	return 0;
}

char *Status(float BMI)
{
	static char *strStatus;
	if (BMI < 20){
		strStatus = "저체중";
	}
	else if ((BMI >= 20) && (BMI < 25)){
		strStatus = "정상";
	}
	else if ((BMI >= 25) && (BMI < 30)){
		strStatus = "과체중";
```

```
        }
        else{
                strStatus = "비만";
        }
        return strStatus;
}
```

(연습문제 13-13)

```
#include <stdio.h>

struct Point{
        int intX;
        int intY;
};

struct Triangle{
        struct Point intPoint1;
        struct Point intPoint2;
        struct Point intPoint3;
};

int main(void)
{
        struct Triangle triangle1;
        struct Triangle triangle2;
        int x, intDistance;

        printf("\n\n======== Problem 13-13 Start ========\n\n");

        triangle1.intPoint1.intX = 1;
        triangle1.intPoint1.intY = 2;

        triangle1.intPoint2.intX = 3;
        triangle1.intPoint2.intY = 1;

        triangle1.intPoint3.intX = 3;
        triangle1.intPoint3.intY = 6;

        printf("   삼각형의 세 좌표 \n");
        printf("   Point1의 X 좌표: %d \n", triangle1.intPoint1.intX);
        printf("   Point1의 Y 좌표: %d \n", triangle1.intPoint1.intY);
        printf("   Point2의 X 좌표: %d \n", triangle1.intPoint2.intX);
        printf("   Point2의 Y 좌표: %d \n", triangle1.intPoint2.intY);
        printf("   Point3의 X 좌표: %d \n", triangle1.intPoint3.intX);
```

```
            printf("    Point3의 Y 좌표: %d \n", triangle1.intPoint3.intY);

            x = 4;

            intDistance = x - triangle1.intPoint1.intX;
            triangle2.intPoint1.intX = x + intDistance;
            triangle2.intPoint1.intY = triangle1.intPoint1.intY;

            intDistance = x - triangle1.intPoint2.intX;
            triangle2.intPoint2.intX = x + intDistance;
            triangle2.intPoint2.intY = triangle1.intPoint2.intY;

            intDistance = x - triangle1.intPoint3.intX;
            triangle2.intPoint3.intX = x + intDistance;
            triangle2.intPoint3.intY = triangle1.intPoint3.intY;

            printf("\n    선대칭에 있는 삼각형의 세 좌표 \n");
            printf("    Point1의 X 좌표: %d \n", triangle2.intPoint1.intX);
            printf("    Point1의 Y 좌표: %d \n", triangle2.intPoint1.intY);
            printf("    Point2의 X 좌표: %d \n", triangle2.intPoint2.intX);
            printf("    Point2의 Y 좌표: %d \n", triangle2.intPoint2.intY);
            printf("    Point3의 X 좌표: %d \n", triangle2.intPoint3.intX);
            printf("    Point3의 Y 좌표: %d \n", triangle2.intPoint3.intY);

            printf("\n\n======== Problem 13-13 End ========\n\n");

            return 0;
}
```

(연습문제 13-14)

```
#include <stdio.h>

struct Point{
            int intX;
            int intY;
};

struct Triangle{
            struct Point intPoint1;
            struct Point intPoint2;
            struct Point intPoint3;
};

int main(void)
{
```

```
        struct Triangle triangle1;
        struct Triangle triangle2;
        struct Point point1;
        int intDistanceX;
        int intDistanceY;

        printf("\n\n======== Problem 13-14 Start ========\n\n");

        triangle1.intPoint1.intX = 1;
        triangle1.intPoint1.intY = 5;

        triangle1.intPoint2.intX = 1;
        triangle1.intPoint2.intY = 1;

        triangle1.intPoint3.intX = 4;
        triangle1.intPoint3.intY = 2;

        printf("   삼각형의 세 좌표 \n");
        printf("   Point1의 X 좌표: %d \n", triangle1.intPoint1.intX);
        printf("   Point1의 Y 좌표: %d \n", triangle1.intPoint1.intY);
        printf("   Point2의 X 좌표: %d \n", triangle1.intPoint2.intX);
        printf("   Point2의 Y 좌표: %d \n", triangle1.intPoint2.intY);
        printf("   Point3의 X 좌표: %d \n", triangle1.intPoint3.intX);
        printf("   Point3의 Y 좌표: %d \n", triangle1.intPoint3.intY);

        point1.intX = 5;
        point1.intY = 3;

        intDistanceX = point1.intX - triangle1.intPoint1.intX;
        triangle2.intPoint1.intX = point1.intX + intDistanceX;
        intDistanceY = point1.intY - triangle1.intPoint1.intY;
        triangle2.intPoint1.intY = point1.intY + intDistanceY;

        intDistanceX = point1.intX - triangle1.intPoint2.intX;
        triangle2.intPoint2.intX = point1.intX + intDistanceX;
        intDistanceY = point1.intY - triangle1.intPoint2.intY;
        triangle2.intPoint2.intY = point1.intY + intDistanceY;

        intDistanceX = point1.intX - triangle1.intPoint3.intX;
        triangle2.intPoint3.intX = point1.intX + intDistanceX;
        intDistanceY = point1.intY - triangle1.intPoint3.intY;
        triangle2.intPoint3.intY = point1.intY + intDistanceY;

        printf("\n   점대칭에 있는 삼각형의 세 좌표 \n");
        printf("   Point1의 X 좌표: %d \n", triangle2.intPoint1.intX);
```

```
        printf("    Point1의 Y 좌표: %d \n", triangle2.intPoint1.intY);
        printf("    Point2의 X 좌표: %d \n", triangle2.intPoint2.intX);
        printf("    Point2의 Y 좌표: %d \n", triangle2.intPoint2.intY);
        printf("    Point3의 X 좌표: %d \n", triangle2.intPoint3.intX);
        printf("    Point3의 Y 좌표: %d \n", triangle2.intPoint3.intY);

        printf("\n\n======== Problem 13-14 End ========\n\n");

        return 0;
}
```

[14장 연습문제 풀이]

(연습문제 14-6)

```
#include <stdio.h>
#include <stdlib.h>

int main(void)
{
        int *piArray, iSize;

        printf("\n\n======== Problem 14-6 Start ========\n\n");

        printf("\n 동적으로 할당될 정수형의 자료의 수를 입력하세요 : ");
        scanf("%d", &iSize);

        piArray = (int *)calloc(iSize, sizeof(int));

        printf("\n %d개의 정수형의 자료가 동적으로 할당되었습니다. \n", iSize);

        free(piArray);

        printf("\n\n======== Problem 14-6 End ========\n\n");

        return 0;
}
```

[15장 연습문제 풀이]

(연습문제 15-5)

```
#include <stdio.h>
#include <stdlib.h>
#include <string.h>

char *Status(float BMI);

int main(void)
{
        char strName[20];
        float fHeight, fWeight, fBMI;
        char strStatus[10];

        char *strInFileName, *strOutFileName;
        FILE *inFile, *outFile;

        printf("\n\n======== Problem 15-5 Start ========\n\n");

        strInFileName = "inputfile.txt";
        strOutFileName = "outputfile.txt";

        if ((inFile = fopen(strInFileName, "r")) == NULL){
                printf("입력 파일 열기 실패 \n");
                exit(1);
        }

        if ((outFile = fopen(strOutFileName, "w")) == NULL){
                printf("출력 파일 열기 실패 \n");
                exit(1);
        }

        printf("\n    비만 상태 \n\n");
        printf("      BMI 20미만 (저체중) \n");
        printf("      BMI 20 - 25미만 (정상) \n");
        printf("      BMI 25 - 30미만 (과체중) \n");
        printf("      BMI 30이상 (비만) \n\n\n");

        fprintf(outFile, "\n    비만 상태 \n\n");
        fprintf(outFile, "      BMI 20미만 (저체중) \n");
        fprintf(outFile, "      BMI 20 - 25미만 (정상) \n");
        fprintf(outFile, "      BMI 25 - 30미만 (과체중) \n");
```

```
        fprintf(outFile, "      BMI 30이상 (비만) \n\n\n");

        while (!feof(inFile)){
                fscanf(inFile, "%s %f %f %f", strName, &fHeight, &fWeight);
                fBMI = fWeight / ((fHeight / 100) * (fHeight / 100));
                strcpy(strStatus, Status(fBMI));
                printf(" [이름 = %s] : [키 = %6.3f] : [몸무게 = %6.3f] : \n \t \t
                [BMI = %6.3f] : [상태 = %s] \n",
                        strName, fHeight, fWeight, fBMI, strStatus);
                fprintf(outFile, " [이름 = %s] : [키 = %6.3f] : [몸무게 = %6.3f] :
                [BMI = %6.3f] : [상태 = %s] \n",
                        strName, fHeight, fWeight, fBMI, strStatus);
        }
        fclose(inFile);
        fclose(outFile);

        printf("\n\n======== Problem 15-5 End ========\n\n");

        return 0;
}

char *Status(float BMI)
{
        static char *strStatus;
        if (BMI < 20){
                strStatus = "저체중";
        }
        else if ((BMI >= 20) && (BMI < 25)){
                strStatus = "정상";
        }
        else if ((BMI >= 25) && (BMI < 30)){
                strStatus = "과체중";
        }
        else{
                strStatus = "비만";
        }
        return strStatus;
}
```

● (연습문제 15-6)

```
#include <stdio.h>
#include <time.h> /* time 함수 */
#include <stdlib.h> /* srand, rand 함수 */

int main(void)
```

```
{
        char *strOutFileName;
        FILE *outFile;
        int i, iValue, iNumber, iState, iLottoValue[6];

        printf("\n\n======== Problem 15-6 Start ========\n\n");

        srand((unsigned)time(NULL));

        strOutFileName = "outputfile.txt";

        if ((outFile = fopen(strOutFileName, "w")) == NULL){
                printf("출력 파일 열기 실패 \n");
                exit(1);
        }

        iNumber = 0;
        for (i = 0; i<6; i++) iLottoValue[i] = 0;

        while (iNumber != 6){
                iValue = rand() % 45 + 1;
                iState = 0;
                for (i = 0; i<iNumber; i++){
                        if (iValue == iLottoValue[i]){
                                iState = 1;
                                break;
                        }
                }
                if (iState == 0){
                        iLottoValue[iNumber] = iValue;
                        iNumber++;
                }
        }

        printf("\n      Lotto 번호 \n\n");
        fprintf(outFile, "\n      Lotto 번호 \n\n");

        for (i = 0; i<6; i++){
                printf("   %d", iLottoValue[i]);
                fprintf(outFile, "   %d", iLottoValue[i]);
        }

        fclose(outFile);

        printf("\n\n======== Problem 15-6 End ========\n\n");
```

```

        return 0;
}
```

(연습문제 15-7)

```
#include <stdio.h>
#include <stdlib.h>

int main(void)
{
        char strName[20];
        int i, j, intKor, intMath, intEng, intTotal, intAverage;

        char cGrade[5];
        int iGrade[5];

        char *strInFileName, *strOutFileName;
        FILE *inFile, *outFile;

        printf("\n\n======== Problem 15-7 Start ========\n\n");

        for (i = 0; i<5; i++) iGrade[i] = 0;
        cGrade[0] = 'A';
        cGrade[1] = 'B';
        cGrade[2] = 'C';
        cGrade[3] = 'D';
        cGrade[4] = 'F';

        strInFileName = "inputfile.txt";
        strOutFileName = "outputfile.txt";

        if ((inFile = fopen(strInFileName, "r")) == NULL){
                printf("입력 파일 열기 실패 \n");
                exit(1);
        }

        if ((outFile = fopen(strOutFileName, "w")) == NULL){
                printf("출력 파일 열기 실패 \n");
                exit(1);
        }

        while (!feof(inFile)){
            fscanf(inFile, "%s %d %d %d", strName, &intEng, &intMath, &intKor);
            printf(" [이름 = %s] : [국어 = %d] : [수학 = %d] : [영어 = %d] \n",
```

```
                        strName, intEng, intMath, intKor);
                intTotal = intKor + intMath + intEng;
                intAverage = intTotal / 3;
                printf("\t\t\t [총점 = %d] : [평균 = %d] \n\n",
                        intTotal, intAverage);
                fprintf(outFile, " [이름 = %s] : [총점 = %d] : [평균 = %d] \n",
                        strName, intTotal, intAverage);

                if (intAverage >= 90){
                        iGrade[0]++;
                }
                else if ((intAverage < 90) && (intAverage >= 80)){
                        iGrade[1]++;
                }
                else if ((intAverage < 80) && (intAverage >= 70)){
                        iGrade[2]++;
                }
                else if ((intAverage < 70) && (intAverage >= 60)){
                        iGrade[3]++;
                }
                else if (intAverage < 60){
                        iGrade[4]++;
                }
        }

        printf("\n    성적 분포도 \n\n");
        fprintf(outFile, "\n    성적 분포도 \n\n");
        for (i = 0; i<5; i++){
                printf("    %c학점 : ", cGrade[i]);
                fprintf(outFile, "    %c학점 : ", cGrade[i]);
                for (j = 0; j<iGrade[i]; j++){
                        printf("*");
                        fprintf(outFile, "*");
                }
                printf("\n");
                fprintf(outFile, "\n");
        }

        fclose(inFile);
        fclose(outFile);

        printf("\n\n======== Problem 15-7 End ========\n\n");

        return 0;
}
```

INDEX

(숫 자)

10진수 50
16진수 50
8비트 51
8진수 50

(영 문)

ASCII 58
auto 197
bit 51
break 131, 159
byte 51
call by value 271
call by reference 273
calloc 369
case 131
char 61, 65
const 72
continue 159, 160
default 131
define 35, 361
do 142, 156
do~while 142, 156
double 61, 67
else 116
endif 361
enum 349
extern 204
feof 385
fgets 383
FILE 379
float 61, 67
fopen 379
for 142
fprintf 382, 383
fputs 382, 383
fread 391
free 370
fscanf 382, 383
fseek 396
ftell 397
fwrite 391
getchar 288
gets 291
if 111
if ~ else 116
ifdef 366, 367
include 35, 361
int 61, 62
long 61, 62
long double 61, 67
long int 61, 62
main 29, 31
malloc 369
NULL 253
null 234

overflow 64
printf 38, 291
puts 291
register 213
return 32, 181
scanf 42, 291
short 61, 62
short int 61, 62
sizeof 78, 99
static 209
stdio.h 35
stdlib.h 311, 315
strcpy 298
strncpy 299
string.h 298
struct 322
switch 129
typedef 343
undef 361
union 346
unsigned char 61, 65
void 32, 178
while 142, 152

(국 문)

가인수 181, 271, 273
감소 연산자 78, 84
값에 의한 호출 271
강제 형 변환 71
공문 110
공용체 346
관계 연산자 78, 87
구조체 321
구조체 변수 323
구조체 자료형 322
구조체 포인터 변수 329
구조체명 322
기본 자료형 49, 60
기호상수 362
내부변수 197
논리 연산자 78, 90
논리곱 90
논리곱 연산자 90
논리합 90
논리합 연산자 90
다중 if문 120
다중 대입문 83
단순문 110
단일 인용부호 59
대입 연산자 37, 78, 82
동적 할당 369
라이브러리 38, 171
레지스터 213
링커 11, 13
링크 11, 23
매크로 362
멤버 322, 323
멤버 연산자 326
목적 프로그램 13
목적 파일 11
문 32, 110
문장 32, 110
문자 배열 59, 234
문자상수 58
문자열 59, 234
문자열상수 59
문자형 61, 65

바이트 51
반복문 141
배열 223
배타적 논리합 94
변수 36, 52
변수명 52
변수 범위 197
보조제어문 159
복합 대입 연산자 82
복합문 110
부동소수점상수 56
블록 143
블록 단위 주석 33
비트 51
비트 논리 연산자 78, 94
비트 논리곱 연산자 94
비트 논리합 연산자 94
비트 배타적 논리합 연산자 94
비트 보수 연산자 94
사용자 정의 함수 29, 171
산술 연산자 78, 79
삼차원 배열 229
상수 36, 55
상한값 224
선언 36, 52
소스 파일 11, 12
순차적 읽기 396
시스템 제공 함수 29, 171, 287
식 77
식별자 52
실수 56, 61, 67
실수형 61, 67
실인수 181, 271, 273
실행 프로그램 11, 24
역참조 연산자 245
연산자 37, 77
열거형 349
예약어 49
오버플로우 64
외부변수 197, 203
요소 224
우선순위 102
원시 코드 11
유도 자료형 321
유지 기간 197
이동 연산자 78, 97
이중 인용부호 59
이진 파일 391
이차원 배열 228
임의 접근 읽기 396
자기 참조 구조체 341
자동변수 197
자동 형 변환 69
자료형 52
재귀 함수 186
재귀 호출 186
전역 변수 197
전처리 35, 361
전처리기 35, 361
전처리기 지시자 361
전치형 85
정수상수 55
정수형 61
정적 할당 369
정적변수 209
조건문 109
조건 연산자 78, 101
주석 33

주소 연산자 242
중괄호 110
중첩 for문 149
중첩 if문 122
증가 연산자 78, 84
지수 56, 316
지역 변수 197
집합 59, 223, 234
참조에 의한 호출 273
첨자 224
초기화 53
컴파일 11
컴파일러 11
크기 측정 연산자 78, 99
텍스트 파일 382
파일 379
파일 입출력 379
파일 포인터 380
포인터 241
포인터 배열 269
포인터 변수 244
포인터 상수 263
포인터 연산자 78
포인터의 포인터 256
표준 함수 171
피연산자 77
하한값 224
함수 171
헤더 파일 35, 188
형식 지정자 39
호출 172, 179
후치형 85

저/자/소/개

◈ **김기용**

경기대학교 공과대학 전자공학과 졸업 (학사, 석사, 박사)
현재 경기대학교 공과대학 전자공학과 초빙교수
E-mail : eye4eye@kyonggi.ac.kr

◈ **성동수**

한양대학교 공과대학 전자공학과 졸업 (학사)
한국과학기술원 전기 및 전자공학과 졸업 (석사, 박사)
현재 경기대학교 공과대학 전자공학과 교수
주관심분야 : 컴퓨터 구조, 멀티미디어 통신
E-mail : dssung@kyonggi.ac.kr

도서출판 **그린**

C언어 연습

Green Pub.

인쇄일 ▶	2014년 8월 25일
발행일 ▶	2014년 8월 29일
저 자 ▶	김 기 용, 성 동 수
발행처 ▶	도서출판 **그린**
발행인 ▶	윤 덕 우
출판등록 ▶	제8-161호(1995. 5. 3.)
주소 ▶	서울특별시 서대문구 연희로5길 50(연희동) (우) 120-828
전화 ▶	02) 333-2574
Fax ▶	02) 333-2561
E-mail ▶	greenpress@greenpress.co.kr
Homepage ▶	http://www.greenpress.co.kr

정 가 : 20,000원

ISBN : 978-89-5727-217-6 93560